Rainer Land

Chinas gelenkte Marktwirtschaft

Bibliografische Information der Deutschen Bibliothek:
Die Deutsche Bibliothek verzeichnet diese Publikation
in der Deutschen Nationalbibliografie.

Lektorat: Isabell Kieser

Umschlaggestaltung: Stefan Fuhrer
Druck: Prime Rate Kft.
Printed in Hungary
ISBN: 978-3-85371-545-1

Promedia Verlag
Rotenlöwengasse 8/4
1090 Wien
Österreich

E-Mail: promedia@mediashop.at
Web: www.mediashop.at
www.verlag-promedia.de

Rainer Land

Chinas gelenkte Marktwirtschaft

Hintergründe eines Booms

PROMEDIA

EDITION MAKROSKOP

Über den Autor

Rainer Land, geboren 1952 in Caputh (Brandenburg), studierte an der Humboldt-Universität Berlin/DDR Philosophie und Wirtschaftswissenschaften. 2005 war er Gründungsinitiator des Netzwerks »Ostdeutschlandforschung«. Er arbeitet freiberuflich als Wirtschaftsforscher in Berlin.

Editorische Notiz:

1. Anmerkungen sind in diesem Dokument auf zweierlei Art gekennzeichnet: Fußnoten sind mit Sternchen markiert. Endnoten wurden mit hochgestellten Nummern versehen. Sie finden sich in Form einer PDF-Datei unter der Adresse *www.rla-texte.de/china-marktwirtschaft*.
2. Alle Zitate wurden vom Verfasser in die deutsche Sprache übersetzt. Die Quellen sind über den Literaturnachweis auffindbar.
3. Eckige Klammern in Zitaten markieren Anmerkungen oder Ergänzungen des Autors [Rainer Land].
4. Die Recherchen wurden teilweise mit Unterstützung künstlicher Intelligenz durchgeführt und in jedem Fall von mir geprüft. Externe Quellen sind angegeben.

Inhalt

Vorwort

Das vorliegende Buch verfolgt zwei Anliegen. Einerseits geht es darum, die enorme Dynamik der volkswirtschaftlichen Entwicklung Chinas seit den 1980er Jahren besser zu verstehen. Zum anderen soll Schumpeters Theorie der wirtschaftlichen Entwicklung in Erinnerung gerufen werden,* und zwar in einer modernisierten, dem 21. Jahrhundert angemessenen Gestalt.

Beide Anliegen bedingen sich gegenseitig. Chinas wirtschaftliche Entwicklung kann mit Schumpeter sehr viel besser verstanden werden als mit neoklassischen oder keynesianischen Theorien.** Chinas Volkswirtschaft ist nicht einfach nur eine Marktwirtschaft, sondern ein Wirtschaftssystem, das systematisch darauf angelegt ist, *wirtschaftliche Entwicklung zu generieren und auch zu lenken*. Man könnte sagen, es ist fast eine ideale Realisierung von Schumpeters Theorie der wirtschaftlichen Entwicklung (vgl. Flassbeck 2024, Kapitel 5.3.3.).

Wirtschaftliche Entwicklung basiert nach Schumpeter auf der Implementation, Rekombination und Selektion von Innovationen, die nicht als deterministische Folgen gegenwärtiger Zustände, sondern als Entstehung von *Neuem*, neuen Produkten, neuen Verfahren und neuen Kombinationen gedacht werden müssen, die in ein gegebenes Wirtschaftssystem einbrechen, es aufbrechen und durcheinanderbringen. Das Neue geht einher mit der »schöpferischen Zerstörung« eines Teils der bisherigen Produktion. Diese Innovationen und die daran anschließenden Rekombinationen erfolgen, weil das geldschöpfungsfinanzierte Kreditsystem es ermöglicht, zunächst noch gebundene Ressourcen aus gegebenen Verwendungen herauszulösen und neuen Verwendungen zuzuführen. Die endlose und zunächst unbestimmte und unabsehbare Rekombination von grundlegenden Innovationen (Basisinnovationen) in vielen Tausenden und Millionen Folgeinnovationen und Rekombinationen selektiert neue Entwicklungspfade, wobei ein Teil der bisherigen Produktion wie auch ein Teil der versuchten Innovationen deklassiert wird. Dies führt zu einem zyklischen Verlauf aus Prosperität, Rezession, Depression und Er-

* Schumpeter 1912 und Schumpeter 1961, dort insbesondere Kapitel II und S. 234. »Was der Ökonomik als Wissenschaft [heute] genau wie damals fehlt, ist eine Theorie der Dynamik, die erklärt, ob und warum es inhärente Prozesse in der Wirtschaft gibt, die dafür sorgen, dass sich das System bewegt, seine gewohnten Bahnen immer und immer wieder verlässt, und weshalb es überhaupt in der Lage ist zu wachsen und damit die Lebensumstände vieler Menschen zu verbessern.« Schumpeter ist wichtiger als Keynes. (Flassbeck 2024, Kapitel 2.2.)

** Vgl. Keen (2024, S. 18ff.), Flassbeck (2024, Kapitel 2.2.). Weder Keynes noch die nach dem Zweiten Weltkrieg entstandenen modernisierten Varianten wie der oft als neoklassische-keynesianische Synthese bezeichnete Neokeynesianismus (Paul Samuelson, John Hicks, Alvin Hansen) und der in den 1980er Jahren entstandene Neukeynesianismus (Gregory Mankiw, David Romer, Oliver Blanchard) erklären wirtschaftliche Entwicklung. Allerdings hat Stefan Eich (2024) gezeigt, dass Keynes selbst in einigen Schriften im Ansatz durchaus offen war für ein evolutionäres Verständnis von Unbestimmtheit und »zukünftigen Möglichkeiten«.

holung, an die sich eine neue Innovationswelle anschließen kann. Anders als der neoklassische Mainstream glaubt, kehrt das Wirtschaftssystem aber nicht zum Gleichgewicht zurück. In der Erholung stabilisieren sich Reproduktionsprozesse und neue Proportionalitäten stellen sich ein. Es entsteht aber ein *strukturell verändertes* System. Nicht Schwankungen um ein Gleichgewicht, sondern wirtschaftliche Entwicklung ist das Ergebnis. Wirtschaftliche Dynamik kann daher nicht durch Wachstum beschrieben werden. Das Wachstumsparadigma und die falsche Wachstumstheorie – Wachstum sei Folge von mehr Kapital oder/und mehr Arbeit multipliziert mit dem exogenen Faktor »technischer Fortschritt«, der nicht erklärt, sondern einfach gesetzt wird – verstellen den Blick auf wirkliche Entwicklung. Es ist umgekehrt: Entwicklung ist der primäre und fundamentale Vorgang, Wachstum eine mögliche Folge und der abstrakte Ausdruck wirtschaftlicher Entwicklung.

Das chinesische Wirtschaftswunder erklärt sich daraus, dass intensiv an der Etablierung von Innovationsprozessen gearbeitet wurde, nachdem in den 1980er und 1990er Jahren die Grundstrukturen einer Marktwirtschaft und eines passenden Finanzsystems aufgebaut worden waren (nicht ohne Probleme und Krisen). Forschung und Entwicklung, Ausbau des Bildungssystems, Innovationszentren und selbstständig agierende Unternehmen sind die eine Seite. Das Finanzierungssystem, das systematisch kreditfinanzierte Innovationen und Infrastrukturprojekte ermöglicht, ist die andere Seite. Über das Finanzsystem, das Wissenschaftssystem und die Infrastrukturprojekte wird die wirtschaftliche Entwicklung gelenkt. Dabei wird selektiert, welche Entwicklungen gewollt sind und welche nicht. Das klappt nicht immer, aber offensichtlich oft genug.

Gelenkte Marktwirtschaft ist die *konstruktive Alternative zu einer zentralen Planwirtschaft*, bei der die staatlichen Verwaltungen den Betrieben vorgeben, was sie produzieren sollen, und dafür Ressourcen zuteilen. Zugleich ist sie auch eine *Alternative zur neoliberalen Vorstellung der »Freisetzung der Märkte«*. China gelang etwas, was in der UdSSR und den anderen RGW-Staaten misslang: der Übergang aus einer planwirtschaftlich organisierten nachholenden Entwicklung zu einer gelenkten Marktwirtschaft mit innovationsbasierter Dynamik. Aus den unselbstständigen Betrieben der zentralen Planwirtschaft wurden *Unternehmen*, staatliche wie private, sich selbst tragende und finanzierende Unternehmen, die eigenverantwortlich Innovationen versuchen, selektieren und so wirtschaftliche Entwicklung generieren. Dabei werden sie gelenkt von Rahmenbedingungen, dem überwiegend staatlichen Finanzsystem und den periodisch bzw. laufend aktualisierten Zielen, die in einem gesellschaftlichen Kommunikationsprozess ermittelt und staatlich festgelegt werden. Chinas Volkswirtschaft verbindet Schumpeters Modell wirtschaftlicher Entwicklung mit der Lenkung durch geteilte Ziele, einem Grundkonsens und entsprechenden Instrumenten wie Kreditlenkung, Innovations- und Infrastrukturprojekten, Industriepolitik, ökologischen Projekten und Stadtgestaltung.

Nicht der »Markt«, sondern die Gesellschaft bestimmt, welche Entwicklungen gewollt sind und welche nicht. Dies geschieht aber nicht durch starre Planvorgaben, sondern durch diskursive Prozesse, Kreditlenkung und Industriepolitik als Instrumente. Die Kommunistische Partei als Transformations- und Diskursorganisation ist die tragende Voraussetzung für die Erhaltung des Grundkonsenses aller wichtigen sozialen Gruppen und Schichten und die laufende Aktualisierung der geteilten Ziele der wirtschaftlichen wie auch der sozialen und ökologischen Entwicklung.

Sie ist eine Organisation, die Diskurs, Meritokratie und Diktatur kombiniert und eine dynamische Transformation durchsetzt. Das ist mit großen Chancen, Hoffnungen und hohen Risiken verbunden, erfährt aber den Umfragen zufolge hohe Zustimmung in der Bevölkerung.

Wirtschaftliche Entwicklung nach Schumpeter ist die Voraussetzung für die Gestaltbarkeit, die Möglichkeit der Lenkung von Entwicklung. Darin besteht der entscheidende Unterschied zur neoliberalen Marktideologie. Dazu gehört aber auch, dass das Finanzsystem und die Finanzmärkte der realwirtschaftlichen Entwicklung untergeordnet sind und unter Kontrolle bleiben. Regulierte Finanzmärkte sind eine unverzichtbare Voraussetzung gelenkter Entwicklung.

Ich habe versucht, Schumpeters Theorie an die Gegebenheiten des späten 20. und des 21. Jahrhunderts anzupassen. Ein erster Punkt betrifft die Wichtigkeit der *sekundären Welle*. Schumpeter hatte erkannt, dass sich an einen primären Innovationsschub (Basisinnovationen wie die Erfindung der Dampfmaschine und des Elektromotors oder die fordistische Massenproduktion) eine sekundäre Welle von Nachahmern und Anwendern anschließt (vgl. 1.2. in diesem Buch, insbesondere Punkt 7.). Aus meinen Forschungen (Land 1989 und 2010a) hat sich ergeben, dass die *sekundäre Welle* den *entscheidenden* volkswirtschaftlichen Produktivitätsschub bewirkt. Es geht dabei nicht so sehr um Nachahmer, sondern um die millionenfachen Anwendungen und Rekombinationen in der gesamten Volkswirtschaft. Diese ergeben sich zufällig, sind nicht determiniert und nicht vorhersehbar. Sie entstehen aus einem nahezu chaotischen Selektionsprozess. Das konnte man vermutlich erst in den Innovationsschüben erkennen, die nach dem Zweiten Weltkrieg stattfanden.

In der Zeit nach dem Zweiten Weltkrieg dominieren nämlich *systemische* Innovationswellen, die zunehmend von Organisationen (Konzernen mit Forschungs- und Entwicklungsabteilungen) und der volkswirtschaftlichen Verwertung und Kombination abhängen. Für Schumpeter war der einzelne Unternehmer, die kreative *Person,* die tragende Figur im Innovationsgeschehen. Die zunehmende Institutionalisierung und Bürokratisierung des Innovationsgeschehens in den großen Konzernen, den Banken und den Staatsbehörden sah er als Problem. »Die Leitung von Industrie und Handel würde eine Sache der gewöhnlichen Verwaltung, und das Personal würde unvermeidlich die Charakteristika einer Bürokratie annehmen«

(Schumpeter 2020, Kapitel 12). Diese Befürchtung hat sich nicht bewahrheitet. Die Organisation von Innovationen in kollektiven Forschungs- und Entwicklungsabteilungen und übergreifenden Netzwerken hat nach dem Zweiten Weltkrieg nicht zum Niedergang, sondern zu einer Beschleunigung des Innovationsgeschehens geführt, wenn auch zu anderen Verfahren und einem anderen Typ komplexer Innovationen, die für die fordistische Entwicklung, die Raumfahrt, die Elektronik oder die Digitalisierung typisch wurden. Vielleicht ist daher heute die sekundäre Welle ein teilweise organisierter Prozess. Allerdings sind Rekombinationen immer noch Zufallsergebnisse und können nie vollständig organisiert werden. Die Unbestimmtheit der Evolution ist unhintergehbar. Schumpeters Unternehmer, die kreative Person, die neue Kombinationen sucht, findet und umsetzt, bleibt bedeutend, aber weniger als Einzelner, sondern als Organisator von Kollektiven, Kooperationen und Kommunikationsnetzen.

Anders als Schumpeter dachte, ist eine zentrale Planwirtschaft kaum innovativ, weil gerade die Rekombinationseffekte der sekundären Welle nicht zentral geplant und organisiert werden können. Zwar vermochte man in den staatssozialistischen Planwirtschaften Basisinnovationen mittels zentraler Ressourcenzuweisungen zu implementieren, aber die fehlende oder zu schwache sekundäre Welle hatte zur Folge, dass die *volkswirtschaftlichen* Produktivitätseffekte ausblieben oder gering waren. Nur *eigenverantwortliche* und selbst entscheidende Unternehmen, egal ob in staatlichem oder privatem Eigentum, ermöglichen offene Such-, Rekombinations- und Selektionsprozesse, in deren Verlauf sich erst herausstellt, welche Innovationen erfolgreich sind und welche deklassiert werden. Diese Aufwertung der sekundären Welle ist keine Revision von Schumpeters Modell, aber eine Veränderung der Gewichte, die m. E. wesentlich ist für das Verständnis von komplexen und offenen Innovationsprozessen und die den nichtdeterministischen Charakter wirtschaftlicher Entwicklung unterstreicht.

Ein zweiter Punkt der Veränderung gegenüber Schumpeter betrifft die Preistheorie. Hier halte ich die Einbettung von Sraffas Preistheorie in »Warenproduktion mittels Waren« (1960, deutsch 1968 in Berlin, DDR, und 1976 in Frankfurt am Main) in eine zyklische Theorie der wirtschaftlichen Entwicklung für notwendig, auch wenn das in dem hier vorliegenden Buch nicht weiter ausgeführt werden kann (vgl. Ruben, Wagner 1980; Land 2014). Dabei geht es um die Tendenz zum Einpendeln von *Reproduktionspreisen* in der Erholungsphase, also bei der Reorganisation eines neuen Reproduktionssystems nach einem Innovationsschub. Mit der neoklassischen Preistheorie und dem Marginalismus kann man dies nicht erklären (vgl. Kurz 2002 und 2009). Schumpeter hat Sraffa zwar gekannt und geschätzt, aber Sraffas »Warenproduktion mittels Waren« erschien erst nach Schumpeters Tod. Schumpeter vertrat keine grundlegende Kritik der Grenznutzentheorie und hat auch keine auf die wechselseitigen Reproduktionszusammenhänge gegründete Preistheorie entworfen. Es bleibt sogar unklar, ob er dieses Problem überhaupt gesehen hat.

Eine dritte Veränderung betrifft die Gemeingüter. Schumpeter hat mit seiner Schrift über den Steuerstaat eine erste Grundlage für das Verständnis der Rolle des Staates bei der Produktion von Gemeingütern geschaffen (vgl. 1.4.3.3. in diesem Buch). In den Jahren und Jahrzehnten nach Schumpeters Tod hat sich die Gemeingüterproduktion stark ausgeweitet. Dazu gibt es soziologische, anthropologische und politologische Konzepte. Trotzdem fehlt meinem Eindruck nach bis heute eine konsistente *ökonomische* Theorie der Gemeingüter. Dem konnte ich in dem vorliegenden Buch nicht hinreichend abhelfen. Ich habe lediglich versucht, den Umfang, die Differenziertheit und die Bedeutung der Gemeingüterproduktion in modernen Marktwirtschaften zu skizzieren. Wie hängen die Gemeingüterproduktion und der unternehmerische Innovationsprozess zusammen? Wie wird die Reproduktion und Entwicklung von Gemeingütern reguliert, da es für Gemeingüter zwar Kosten, aber in der Regel keine Marktpreise gibt? Die Verfahren der Organisation und der Finanzierung verschiedener Gemeingüter scheinen ziemlich chaotisch, was verständlich ist, weil sie zu unterschiedlichen Zeiten, von Fall zu Fall, von Land zu Land und je nach politischer Konstellation auf andere Weise eingeführt wurden. Einige Gemeingüter werden durch staatliche Behörden, andere durch staatliche oder kommunale Unternehmen und wieder andere durch private Unternehmen hergestellt. Ein großer Teil wird durch allgemeine Steuern, Abgaben oder Beiträge finanziert, andere durch Gebühren der Nutzer, ein weiterer Teil anteilig durch Marktpreise – was eigentlich dem Gemeingutcharakter widerspricht. Ein konsistentes Modell dafür steht aus. Immerhin konnte ich durch die Differenzierung der Sach- und Geldkreisläufe (1.4.2. in diesem Buch) ein Bild der komplexen Reproduktionszusammenhänge einer modernen Marktwirtschaft zeichnen, das funktional unterschiedene Kreisläufe von Gemeingütern einschließt: allgemeine Gemeingüter, Gemeingüter im Kreislauf der Lohnarbeit und ökologische Gemeingüter.

Ein vierter Aspekt betrifft die wirtschaftliche Entwicklung im Finanzmarktkapitalismus. Man kann die Entwicklung nach den 1980er Jahren und insbesondere die nach 2007 nicht verstehen, ohne die Verselbstständigung des Finanzsystems und der Finanzmärkte gegen die Realwirtschaft in den Blick zu nehmen (1.4.6. in diesem Buch, vgl. auch Schulmeister, 2018; Windolf 2005; Varoufakis 2012; Hudson 2003 und 2016). Schumpeter konnte zwar erste Formen dieser Verselbstständigung der spekulativen Verwertung von Finanzkapital im späten 19. und frühen 20. Jahrhundert mitbekommen, nicht aber die systematische Ausweitung dieser Sphäre und die Subsumtion der Realwirtschaft nach 1980.

Die skizzierten Ansätze zur Weiterentwicklung der Schumpeterschen Theorie wirtschaftlicher Entwicklung sind aus der Perspektive der Systematik erarbeitet. Sie ließen sich womöglich erweitern. Davon zu unterscheiden ist die Perspektive der Wissenschaftsgeschichte, also der Bezug auf Vorläufer, Zeitgenossen, die Rezeption Schumpeters und die daraus zu ziehenden Folgerungen. Letzteres ist nicht mein

Anliegen. Mir geht es nur um die Frage, welche Aspekte der wirtschaftlichen Entwicklung im späten 20. und frühen 21. Jahrhundert in eine modernisierte Theorie der wirtschaftlichen Entwicklung aufgenommen werden müssten.

Mein Dank für Unterstützung gilt Michael Brie, Lutz Kirschner, dem *Makroskop*-Team und der Lektorin Isabell Kieser.

Berlin, im März 2025
Rainer Land

1. Was ist eine gelenkte Marktwirtschaft?

1.1 Marktwirtschaft und Planwirtschaft

Die Grundlage für den einzigartigen wirtschaftlichen Aufstieg Chinas in den vergangenen 30 bis 40 Jahren ist ein *Regime wirtschaftlicher Entwicklung*,[1] das ich als »*gelenkte Marktwirtschaft*« bezeichne. Der Terminus »gelenkte Marktwirtschaft« soll den Unterschied (1) zu »zentraler Planwirtschaft«, (2) zu »freier« oder auch (3) »regulierter Marktwirtschaft« ausdrücken. Auf alle Begriffe gehe ich später noch ein.

Was bezeichnet der Terminus *Planwirtschaft in diesem Text?* Es gibt viele Arten von Plänen. Jeder Betrieb und jedes Unternehmen, aber auch staatliche Verwaltungen verwenden *Pläne*, mit denen sie ihre laufenden Arbeiten organisieren. Genauso machen private Haushalte zuweilen Pläne, um ihre Einnahmen und Ausgaben zu kontrollieren oder langfristige Anschaffungen vorzubereiten. *Planwirtschaft* soll hier im Unterschied zu betrieblicher oder häuslicher Planung als ein System *der Steuerung einer Volkswirtschaft* bezeichnet werden. Drei Kriterien sind ausschlaggebend: 1. zentrale und verbindliche **Allokation von Ressourcen** und **Vergabe von Produktionsaufträgen** an **unselbstständige Betriebe** durch staatliche **Planungsbehörden**. 2. Die Planungsbehörde präformiert die Beziehungen der Betriebe untereinander durch **Verflechtungsbilanzen**. 3. Die **Preise** für Produktionsmittel, Konsumtionsmittel und die Löhne werden durch **staatliche Behörden administrativ festgelegt**.

Ich plädiere dafür, Planwirtschaft und Marktwirtschaft terminologisch klar abzugrenzen. In einer Marktwirtschaft erfolgt die *Allokation von Ressourcen auf Märkten* für Produktionsmittel und Konsumgüter. Dies setzt *autonom* handlungsfähige, eigenverantwortliche Unternehmen voraus, die über ihr Angebot und ihre Nachfrage, ihre Produktionspalette und über Innovationen und Investitionen innerhalb gegebener Rahmenbedingungen selbstständig entscheiden können – jedenfalls im Prinzip. Die Preise werden auf Märkten durch Verhandlungen zwischen Marktakteuren gebildet, Grundlage sind Angebot und Nachfrage. Es besteht Handlungsfreiheit innerhalb allgemein geltender Rahmenbedingungen und Gesetze, die für alle Betriebe in gleicher Weise gelten. Das gilt auch für Unternehmen im Staatseigentum. Direkte staatliche Eingriffe in einzelne Unternehmens*entscheidungen* sind die Ausnahme und bedürfen besonderer Rechtfertigung. Im Normalfall werden auf Märkten *Reproduktionspreise*[*] gebildet. Sie enthalten (1) die laufenden Kosten, das sind verbrauchte Produktionsmittel inklusive Abschreibung für mehrjährig genutzte Anlagegüter (Gebäude, Anlagen, Maschinen, erworbene Patente), also das fixe

* Der Preis, der die Reproduktion der verbrauchten Produktionsbedingungen gewährleistet.

1 Diese und alle weiteren nummerierten Endnoten weisen auf Texte bzw. Grafiken hin, die hier einsehbar sind: www.rla-texte.de/china-marktwirtschaft

und das zirkulierende konstante Kapital in Marx' Terminologie, (2) die Lohnkosten einschließlich der Lohnnebenkosten, (3) die Kosten für Steuern und Abgaben sowie (4) Kreditkosten und (5) einen kalkulatorischen Gewinn, der sich am durchschnittlichen Gewinn in der Volkswirtschaft orientiert. Reproduktionspreise ermöglichen exakt den Ersatz (Reproduktion) des vorgeschossenen Kapitals. Wie Reproduktionspreise durch die Interaktionen von Anbietern und Nachfragern entstehen und warum Marktpreise unter normalen Wettbewerbsbedingungen durchschnittlich den Reproduktionspreisen entsprechen (müssen), wird in Abschnitt 1.4.2. ausführlicher dargestellt. Bei verzerrtem Wettbewerb und bei Monopolen oder Oligopolen weichen die Marktpreise von den Reproduktionspreisen ab.

In einer *zentralen Planwirtschaft* erfolgt die Ressourcenallokation hingegen über eine Planungsbehörde (oder ein hierarchisches System solcher Behörden), die den Betrieben *Ressourcen zuweist* (Produktionsmittel, Rohstoffe, Energie, Arbeitskräfte) und *Produktionsaufträge erteilt*. Diese direktive Planung ist verbindlich. Der Zusammenhang der Betriebe in einem solchen Wirtschaftssystem wird über *Verflechtungsbilanzen* (wer liefert wem was und wann) geplant und organisiert. Die *Preise für alle wichtigen Ressourcen werden zentral festgelegt.*

Soweit der grundsätzliche Unterschied. Nun gibt es Marktwirtschaften, bei denen die Ressourcenallokation über Märkte erfolgt, aber zusätzliche Regularien oder Lenkungsinstrumente bestehen, die die Marktprozesse beeinflussen. Dazu können auch indikative Volkswirtschaftspläne gehören wie die seit 1990 geltenden Fünfjahrpläne bzw. Fünfjahresprogramme in der Volksrepublik China. Auch hier handelt es sich um Marktwirtschaften, sofern die indirekte Lenkung durch Rahmenbedingungen und Instrumente wie Kreditlenkung, Subventionen, Steuern oder Abgaben erfolgt ohne direkten Eingriff in einzelne Betriebe und die betriebliche Ressourcenallokation. Genauso ist es, wenn staatliche Behörden von Unternehmen Produkte und Leistungen kaufen und dazu Aufträge erteilen, die in marktwirtschaftlichen Verfahren ausgehandelt werden, sofern alle Unternehmen unter gleichen Rahmenbedingungen handeln. Es mag Ausnahmen geben: Aufträge an Rüstungsbetriebe, besondere Infrastrukturmaßnahmen. Sofern aber der überwiegende Teil der Produktion von Gütern und Dienstleistungen über Märkte vermittelt wird und die Preisbildung überwiegend auf Märkten erfolgt, handelt es sich um Marktwirtschaften.

Weil Märkte die grundlegenden Allokationsverfahren sind, benutze ich den Terminus »*Marktwirtschaft*«, aber je nach Regulations- und Lenkungsverfahren nenne ich sie dann *regulierte* oder *gelenkte Marktwirtschaften*. Völlig unregulierte »freie« Marktwirtschaften gibt es praktisch nicht. Milanović schreibt mit Verweis auf Polanyi:

> »Marktwirtschaft, definiert als eine Wirtschaft, die vollständig von Warenpreisen abhängt, einschließlich marktbestimmter Preise für die Produktionsfaktoren Arbeit,

> Land und Geld (die Polanyi als »fiktive Waren« bezeichnet), ist ein Ding der Unmöglichkeit. Sie ist in der Praxis unmöglich, weil eine solche Wirtschaft die Gesellschaft vernichten würde. ...
> Die wirkliche Verteidigung gegen den Markt kam mit der faktischen Befreiung von der Marktpreisbestimmung für Arbeit (Löhne), Land und Geld. Die Löhne wurden (zur Zeit, als Polanyi schrieb, in den frühen 1940er Jahren in Großbritannien) durch Verhandlungen zwischen Gewerkschaften und Arbeitgebern geregelt; die Bodennutzung unterliegt einer zunehmenden öffentlichen Kontrolle und Aufsicht; der Geldpreis wird von der Zentralbank reguliert. Polanyi behauptet also, dass die Marktwirtschaft in die Gesellschaft ›eingebettet‹ sein muss (ein berühmter Terminus) und dass die Einkommen (Preise der Produktionsfaktoren) von der vollständigen Marktbestimmung ausgenommen werden müssen.« (Milanović 2024, Hervorhebung rla)

Im heutigen Finanzmarktkapitalismus sind viele Märkte, vor allem Finanzmärkte, nur wenig reguliert, vor allem aber folgen sie den Interessen der Finanzmarktlobby und die Regulation besteht in gezielter Deregulation des Finanzsystems. Gelenkte kapitalistische Marktwirtschaften gab es im Managerkapitalismus der Kriegs- und Nachkriegsjahre in den USA und Westeuropa bis Anfang der 1970er Jahre, in Japan bis in die 1980er Jahre. Heute sind wohl nur China und Vietnam gelenkte Marktwirtschaften. Doch dazu später ausführlich.

*Tabelle 1: Koordinierung der Volkswirtschaft in Plan- und Marktwirtschaft**

Marktwirtschaft	**Planwirtschaft**
• Autonome Wirtschaftssubjekte (Betriebe, Haushalte) entscheiden über Produktion, Innovationen und Investitionen.	• Betriebe sind keine Wirtschafts*subjekte*, sondern unselbstständige Einheiten, die nach vorgegebenem Auftrag arbeiten.
• Wirtschaftssubjekte kaufen benötigte Ressourcen und verkaufen Produkte auf Märkten, haben eine jeweils eigene Wirtschaftsrechnung und müssen die Mittel für ihre Reproduktion selbst erwirtschaften.	• Zentrale Planungsbehörde teilt Ressourcen zu (Produktionsmittel, Arbeitskräfte, Ressourcen) und erteilt Produktionsaufträge.
• Volkswirtschaftliche Koordination erfolgt laufend durch die Akteure selbst mittels Vergleich von Angebot und Nachfrage auf Märkten über die Preisbildung.	• Volkswirtschaftliche Zusammenhänge und Austauschprozesse werden durch Verflechtungsbilanzen simuliert und zentral organisiert.
• Preisbildung auf dem Markt. Angebot und Nachfrage auf der Basis von Reproduktionskosten. Jedes Wirtschaftssubjekt muss für den Verkauf seiner Produkte mindestens so viel erlösen, wie der Kauf der Produktionsbedingungen kostet (Produktionsmittel inkl. Naturressourcen** und Arbeitskräfte), und ggf. einen Überschuss (Gemeingüterabgaben, Steuern, Akkumulation).	• Preise werden durch eine Behörde festgelegt. Administrativ festgelegte Preise sollen Marktbedingungen (Angebot und Nachfrage) und administrierte Anreize (sog. ökonomische Hebel) simulieren.
• Innovationen werden durch Kreditschöpfung finanziert (Unternehmer, Banken).	• Innovationen werden durch besondere Ressourcenzuweisungen der Planungszentrale ermöglicht und angewiesen.
• Finanzkreisläufe, Kreditgeldschöpfung und Kapitaldemission regulieren die sachlichen Reproduktionskreisläufe.	• Finanzen sind sekundär, simulieren Wirtschaftlichkeit. Eine volkswirtschaftlich korrekte Ermittlung von Kosten und Erträgen ist nicht möglich.
	• Dysfunktionalitäten werden durch informelle Verfahren kompensiert, was aber die korrekte Ermittlung von Kosten, Erträgen und Wirtschaftlichkeit ausschließt.

* Grundsätzlich anders sind die Allokationsverfahren bei der Produktion von Gemeingütern zu beurteilen. Dazu mehr in Teil 1.4.3.3.

** Naturressourcen sind definiert in der Anhangsdatei bei Abbildung 5.

Manche Autoren bezeichnen regulierte oder gelenkte Marktwirtschaften oder Planwirtschaften mit Marktelementen als Mischsysteme oder als Planwirtschaften, weil es Pläne gibt. Auf den ersten Blick scheint diese Bezeichnung nachvollziehbar. Sie umgeht aber die Frage nach dem *zentralen Allokationsverfahren*. Was ist die Grundlage der volkswirtschaftlichen Koordination? Märkte oder die Administration? Die Existenz von Plänen ist kein hinreichendes Kriterium für die Unterscheidung von Plan- und Marktwirtschaften, wohl aber das dominante Allokationsverfahren.

Beispielsweise werden die französische Planifikation[2] und die französische Wirtschaftsplanung der 1960er und 1970er Jahre zuweilen als Planwirtschaften oder als gemischte Systeme behandelt. Elmar Altvater spricht von einer eigenartigen Mischung von Markt und Plan seit 1947, die ein »Wirtschaftswunder« zum Ergebnis hatte (vgl. Altvater 1965, S. 25). Ähnliche Mischformen werden auch für Jugoslawien oder für bestimmte Versuche der Reorganisation sozialistischer Wirtschaftssysteme konstatiert, so für die Neue Ökonomische Politik in der UdSSR (1921–1929), das Neue Ökonomische System der DDR (1963 beschlossen, aber nie vollständig umgesetzt) oder die von Ota Šik für die ČSSR in den 1960er Jahren konzipierte *Sozialistische Marktwirtschaft*. Nach meiner Terminologie war die französische Planifikation immer eine Marktwirtschaft, eine *gelenkte* Marktwirtschaft: Das zentrale Allokationsverfahren war der Markt, die Preise wurden nicht administriert. Die niemals vollständig umgesetzten Wirtschaftsreformen der UdSSR (Kossygin-Reformen 1965)[3] oder das Neue Ökonomische System in der DDR waren Planwirtschaften, die durch Marktelemente ergänzt wurden oder werden sollten. Ob daraus jemals *gelenkte Marktwirtschaften* geworden wären, kann man heute nicht mehr entscheiden, diese Experimente wurden abgebrochen, bevor es erkennbar wurde.

> »Es ist ... das Wesen der französischen Planifikation, dass die Planung nur ›indikativ‹ ist, d. h. dass die letzten Willensentscheidungen bei den Unternehmen liegen, die nicht zur Planerfüllung gezwungen werden können.« (Altvater 1965, S. 26)

Roesler geht terminologisch den umgekehrten Weg, er unterscheidet »die administrative Planwirtschaft sowjetischen Typs« von der »alternativen Planwirtschaft« (Roesler 2010, S. 170) und konstatiert zwei unterschiedliche Varianten einer Mixed Economy, je nachdem ob die »kapitalistischen oder sozialistischen Eigentums- und Regulierungsformen« (S. 171) dominierten. Meines Erachtens gibt es einen grundlegenden Unterschied. Auf der einen Seite erfolgen die Ressourcenallokation administrativ, die Betriebe erhalten verbindliche Produktionsaufträge und Ressourcenzuweisungen, während Marktmechanismen oder Märkte simulierende »Anreizsysteme« (in der DDR »ökonomische Hebel« genannt) nur ergänzend eingesetzt werden. Das würde ich Planwirtschaft mit Marktelementen nennen. Im anderen Fall sind Märkte der entscheidende Allokationsrahmen: Die Betriebe entscheiden selbst über ihre Produktion, kaufen Ressourcen eigenverantwortlich ein, wobei diese Marktwirtschaft nur durch Kreditlenkung, Industriepolitik und Rahmenbedingungen erweitert und geformt wird, ohne die Autonomie und Handlungsfreiheit der Unternehmen aufzuheben.

Beides könnte als »Mixed Economy« bezeichnet werden, der wesentliche Unterschied wird dabei allerdings verdeckt. In dem einen Fall handelt es sich in meiner Terminologie um eine administrative Planwirtschaft mit Marktelementen, im anderen um eine gelenkte Marktwirtschaft, was keinesfalls dasselbe ist. In einer gelenkten Marktwirtschaft sind die Betriebe selbst die Subjekte ihrer Innovations- und Investitionsstrategie und entscheiden selbst, wie sie sich unter Voraussetzung von Gesetzen und in gegebenen Rahmenbedingungen verhalten wollen. In einer Planwirtschaft sind die Betriebe unselbstständig, Subjekt des Wirtschaftsprozesses ist die Planungsadministration, die Handlungsmöglichkeiten der Betriebe beschränken sich darauf, die Vorgaben so oder anders zu erfüllen. Faktisch besteht natürlich eine kleine informelle Handlungsfreiheit darin, Planvorgaben zu umgehen und benötigte Ressourcen auf Schwarzmärkten zu beschaffen (vgl. Land 1992).

Ich möchte den Terminus *Planwirtschaft* nur für Regulationsregime verwenden, in denen die administrative Ressourcenallokation der grundlegende volkswirtschaftliche Koordinationsmechanismus ist. Dies entspricht weitgehend der Definition von *Zentralverwaltungswirtschaft*.[4] Wenn hingegen das entscheidende Allokationsverfahren der Handel auf Märkten ist und wenn Preise überwiegend auf Märkten ausgehandelt werden, dann nutze ich den Terminus *Marktwirtschaft*, ergänzt durch die Spezifizierung *regulierte* oder *gelenkte* Marktwirtschaft. Von *deregulierten* Märkten rede ich, wenn ursprünglich regulierte Märkte selektiv dereguliert wurden wie im heutigen Finanzmarktkapitalismus. Auch dies sind keine völlig freien Märkte, sie sind selektiv dereguliert im Interesse bestimmter Kapitalfraktionen, z. B. um einen Billiglohnsektor zu schaffen oder Finanzspekulationen zu ermöglichen. Dazu später mehr.

Im Folgenden soll zunächst etwas zur Funktionsfähigkeit einer zentralen Planwirtschaft gesagt werden (Abschnitt 1.3.). Anschließend geht es um die Unterscheidung zwischen freier, regulierter und gelenkter Marktwirtschaft und um die Funktionsweise einer gelenkten Marktwirtschaft (Abschnitte 1.4. und 1.5.). Zunächst muss aber eine grundlegende Voraussetzung geklärt werden: Viele Diskussionen betrachten nur die Koordination der volkswirtschaftlichen *Reproduktion*, also die wechselseitigen Beziehungen der Unternehmen untereinander und zu den Haushalten und den staatlichen Organisationen unter den Bedingungen eines proportionalen Wirtschaftsprozesses. Dabei werden auch Wachstum und Akkumulation modelliert, aber eben nur quantitativ. Es geht um eine proportionale Zunahme der Inputs und Outputs bzw. das Wachstum des eingesetzten Kapitals.

Wirtschaftliche Entwicklung – im Sinne Schumpeters (1912 und 1939/1961) – wird kaum betrachtet und in der Regel nicht verstanden. Tatsächlich aber sind

m. E. nicht Wachstum und Kapitalakkumulation die zentralen Prozesse moderner Volkswirtschaften, sondern die *wirtschaftliche Entwicklung*. Wie wird Entwicklung generiert, *was ist Entwicklung im Unterschied zu Wachstum* (vgl. Land 2011)? Leider wird Schumpeters Theorie der wirtschaftlichen Entwicklung bis heute zu wenig beachtet, die Mehrheit benutzt Gleichgewichts- und Wachstumstheorien. Eine der wichtigen Ausnahmen sind Heiner Flassbeck und Friederike Spiecker (vgl. insbesondere Flassbeck 2024).

1.2 Wirtschaftliche Entwicklung

In den 1920er Jahren gab es eine erste Debatte über die Wirtschaftsrechnung im Sozialismus. Ludwig von Mises (1920) versuchte nachzuweisen, dass Planwirtschaft wegen des fehlenden Marktmechanismus und mangelhafter Informationen über Kosten und Preise nicht bzw. nicht effektiv funktionieren könne. Oskar Lange (1969) und Abba Lerner (1943, 1951) entwickelten dagegen ein Modell, das zeigen sollte, dass korrekte Preise auch durch eine Planungsbehörde berechnet und Marktpreise simuliert werden können. Diese Debatte soll hier nicht im Detail referiert werden, im Kern wurden und werden bis heute aber folgende Argumente gegen die Planwirtschaft angeführt:

- Nur durch finanzielle Gewinne kann der »Homo economicus« motiviert werden. Das ist falsch, denn vormoderne Produktionsweisen zeigten, dass auch Anerkennung, Macht und einfach Neugier und Erfindergeist zu nützlichen Handlungen motivieren. Zudem kann auch der Erfolg großer Unternehmen nicht auf das Gewinnstreben einzelner Personen zurückgeführt werden. Vielmehr sind es systemische Strukturen und Rückkopplungen, die deren Dynamik erzeugen.
- Die Vielzahl der für eine Koordination erforderlichen Daten kann von einer Behörde nicht erfasst und berechnet werden. Das war früher vielleicht berechtigt, aber heute sind automatische Datenerfassung und Berechnung kein wirkliches Problem.
- Ohne Märkte können keine korrekten Preise ermittelt werden. Im Kern ein richtiges Argument. Aber: In einem Gleichgewichtszustand (Angebot und Nachfrage entsprechen sich für alle Güter) könnte mit der Theorie von Sraffa* ein

* Piero Sraffa (1960) entwickelte eine *reproduktionstheoretische* Preistheorie. Vgl. auch Ruben/Wagner 1980, Land (2014), Kurz (2002 und 2009). Hier werden die Preise in ihrer Funktion in der Reproduktion eines Wirtschaftssystems betrachtet. Kurz (2002: 346) schreibt: »Während jedoch Marx einen arbeitswerttheoretischen Ansatz wählt, liefert Sraffas Beitrag implizit den Nachweis, dass der Marxsche Ansatz insoweit nicht trägt. Sraffas explizite Kritik an Marshall (Sraffa 1925 und 1926) zeigt, dass im Allgemeinen die von Marshall entwickelte Methode des partiellen Gleichgewichts nicht haltbar ist. Ungleich bedeutender ist indes der in Sraffa (1960) implizit geführte Nachweis, dass der angebots- und nachfragetheoretische Ansatz als solcher – und nicht bloß seine partialanalytische Variante – außerstande ist, Einkommensverteilung und relative Preise in der langen Frist zu bestimmen. Es

System von Reproduktionspreisen* berechnet werden. Solche Preise sind nur bei konstanten Proportionen berechenbar. Innovationen unterlaufen aber das bestehende System von Preisen (daher entstehen außerordentliche Extragewinne und Extraverluste), bis es dann in einer Anpassungsphase zu einem revidierten Preissystem kommt. Nähern sich Angebote und Nachfragen für die Waren nach einen Innovationsschub wieder an, entsprechen die Marktpreise näherungsweise *nunmehr veränderten* Reproduktionspreisen. Planwirtschaft müsste also *auch den Verstoß gegen Wertgesetz und Gleichgewicht* zulassen und vorhersagen bzw. sogar anstoßen. Genau diese Übergänge vom Gleichgewicht ins Ungleichgewicht sind aber nicht determiniert, also nicht planbar.

- In einem Planwirtschaftssystem können keine Innovationen implementiert werden, weil diese von der Unternehmerfunktion abhängen (z. B. Huerta de Soto 2013). Im Kern ist dieses Argument m. E. richtig. Allerdings muss man differenzieren. Einzelne Innovationen können auch durch Anweisungen einer Planungsbehörde implementiert werden. So dachte auch Schumpeter. Was aber nicht funktioniert, ist der Prozess der Rekombination und Selektion. Planung ist nur möglich bei deterministischen Prozessen.

Lange Zeit wurde das Koordinationsproblem von Volkswirtschaften an Gleichgewichtsmodellen modelliert. Wird ein volkswirtschaftlicher Zusammenhang vieler Betriebe fortlaufend identisch reproduziert, so werden die gleichen Produktions-, Konsumtion- und Austauschprozesse regelmäßig wiederholt. Ein solches System kann sowohl über Märkte als auch durch eine zentrale Planungsbehörde korrekt organisiert und reproduziert werden. Das gilt auch für einfache lineare Wachstumsprozesse, wenn also alle Produktionsprozesse gleichmäßig um den gleichen Betrag zunehmen und damit auch alle benötigten Ressourcen und alle produzierten Waren und Dienstleistungen. Auch langsame Proportionsverschiebungen können in ein solches Modell integriert werden, wenn z. B. Betonbau schneller wächst als Holzbau. Es muss nur klar sein, dass Wachstum dieser Art endlich ist, weil die Mengen

---

zeigt sich somit, dass sowohl die Marxsche als auch die Marshallsche Theorie wegen je spezifischer logischer Mängel zu verwerfen sind.«

* Zur Definition von Reproduktionspreisen siehe Abschnitt 1.1. In einem idealen proportionalen Zustand (Sraffas Modell) entsprechen alle Preise den Kosten der zu ihrer Reproduktion benötigten Ressourcen, ein Überschuss wird gleichmäßig verteilt (gleiche Profitraten) bzw. ganz oder teilweise vom Staat abgeschöpft und für die Gemeingüterproduktion eingesetzt. Dieser ideale Zustand schließt Monopole aus, ebenso Innovationen, und ist in diesem Sinne unrealistisch. Aber mit dem Modell kann der Reproduktionsaspekt abstrakt abgebildet werden, also ein notwendiges Moment jedes Wirtschaftssystems. Weil Gemeingüter in der Regel nicht durch Verkauf an die Nutzer refinanziert werden, muss ihre Reproduktion durch staatliche Organisationen oder vom Staat beauftragte Privatunternehmen erfolgen und mit Steuern und Abgaben finanziert werden. Steuern und Abgaben sind betrieblich Teil des Überschusses (Mehrwert), volkswirtschaftlich hingegen Gemeinkosten. Vgl. 1.4.3.3. Die private Aneignung von Profit zum Zwecke der privaten Vermögensbildung (Geld- und Finanzanlagen) oder der Luxuskonsumtion bildet die zweite und dritte Dimension der Herrschaft des Kapitals (siehe Abschnitt 5.).

an bestimmten Naturressourcen, benötigten Rohstoffen oder auch Arbeitskräften nicht endlos wachsen können. Wachstum in *gegebener* Qualität ist immer endlich. Auf dieser Prämisse beruht die Wachstumskritik. *Entwicklung dagegen ist endlos.* Erst Innovation, also Veränderung der Qualität von Verfahren, Produkten und Produktionsmitteln kann die Wachstumsschranke überwinden, dabei entstehen Folgen aneinander anschließender Entwicklungen.

Eine moderne Kapitalverwertungswirtschaft ist ein dynamisches System, der grundlegende Prozess ist nicht Wachstum, sondern *wirtschaftliche Entwicklung*. Das ist die entscheidende wirtschaftswissenschaftliche Prämisse Schumpeters, die leider weder von der Mainstream-Wachstumsökonomie noch von der Postwachstumskritik verstanden und gewürdigt wird. Entwicklung besteht in der **Entdeckung bzw. Erfindung** und der **selektiven Durchsetzung neuer Produktionsfunktionen**,[5] **neuer Produkte und Verfahren**, die mit neuen Produktionsmitteln, Arbeitsweisen und Erkenntnissen verbunden sind. Wachstum ist eine mögliche, aber keine notwendige Folge von Entwicklung. Es gibt auch Entwicklung ohne Wachstum bzw. bei sinkendem Aufwand von Ressourcen und Arbeitsstunden.

In der Mainstream-Ökonomie sind Wachstumsmodelle zentral und technischer Fortschritt erscheint als Wachstumsfaktor neben zusätzlichem Kapital oder zusätzlicher Arbeit. Man versucht, Entwicklung mit einem Wachstumsmodell zu simulieren. Das hat auch damit zu tun, dass Wachstum mathematisch modellierbar ist, Entwicklung aber nicht (oder nur in Teilaspekten), weil sich die Elemente des Wirtschaftssystems dabei qualitativ ändern. Da aber im Zentrum mathematisch formulierter ökonomischer Theorien in der Regel Gleichgewichts- und Wachstumsmodelle stehen, bleibt die Analyse wirtschaftlicher Entwicklung im Mainstream unklar und marginal.

Die Ausnahme ist Schumpeter und die kleine Gefolgschaft von Wirtschaftswissenschaftlern, die an die *Theorie wirtschaftlicher Entwicklung* (1912), die *Konjunkturzyklen* (1936 engl., 1961 deutsch) und andere Schriften anknüpfen. Schumpeter schreibt: »Kapitalismus ist jene Form privater Eigentumswirtschaft, in der Innovationen mittels geliehenen Geldes durchgeführt werden, was im allgemeinen ... Kreditschöpfung voraussetzt« (1961, S. 234).

Schumpeter beschreibt für die wirtschaftliche Entwicklung im Zuge von Innovationen mehrere Schritte:

- Innovationen sind *Aufstellung und Durchsetzung neuer Produktionsfunktionen*, verbunden mit veränderten Produktionsmitteln, Produkten und Verfahren.
- Der erste Schritt, die *Invention* (Erfindung), beinhaltet die *Aufstellung* einer neuen Produktionsfunktion (eines neuen Verfahrens mit neuen Produkten und ggf. veränderten Produktionsmitteln). Inventionen sind in Schumpeters Theorie *exogen*, d. h. sie werden von Unternehmern oder vermittelt über Unternehmer in das Wirtschaftssystem eingetragen. Eine Theorie der Invention hat Schumpeter nicht vorgelegt. Sie erscheinen als Kreationen schöpferischer Personen.

Die Quelle einer Invention ist vorausgesetzt; woher die Idee für ein neues Verfahren oder ein neues Produkt stammt, bleibt unerklärt.*

- Davon zu unterscheiden ist die *Innovation*, die wirtschaftliche Durchsetzung einer Invention in Form neuer Produktionsverfahren bzw. neuer Produkte. Innovationen sind *wirtschaftliche* Vorgänge. Innovationen umfassen die *Verbreitung, Selektion und Rekombination* von Inventionen. Dabei handelt es sich um Vorgänge im Wirtschaftssystem, die vom Handeln wirtschaftlicher Akteure – der Unternehmer, Ingenieure, Arbeitskräfte und der Nutzer, der Anwender und Konsumenten – neuer Produktions- oder Konsummittel abhängen. **Erst mit der Verbreitung Rekombination und Durchsetzung wird aus der Invention eine Innovation.** Viele Inventionen scheitern, teilweise schon beim Start, teilweise später, ggf. auch nach einer anfänglich erfolgreichen Verbreitung. Die Bedeutung einer Innovation hängt von einer potenziell endlosen Zahl von Rekombinationen ab. Dieser Prozess ist nicht deterministisch, sondern evolutionär und nicht vorhersehbar.
- Setzt sich eine Innovation durch, so sind viele andere Produktionsprozesse betroffen, wenn sie die *Produktionsmittel* für den neuen Prozess liefern sollen oder dessen Produkte selbst als neue Produktionsmittel einsetzen. Das gesamte Produktions- und Austauschsystem ändert sich nach und nach. Beispiele sind die Einführung des Elektromotors, der Kunststoffe, der Digitalisierung und der Internetplattformen. Solche Innovationen führen in der Regel zur Deklassierung vorhandener Verfahren, Produkte und Leistungen. Schumpeter nennt dies *schöpferische Zerstörung*. Diese Prozesse sind kaum mathematisch modellierbar, da auch sie nicht vorhersehbar sind.
- Verändern sich die Produktionsfunktionen für *Konsumgüter*, so ist zunächst die Reproduktion der privaten Haushalte betroffen. Gegebenenfalls ändern sich die Reproduktionskosten der Arbeitskraft und die Verwendung des Lohns. In der zweiten Hälfte des 20. Jahrhunderts sind es aber vor allem technische Konsumgüter, die den volkswirtschaftlichen Zusammenhang ändern: Kühlschränke, Waschmaschinen, Kraftfahrzeuge und aufwendig gestaltete Wohnungen und

* Ich gehe davon aus, dass Inventionen durch die *Aneignung und Rekombination von (neuen) Naturprozessen* entstehen (vgl. Land 1985 und 2016). In der Moderne sind empirische und theoretische Naturforschung die Grundlage von Inventionen, also von neuen Technologien, Materialien und Produkten. Die Erweiterung der wissenschaftlich bekannten und nutzbaren Naturprozesse und deren endlose Rekombination ist die Grundlage für Inventionen. Es sind keine Kreationen aus dem Nichts, sondern Ergebnisse von *Suchprozessen*, Naturforschung – in der Moderne von *organisierten Suchprozessen*, experimenteller, empirisch und theoretischer Forschung. Ein Erfindung beruht auf der Entdeckung eines neuen Naturprozesses oder einer neuen Kombination von Naturprozessen, z. B. neuer mechanischer oder chemischer Wechselwirkungen, oder von Kombinationen, die beispielsweise einem chemischen Reaktor oder einem elektronischen Schaltkreis zugrunde liegen. Die Nutzung eines neuen Naturprozesses ist ein Schluss (im Sinne Hegels) von einem bereits angeeigneten Naturprozess auf einen neuen Naturprozess über den Funktionswechsel der Produktions- bzw. der Erkenntnismittel (der Experimentieranlage). Die neue Idee ist Ergebnis eines materiellen Suchprozesses.

Häuser. Dabei ändert sich die gesamte Struktur durch viele Zulieferer und Serviceleistungen, komplexe Rekombinations- und Selektionsprozesse verändern das Volkswirtschaftssystem.

- In Schumpeters Theorie ist besonders bedeutsam, wie Innovationen zustande kommen. Unternehmer sind die Akteure, die versuchen, Innovationen zu implementieren und durchzusetzen. Manchmal sind sie gleichzeitig auch die Erfinder, aber nicht notwendigerweise. Dieser Versuch, eine Neuerung wirtschaftlich durchzusetzen, charakterisiert Unternehmer. Schumpeter geht davon aus, dass Unternehmer nicht oder nur teilweise über die Ressourcen verfügen, die zur Implementation, Durchsetzung und Verbreitung einer Innovation nötig sind. Der *Kreditmechanismus* löst dieses Problem. Unternehmer nehmen einen Kredit auf. Den erhalten sie nach Prüfung des Vorhabens und ggf. nach Hinterlegung von Sicherheiten von einer Bank, das Geld entsteht in der Regel durch *Kreditschöpfung*. Bankenmäßige Kreditvergabe erzeugt Giralgeld, während Rückzahlung von Krediten (Tilgung) Giralgeld vernichtet. Ist das Volumen der geschöpften Kredite in einem Zeitraum größer als das Volumen der Tilgung, dann steigt die Nachfrage nach den für Innovationen benötigten Ressourcen (Arbeitskräfte und Produktionsmittel). Bei leicht steigenden Preisen und Löhnen entsteht so eine *Innovations- und Prosperitätswelle.* Diese hält an, bis die verfügbaren oder kurzfristig herstellbaren zusätzlichen Ressourcen erschöpft sind und Ressourcen und Arbeitskräfte knapp werden. Die Grenze des Innovationsbooms wird erreicht. Die Existenz von Inventionen setzt Schumpeter als außerökonomischen Vorgang voraus. Die Frage, woher neue Verfahren und Produkte kommen, wurde erst relevant, als es um die rationelle Organisation des Erfindens und der industriellen Forschung und Entwicklung ging, also mit der wissenschaftlich-technischen Revolution.[*]
- Eine sehr wichtige, aber oft unbeachtete und vernachlässigte Komponente ist die *sekundäre Welle*. Wenn Unternehmer beginnen, eine Innovation durchzusetzen, anscheinend erfolgreich, wird es in der Regel viele *Nachahmer* geben, die versuchen, diese Innovation zu kopieren – oft in mehr oder weniger veränderter Gestalt, um *Innovationsgewinne* zu machen.[**] Nicht selten sind sie dabei erfolg-

* Vgl. meine eigenen Arbeiten zu Inventions- und Innovationstypen: Land 1985, 2009, 2010a, 2010b, 2012, 2015b, 2017a, 2018b.

** Innovationsgewinne nach Schumpeter entstehen durch die Differenz der Kosten neuer Verfahren im Vergleich zu ihren Vorgängern und Vorläufern oder der Differenz des Preises neuer Produkte im Vergleich zu den Produkten, die sie ersetzen oder verdrängen. Wenn ein neues Verfahren ein massenhaft benötigtes Produkt billiger herstellt, dann fließt ein Innovationsgewinn, solange das Produkt über seinen Kosten verkauft werden kann – aber etwas unter dem Marktpreis des mit dem alten Verfahren hergestellten Produkts. Analog gilt für neue Produkte, dass sie Innovationsgewinne generieren, solange ihre Erträge über ihren Kosten liegen, weil die Preise sich im Markt an vergleichbaren alten Produkten orientieren. So ist die Herstellung eines Elektrofahrzeugs billiger als die eines Fahrzeugs mit Verbrennungsmotor. Aber bei der Einführung orientiert sich der Preis temporär an vergleichbaren Verbrennern. Erst am Ende der Innovationswelle sinken die Preise auf das neue Kostenniveau

reicher als der erste Innovator – sie haben geringere Kosten und können im Unterschied zum Vorreiter bestimmte Risiken vermeiden. Noch wichtiger aber sind die *Rekombinationseffekte* der sekundären Welle. Unternehmen versuchen, eine sich ausbreitende Innovation, ein neues Produkt, ein neues Produktionsmittel oder ein neues Verfahren, in ihre bisherige Produktion einzubauen, Folgeinnovationen in Gang zu bringen. Man denke an Folgeinnovationen der Elektrizität oder der neuen Werkstoffe in der elektrotechnischen und chemischen Revolution im späten 19. Jahrhundert. Oder an die Folgeinnovationen des Computers. Im Zuge der Verbreitung einer Innovation gibt es viele Tausend oder Millionen Rekombinationsversuche. Viele scheitern, aber ein Teil ist erfolgreich. Auch diese Folgeinnovationen werden durch Kreditaufnahme finanziert. Die Effekte der sekundären Welle sind viel größer als der primäre Innovationsschub. Vor allem treten die Produktivitätseffekte einer Innovation meist erst durch die massenhafte Anwendung in vielen anderen Produktionsprozessen auf. Welche Folgeinnovationen möglich sind, welche erfolgreich werden und welche nicht, ist aber unbestimmt und unvorhersehbar. Die Produktivitätseffekte des Elektromotors beispielsweise entstehen durch die *massenhafte Anwendung* dieses neuen Wirkprinzips. In noch höherem Maße gilt dies für die Sekundäreffekte der Datenverarbeitungssysteme, der Computer und des Internets. Wichtig ist es, zu verstehen, dass die Effekte einer Innovationswelle durch die Rekombination des Neuen mit den bestehenden Produktionssystemen entstehen. Die Ausbreitung in der sekundären Welle generiert die *Selektionsprozesse*, von denen die Durchsetzung und die Effekte einer Innovationswelle abhängen. Und genau diese Effekte sind nicht vorhersehbar. In der sekundären Welle entsteht ein Umbruch des gesamten Produktionssystems: Neue Anwendungen und eine Deklassierung bisheriger Produkte und Verfahren schaffen eine offene Situation, einen Entwicklungsschub, der nicht determiniert ist. Erst der Verlauf der sekundären Welle entscheidet, was am Ende volkswirtschaftlich herauskommt. Und das ist nicht planbar.

- Die Ausbreitung und Rekombination erzeugt steigende Nachfrage nach Produktionsmitteln und Arbeitskräften. Dies erschöpft nach einer gewissen Zeit die freien Ressourcen. Die Preise für Produktionsmittel und die Löhne für zusätzliche Arbeitskräfte steigen im Boom. Nach einiger Zeit aber beginnen die entstandenen neuen oder erweiterten Unternehmen, neue Produkte auf den Markt zu werfen, sie haben Einnahmen und beginnen, ihre Kredite zurückzuzahlen. Die Nachfrage steigt langsamer, stagniert oder sinkt schließlich, wäh-

---

und der Unternehmergewinn verschwindet wieder. In der Regel sind die innovationsgetriebenen Unternehmergewinne deutlich höher als die eher geringen Profite des laufenden Betriebs in einem Wettbewerbsmarkt, weil bei Letzteren keine deutlich über den Kosten liegenden Preise durchsetzbar sind.

rend das Angebot aufgrund der neuen Produkte wächst. Die Preise beginnen zu fallen, der Boom endet und ein Teil der alten und auch einige neue Unternehmen geraten in Schwierigkeiten, können ihre Kredite nicht mehr bedienen. Die Banken drosseln die Kreditvergabe. Es entsteht eine rezessive Wirtschaftslage. Innovationen gehen zurück, Bereinigung und Abschreibung misslungener Innovationsversuche überwiegen. Angebot und Nachfrage passen nicht mehr zusammen, was Turbulenzen bei den Marktpreisen zur Folge hat. Das System muss durch Selektion und Deklassierung überflüssiger Produkte und Kapazitäten ein neues Gleichgewicht, besser gesagt, neue Proportionen mit einer veränderten Produktionsstruktur und veränderten Preisen finden.* Kommt es dabei auch noch zu falschen wirtschaftspolitischen Entscheidungen (Sparen der Haushalte und der Unternehmen, Drosselung der Staatsausgaben), kann die Rezession zu einer anhaltenden und schweren Depression werden (1930er Jahre), aus der das Wirtschaftssystem endogen nicht herauskommt. Dann sind exogene Eingriffe nötig, wie Keynes (1936) systematisch dargestellt hat.
- Erst nach einer Bereinigung, Erholung und der Stabilisierung der Unternehmens- und der Haushaltseinkommen sind Banken in der Lage, wieder Kredite zu vergeben und Unternehmer bereit, neue Innovationsversuche zu starten. In der nächsten Innovationswelle kommt es dann wieder zu steigenden Innovationsgewinnen, Goldgräberstimmung und Euphorie, die Kreditvergabe übersteigt die verfügbaren Ressourcen erneut und das Spiel von innovationsgetriebener Prosperität, Selektion und Reorganisation in Rezession und Erholung beginnt von vorn.

Schumpeters Theorie wirtschaftlicher Entwicklung verbindet Innovationen mit Kreditvergabe (Emission und Demission von Kreditgeld), Verbreitung von Innovationen mit deren Rekombination und Selektion und diese wieder mit dem Konjunkturzyklus, also dem Wechsel von Prosperitätsphasen, in denen Innovationen implementiert, verbreitet und rekombiniert werden, und Rezessionsphasen, in denen Selektion und Deklassierung überwiegen und das Wirtschaftssystem restrukturiert, reorganisiert und bereinigt wird. Am Ende dieses Prozesses entsteht temporär ein neues Gleichgewicht (Angebot und Nachfrage entsprechen sich *temporär,* nie vollständig, aber in der Erholungsphase weitgehend). Die Reorganisation kehrt nicht zum alten System zurück, sondern generiert ein verändertes Wirtschaftssystem mit anderen Produktionsfunktionen, anderen Produkten und Verfahren, anderen Strukturen und auch anderen sozialökonomischen Verhältnissen.

* »Unter dem Druck des Zusammenbruchs der sekundären Welle« wird der Prozess »über die angestrebte Gleichgewichtsnähe hinausschießen (sie in der Regel auch verfehlen) und damit in eine neue ... Phase eintreten«, die Depression, deren »charakteristisches Merkmal« Schumpeter als »abnorme Liquidation« bezeichnet (Schumpeter 1961, S. 158).

Das skizzierte Modell wirtschaftlicher Entwicklung unterstellt eine Marktwirtschaft. Insbesondere die Preisbildung durch Austausch zwischen Marktteilnehmern und das Steigen oder Sinken der Preise für Produkte je nach Verhältnis von Angebot und Nachfrage sind entscheidend für den Verlauf eines Innovationsschubs.

Es stellt sich nun die Frage: **Lässt sich eine Innovationswelle auch planwirtschaftlich organisieren?** Für das Modell einer identischen Reproduktion oder einer linear wachsenden Volkswirtschaft ohne Innovationen könnte man annehmen, dass es möglich sein sollte, diese Prozesse planwirtschaftlich zu modellieren, wenn man alle Daten erfasst. Für den dargestellten schumpeterschen Evolutionsvorgang ist das nicht zu leisten. Erstens sind die möglichen erfolgreichen oder erfolglosen Rekombinationseffekte insbesondere der sekundären Welle nicht deterministisch und daher nicht zu prognostizieren. Zweitens können die Produktivitäts- und Effektivitätseffekte möglicher Rekombinationen nur festgestellt werden, wenn die Preise den tatsächlichen Reproduktionspreisen nahekommen und vor allem die Preistendenzen die Veränderung von Effektivität korrekt widerspiegeln. Nur so können effiziente Kombinationen positiv selektiert und ineffiziente deklassiert werden. Solche Preise ergeben sich aber erst in der Rezessionsphase. Die Bildung von Preisen auf Märkten ist also unverzichtbar (dazu mehr in Abschnitt 1.4.3.).

Meine These: *Planwirtschaftliche Koordination* kommt mit identischer Reproduktion und linearem Wachstum mehr oder weniger gut zurecht, *versagt* aber *bei der Selektion von Innovationen und Rekombinationen im komplexen Innovationsgeschehen.* Innovationen führen in Planwirtschaften nicht zu steigender Produktivität, sondern im Gegenteil zu zurückgehender Produktivität, steigenden Kosten bei sinkender Effizienz. Dies entspricht der tatsächlichen Entwicklung der realsozialistischen Wirtschaftssysteme (UdSSR, DDR, RGW[*] insgesamt) zwischen 1960 und 1989. Sie gerieten nach einer Phase des Wiederaufbaus und der zunächst erfolgreichen nachholenden Industrieentwicklung in den 1970er Jahren in eine Stagnation, aus der sie keinen Ausweg fanden – wenn man von China und Vietnam absieht. Die Dynamik in diesen Ländern erklärt sich aus der Überwindung der zentralen Planwirtschaft und dem Übergang zu einer gelenkten Marktwirtschaft.

1.3 Unter welchen Bedingungen funktioniert eine Planwirtschaft?[**]

Die erste Form einer zentralen Planwirtschaft war der *Kriegskommunismus* in der UdSSR 1918 bis 1923.[6] Unter den Bedingungen des Bürgerkriegs und der ausländischen Intervention wurden die Industrie und der Boden verstaatlicht, es gab eine

* Als Antwort auf den amerikanischen Marshall-Plan gründen die UdSSR, Polen, Rumänien, Bulgarien, Ungarn und die Tschechoslowakei am 25. Januar 1949 den Rat für Gegenseitige Wirtschaftshilfe (RGW).

** Ich betrachte hier nur RGW-Planwirtschaften, die zuweilen in Kriegswirtschaften angewendeten Regulationsmodelle werden nicht analysiert.

Ablieferungspflicht für die gesamte Produktion und eine staatliche Verteilung an Verbraucher und Betriebe. Das Geld sollte vollständig abgeschafft werden. Der zunehmende Widerstand besonders der Bauern und die sich dramatisch verschlechternden wirtschaftlichen Folgen führten zu einem Kurswechsel.

Die *Neue Ökonomische Politik* (NEP)[7] wurde 1921 von Lenin konzipiert und durchgesetzt und dauerte bis 1928 (vgl. Beumann u. a. 1995, S. 139). In der Landwirtschaft und der Konsumgüterproduktion wurden Privateigentum, gewinnorientierte Wirtschaftstätigkeit und marktwirtschaftliche Verfahren zugelassen. Dieser Teil der Wirtschaft musste Abgaben in Form einer Naturalsteuer leisten. Schlüsselindustrien und Großbetriebe blieben in Staatseigentum und wurden zentral planwirtschaftlich geleitet. Lokal begrenzt wurden aber auch in der Industrie, besonders in kleinen Betrieben, marktwirtschaftliche Mechanismen eingeführt. Der Aufbau einer Schwerindustrie sollte durch Erträge (Abgaben) aus der Landwirtschaft finanziert werden. Auf dem 15. Parteitag wurde 1928 unter Stalin eine zentralisierte Planwirtschaft für die gesamte Volkswirtschaft beschlossen. Damit begann auch die Zwangskollektivierung in der Landwirtschaft.

Bereits 1921 wurde *Gosplan*[8], die zentrale staatliche Planungsbehörde der UdSSR, gegründet. In den ersten Jahren hatte sie die Aufgabe, den Elektrifizierungsplan GOELRO auszuarbeiten und umzusetzen, den Umbau der Volkswirtschaft, die Transportinfrastruktur und die Entwicklung des Außenhandels zu konzipieren. Ab 1927 bestand der Auftrag in der Erarbeitung von Fünfjahrplänen und der Kontrolle der Umsetzung dieser Pläne durch statistische Erhebungen. Während des Zweiten Weltkriegs leitete Gosplan die Umstellung der Wirtschaft auf Kriegsproduktion und koordinierte die Verlegung einer Vielzahl von Betrieben nach Sibirien. Seit 1957 war Gosplan die allein zuständige Behörde für die laufende und die künftige Wirtschaftsplanung sowie für die statistische Erfassung der Ergebnisse. Im Rahmen der Kossygin-Reformen wurde versucht, auch langfristige Pläne über 20 Jahre auszuarbeiten, was aber nicht funktionierte.

> »Noch gibt es keine erschöpfende Studie zur staatlichen Planungsbehörde Gosplan, die nicht nur für die Fünfjahrespläne, sondern auch für die Ressourcenverteilung in der gesamten UdSSR verantwortlich zeichnete. Ihr Anspruch war, auf der Basis gesicherter Daten und Statistiken aus den Republiken und Regionen auf wissenschaftlicher Basis Produktions- und Wirtschaftspläne auszuarbeiten, die sowohl realistisch als auch bedarfsgerecht waren. Dass die Realität ganz anders aussah, war kein Geheimnis: Daten und Statistiken wurden gefälscht, Ressourcen wurden oft nur auf dem Papier, nicht aber in der Praxis zugeteilt, weshalb sich die Verantwortlichen das Benötigte über ihre eigenen Netzwerke beschafften ...« (Schattenberg 2021)

Das sowjetische System der zentralen Planung und Leitung der gesamten Volkswirtschaft war das Vorbild für die Planwirtschaften der anderen RGW-Länder. In der

DDR wurde eine zentrale staatliche Planung in den 1950er Jahren entwickelt, die ab den 1960er Jahren mit der Kollektivierung der Landwirtschaft und des Handwerks auch diese Bereiche einbezog. Es gab verschiedene Versuche, kleine Freiräume für marktwirtschaftliche Verfahren zu schaffen, die aber immer wieder zurückgenommen wurden. Die umfassendsten Versuche waren das »Neue Ökonomische System der Planung und Leitung« (NÖS oder NÖSPL) 1963 bzw. die modifizierte Variante »Ökonomisches System des Sozialismus« (ÖSS) 1967. Reformversuche gab es mit den oben schon erwähnten Kossygin-Reformen auch in der UdSSR.[9] Sie wurden aber aufgegeben, nachdem in der UdSSR Nikita Chruschtschow durch Leonid Breshnew und in der DDR Walter Ulbricht durch Erich Honecker abgelöst wurden. Die Versuche, eine zentrale Planwirtschaft schrittweise in eine gelenkte Marktwirtschaft zu überführen, scheiterten m. E. nicht aus wirtschaftlichen, sondern aus machtpolitischen Gründen (vgl. Decker 2015).

Planwirtschaftliche Verfahren existierten in der UdSSR von 1921 (eingeschränkt) bzw. von 1927 (dominant) bis 1991, das sind mehr als 60 Jahre. Es gab mehrjährige Pläne, meist Fünfjahrespläne, die langfristige Entwicklungsziele festlegten, und Jahrespläne, die für jeden Betrieb, jede Kommune und jede regionale Verwaltungseinheit regelten, was produziert werden musste und welche Ressourcen dafür zugewiesen wurden.* Der letzte beschlossene Fünfjahrplan der UdSSR für 1991 bis 1995 wurde nicht mehr umgesetzt. In anderen RGW-Ländern dominierten planwirtschaftliche Verfahren seit den 1950er Jahren bis etwa 1990. Man kann also nicht behaupten, dass Planwirtschaften überhaupt nicht funktioniert haben. Immerhin hat es in diesen Zeiträumen nicht nur eine funktionierende laufende Reproduktion gegeben, sondern auch umfangreiche Industrialisierungsprojekte, Produktivitätssteigerung, wirtschaftliches Wachstum und ebenso Innovationen. Gleichzeitig, das muss auch erwähnt werden, gab es aber große Defizite, Disproportionen, Mangelwirtschaft und Ineffizienz.

Zunächst ist zu konstatieren, dass die Stalinsche Industrialisierung von 1928 bis 1945 im Kern funktioniert hat (wenn man die sozialen Folgen beiseite lässt). Beispiele sind die großen Projekte im Bereich Kohle und Stahl, Magnitogorsk, die Wasserkraftwerke, der Schwermaschinenbau. Im Zweiten Weltkrieg konnte die UdSSR eine der deutschen überlegene Kriegswirtschaft vorweisen. Die Massenproduktion standardisierter Rüstungs- und Industriegüter stieg von 6 Prozent des BIP (1934) auf 30 Prozent (1941). Die sowjetische Wirtschaft produzierte in vielen Bereichen qualitativ und quantitativ überlegene Waffen und Rüstungsgüter. Dies war auch der vorangegangenen Industrialisierung zu verdanken – einer Industrialisierung allerdings, die über die enormen Probleme hinwegsah, die mit ihr verbunden waren, wie z. B. die Kulakenverfolgung, Zwangsarbeit, Hungersnöte oder Kommandowirtschaft.

* Vgl. Steiner (1999), (2007), Pirker (1995).

Auch der Wiederaufbau nach dem Krieg gelang mit planwirtschaftlichen Methoden, und zwar nicht nur in der UdSSR, sondern genauso in der DDR und den anderen Staaten des RGW. Der Wiederaufbau war mit einer nachholenden Modernisierung verbunden, die sich vor allem an der Wirtschaft der USA, teilweise aber auch an Deutschland, Großbritannien und Frankreich orientierte. Eindrucksvoll ist diese Faszination von Ilf und Petrow (1936) in ihrem Reisetagebuch »Das eingeschossige Amerika« beschrieben.

In den 1960er Jahren begann die Suche nach neuen Entwicklungspfaden. Die UdSSR baute das erste Kernkraftwerk, entwickelte eigene Atom- und Wasserstoffbomben und Raketen, den ersten Satelliten (Sputnik 1) und viele Nachfolger, realisierte den ersten bemannten Flug in den Weltraum und war lange Zeit führend oder gleichauf mit den USA bei der Weltraumtechnik.

Was folgt daraus für die Funktionalität einer Planwirtschaft? Im vorhergehenden Kapitel wurde ausgeführt, dass Planwirtschaft theoretisch funktionieren könne bei der Regulation von Reproduktion auf gleicher Stufenleiter oder einfachem linearem Wachstum, weil hier gegebene Daten nur reproduziert oder linear fortgeschrieben werden. Probleme gebe es aber bei Innovationen und Strukturwandel, weil sich Proportionen und Preise verändern und neue Waren und Leistungen, neue Anbieter und Nachfrager auftauchen. Nicht deterministische Prozesse, die nicht vorhersehbar und planbar sind, würden eine Planwirtschaft überfordern.

Der historische Abriss zeigt nun aber, dass Planwirtschaft auch im Rahmen der nachholenden Industrialisierung funktioniert hat, wenn auch mit Problemen und Einschränkungen. Das ist meines Erachtens damit zu erklären, dass sich die Planungen hier an bereits in anderen Regionen oder anderen Volkswirtschaften (z. B. den USA) vorliegenden Entwicklungen orientierten. Man kopierte vorhandene Produkte und Verfahren und musste nur kleine Anpassungsinnovationen realisieren. Dies galt auch für den Wiederaufbau nach dem Zweiten Weltkrieg. Überraschenderweise ist dem historischen Rückblick aber auch zu entnehmen, dass zum Teil sehr weitreichende Innovationen realisiert wurden: Kernkraftwerke, Atom- und Wasserstoffbomben, Raketen, Satelliten, Waffen usw. Hier wird es nun interessant. Wie war das möglich, wenn man unterstellt, dass gerade die Umsetzung von Innovationen in einer Planwirtschaft mit Schwierigkeiten verbunden ist?

Zunächst sei auf Schumpeter verwiesen:

> »Wir sehen also, dass rationale Wirtschaftsrechnung ... auch im sozialistischen Gemeinwesen ... durchaus möglich ist und dort in ihrem Wesen sogar besonders klar zutage tritt.« (Schumpeter 1970, S. 104)
> »... unser Rechenmechanismus [ermöglicht] der Zentralleitung zunächst ... festzustellen, ob sie unter den gegebenen Umständen richtig disponiert hat oder nicht.« (Ebd., S. 105)

Das bezieht sich zunächst auf Reproduktionszusammenhänge. Aber auch Innovationen hält Schumpeter für möglich:

> »Wenn ... die Entscheidung über eine neue Produktionsmethode ... oder die Aufnahme der Produktion eines neuen Guts in Frage steht, so wird der geschilderte Rechenprozess auch hier die Antwort finden lassen.« (Ebd.)

Ich habe mehrfach die These vertreten, dass Planwirtschaft nicht innovativ sein kann.* Habe ich mich geirrt? Tatsächlich sind der Sputnik, Sojus-Kapseln und viele weitere Raketen geflogen. Die UdSSR hat eine ganze Reihe von grundlegenden Innovationen erfolgreich implementiert.

Nach Schumpeter funktioniert die Implementation von Innovationen wie oben beschrieben: Unternehmen nehmen Kredite auf, um Innovationen zu finanzieren. Durch diese Kredite steigt die Nachfrage und den bestehenden Unternehmen wird ein kleiner Teil ihrer Ressourcen entzogen. Die Auslastung steigt, es werden zusätzliche Ressourcen produziert und zusätzliche Arbeitskräfte rekrutiert.** In einer Kapitalverwertungswirtschaft erfolgt die Implementation von Innovationen durch das Zusammenwirken *privater realwirtschaftlich orientierter Unternehmen* einerseits und *Banken bzw. Finanzunternehmen* andererseits, also über Kredite oder andere Formen der Finanzierung, heute eben schlecht und recht auch über Finanzanlagen und Finanzmärkte. Schumpeter meint nun (im Gegensatz zu Mises und anderen), dass auch in einer zentralen Planwirtschaft eine funktionierende Wirtschaftsrechnung und die Implementation von Innovationen zumindest theoretisch möglich sei. Die zentrale Planungsbehörde, die den Betrieben zur laufenden Reproduktion Ressourcen (Produktionsmittel, Arbeitskräfte und ggf. Nutzungsrechte an Naturressourcen) zuweist und Produktionsaufträge erteilt, könne auf dem gleichen Weg auch Innovationen in Gang setzen. Sie müsse dazu nur den bestehenden Betrieben einen kleinen Teil der Ressourcen entziehen, ggf. die Auslastung der betreffenden Produktionsarten leicht erhöhen und die so gewonnenen disponiblen Ressourcen neuen Betrieben oder neuen Produktionslinien in bestehenden Betrieben zuweisen – verbunden mit dem Auftrag, eine neue Produktionsfunktion, ein neues Produkt oder ein neues Verfahren zu implementieren. Analog zur Kapitalverwertungswirtschaft würden so Ressourcen neuen Verwendungen zugeführt, »neue Kombinationen als Inhalt wirtschaftlicher Entwicklung« durchgesetzt. Dazu könnte unter Umständen auch die Invention, also die Forschung und Entwicklung gehören (obwohl dies heute eher die Domäne von Grundlagenforschung, Universitäten,

* Rainer Land (2010): Staatssozialistische Planwirtschaft und wirtschaftliche Entwicklung – Warum Planwirtschaft nicht innovativ sein kann.

** Das ist nur der erste Schritt, Details siehe oben, vgl. Schumpeter 1970, S. 119ff., Theorie der wirtschaftlichen Entwicklung, Kapitel 6.

Forschungseinrichtungen und eigenen Instituten der angewandten Forschung ist). Innovatoren müssten in einer Planwirtschaft staatlich finanziert werden – wie es real geschah in der UdSSR und den RGW-Ländern. Auch in Marktwirtschaften wird nur ein Teil der Forschung und Entwicklung in privaten Unternehmen organisiert und finanziert, große Teile sind staatlich finanziert und organisiert.

Auch für eine Planwirtschaft ist nach Schumpeter ein Verfahren theoretisch denkbar, das Ressourcen neuen Verwendungen zuführt und auf diese Weise Innovationen implementiert. Ein Blick auf den tatsächlichen Verlauf der Planwirtschaften zeigt allerdings eine Entwicklung, die gegen wirklich erfolgreiche Innovationen spricht. Zuerst ist es tatsächlich gelungen, grundlegende Innovationen selbst zu entwickeln, also nicht nur zu kopieren (obwohl Kopieren bis zum Schluss eine wichtige Rolle spielte). Allzu oft sind aber, zweitens, die Kosten im Rahmen von Innovationsprozessen aus dem Ruder gelaufen und vor allem sind die Planungsbehörden nicht mit dem unvermeidlichen Scheitern eines Teils der Innovationsversuche zurechtgekommen. Die Kosten dafür waren nicht Teil des Plans und gescheiterte Projekte wurden nicht als notwendiger Preis des Experimentierens und Suchens behandelt, sondern als Fehler wahrgenommen. Die betreffenden Betriebe bzw. Akteure mussten mit Strafen wegen Nichterfüllung der Pläne rechnen und sie reagierten, indem sie erfolgreiche Innovationen vortäuschten, Scheininnovationen generierten und Misserfolge versteckten. Drittens, aus meiner Sicht der wichtigste Grund, gab es eine Diskrepanz zwischen der Implementation vieler durchaus erfolgreicher Basisinnovationen und der volkswirtschaftlichen Produktivitätsentwicklung. Diese blieb nämlich nach der Phase des Wiederaufbaus, also etwa seit Beginn der 1960er Jahre, deutlich hinter den Produktivitätseffekten kapitalistischer Volkswirtschaften zurück und führte in den 1970er Jahren in der UdSSR, der DDR und dem RGW insgesamt zur Stagnation. Die Planwirtschaften waren nicht in der Lage, Innovationen in volkswirtschaftliche Produktivitätseffekte umzusetzen.

Woran lag das? Die Antwort scheint mir in Schumpeters »sekundärer Welle« zu liegen. Dabei geht es um die Rekombinationseffekte einer Innovation im Zuge ihrer Verbreitung in der Volkswirtschaft. Die sekundäre Welle entsteht zunächst, weil viele Nachahmer versuchen, die Innovation zu kopieren und auf den fahrenden Zug aufzuspringen. Wie oben gesagt, sind die Nachahmer zuweilen erfolgreicher als die ersten Innovatoren. Noch wichtiger sind aber die Effekte, die bei den Anwendern eines neuen Produkts oder Verfahrens entstehen. Die Erfindung des Elektromotors, der Kunstfasern oder der Datenverarbeitung generiert die größten Produktivitätseffekte bei denen, die den Elektromotor in Maschinensysteme einbauen, Kleidung bzw. Industrietextilien aus Kunstfasern herstellen oder Datenverarbeitung in der Buchhaltung, der Verwaltung oder den Kommunikationssystemen einsetzen. Ich vertrete daher die These, dass die großen *volkswirtschaftlichen* Produktivitätseffekte nicht bei primären Innovatoren (Basisinnovationen), sondern bei den Anwendern in der sekundären Welle auftreten. Zwar erfordert auch diese

Entwicklung sekundäre Anpassungsinnovationen, die mehr oder weniger aufwendig sein können, aber auch wenn sekundäre Innovationen nicht risikolos sind, so sind die Risiken auf jeden Fall geringer.

Dieser Prozess der Verbreitung und Rekombination erfolgt im Kapitalismus marktvermittelt und im Wettbewerb. Er läuft durch die gesamte Volkswirtschaft und erfasst auch viele Bereiche, mit denen vorab niemand gerechnet hat. Ohne Fehl- und Scheininnovationen geht dieser Prozess sicher nicht vor sich, sie werden aber marginalisiert durch die unüberschaubar vielschichtigen Rückkopplungseffekte, die sich ergeben können, wie beispielsweise die Entwicklung der Datensysteme und des Internets zeigt.

Meine These: *Die volkswirtschaftlichen Produktivitätseffekte werden überwiegend durch Rekombinations- und Selektionseffekte generiert.* Die Anwender neuer Produkte und neuer Verfahren entscheiden aufgrund der *Anwendungseffekte*, ob sie die Innovation übernehmen und implementieren oder nicht. Erst hier stellt sich heraus, welche Innovationen in welchen Kombinationen effektiv sind und sich verbreiten und welche scheitern und wieder verschwinden. **Selektiert werden immer Rekombinationen und Anwendungen.** Davon hängt auch der Erfolg der ursprünglichen Basisinnovationen ab. Die Selektion bewirkt, dass die effektiven Innovationen und Rekombinationen erhalten und verbreitet werden (volkswirtschaftlicher Produktivitätseffekt), während weniger oder nicht effektive ausscheiden.

In Planwirtschaften funktioniert genau dieser Prozess der Rekombination und Selektion nicht. Daher hatte die UdSSR in den 1960er Jahren zwar die beste Weltraumtechnik, aber zugespitzt gesprochen keine oder nur wenige Sekundäreffekte in der Industrie und der Volkswirtschaft. Die primäre Innovation konnte planwirtschaftlich in Gang gesetzt werden durch Umleitung der entsprechenden Ressourcen. Aber die vielfältigen Rekombinations- und Selektionseffekte der sekundären Welle sind nicht planbar und konnten also durch ein Planungssystem nicht angestoßen werden. Sie können nur erfolgen, wenn es *autonome* Unternehmen gibt, die Angebote an neuen Verfahren, Produktionsmitteln und Produkten auf Märkten beobachten, auf Brauchbarkeit für das eigene Unternehmen prüfen und gegebenenfalls über Sekundärinnovationen in den eigenen Betrieb einbauen. Dazu benötigen die Unternehmen *Handlungsfreiheit* in Bezug auf Ressourcen, Innovationen und Investitionen.

Fazit: Effekte der sekundären Welle können nicht geplant und zentral organisiert werden. Nur wenn eine sehr große Anzahl an Akteuren, Unternehmen und, sofern es Konsumgüter betrifft, auch privaten Haushalten auf den Märkten neue Produkte, Dienstleistungen und neue Verfahren zur Kenntnis nimmt, auf ihre Relevanz für die eigene Produktion oder den eigenen Konsum prüft und je nach Ergebnis annimmt oder ablehnt, wird eine Vielzahl möglicher Rekombinationen entstehen und sich verbreiten. In diesem offenen, sich selbst antreibenden Prozess entstehen aber die eigentlichen volkswirtschaftlichen Effekte einer Innovationswelle. Diese Erkenntnis habe ich ansatzweise schon 1988 publiziert:

Der »Zusammenhang von Basis- und Folgeinnovationen funktioniert in unserer Wirtschaft [gemeint ist die der DDR] in zu geringem Maße. Die Realisierung wichtiger Basisinnovationen gelingt, die Welle von Folgeinnovationen ist zu schwach ... Die Kosten entstehen, die Gewinne bleiben aus.«
»Es ist möglich, für die relativ wenigen großen Basisinnovationen zentral die Leistungsbedingungen zu schaffen und den Fortgang zu kontrollieren. Die vielen Folgeinnovationen können aber weder administrativ angeordnet werden noch kann man zentral im Einzelfall für effektive Anwendungslösungen sorgen. Die vielen kleinen aber den ökonomischen Effekt bringenden Folgeinnovationen werden nur verwirklicht, wenn es im Reproduktionsprozess Subjekte gibt, die an deren Realisierung *selbst* interessiert sind.« [Hervorgehoben im Original].
»Immense gesellschaftliche Aufwendungen für die Durchsetzung von Schlüsseltechnologien einerseits, ein äußerst zäher Prozess der Verbreitung ..., eine unter den Erwartungen bleibende Effektivitätsentwicklung und daher Zurückbleiben der Erträge hinter den Kosten ... charakterisieren die Schwierigkeiten beim Übergang zu einer innovationsorientierten intensiv-erweiterten Reproduktion.« (Land 1989, S. 63f.)

Marktpreise oder administrative Planpreise?

Eine weitere Dysfunktionalität der Planwirtschaft betrifft die Preisbildung. In einer Marktwirtschaft werden Preise durch Interaktionen zwischen Anbietern und Nachfragern auf Märkten gebildet. Staatliche Interventionen beschränken sich auf besondere Fälle und sind die Ausnahme. In einer zentralen Planwirtschaft hingegen müssen die Preise von staatlichen Stellen festgelegt werden. Die *Verbraucherpreise für Konsumgüter* fielen in der DDR beispielsweise in die Zuständigkeit des Amtes für Preise. Sie wurden politisch festgelegt und waren von den Produktionskosten mehr oder weniger entkoppelt. Oft lagen sie unter den realen Kosten (durch Subventionen z. B. bei Grundnahrungsmitteln, Wohnungen usw.), wohingegen andere Preise überhöht waren (Fernseher, Elektronik, PKW).[10] Die Preise, die die Betriebe für *Rohstoffe und Energie* bezahlen mussten, setzte die Plankommission fest. Für die *industriellen Produktionsmittel* (Maschinen, Anlagen, Bauten) wurden die Preise teilweise durch die herstellenden Betriebe auf der Grundlage der Kosten zuzüglich eines gesetzlich festgelegten kalkulatorischen Gewinns beschlossen. Diese Preise mussten in der Regel durch übergeordnete staatliche Stellen bestätigt werden. In einigen Fällen gab es auch Verhandlungspreise, die zwischen Herstellern und Abnehmern ausgehandelt wurden.

Weder bei Konsumgütern noch bei Produktionsmitteln erfolgte eine Preisbildung auf Märkten über den Ausgleich von Angebot und Nachfrage. Somit gab es in der DDR-Volkswirtschaft letztlich keine objektive Grundlage für die Messung von Kosten, Erträgen und Produktivität. Das galt insbesondere für Innovationen, also neue Produkte und Leistungen. Eine Bewertung, welche Innovationen und welche

Rekombinationen tatsächlich effizient waren und mehr einbrachten, als sie kosteten, war kaum möglich. Das Preissystem setzte fehlerhafte und falsche Signale. Das war den Wirtschaftswissenschaften und der Bevölkerung in der DDR sehr wohl bewusst. Nicht von ungefähr gab es viele Witze darüber. Aber man konnte es nicht ändern, ohne die Planwirtschaft grundsätzlich in Frage zu stellen.

Allerdings geht es nicht nur um politisch gesetzte »falsche« Preise. Es muss auch grundlegend gefragt werden, ob es in einem planwirtschaftlichen System überhaupt möglich ist, durch Kalkulationsverfahren korrekte Preise zu ermitteln, also Reproduktionspreise, bei denen die Erträge Reproduktion ermöglichen, indem sie die realen Kosten für Produktionsmittel, Löhne, Abgaben und Steuern für Gemeingüter und einen Gewinn für die Refinanzierung von Krediten, Investitionen und Innovationen decken. Die Wissenschaft ist hier gespalten: Mises (1920), Huerta de Soto (2013) und viele andere bestritten und bestreiten dies grundsätzlich. Lange (1969) und Lerner (1943, 1951) hielten dagegen und entwickelten ein Modell, bei dem eine zentrale Planungsbehörde einen Marktmechanismus simuliert.

Auch Schumpeter befasste sich in seinem Buch *Das Wesen des Geldes* (posthum erschienen 1970) auf 21 Seiten ausführlich mit diesem Problem. Er kommt zu der Aussage, dass es einer Planungsbehörde *theoretisch* möglich sein sollte, Reproduktionspreise im oben beschriebenen Sinne zu kalkulieren. Er meint, dass dabei die gleichen Ergebnisse erreicht werden könnten, die auch auf einem idealen Markt zu erwarten seien. Das Verfahren ähnelt dem von Sraffa viel später in *Warenproduktion mittels Waren* dargestellten Modell:

> »Der Leser kann sich nun leicht vorstellen, wie die sozialistische Buchhaltung, das Durchrechnen des Wirtschaftsprozesses und das Abrechnen mit den Genossen, vor sich gehen würde. Wir hätten ein System von rechnerischen Äquivalenzen vor uns, das das ganze Wirtschaftsleben der Gemeinschaft ziffernmäßig abbildet ...« (Schumpeter 1970, S. 104)

Das Verfahren umfasst auch die Recheneinheit Geld, die den Maßstab für die Preise bildet und Sraffas Standardware ähnelt.* Wie schon bei der generellen Funktionalität einer Planwirtschaft angesprochen, besteht meines Erachtens die theoretische Möglichkeit einer korrekten Kalkulation von Preisen in einer Planwirtschaft nur, wenn es sich um identische (einfache) Reproduktion oder lineares Wachstum (ohne Strukturwandel) handelt, wenn sich also die Produktionsfunktionen nicht ändern. Für Innovationsprozesse, bei denen neue Produkte und neue Produktionsfunktionen im System erscheinen und sich die Struktur volkswirtschaftlicher Zusammenhänge ändert, ist eine zentrale Kalkulation von korrekten Reproduktionspreisen nicht vorstellbar, da sich erst im laufenden Prozess entscheidet, was herauskommt

* Vgl. Ruben/Wagner 1980, Land 2014.

und welche Folgen möglich sind. Es ist ein schrittweises Verfahren – Evolution, Selektion, nicht Determination. Dies gilt insbesondere für die sekundäre Welle, da die Entwicklung, der resultierende Pfad, die Folge von Suchprozessen der Akteure, der Unternehmen und Verbraucher ist. Erst in den Aktionen auf Märkten entstehen die veränderten Preise. Man kann sie nachträglich kalkulatorisch erklären, aber nicht vorab berechnen, weil die Menge möglicher Rekombinationen und Selektionen endlos ist. Erst nachdem die Entscheidungen praktisch gefallen sind, die Innovationen und Rekombinationen umgesetzt sind, kann die neu entstandene Struktur modelliert, berechnet und auf Funktionalität und Dysfunktionalität untersucht werden. Nachträglich kann man feststellen, was gut und was schlecht gelaufen ist, aber nicht im Vorhinein und auch nicht im laufenden Prozess. Deshalb scheint mir – anders als Schumpeter glaubte – eine planwirtschaftliche Preisbestimmung bei innovationsbasierter wirtschaftlicher Entwicklung ausgeschlossen.

Resümee: Laufende Reproduktion, einfaches Wachstum, nachholende Industrialisierung und sogar einzelne Basisinnovationen können mit planwirtschaftlichen Verfahren mehr oder weniger erfolgreich koordiniert und organisiert werden. Aber Innovationswellen, vor allem die sekundäre Welle der Rekombination, Selektion und Verbreitung, können planwirtschaftlich nicht gestaltet werden. Sie setzen autonome Unternehmen mit Handlungsfreiheit voraus. Das erklärt, warum die UdSSR, die DDR und andere RGW-Staaten bei der nachholenden Industrialisierung und beim Wiederaufbau nach dem Krieg recht erfolgreich waren, es aber in den 1960er bis 1980er Jahren keine hinreichenden Produktivitätseffekte gab und es zur Stagnation kam, die letztlich die Ursache für den Niedergang und den Untergang des planwirtschaftlichen Sozialismus war. Eine innovationsbasierte wirtschaftliche Entwicklung gelang nicht, weil man an der Planwirtschaft festhielt und den zaghaft begonnenen Übergang zu einer gelenkten Marktwirtschaft aus politischen Gründen abbrach.

1.4 Wie funktioniert eine Marktwirtschaft?

1.4.1 Unternehmen, Haushalte und staatliche Gemeingüterproduktion – Reproduktionskreisläufe

Eine Marktwirtschaft setzt autonome* Wirtschaftssubjekte voraus (vgl. hierzu die Abbildungen 1 bis 6 im Anhang).**

* Autonom heißt hier, dass die Wirtschaftssubjekte im Rahmen der Regeln und der für sie verfügbaren Ressourcen entscheiden, was sie kaufen, was sie verkaufen und zu welchen zwischen Anbietern und Nachfragern verhandelten Preisen. Sie kalkulieren ihre wirtschaftliche Bilanz auf eigene Verantwortung und eigenes Risiko. Es besteht Handlungsfreiheit, aber eingeschränkt durch Regeln und abhängig von den jeweiligen Ressourcen. Autonomie ist nicht Unabhängigkeit von Rahmenbedingungen und Regeln, sondern die Möglichkeit und Fähigkeit, in diesem Rahmen als Subjekt der eigenen wirtschaftlichen Entwicklung zu agieren.

** Wir setzen hier moderne Wirtschaftsweisen mit Märkten und Kapitalverwertung voraus und sehen

Unternehmen (U) resp. Betriebe, stellen Produkte und Dienstleistungen her, die über den Markt verkauft werden. Mit den daraus erwirtschafteten Geldeinnahmen kaufen sie die für die Produktion benötigten Ressourcen (Produktionsmittel und Naturressourcen) und entlohnen die benötigten Arbeitskräfte. Unternehmen sind die Subjekte ihres Produktions- und Reproduktionsprozesses, sie entscheiden selbst über den Einkauf von Ressourcen und den Verkauf ihrer Produkte, handeln Preise mit den Verkäufern oder Käufern aus und vereinbaren Löhne mit den Beschäftigten. Dies erfolgt innerhalb gegebener Rahmenbedingungen, die die Unternehmen nicht oder nur eingeschränkt beeinflussen können. Die Unternehmer entscheiden auch über ihre Produktionspalette, die angewendeten Verfahren, die Innovationen und Investitionen und versuchen dabei, ihren Reproduktionsprozess zu optimieren und Gewinne zu erwirtschaften. *Unternehmen* nenne ich in Anlehnung an Schumpeter solche Betriebe, die Innovationen realisieren, d. h. neue Produktionsfunktionen einführen und durchsetzen. Unternehmen werden mit Innovationen gegründet – das können auch kopierte Innovationen sein (sekundäre Welle) – und sie bestehen weiter, wenn sie regelmäßig Innovationen realisieren, d. h. erfolgreich neue Produkte und/oder neue produktivitätssteigernde Verfahren in den Reproduktionsprozess einführen, also wirtschaftliche Entwicklung betreiben. Wenn sie nur noch gegebene Produktionsfunktionen auf gleichem oder bloß quantitativ erweitertem Niveau reproduzieren (das wäre Wachstum ohne Entwicklung), dann nenne ich sie *Betriebe*. Unternehmen und Betriebe sind die gleichen Organisationen, funktional aber unterschieden. Unternehmen sind Betriebe, die sich durch Innovationen entwickeln.

Private Haushalte (H) sind lebensweltlich organisierte Gemeinschaften von Individuen, die Konsumgüter einkaufen und konsumieren, um ihr Leben und ihre Arbeitsfähigkeit zu reproduzieren, was auch das Aufziehen von Kindern und die Versorgung älterer Angehöriger umfassen kann. Zudem bieten sie potenzielle Arbeit* an und verkaufen diese an Unternehmen, andere Haushalte oder staatliche Einrichtungen und Verwaltungen. Auch private Haushalte entscheiden autonom, unter

von vormodernen agrarischen Produktionsweisen oder Wildbeuter-Produktionsweisen ab. Der Unterschied besteht im Kern darin, dass in vormodernen Produktionsweisen Haushalte und Betriebe nicht unterschieden sind und es keine Unternehmen im Sinne Schumpeters gibt.

* Potenzielle Arbeit ist die Fähigkeit, eine bestimmte Zeit lang zu arbeiten. Bei Marx heißt sie *Arbeitskraft*. Vgl. aber Ruben (2022: 288ff), der fragt: »Ist die Arbeitskraft eine Ware?« Die Ware, die vom Kapital gekauft und vom Lohnarbeiter verkauft wird, ist die *Fähigkeit*, eine vereinbarte Zeit zu arbeiten: potenzielle Arbeit. Es wird nicht die geleistete Arbeit gekauft. Es ist die Funktion des fungierenden Kapitalisten, aus der Fähigkeit wirkliche Arbeit zu machen. Wirkliche Arbeit wird aus der potenziellen Arbeit (bei Marx Arbeitskraft genannt), wenn Arbeitskräfte und Produktionsmittel unter dem Kommando des Kapitals zusammenwirken, wirkliche Produkte unter Verbrauch von Produktionsmitteln und potenzieller Arbeit hergestellt werden. Es ist die Funktion des produzierenden Kapitals, des Managements, das den Produktionsprozess organisiert und die Produktionsmittel – die Maschinerie, das Fließband, die Werkstatt, die Fabrik – entsprechend gestalten muss. Gekauft und bezahlt wird potenzielle Arbeit für eine vereinbarte Zahl von Stunden.

gegebenen Rahmenbedingungen, was sie auf Märkten erwerben und wie viel Arbeit sie zu welchen Konditionen anbieten. Sie beziehen Geldeinkommen aus selbstständiger oder unselbstständiger Arbeit. Einige private Haushalte sind Eigentümer von Unternehmen, in modernen Gesellschaften meist in Form von Finanzanteilen (z. B. Aktien, Anleihen usw.). Sie beziehen dann Geldeinkommen aus unternehmerischer Tätigkeit oder aus Produktiv- oder Geldvermögen (Rendite aus Geldanlagen oder Vermietung/Verpachtung von Immobilien oder Sachanlagen). Mit den Geldeinkommen finanzieren sie den Bezug von Konsumgütern, erwerben ggf. Eigentumstitel an Unternehmen, Wertpapiere oder bilden Spareinlagen.

Unternehmen produzieren Produktionsmittel und Konsumgüter, Haushalte konsumieren Konsumgüter und produzieren Arbeitskraft, potenzielle Arbeit. Als weitere Ressourcen sind in einer Volkswirtschaft zusätzlich die *Gemeingüter* notwendig.

> »Gemeingut (oder Kollektivgut; *englisch* common good) sind in der *Wirtschaftswissenschaft Güter*, die für alle potenziellen *Nachfrager* frei zugänglich sind und die von mehreren (oder sogar allen) *Wirtschaftssubjekten* gleichzeitig genutzt werden können.«[11]

Die Gemeingüter kann man in verschiedene Gruppen zusammenfassen: *Naturressourcen* (Rohstoffe, Wasser, Energie, Senken für Abprodukte, Abwasser und Abgas, Grund und Boden), die hier als *ökologische Gemeingüter* (GÖ) bezeichnet werden sollen. Ein Teil dieser Gemeingüter kann privatisiert sein, d. h. als Privateigentum gehandelt werden (z. B. Boden, Immobilien, Lagerstätten von Erzen). Die zweite Ressource sind *produzierte allgemeine Gemeingüter* (GA) wie Infrastruktur, Wissenschaft, Bildung, Verkehrs- und Kommunikationsinfrastruktur. Eine besondere Gruppe von Gemeingütern nenne ich *soziale Gemeingüter* (GS), weil sie als Gemeingüter im Kreislauf der Lohnarbeit fungieren. Dazu gehören Sozialsysteme und Sozialtransfers. Eine Besonderheit aller Gemeingüter ist, dass die Allgemeinheit per Definition nicht (oder nur eingeschränkt) aus der Nutzung ausgeschlossen werden kann oder soll. Daher kann ein Produzent von Gemeingütern die Reproduktion dieser Güter nicht oder nur teilweise aus Verkaufserlösen finanzieren. Gemeingüter haben keine Marktpreise. Ihre Reproduktion muss daher aus einem allgemeinen Mehrprodukt finanziert werden, zu dem alle Unternehmen und Haushalte beitragen.

Staat als Produzent allgemeiner Gemeingüter (GA). Die Gemeingüter werden an sich vom Staat produziert und sind für jeden nach bestimmten Regeln verfügbar. Dazu gehören die allgemeine Infrastruktur (Stadtgestaltung, Verkehrswege, allgemeine Kommunikationsinfrastruktur, das Wissenschafts- und das Bildungssystem, Verwaltungsleistungen, Sicherheit, Polizei, Militär) und ebenso die Infrastruktur des politischen Systems und das Rechtssystem sowie ein großer Teil der Kultureinrichtungen. Diese Gemeingüter werden in der Regel mit staatlichen Haushalten (Budgets) finanziert. Manche Gemeingüter werden von privaten Unternehmen erzeugt (z. B. wissenschaftliche Institute, Rechtsanwälte), was besondere rechtliche Voraussetzungen erforderlich macht. Sie werden dann entweder staatlich finanziert (z. B. Forschungsförderung) oder finanzieren sich durch rechtlich festgelegte Gebühren (z. B. Gebührenordnung für Anwälte). Gemeingüter haben keine Marktpreise, weil es keine exklusiven privaten Nachfrager und daher keine Angebots- und Nachfrageverhältnisse auf Märkten gibt. Gebühren sind keine Marktpreise, weil sie nicht durch Angebot und Nachfrage ermittelt, sondern staatlich oder durch Verträge zwischen Organisationen festgelegt werden.

Staat und Gemeinschaftsorganisationen als Produzenten sozialer Gemeingüter (GS). In diesem Bereich werden *Sozialsysteme* reproduziert und entwickelt (insbesondere das Gesundheitssystem) und Sozialtransfers generiert (Renten, Arbeitslosengeld, Sozialleistungen u. ä.). Von den allgemeinen Gemeingütern unterscheiden sich die sozialen durch ihre Verortung im Kreislauf der Lohnarbeit. Sie werden z. B. in Deutschland über Beiträge der Sozialpartner (Arbeitnehmer und Arbeitgeber) finanziert und von Organisationen der Sozialpartner verwaltet, deren Handeln gesetzlich geregelt ist (vgl. Abb. 9). Auch private Unternehmen beteiligen sich an der Produktion von sozialen Gemeingütern (Arztpraxen, Krankenhäuser, Versicherungen). Das setzt natürlich gesetzlich oder vertraglich geregelte Finanzierungen voraus, weil hier die Preise keine Marktpreise sind. Das Bildungssystem rechne ich zu GA, obwohl es zum Kreislauf der Lohnarbeit (Qualifikation der Arbeitskräfte) gehört, weil es eine darüber hinausgehende allgemeine gesellschaftliche Funktion hat und überwiegend durch staatliche Mittel finanziert und nicht durch Selbstverwaltungsorganisationen der Bildungsakteure umgesetzt wird. In Deutschland werden die Sozialsysteme und die Sozialtransfers fast ausschließlich durch Selbstverwaltungsorganisationen der Sozialpartner betrieben. Grundsätzlich könnte dieser GS-Kreislauf auch durch staatliche Behörden, eine staatliche Gesundheitsverwaltung, ein staatliches Rentensystem und staatliche Transfersysteme ohne Beteiligung der Sozialpartner organisiert werden – in manchen Ländern ist das auch so.

Staat und die Organisationen der ökologischen Gemeingüter (GÖ). Den Kreislaufs des Ökokapitals gab es vor dem Beginn einer offensichtlichen ökologischen Krise in den 1970er und 1980er Jahren noch nicht. Ursprünglich schien es so, als seien Umweltgüter kostenlos (müssten nicht reproduziert werden) oder als seien sie besondere, nicht vermehrbare Privatgüter, die von Grundeigentümern privat angeboten und gekauft werden könnten. Erst seit der eskalierenden ökologischen Krise und der Bedrohung durch den Klimawandel wird allmählich klar, dass Umweltgüter knapp sind, reproduziert und verwaltet werden müssen, also Kosten verursachen, die von den Nutzern oder alternativ der Allgemeinheit getragen werden sollen. Spätestens mit der CO2-Bepreisung sind Organisationen entstanden, die den Einsatz von ökologischen Gemeingütern und die ihre Reproduktion regulierenden Geldkreisläufe (Ökokapital) organisieren. Diese Aufgabe erledigen sie bisher allerdings noch recht unzureichend (vgl. Land 2018b). Eine denkbare Lösung für die Zukunft könnte darin bestehen, dass der Staat die Nutzung von Umweltressourcen als Gemeingüter nur gegen den Erwerb von Nutzungsrechten auf staatlich regulierten Märkten gestattet (CO_2-Emissionen, knappe Rohstoffe, Nutzung von Grundwasser oder Gewässern, Emission oder Beseitigung von Schadstoffen, Deponierung oder Beseitigung von Abprodukten). Sie wären dann nicht mehr frei verfügbare kostenlose Ressourcen. Die Preise müssten sich nach den Reproduktions-/Substitutionskosten richten – das wäre die untere Grenze – und nach Angebot und Nachfrage. Die daraus resultierenden Einnahmen würden in die Erhaltung und Reproduktion dieser Ressourcen investiert, die Verwaltungskosten eingeschlossen. Auch die Substitution von Ressourcen (Treibhausgase, Schadstoffe in Gewässern und Luft u. ä.), deren Nutzung in absehbarer Zeit ganz eingestellt und durch andere, die Umwelt nicht schädigende Verfahren ersetzt werden soll, müsste daraus finanziert werden. Nicht umweltkompatible Nutzungsarten sollten substituiert werden: z. B. erneuerbare Energie statt fossiler, Holz oder andere nachwachsende Rohstoffe statt Beton, Etablierung von Recyclingverfahren oder Schonung übernutzter Ressourcen durch die Reduzierung von Kunstdünger, Pflanzenschutzmitteln oder des Wasserverbrauchs.

Im Prinzip wäre ein Gleichgewicht zwischen den Einnahmen aus Nutzungsrechten und den Ausgaben für die Erhaltung oder Substitution dieser Ressourcen herzustellen. Dieser Ökokapitalkreislauf existiert noch nicht. Es gibt zwar erste Elemente (z. B. die CO_2-Bepreisung), aber diese Mittel werden noch nicht regulär für die Reduzierung oder Substituierung von CO_2-Emissionen eingesetzt. Es gibt keinen organisierten Zusammenhang zwischen den Kosten und den Einnahmen, keinen Kreislauf des Ökokapitals mit Gegenrechnung der Einnahmen aus Nutzungsrechten gegen Investitionen in die Erhaltung der jeweiligen Ressource oder Substitution ihrer Nutzung. Das Ziel muss sein, die Nutzung unter objektiv bestimmbare Tragfähigkeitsgrenzen zu senken, und zwar durch die Umstellung auf erneuerbare Ressourcen, offene und geschlossene Stoffkreisläufe und gegebenenfalls durch die Substitution von überbelasteten Ressourcen. So wäre es möglich, die ökologische Krise durch wirtschaftliche Entwicklung zu bewältigen und nicht durch Schrumpfung und Niedergang. Die Organisation des Ökokapitalkreislaufs könnte durch staatliche Behörden erfolgen oder durch Selbstorganisationen der betroffenen Akteure (Unternehmen, Umweltwissenschaft, Umweltorganisationen, Arbeitnehmer, Kommunen und Staat), indem der Staat die Verwaltung der Gemeingüter Umweltressourcen an diese Organisationen überträgt und dies gesetzlich regelt (vgl. Abbildung 1, 2, 5 und 6 im Anhang).

1.4.2 Sach- und Geldkreisläufe

In einer Marktwirtschaft bestehen verschiedene Sach- und Geldkreisläufe zwischen Unternehmen, Haushalten, Staats- und ggf. staatlich geregelten Organisationen der Selbstverwaltung für die Gemeingüter GS und GÖ. Die Abbildungen 1 bis 6

(Anhangsdatei) stellen die sachlichen Reproduktionszusammenhänge und ihre Vermittlung durch Geldströme dar.*

Es ist wichtig, den Zusammenhang zwischen Sachkreisläufen und Geldkreisläufen zu verstehen, wenn man nachvollziehen möchte, wie der Reproduktionsprozess in einer Marktwirtschaft funktioniert, also der Zusammenhang zwischen der Reproduktion der Produktionsmittel, der Reproduktion der Arbeitskraft (und des Lebens der Individuen) über die privaten Haushalte und der Reproduktion der Gemeingüter über den Staat. Die Geldkreisläufe steuern die jeweiligen Sachkreisläufe, ihre Ausdehnung oder Schrumpfung verändert die Entwicklung der jeweiligen Sachkreisläufe und die Entwicklungsrichtung der Ressourcen. Ausdehnung oder auch Kontraktion der jeweiligen Geldkreisläufe und der dadurch induzierten Sachkreisläufe erfolgt durch das Verhalten der Akteure, also der Haushalte, die Arbeit anbieten (Lohnarbeit, selbstständige Arbeit) und Konsumgüter nachfragen, der Unternehmen, die Lohnarbeit und Leistungen sowie Produktionsmittel nachfragen, und des Staates als Gemeingüterproduzent. Die Dispositionen der Haushalte und der Unternehmen in Bezug auf ihre Ausgaben und natürlich die staatliche Fiskalpolitik verändern die Volumina der jeweiligen Geldkreisläufe und wirken damit selektiv auf die Entwicklung der jeweiligen Sachkreisläufe. Das ist wichtig für das Verständnis einer regulierten und einer gelenkten Marktwirtschaft und wird später in 1.5.1. und 1.5.2. wieder aufgegriffen.

Die in den Abbildungen 1 bis 6 dargestellte Struktur eines modernen marktwirtschaftlichen Reproduktionszusammenhangs hat nicht schon immer diese Form. Sie ist in mehreren Schritte entstanden. Ohne auf die historischen Details einzugehen, kann die Entwicklung folgendermaßen zusammengefasst werden:

Der Kreislauf der Lohnarbeit (Abb. 3) und des industriellen Kapitals (Abb. 5) entstand in der industriellen Revolution aus Vorläufern wie dem Kaufmannskapitals, dem Handwerk und der Manufaktur. Es entstanden kapitalverwertende industrielle Unternehmen (Fabriken) und die privaten Haushalte der Familien der Lohnarbeiterinnen und Lohnarbeiter und ihrer Lebenswelten.

Im letzten Drittel des 19. Jahrhunderts entstand der Kreislauf der sozialen Gemeingüter (GS) (Abb. 4). Dazu gehört die Entstehung einer allgemeinen Krankenversicherung bzw. einer staatlichen Krankenversorgung, der Rentenversicherung, der Arbeitslosenversicherung und einer nicht mehr an persönliche Abhängigkeit gebundenen Sozialfürsorge. Dieser Kreislauf hat sich im Laufe des 20. Jahrhun-

* Abb. 1 zeigt die Sachströme, Abb. 2 zeigt zusätzlich die dazugehörigen Geldströme und -kreisläufe, die die Reproduktion der sachlichen Ressourcen vermitteln und regulieren. Abb. 3 stellt den Kreislauf der Lohnarbeit bzw. des variablen Kapitals dar. Abb. 4 erweitert diesen Kreislauf um die Gemeingüter im Kreislauf der Lohnarbeit (GS), also die Sozialsysteme, die soziale Infrastruktur und die Sozialtransfers. Abb. 5 stellt den Kreislauf der öffentlichen Gemeingüter (GA) und der Nutzungsrechte für Naturressourcen (GÖ) und die entsprechenden Geldkreisläufe dar. In Abb. 6 ist das Finanzsystem und die Geldschöpfung integriert. Die Erläuterungen zu den Abbildungen sind in der Anhangsdatei enthalten.

derts, vor allem aber nach dem Zweiten Weltkrieg weiter ausdifferenziert zum Sozialstaat.

Der Kreislauf der allgemeinen Gemeingüter (GA) (Abb. 5) hatte schon Vorläufer in den vorkapitalistischen Gesellschaften. Die Gemeingüterproduktion, insbesondere Militär, Religion, Rechtsprechung, Wissenschaft, Bildung und Kultur lag in den Händen mehrerer Organisationen, einer in der Regel grundbesitzenden Adelsklasse, der Kirche und der Organisationen des Militärs. Die in der Industrie entstehende Bourgeoisie hat noch nicht nach der Macht gegriffen (vgl. Hedtke 2022). Bis zum Ersten Weltkrieg hat der Adel auch in den kapitalistischen Gesellschaften die Politik und die Gemeingüterproduktion dominiert. Nach dem Ersten Weltkrieg hat sich ausgehend von den USA eine eigene politische Klasse entwickelt, deren sozialökonomische Wurzeln im Überbau liegen und die als eine moderne Form des Bonapartismus beschrieben werden kann.

Der Kreislauf der ökologischen Gemeingüter (GÖ) (Abb. 5), also der genutzten und aktiv zu reproduzierenden Naturressourcen, ist eine späte Entwicklung, die in den 1970er Jahren begonnen hat und bislang nicht abgeschlossen ist. Ein ökonomischer Kreislauf der Reproduktion von Naturressourcen besteht bisher nur rudimentär. Wie schon erwähnt, gibt es z. B. zwar einen CO_2-Emissionshandel, aber noch keine Kopplung mit Investitionen in die Substitution fossiler Energien.

Das Finanzsystem (Abb. 6) entsteht im 19. Jahrhundert aus vorkapitalistischen Banken: erste Notenbanken Mitte des 19. Jahrhunderts, ein Fiatbankensystem mit einer Zentralbank nach dem Ersten Weltkrieg und ein globales Finanzsystem nach dem Zweiten Weltkrieg. Zentralbanken kontrollieren die Emission und Demission von Kreditgeld; sie sind die Bank des Staates, halten die Währungsreserven des Staates, geben Banknoten heraus und beaufsichtigen Banken und Finanzmärkte. Entscheidend ist, dass die Geldkreisläufe durch die Emission und Demission von Kreditgeld beschickt werden. Das Zusammenwirken von Zentralbank und Regierung bzw. Finanzministerium steuert die Geldkreisläufe und spielt bei der Regulierung und Lenkung einer Marktwirtschaft eine wichtige Rolle (siehe 1.5). Um eine Vorstellung der Größenordnung der jeweiligen Kreisläufe zu vermitteln, listet Tabelle 1 hier die Anteile der einzelnen Sachkreisläufe gemessen an den Preissummen für Deutschland im Jahr 2022 auf.

Tabelle 1: Größenordnung der Sachkreisläufe in % des BIP für Deutschland und die VR China für das Jahr 2022

Sachkreislauf	Im Detail	Anteil in % des BIP	
		Deutschland[a]	VR China[b]
Kreislauf der Lohnarbeit: Konsum der Haushalte ohne Gemeingüter GS	Aus Lohn, Gewinneinkommen von Selbstständigen einschließlich Transfers abzüglich Steuern und Abgaben	52 %	50 %
Gemeingüter im Kreislauf der Lohnarbeit	Sozialsysteme (Gesundheit, Pflege) ohne Transfers (Rente, ALG etc.)	9 %	Keine Schätzung möglich
Investitionen (Wirtschaft und Staat)	Ersatz und Erweiterung von Produktionsmitteln und Infrastruktur	21 %	35 %
Allgemeine Gemeingüter (Staat)	Allgemeine Dienste, Bildung, Wissenschaft, Kultur, Soziales, Gesundheit, Wohnung, Energie, Wasser, Verkehr …	16 %	13 %
Ökologische Gemeingüter	Ausgaben für die Erhaltung von Naturressourcen und Nutzungssubstitution	2 %	2 %
a) Das BIP von Deutschland betrug etwa 4.000 Mrd. Euro = 100 %. b) Das BIP der VR China betrug 2022 etwa 17.900 Mrd. US-Dollar = 100 %.			

Quellen: Deutschland – Statistisches Bundesamt;[12] hierbei handelt es sich um eine Schätzung der Größenordnungen. VR China – National Bureau of Statistics of China (NBS);[13] hierbei handelt es sich um meine Schätzung der Größenordnungen durch Recherchen mithilfe von ChatGPT.

1.4.3 Güterproduktion, Märkte und Preise

Das folgende Kapitel soll die grundlegenden Reproduktionsprozesse einer Marktwirtschaft darstellen und klären, an welchen Punkten eine Regulierung durch den Staat, die Gemeinschaft bzw. durch Vereinbarungen zwischen den Organisationen der verschiedenen Marktakteure erforderlich ist. Es gliedert sich in einen Abschnitt zu Reproduktionszusammenhang und Preisen (1.4.3.1), einen zu Löhnen und Lohnstandard (1.4.3.2) und einen zu Gemeingütern (1.4.3.3).

1.4.3.1 Reproduktion und Entwicklung

Reproduktion bedeutet zunächst, dass alle verbrauchten Ressourcen laufend ersetzt, reproduziert werden müssen: Produktionsmittel, Maschinen, Anlagen, Gebäude,

Rohstoffe und Zwischenprodukte werden verbraucht und müssen durch neu produzierte ersetzt werden – idealerweise durch in Qualität und Menge gleichartige. Ebenso muss die eingesetzte Arbeit ersetzt werden, das heißt, die in Unternehmen und im Staat verbrauchte Arbeitskraft muss reproduziert werden. Die Reproduktion der Arbeitskraft ist identisch mit der Erhaltung des Lebens und der Lebenswelt der Individuen, was sich ökonomisch als Reproduktion der Haushalte darstellt. Reproduktion bedeutet auch, dass die funktionalen und sozialen Strukturen erhalten bleiben müssen, also die Unternehmen in ihren wechselseitigen Beziehungen, die Lohnarbeiterinnen und Lohnarbeiter und ihre Haushalte und die staatlichen Organisationen und deren Funktionen.

In klassischen Theorien (Modellen) wird das marktwirtschaftliche System als ein Austauschsystem beschrieben, in dem sich Angebot und Nachfrage einem Gleichgewicht nähern. Im idealen Zustand werden von allen Waren genau die Mengen produziert und angeboten, die nachgefragt werden. Die Nachfrage wird hingegen durch den Verbrauch an Produktions- und Konsumtionsmitteln durch die privaten Haushalte bestimmt. Zwischen Angebot und Nachfrage besteht ein systemischer Zusammenhang, der über die Preisbewegungen funktioniert. Steigt die Nachfrage für eine bestimmte Ware, so steigt temporär ihr Marktpreis und damit der Ertrag für ihre Hersteller. Diese erhöhen die Produktion so lange, bis die Nachfrage gedeckt ist und die Preise wieder den Gleichgewichtspreisen entsprechen. Steigt das Angebot für eine bestimmte Ware, so dass ein Überschuss über die Nachfrage entsteht, sinkt der Marktpreis so lange, bis Angebot und Nachfrage sich wieder entsprechen. Die Gleichgewichtspreise nenne ich Reproduktionspreise, weil sie gerade die Reproduktionskosten decken. Die Schwankungen der aktuellen Marktpreise um die langfristigen Reproduktionspreise bewirken die Anpassung der einzelnen Produktionszweige und Betriebe an ein gleichgewichtiges Reproduktionssystem.

Der Ausgleich von Angebot und Nachfrage, die »unsichtbare Hand«, und die damit verbundenen Preisanpassungen bewirken, dass der Reproduktionszusammenhang in marktwirtschaftlichen Systemen erhalten bzw. nach Abweichungen immer wieder hergestellt wird – vorausgesetzt, Monopole, Oligopole, Marktabsprachen und andere Störungen des Ausgleichs sind ausgeschlossen. Unter dieser Voraussetzung entsprechen die Preise aller gehandelten Waren genau den Reproduktionskosten, also der Summe der Preise der verbrauchten Produktionsmittel (Abschreibungen von Gebäuden, Maschinen und Anlagen plus Rohstoffen und Zwischenprodukten) plus den gezahlten Löhnen und Lohnnebenkosten.

Pietro Sraffa hat diesen Zusammenhang idealisiert in einem linearen Gleichungssystem modelliert: Für ein System mit n Waren besteht es aus n Gleichungen mit n Unbekannten, ist also theoretisch lösbar. Allerdings war ein solches mathematisches Gebilde mit vielen Tausend oder Millionen Waren zu Sraffas Zeiten rechentechnisch nicht lösbar. Man kann aber den Preisbildungsprozess auf den Märkten als den praktischen Lösungsprozess eines solchen Systems verstehen, die Lösung erfolgt durch die iterative Anpassung der Preise an jeweils aktuelle Angebots- und Nachfragegrößen; tendenziell bilden sich dabei Reproduktionspreise heraus – wenn Monopole und externe Störungen ausgeschlossen werden. Für ein kapitalistisches System mit bezahlter Lohnarbeit ist ein solches Modell lösbar, wenn die Löhne bzw. die Teilung des im Produktionsprozess entstandenen Neuwerts in Lohn und Profit gegeben ist (Sraffa 2014, Kapitel II und III). Diese Teilung hängt vom Kräfteverhältnis zwischen den produzierenden Unternehmen und den Lohnarbeitern ab. Die in diesem System definierten Reproduktionspreise setzen für alle Waren, die als Produktionsbedingungen fungieren, voraus, dass der Preis die Reproduktion ermöglicht, also den Ersatz der verbrauchten Produktionsbedingungen (Produktionsmittel und Arbeitskraft bzw. Löhne und Lohnnebenkosten) über den Markt. Dabei werden die Profite gleichmäßig auf die verschiedenen Zweige verteilt (Durchschnittsprofitrate) (vgl. Sraffa 1976, Ruben/Wagner 1980, Kurz 2002 und 2009). Für moderne Marktwirtschaften muss allerdings volkswirtschaftlich auch die Reproduktion der Gemeingüter eingeschlossen werden. Das bedeutet, dass die Unternehmen und die Arbeitnehmer einen Teil ihres Einkommens an den Staat oder öffentliche Gemeinschaftsorganisationen abführen müssen, die diese Gemeingüter herstellen. Dieser Teil des Einkommens wird durch die Sozialbeiträge der Arbeitnehmer, der Arbeitgeber und durch Steuern und Abgaben an den Staat oder Gemeinschaftsorganisationen verteilt, ihm entspricht ein Strom von Gütern, der die Reproduktion der Gemeingüter sicherstellt.* Dieses idealisierte Reproduktionssystem nach Sraffa definiert ideale *relative* Preise für alle Produktionsmittel und für die Konsumgüter, die in die Reproduktion der Arbeitskraft eingehen. Das Preisniveau wird bei Sraffa durch eine *Standardware* bestimmt, idealerweise einen zusammengesetzten Warenkorb, dessen Proportionen dem BIP, genauer den Basisprodukten des BIP entsprechen. Meines Erachtens wäre Flassbecks *Lohnstandard* eine dafür sinnvolle Lösung (vgl. unten 1.4.3.2.).

Nun entspricht eine reale Volkswirtschaft niemals einem solchen idealisierten Gleichgewichtsmodell. Ist es daher überflüssig oder sogar schädlich? Nicht unbedingt, wenn es als Erkenntnismittel sinnvoll eingesetzt wird. Es zeigt nämlich, wie durch die Veränderung von Preisen und von Angebot und Nachfrage ein Reproduktionszusammenhang hergestellt wird und erhalten bleiben könnte. Dabei kann die Abweichung der realen betrieblichen Profitraten von einer idealisierten Durchschnittsprofitrate auch anzeigen, ob eine bestimmte Branche im volkswirtschaftlichen Zusammenhang stabil reproduziert wird oder sich in einer krisenhaften Abwärtsbewegung befindet.

Schumpeter hat 1908 in seinem über 600 Seiten starken Buch »Das Wesen und der Hauptinhalt der theoretischen Nationalökonomie« den Stand der Wirtschafts-

* Das ist in den Abbildungen 4 und 5 im Abschnitt 1.4.2 dargestellt. Zu öffentlichen Gütern (Gemeingütern) siehe 1.4.3.3 unten in diesem Abschnitt.

wissenschaft seiner Zeit dargestellt. Er schildert ein sich reproduzierendes System mit statischen Gleichgewichten, Preisen, Einkommen, Grundrenten usw. Schumpeter hielt die Mainstream-Theorie seiner Zeit für unverzichtbar, aber sie versage vollständig bei der Erklärung wirtschaftlicher Entwicklung. Sich dynamisch verändernde Wirtschaftssysteme seien keine Gleichgewichtssysteme. Das Phänomen der wirtschaftlichen Entwicklung bedürfe eines neuen Ansatzes, den Schumpeter 1912 mit der »Theorie der wirtschaftlichen Entwicklung« vorlegte.

Wirtschaftliche Entwicklung kommt wie oben beschrieben zustande, wenn Innovationen, neue Produkte und neue Produktionsverfahren in einem bestehenden Reproduktionssystem implementiert, rekombiniert und selektiert werden. Dabei entstehen neue Produktionsprozesse, andere Produktionsfunktionen. Die dafür erforderlichen Ressourcen müssen den bestehenden Produktionsprozessen entzogen und neuen Verwendungen zugeführt werden. Dies geschieht nicht durch Sparen oder durch Akkumulation von Überschüssen. Geldschöpfungsfinanzierte Kredite entziehen den bestehenden Produktionssystemen einen (kleinen) Teil der Ressourcen und führen so freigesetzte Produktionsmittel und Arbeitskräfte neuen Verwendungen zu. Das Motiv für die Innovatoren ist der Innovationsgewinn, der Extraprofit, der entsteht, wenn es gelingt, ein Produkt mit Verfahrensinnovationen zu deutlich geringeren Kosten zu produzieren, aber zu dem noch geltenden höheren Preisniveau auf dem Markt zu verkaufen, oder ein gänzlich neues Produkt durchzusetzen und zusätzliche Marktanteile zu gewinnen.

Setzen sich Verfahrens- oder Produktinnovationen durch, dann verändern die neu entstehenden Produktionsprozesse durch Rekombination und Selektion das gesamte Produktionssystem. Dabei ändern sich grundlegende Preise, das gesamte Preissystem wird transformiert. Der Prozess der Implementation von Innovationen, der Rekombination, Selektion und Anpassung verläuft zyklisch, dabei erodiert das bestehende Reproduktionssystem, es entstehen neue Austauschprozesse, neue Angebote und Nachfragen und viele Preise verändern sich. Die Grundzüge dieses Modells sind in 1.2 dargestellt und sollen hier nicht im Detail wiederholt werden.

Die obigen Ausführungen zeigen, dass es also zwei grundsätzlich verschiedene Modelle gibt, die die Funktionsweise einer Marktwirtschaft erklären (jedes mit einer Vielzahl weiter differenzierter Variationen). Das eine Modell (ich nenne es **Modell Erhaltung**) ist ein Gleichgewichtsmodell, das erklärt, wie durch Anpassungsprozesse über Preise Reproduktionsgleichgewichte entstehen bzw. erhalten werden. Die Erhaltung (Reproduktion) eines gegebenen Systemzusammenhangs bedeutet, die Übereinstimmung von Angebot und Nachfrage herzustellen: Alle verbrauchten Produktionsbedingungen werden laufend oder zyklisch durch produzierte Produkte ersetzt.

Das andere Modell (ich nenne es **Modell Innovation**) erklärt, wie in einem bestehenden Reproduktionssystem Neues entsteht, neue Produkte und neue Produktionsprozesse und wie das bestehende Reproduktionsgleichgewicht unterlaufen und letztlich aufgehoben wird. Durch Innovationen werden die Gleichgewichte zerstört und neue Anpassungsprozesse erzwungen, die tendenziell wieder zu einem gleichgewichtigen Reproduktionsprozess führen können, aber nicht als Rückkehr zum alten Zusammenhang, wie es die Neoklassik denkt, sondern als Hinwendung zu einem strukturell veränderten System.

Beide Modelle lassen sich bei der Beschreibung und Erklärung realer wirtschaftlicher Prozesse kombiniert einsetzen. Das Innovationsmodell erklärt zum Beispiel das Entstehen der Elektrotechnik (eine Vielzahl kombinierter und aufeinander aufbauender Innovationen am Ende des 19. und zu Beginn des 20. Jahrhunderts) und der damit verbundenen Industriezweige durch kreditschöpfungsfinanzierte Innovationen, verbunden mit neuen Unternehmensformen, anderen Produktionsmitteln und Arbeitstechniken. Der Innovationsschub ist mit Preisschocks (potenziell inflationäre Prozesse) und einer Divergenz von Angebot und Nachfrage auf den Märkten für Rohstoffe, Produktionsmittel und Arbeitskräfte verbunden. Dies hat divergente Folgen: Extraprofite auf der einen Seite, finanzielle Einbußen in anderen Unternehmen und Branchen auf der anderen Seite.

Praktisch braucht man beide Modelle, um einen historischen Innovationsschub und die damit verbundene Transformation einer Volkswirtschaft zu erklären. Wir finden hier die in 1.2 dargestellten *zyklischen* Prozesse wieder: Der Innovationsschub generiert zunächst Prosperität (wegen steigender Nachfrage), gerät dann an Grenzen, weil die Deklassierung alter Produktionsprozesse und das Scheitern eines Teils der Innovationen den Prozess abbremsen (einige Kredite können nicht zurückgezahlt werden, zugleich entstehen aber auch teilweise sehr hohe Unternehmergewinne). Die Banken blockieren die weitere Kreditvergabe, Rezession, ggf. Depression. Selektions- und Anpassungsprozesse stellen die Funktionalität des Reproduktionsprozesses schrittweise wieder her (durch Preis- und Mengenanpassungen und Ausscheiden eines Teils der Unternehmen und Abschreibung eines Teils der faulen Kredite). Das ist die Erholung, die tendenziell ein neues, wieder gleichgewichtsnahes System konstituiert. In der Prosperität dominieren Innovationen, in der Erholung überwiegen Anpassungen und Erhaltung.

Beide Modelle können und müssen also kombiniert werden, um historische Verläufe wirtschaftlicher Entwicklung zu erklären. Methodisch stehen sie im Widerspruch zueinander. Die Gleichgewichtsmodelle der Neoklassik und der neoklassisch-keynesianischen Synthese sind streng oder weitgehend *deterministisch*, daher auch mathematisch darstellbar. Die Abläufe sind kausal. Das Modell wirtschaftlicher Entwicklung ist dagegen ein Evolutionsmodell. Innovationen sind *Fundsachen*. Sie werden *gemacht* und erst im anschließenden Selektionsprozess entscheidet sich, welche Innovationen sich durchsetzen, erhalten bleiben und wie sie rekombiniert werden. Das Neue wird erst im Prozess erzeugt.

Es scheint so, als würden diese Prozesse im Wirtschaftssystem von allein, automatisch ablaufen, wenn alle Akteure den Preissignalen entsprechend rational handeln. Tatsächlich aber bedarf die marktwirtschaftliche Reproduktion und Entwicklung der politischen Gestaltung, der Regulation und der Lenkung:

(1) Die Märkte sind immer in Gemeinschaften eingebettet, in rechtliche und institutionelle Regeln und entsprechende Organisationen, wie Polanyi (1977) dargestellt hat. Die Einsicht in die Notwendigkeit eines Ordnungsrahmens ist auch Kern des Ordoliberalismus. Dem Kauf und Verkauf von Waren liegt ein Handels- und Wirtschaftsrecht zugrunde, ebenso haben das Finanzsystem und die Kreditvergabe rechtliche Voraussetzungen, wie auch die Emission von Geld durch staatliche Organisationen erfolgt (oder zumindest staatlich geregelt und überwacht werden muss, wenn es keine staatliche Zentralbank gibt). Auch der Innovationsprozess muss geregelt sein: Urheberrecht und der Schutz des geistigen Eigentums sind erforderlich, wobei der Schutz nicht so stark sein darf, dass Nachahmung unmöglich würde und die sekundäre Welle, die Flut von auf Basisinnovationen aufbauenden Rekombinationsversuchen, unmöglich würde. Die Einbettung der Wirtschaft in Staat und Recht dürfte inzwischen weitgehend akzeptiert sein und muss hier nicht weiter dargestellt werden. Strittig ist allerdings, in welchem Maße der Staat (oder auch die Organisationen der Gemeinschaft, Gewerkschaften, Berufsverbände etwa durch Vereinbarungen von Arbeitgebern und Arbeitnehmern) die Marktprozesse kontrollieren oder einschränken sollte. So schließt der Ordoliberalismus lenkende Eingriffe des Staates im Prinzip aus. Diese betreffen die folgenden Punkte, die in meiner Aufzählung der Gründe für eine notwendige politische Lenkung die Punkte 2 und 3 sind.

(2) Die neoklassischen Modelle der Anpassung von Angebot und Nachfrage funktionieren nur eingeschränkt oder überhaupt nicht, wenn es Oligopole oder Monopole gibt. Im Idealfall des Modells unterstellt ein Gleichgewichtsprozess, dass es sehr viele Anbieter und Nachfrager gibt und diese die Ergebnisse des Marktprozesses nicht beeinflussen können. Das ist aber in vielen Fällen nicht gegeben. Begrenzte Naturressourcen (Energie, Rohstoffe, Grund und Boden), aber auch lokale Gegebenheiten oder Pfadabhängigkeiten (Vorsprung in bestimmten Entwicklungen) können dazu führen, dass einzelne Unternehmen oder Branchen den Ausgleich der Preise behindern oder einschränken und über längere Zeit überdurchschnittliche Gewinne zulasten anderer Unternehmen durchsetzen können. Oft wird der Rückgang der Preise und der Innovationsgewinne im Anschluss an einen Innovationsschub verzögert. In vielen Fällen spielt auch Korruption beim Zugang zu Genehmigungen eine Rolle. Tatsächlich arbeiten alle modernen Volkswirtschaften in staatlichen Kontexten, die stark reguliert sind. Die Kontrolle und Beschränkung monopolistischer Konstellationen, die die Funktionsweise der Marktwirtschaft beschränken, gegebenenfalls auch die Intervention in Preis- und Mengenwirkungen zur Korrektur (wie z. B. seit 2022 durch die Strompreisbremse) sind unverzichtbare Eingriffe, ohne die die Reproduktion des marktwirtschaftlichen Systems nicht funktionieren könnte.

(3) Aus meiner Sicht kommt eine sehr wichtige politische Regulation hinzu: das Verhältnis zwischen Erhaltung eines gegebenen Reproduktionszusammenhangs und den Innovationsprozessen. Hier sind schwere Fehler gemacht worden. Ich denke, es muss politisch, gesellschaftlich-kommunikativ reguliert werden, in welchem Maße und mit welchem Tempo und welchen Ressourcen Innovationsprozesse vorangetrieben werden und in welche Richtungen. Und umgekehrt muss geklärt werden, in welchem Maße bestehende Investitionen temporär vor Deklassierung geschützt werden sollten. Dies dem Markt oder den Kräfteverhältnissen der Lobbyisten zu überlassen, bedeutet, gesellschaftlich schädliche Fehlentwicklungen zuzulassen. Natürlich werden bestehende Unternehmen und ihre Verbände versuchen, ihre vorhandenen Unternehmen und Anlagen zu schützen – und das ist auch legitim. Umgekehrt werden andere versuchen, Innovationsprozesse in Gang zu setzen und dafür einerseits die Mittel (Finanzen und Ressourcen) und andererseits die administrativen Voraussetzungen zu bekommen. Beides sind begrenzte Interessensperspektiven. Würde man Innovationen ohne Beschränkung unterstützen, könnte die stabile und anhaltende Entwicklung gefährdet sein. Jede Investition würde bald durch andere überrannt und deklassiert, das System wäre permanent im Ungleichgewicht. Würde man umgekehrt dem Schutz vorhandener Kapitalanlagen absolute Priorität einräumen, dann würde jede Innovation von den Bestandsunternehmen behindert oder gestört werden. Es muss also einen gesellschaftlichen Konsens darüber geben, einerseits Innovationen zuzulassen und andererseits ein bestimmtes Maß der Erhaltung bestehender Ressourcen und Strukturen zu gewährleisten. In welchem Tempo sollen Innovationen erfolgen? Und welche Abfederungen sind bei Deklassierungen und Arbeitsplatzverlusten nötig? Wie kann Strukturwandel gestaltet werden? Derzeit sind Innovationen in den Umbau der Energiesysteme, die Beschränkung des Klimawandels und den Übergang zu offenen und geschlossenen Stoffkreisläufen unabdingbar, um einen ökologischen Umbau global möglich zu machen.

Das Verhältnis von innovativer »schöpferischer Zerstörung« und erhaltender Reproduktion ist eine zentrale Aufgabe der Lenkung wirtschaftlicher Entwicklung. Die EU und insbesondere Deutschland als die wirtschaftliche Führungsmacht haben hier dramatische Fehler gemacht. Drei davon möchte ich hier nennen: Seit den 1990er Jahren ist wissenschaftlich gesichert, dass der Klimawandel nur begrenzt werden kann, wenn der schnelle Umbau auf *erneuerbare Energien* global gelingt. Aber die Lobbyisten der fossilen Energieunternehmen haben es geschafft, mit Propaganda, gefälschten Studien und politischem Lobbyismus die Öffentlichkeit so zu manipulieren, dass der Prozess schon zu Beginn ins Stocken kam. Dreißig Jahre gingen nicht ganz, aber weitestgehend verloren beim Aufbau der Netze und Speicherkapazitäten, beim Vorantreiben der Innovationen und beim Erreichen eines globalen Konsenses. Vielleicht ist es inzwischen sogar schon zu spät. Vor allem aber hat der Schutz der fossilen Energiesysteme vor dem Innovationsdruck der erneuerbaren Energien dazu geführt, dass Deutschland seine anfänglich führende Rolle bei Photovoltaik und Windenergie verloren hat. Inzwischen macht China Gewinne mit diesen Innovationsfeldern und Europa verliert Geld bei einem mühseligen Umbau, der zudem gegen den Widerstand großer Teile der Wirtschaft und der Bevölkerung durchgesetzt werden muss – ein Widerstand, der aktiv durch die Propaganda von Lobbyisten, Medien und Großkonzernen organisiert und unterstützt wurde. Das gleiche Desaster ist beim Übergang zu *Elektromobilität* passiert. Weil der deutschen Industrie und der davon abhängigen Wirtschaftspolitik die Erhaltung einer unzeitgemäßen Kraftfahrzeugwirtschaft wichtiger war als die innovative Umgestaltung hin zu einem neuen Entwicklungspfad (was ohne Deklassierung alter Industrien nicht gelingen kann), misslang die Umstellung. Tendenziell wird dies die Deklassierung des in Deutschland wichtigsten Industriezweigs zur Folge haben. Das dritte Feld, bei dem das Erhaltungsinteresse die erforderlichen Innovationen blockiert, ist die *Agrarwirtschaft*. Auch hier wäre ein zügiger und sozial progressiver, abgefederter Weg in eine nachhaltige Landwirtschaft mit sinkendem Ressourcenverbrauch und qualitativ hochwertigen Produkten möglich. Aber der politische Druck hatte bestenfalls eine endlose Kette fauler Kompromisse zum Ergebnis. In allen drei Fällen gab es keine hinreichende öffentliche Diskussion und keinen Konsens für eine komplexe und langfristige Strategie. Nötig war und ist ein übergreifender gesellschaftlicher Diskurs. Dieser ist inzwischen aber kaum noch möglich, die Positionen sind verhärtet.

Zusammenfassung: (1) Die marktwirtschaftliche Reproduktion und Entwicklung ist politisch eingebettet in Rahmenbedingungen, Institutionen und Organisationen. (2) Durch externe Faktoren, Monopole, historische Mitgegebenheiten etc. bedingte Dysfunktionalitäten der Markt- und der Innovationsprozesse müssen durch politische Rahmensetzungen und auch durch politische Interventionen korrigiert und kompensiert werden. Für das Tempo der Innovations- wie auch der Anpassungsprozesse ist die Kreditvergabe der Geschäftsbanken, die Expansion bzw. Kontraktion des Kreditvolumens und die Höhe der Zinsen wichtig, die Leitzinsen der Zentralbank und die Finanz- und Geldpolitik. (3) In einem gesellschaftlichen Prozess muss das Verhältnis zwischen der Bewahrung gegebener wirtschaftlicher Strukturen und ihrem innovativen Umbau und den damit verbundenen Deklassierungen immer wieder diskutiert und aktualisiert werden. Vor allem muss verhindert werden, dass Lobbyinteressen rationale und wissenschaftlich begründete Strategien verhindern oder unterlaufen.

1.4.3.2 Löhne, Lohnstandard

Nach den Innovations- und Anpassungsprozessen und deren Steuerung durch Kreditvergabe und Zinsniveau ist die Lohnentwicklung der nächste wichtige Einflussfaktor für die wirtschaftliche Dynamik. Für moderne kapitalistische Marktwirtschaften gilt, dass die Löhne (inklusive der Lohnnebenkosten) in dem Maße steigen müssen wie die Produktivität. Nur dann ist gewährleistet, dass die Nachfrage mit dem Angebot wächst (wenn ein gleichbleibendes Arbeitsvolumen angenommen wird). Wachsen die Löhne langsamer als die Produktivität, bleibt die Nachfrage hinter dem Produktionswachstum zurück und die Konjunktur bricht ein (Überproduktion). Steigen die Löhne schneller als die Produktivität, übersteigt die Nachfrage das Angebot und es kommt zu Inflation. In beiden Fällen könnten diese Divergenzen temporär kompensiert werden: finanziell durch Kreditaufnahme oder den Aufbau von Geldvermögen, materiell durch den Auf- oder Abbau von Lagerbeständen. Längerfristig können Divergenzen von Angebot und Nachfrage mit außenwirtschaftlichen Ungleichgewichten (Export- oder Importüberschüssen) verbunden sein, Überangebot wird exportiert oder der Nachfrageüberhang durch Import gedeckt. Auf Dauer hat dies aber negative Folgen für die Dynamik wirtschaftlicher Entwicklung (vgl. Land 2017b, 2018a).

Betrachten wir zunächst den Idealfall: Die Löhne steigen in gleichem Maß wie die Produktivität. In den meisten entwickelten kapitalistischen Volkswirtschaften wird eine kleine Inflationsrate angestrebt, in fast allen Volkswirtschaften beträgt die Zielinflationsrate 2 Prozent oder knapp unter 2 Prozent (Eurozone), in China 3 Prozent, in Polen 2,5 Prozent. Das bedeutet, dass die Löhne um diesen Betrag schneller wachsen sollen als die Produktivität. In diesem Fall würden die Preise in Branchen mit hohem Produktivitätszuwachs (größer 2 Prozent) tendenziell sinken (z. B. Elektronik, Datenspeicher u. ä.), in Branchen mit unterdurchschnittlicher Produktivitätsentwicklung müssten die Preise um mehr als 2 Prozent steigen. Insbesondere da, wo die technische Produktivität nicht gesteigert werden kann (Lehrpersonal, Pflegeberufe, Ärzte, Wissenschaftler), müssen die Preise laufend angehoben werden (die technische Produktivität, z. B. Schüler pro Lehrerstunde, bleibt gleich, aber die an den finanziellen Erträgen gemessene Produktivität steigt auch durchschnittlich, weil der Preis der Lehrerstunde steigt).

Der enge Zusammenhang zwischen Produktivitäts- und Lohnentwicklung lässt sich empirisch für die Zeit von etwa 1950 bis 1975 zeigen (vgl. Land, Busch 2012, S. 28f., 118ff.). In der Mitte des 19. Jahrhunderts sind die Löhne in der Regel noch langsamer gestiegen als die Produktivität. Daraus folgte eine sinkende Lohnquote bzw. eine steigende Mehrwertrate, der Anteil der Löhne an der Wertschöpfung sank (über längere Zeiträume, kurzfristig mit Schwankungen) (vgl. Marx: Das Kapital, MEW Bd. 23, Kapitel 10). Mit der elektrotechnischen und chemischen Revolution am Ende des 19. Jahrhunderts bis zum Beginn des Ersten Weltkriegs entstand eine relativ große Schicht *qualifizierter* Arbeitskräfte: Facharbeiter, Ingenieure, Manager, die zum Teil Kapitalfunktionen ausübten. Deren Löhne lagen deutlich über denen einfacher Arbeiter, vor allem aber stiegen sie mit dem wirtschaftlichen Erfolg der neuen Industriezweige. Die Löhne für einfache Arbeit blieben hinter dieser Entwicklung zurück. Dies änderte sich mit der fordistischen Massenproduktion nach dem

Zweiten Weltkrieg (in den USA schon während des Krieges). Henry Ford wird gern mit der Aussage zitiert, dass die Ford-Fahrzeuge so billig und die Löhne der Arbeiter so hoch sein sollten, dass sich auch ein einfacher Ford-Lohnarbeiter ein solches Mobil kaufen könne. Hier wird die fordistische Rückkopplung wirksam: steigende Produktivität → steigende Löhne → steigende Nachfrage → kostensenkende Skaleneffekte der Massenproduktion → steigende Produktivität. Die Löhne sind betriebswirtschaftlich zwar Kosten, die minimiert werden sollen, volkswirtschaftlich aber Quelle der Einnahmen, sodass ihre Steigerung gleichzeitig eine Voraussetzung für das Produktionswachstum ist. Steigende Löhne werden Funktionsbedingung der Kapitalverwertung, sofern die Steigerung im Rahmen der Produktivitätsentwicklung erfolgt. Das Lohnregime des fordistischen Teilhabekapitalismus wird durch das Verhalten der Tarifpartner (Gewerkschaften und Arbeitgeber) reguliert. Dabei spielt der Staat eine wichtige Rolle, einerseits weil er selbst ein großer Arbeitgeber ist (öffentlicher Dienst), andererseits weil er die gesetzlichen Rahmenbedingungen für die Gestaltung der Tarife und der Arbeitskämpfe setzt und als Schlichter agiert. In der Regel gelang es, die Lohnentwicklung zwischen 1950 und 1972 im Rahmen der goldenen Regel (Produktivität plus Zielinflationsrate) zu gestalten. Auch Mindestlöhne sind ein geeignetes Instrument, sie wurden in Deutschland aber erst 2015 eingeführt. In den USA (1938), Frankreich (1950), Großbritannien und weiteren Ländern gab es Mindestlöhne schon viel früher.

Ich gehe davon aus, dass die Kopplung der Löhne an die Produktivität für eine entwickelte kapitalistische Marktwirtschaft der Normalfall ist, solange die realwirtschaftliche Entwicklung die Dynamik dominiert. Nur dann nämlich kann ein dauerhaftes Gleichgewicht zwischen Angebot und Nachfrage erhalten werden. Anders argumentiert Piketty (2014): Seine Daten zeigen, dass die Periode hoher und steigender Löhne in den 1970er Jahren endete. Er hält die Periode hoher und steigender Löhne seit etwa 1938 (1948 in Europa) für eine Ausnahme. Der kapitalistische Normalfall sei, dass die Kapitaleinkommen schneller wachsen als die Löhne, und so sei es vor dem Zweiten Weltkrieg und nach 1975 gewesen. Ich erkläre das Zurückbleiben der Löhne nach 1975 vielmehr mit der Krise des fordistischen Regimes wirtschaftlicher Entwicklung und dem entstehenden Finanzmarktkapitalismus mit seiner Dominanz von Finanzanlagen und Finanzgewinnen über die Realwirtschaft.[14] Abschöpfung, Umverteilung und Spekulationsgewinne sowie ein Billiglohnsektor sind die Ursachen für die zunehmende Ungleichheit der Einkommensentwicklung. Elsenhans (2017a, 2017b) spricht von der Rückkehr des Rentiers (vgl. auch Dauderstädt 2012).

Eine zweite Ursache sind die divergenten Außenhandelsregime: *Handelsüberschüsse aufgrund zurückbleibender Löhne*, die zu wachsenden *Finanzanlagen in den Überschussländern* führen, gegenüber Handelsbilanzdefiziten und Verschuldung in Ländern mit Importüberschüssen. Ein großer Teil der wachsenden Finanzgewinne sind fiktiv (steigende Kurse, steigende Preise für Immobilien und Finanzanlagen) und können nicht in reale Güter umgewandelt werden, sind also keine realwirtschaftlichen Zuwächse. Eigentlich verlieren alle außer einigen Finanzanlegern. Unter den Bedingungen des Finanzmarktkapitalismus (vgl. 1.4.6) ist eine Rückkehr zum Lohnregime des fordistischen Teilhabekapitalismus unwahrscheinlich oder unmöglich.

Die Lohnentwicklung hat Bedeutung für die Funktionsweise des Geldsystems. Sraffa zeigt, dass die *relativen Preise* der Waren durch das Zusammenwirken der Produktionsfunktionen in einem Reproduktionssystem bestimmt sind, während die *absoluten Preise* in Einheiten der Standardware ausgedrückt werden. Flassbecks Konzept des Lohnstandards (2024, Kapitel 4.4) zeigt nun m. E., dass die Lohnentwicklung das Preisniveau bestimmt. Die Standardware ist dann nämlich die Lohneinheit, der Warenkorb eine entsprechende Nachfrageeinheit eines durchschnittlichen Haushalts. Dies ist die Grundlage für den Wert, den eine Zahlungsmitteleinheit repräsentiert. Die Lohnkosten sind die entscheidenden Kosten und beeinflussen die Preissetzung maßgeblich. Lohnentwicklung und Inflation sind hochsignifikant (vgl. ebenda Abschnitt 5.3 und Abbildungen 5.4 bis 5.6)

1.4.3.3 Gemeingüter

In modernen kapitalistischen Marktwirtschaften machen Gemeingüter zwischen 35 und 55 Prozent der Gesamtproduktion aus. Was sind Gemeingüter oder öffentliche Güter? Samuelson, der Begründer der formalen Theorie öffentlicher Güter, definierte sie in seinem Artikel »The Pure Theory of Public Expenditure« (1954) als Güter, die durch *Nicht-Rivalität* und *Nicht-Ausschließbarkeit* gekennzeichnet sind. Elinor Ostrum (1999 und 2011) hat das Thema aus einer soziologischen und anthropologischen Perspektive umfassend analysiert und dafür den Nobelpreis für Wirtschaftswissenschaften erhalten (vgl. dazu Brie 2013 und Nutzinger 2010). Sie und die an ihre Arbeiten anschließende Diskussion befassen sich mit der Frage, wie eine kooperative Nutzung und Bewirtschaftung der Gemeingüter in einer Volkswirtschaft mit Privateigentum möglich ist, welche Regelungen geeignet sind, die Übernutzung und Zerstörung, die »Tragödie der Almende«,* zu verhindern. Der mikroökonomi-

* Dies wird gern am Beispiel der Gemeinschaftsweide eines Dorfes veranschaulicht. Die einzelnen Bauern bringen ihre Kühe, Schafe und Ziegen auf die Gemeinschaftsweide und nutzen diese als Allmende. Das geht gut, solange die Zahl der Tiere klein ist. Die Tragödie der Allmende beginnt, wenn zu viele Tiere auf die Weide kommen. Die Tragfähigkeitsgrenze der Weide wird überschritten, weil die einzelnen Nutzer versuchen, ihren privaten Ertrag zu maximieren und ihren Beitrag zur Erhaltung des Gemeinguts zu minimieren. Aber das Gemeingut muss nicht zwangsläufig kollabieren. Der Zugang kann rationiert werden und es können gemeinschaftlich Maßnahmen ergriffen werden, die die Reproduktion und ggf. Erweiterung der Gemeinschaftsressource sicherstellen. Gemeingüterproduktion kann kooperativ erfolgen. Oder die Gemeinschaft könnte den Nutzern Gebühren auferlegen oder sie auf andere Weise an den Reproduktions- und Substitutionskosten beteiligen. Das wäre keine Privatisierung, vielmehr würde aus einem freien Gemeingut ein öffentlich bewirtschaftetes Gemeingut. Privatisierung wäre es, wenn die Weide in private Parzellen aufgeteilt und verkauft würde – oder private Nutzungseinheiten (z. B. Ziegen- oder Rinder-Weidestunden) marktgerecht verkauft würden.

schen Frage nach dem Verhalten der Akteure soll hier nicht weiter nachgegangen werden. Mir geht es um die Frage, welche Rolle Gemeingüter für die Dynamik der wirtschaftlichen Entwicklung in der kapitalistischen Produktionsweise spielen und wie die Ausweitung und Ausdifferenzierung der Gemeingüterproduktion seit dem 19. Jahrhundert zu erklären ist. Vor 200 Jahren lag der Anteil der Gemeingüter an der Gesamtproduktion vermutlich unter 20 Prozent. Wie wir schon gehört haben, beträgt er heute in entwickelten kapitalistischen Marktwirtschaften zwischen 35 und 55 Prozent. Sollte man nicht erwarten, dass in einer Privateigentumsökonomie der Anteil der Gemeingüter sinkt oder zumindest nicht so stark wächst? Meines Erachtens ist der starke Zuwachs bei den Gemeingütern seit dem 18. und 19. Jahrhundert durch ihre Bedeutung für die Produktivkraftentwicklung und die Kapitalverwertung, d. h. für die *Dynamik wirtschaftlicher Entwicklung* zu erklären.

An dieser Stelle ist eine Erweiterung und Modifikation des Begriffs der Gemeingüter gegenüber der oben in Anmerkung 11 gegebenen Definition sinnvoll. Oben wurden der freie Zugang für alle potenziellen Nachfrager und die gleichzeitige Nutzung durch mehrere oder sogar alle Wirtschaftssubjekte als Kriterien in Unterscheidung zu privaten Gütern genannt. Inzwischen gibt es aber eine vielfältige Palette von Gemeingütern mit sehr verschiedenen Eigenschaften und historisch entstandenen Regeln. Dazu gehören auch Gemeingüter, deren Reproduktion durch Gebühren der Nutzer ganz oder teilweise refinanziert werden. Daher triff die eingangs genannte Definition auf einige Güter nicht zu, die ich aber trotzdem als Gemeingüter betrachten werde. Der Grund ist, dass ihre Produktion nicht im Rahmen eines privatwirtschaftlichen Marktes erfolgen könnte, sondern ein staatliches Angebot, eine staatliche, rechtliche Regelung des Zugangs und der Reproduktion voraussetzt, und zwar auch dann, wenn sie kostendeckend durch Gebühren oder Preise finanziert werden. Das kann dann bedeuten, dass private Unternehmen im staatlichen Auftrag bestimmte Gemeingüter anbieten (Energie, Verkehr, Entsorgung etc.).

Daher setze ich im Weiteren als Kriterien für Gemeingüter Folgendes an:

- Gemeingüter setzen ein staatliches Angebot voraus, das Menge, Qualität, Nutzung, Zugangsregeln und Reproduktion der betreffenden Güter, Leistungen oder Ressourcen definiert. Die potenziellen Nutzer können auf die Nutzung dieses Gemeingutes nicht verzichten, es gibt keine Alternativen oder nur solche mit geringem Spielraum.
- Gemeingüter werden entweder vom Staat (zentral oder kommunal) finanziert oder durch Gebühren der Nutzer. Bei Kopplung an ein Privatgut können die Reproduktionskosten Teil eines Marktpreises werden (z. B. der Strompreis enthält Netzentgelt und Investitionsumlagen als Nutzungsgebühren eines Gemeinguts

Bewirtschaftung oder Privatisierung sind in bestimmten Grenzen politisch und sozialökonomisch gestaltbar, wenn es einen entsprechenden Konsens unter den Interessengruppen gibt.

und einen durch den Markt bestimmten Anteil, die Kosten für die Stromerzeugung, den Börsenpreis. Allerdings ist auch dieser geregelt, z. B. entsprechend der Meritorder).

A. Geschichtliche Entwicklung der Gemeingüter

Wie ist die moderne Form der Gemeingüterbewirtschaftung im 19. und 20. Jahrhundert entstanden? Was sind ihre Wurzeln und wie haben sich die Gemeingüter zu ihrer heutigen Form entwickelt?

(1) Transformation der Gemeingüterproduktion des vorkapitalistischen Staates (in Europa: des Feudalstaates)

In vormodernen Produktionsweisen waren die familiär betriebenen Bauern- oder Handwerksbetriebe von vornherein funktional eingebettet in eine Dorfgemeinschaft oder einen herrschaftlich organisierten Gesamtzusammenhang, den des Gutes, der Stadt oder der Zunft. Gemeinschaftsfunktionen wurden durch die Gemeinschaft, durch Guts- und Landesherren oder die Organisationen der freien Städte wahrgenommen, die die Dienstpflichten der Untertanen und die Zugriffsrechte der Obrigkeit definierten. Der Zusammenhang war von vornherein als ein *Kooperationszusammenhang Ungleicher* (nicht als Austauschverhältnis!) konstituiert, als Herrschaftsverhältnis. Herren, Vasallen und Knechte, Obrigkeit und Untertanen waren nicht über Marktbeziehungen, sondern über persönliche Abhängigkeit, über Herrschaftsrechte und Dienstpflichten verbunden.

Die kapitalistische Produktionsweise entwickelte sich aus einer solchen im 17. und 18. Jahrhundert bestehenden vorkapitalistischen, in Europa einer feudalen agrarischen oder handwerklich-zünftigen Produktionsweise. Gemeingüter umfassten das Militär, die Rechtsprechung, bestimmte Infrastrukturleistungen (Wege und Kommunikation) und je nach besonderer Gestalt der jeweiligen Produktionsweisen auch bestimmte Gemeinschaftsproduktionsmittel, z. B. die periodische Aufteilung der Nutzung des Bodens als Allmende oder Allod, die zyklische Neuaufteilung von Acker, Weide und Wald zwischen Gutsherrschaft und Bauernwirtschaften. Gemeinschaftsproduktionsmittel in der Verantwortung der Guts- oder Landesherren waren auch Bewässerungssysteme, Mühlen, allgemeine Handwerke und die Marktordnung.

Unter diesen Bedingungen war die Gemeingüterproduktion keine Funktion der neu entstehenden Marktunternehmen. Aus der Perspektive entstehender kapitalistischer Unternehmen (anfangs Handel und Geldverleih, dann Manufakturen und schließlich Fabriken) sowie der privaten Haushalte der Lohnarbeiter, der Unternehmer oder der Geldkapitalisten erschien die Produktion von Gemeingütern als ein sozial und organisatorisch vorausgesetzter äußerer Bereich, Sache der feudalen Landesherren und der feudalen Organisationen der Städte und Gemeinden (vgl.

die Darstellung der Hufenverfassung in Mitterauer 2009). Anfangs funktionierte der feudale Staat auch unter den Bedingungen einer expandierenden kapitalistischen Marktwirtschaft. Die Grund- und Landesherren besorgten weiterhin Militär und Verwaltung, organisierten Wege und Kommunikation, Recht und Ordnung, garantierten die Funktionsfähigkeit von Märkten und Zünften. Die Gemeingüterproduktion blieb Funktion der alten Grund- und Landesherrschaft und lag *außerhalb* der Kapitalverhältnisse.

Erst im späten 18. und im 19. Jahrhundert entstand eine neue Art der Gemeingüterproduktion neben der expandierenden kapitalistischen Marktwirtschaft, die nach und nach den feudalen Staat durchsetzt, erodiert und schließlich ablöst. Schumpeter (1918) stellt die Entstehung eines staatlichen, gemeinschaftlichen Bereichs der Wirtschaft in »Die Krise des Steuerstaats« als funktionale Differenzierung dar, als Transformation des feudalen in den modernen Staat. Seit dem 15. Jahrhundert funktionierte die von Adel und Landesfürsten mittels Grundherrschaft, Militär und Rechtsprechung geführte Gemeinschaftsordnung immer schlechter. Schumpeter sieht drei Ursachen: die Verschuldung der Landesfürsten durch steigende Kosten für Kriege und Machtkämpfe, die Verschwendung der Höfe sowie die parasitäre Bindung des Adels an den Hofdienst. Dabei funktionierten auch die feudalen Wirtschaftssysteme (Gutsbetrieb und Zunft) immer schlechter. Es gelang nicht, die neu entstehenden marktwirtschaftlich agierenden Betriebe in die alte Ordnung zu integrieren. »Der Landesfürst machte, was er konnte, nämlich Schulden« (ebd., S. 14). Der feudale Staat scheiterte an wachsenden Aufgaben bei erodierenden Finanzen.

Verfolgen wir mit Schumpeter, wie sich aus der vormodernen Gemeinschaft die staatliche Verwaltung entwickelte:

> »Der Sachverhalt, dass die alten, die ganze Persönlichkeit in überpersönliche Zwecksysteme einspannenden Formen erstorben waren und die Individualwirtschaft jeder Familie zum Mittelpunkt ihres Daseins geworden, damit eine private Sphäre begründet war, der nun die öffentliche als ein unterscheidbares Etwas gegenübertrat: Aus der ›gemeinen Not‹ wurde der Staat geboren.« (Ebd., S. 14)

Der Staat konnte aber auf Dauer nicht aus den feudalen Einkünften (Renten) der adligen Herrschaften unterhalten werden: Die Ausgaben stiegen, die Einkünfte gingen zurück. Die neuen marktwirtschaftlichen Unternehmungen mussten zur Produktion der Gemeingüter und zum Unterhalt des Staates herangezogen werden. In mehreren Schritten und in Auseinandersetzung mit den Ständen entstand die Finanzierung des Staates durch Steuern. Aber »zunächst begründete die Steuerbewilligung noch keineswegs eine allgemeine Steuerpflicht.« (Ebd., S. 14) Erst nach und nach entstand »ein landesständisches, von einer ständischen Bürokratie verwaltetes Steuerwesen ... Der neugeborene Staat gewann sein erstes Gerüst, schuf sich Organe, wurde zu einer besonderen Macht.« (Ebd., S. 16)

»Die Steuer hat den Staat nicht nur mitgeschaffen. Sie hat ihn auch mitgeformt. Das Steuerwesen war das Organ, dessen Entwicklung die der anderen Organe mitzog. Mit der Steuerforderung in der Hand drang der Staat in die Privatwirtschaft ein, gewann er immer größere Herrschaft über sie. Und die Steuer bringt Geldwirtschaft und rechnenden Geist in Ecken, wo sie noch nicht hausen, und wirkt formend auf den Organismus zurück, der sie entwickelt hat.« (Ebd., S. 17f)

Schumpeter sieht aber den Staat nicht als eine andere Bezeichnung für »soziale Gemeinschaft«. Vielmehr muss der Staat gerade durch die *Differenz* zur Gemeinschaft verstanden werden. »Nur dort, wo das individuelle Leben seinen Schwerpunkt in sich selbst trägt ... kann es den Staat als reales Phänomen geben.« (Ebd., S. 20) Mit anderen Worten: Erst die Auflösung der vormodernen Gemeinschaften von Grund- und Landesherren und ihren Knechten sowie der vormodernen Städte und Gemeinden, die Entstehung einer Marktgesellschaft mit formal freien Privateigentümern, erforderte diese neue, *von der Privatsphäre getrennte* Art der staatlichen Verwaltung und Wahrnehmung der Gemeingüterproduktion.

Im Feudalstaat besaß die Klasse der Landesherren und Landbesitzer mit der wirtschaftlichen zugleich auch die politische Macht. Mit dem Kapitalverhältnis differenziert sich die wirtschaftliche Macht von der politischen Macht, beide Sphären verselbstständigen sich und bedürfen der Vermittlung. Gegensatz zu Feudalismus ergriff die private Kapitalistenklasse nicht selbst und direkt die politische Macht. Sie überließ dies zunächst der alten Feudalklasse, den adligen Militär- und Landesherren, übte aber mittelbar Einfluss aus, insbesondere über finanzielle Ressourcen. Später, vor allem im 20. Jahrhundert, entwickelte sich eine eigene soziale Gruppe, die *politische Klasse* und die *Staatsklasse** mit eigenen Rekrutierungsregeln, die Macht ausübten oder das Staatswesen verwalteten. Die Gemeingüterproduktion als Funktion des Staates wurde dabei zur wirtschaftlichen Grundlage der Staatsklasse, charakterisierte und legitimierte deren Eigeninteresse. Die funktionale Differenzierung von Wirtschaft und Politik bekommt eine sozialstrukturelle Gestalt im Verhältnis der Klassen der Kapitalisten (fungierende Kapitalisten, Handelskapitalisten und Geldkapital) der Lohnarbeiter und der Staatsklasse und der politischen Klasse.

* Es ist sinnvoll, zwischen politischer Klasse (vgl. Mosca 2020, von Beyme 1993) und Staatsklasse (Weber, Max 2006 und 2014, Luhmann 2012 und 1998) zu unterscheiden. Beide sind von der Klasse der Kapitalisten zu unterscheiden, agieren also selbst nicht als fungierende Kapitalisten bzw. Unternehmer und nur beschränkt als Kapitalanleger. Zur politischen Klasse zählen Personen, die direkt an der Ausübung politischer Macht und an politischen Entscheidungen beteiligt sind, also politische Führungskräfte: Abgeordnete, Minister, Präsidenten, Parteiführer, Berater, Lobbyisten, politische Strategen und Meinungsführer. Die Staatsklasse schließt die politische Klasse ein, umfasst aber darüber hinaus auch die Beamten und Angestellten, die mit den Verwaltungsstrukturen des Staates verbunden sind, oft ohne selbst politische Funktionen auszuüben. Dazu gehören hohe Beamte, Leiter staatlicher Behörden, Führungskräfte staatlicher Organisationen und Unternehmen.

Anfangs schien es, also solle und könne die Gemeingüterproduktion und die dafür erforderliche Steuer auf ein Minimum beschränkt werden, sie lag aus Sicht des Einzelkapitals außerhalb der Marktwirtschaft. Aber die mit der Entstehung des bürgerlichen Staates verbundenen Revolutionen und Kriege erforderten erhebliche Ressourcen, die nicht mehr von den feudalen Gütern und den Grundherren aufgebracht werden konnten. Die kapitalistischen Unternehmen mussten zur Gemeingüterproduktion beitragen. Auch die Gutswirtschaften verwandelten sich dabei schrittweise in kapitalistische Unternehmen, die mit doppelt freien Lohnarbeitern arbeiteten, Geldwirtschaft und doppelte Buchführung einführten, Steuern zahlten.

(2) Expansion der Gemeingüterproduktion in der zweiten Hälfte des 19. Jahrhunderts

Im Laufe des 19. Jahrhunderts expandierte die staatliche Gemeingüterproduktion. Ging es anfangs nur um Verwaltung, Militär, Diplomatie, Gerichte und Schulen, gewannen jetzt die Verkehrsinfrastruktur (Eisenbahn, Kanäle, Straßen), die Wissenschaft und höhere Bildung und schließlich die »soziale Frage« an Bedeutung. Eine besondere Rolle spielte auch die *elektrotechnische und chemische Revolution der Produktivkräfte* im letzten Drittel des 19. Jahrhunderts (vgl. Land 1985 und 2027a). Erstens musste die wissenschaftliche Basis für die Entwicklungen auf- und ausgebaut werden: Forschungseinrichtungen und Universitäten. Zweitens war ein massiver Ausbau der Infrastruktur erforderlich: Verkehrsnetze, Eisenbahn- und Schiffstransport, Stromnetze. Drittens entstand eine neue Schicht qualifizierter und hoch qualifizierter Lohnarbeit, verbunden mit einem wachsenden politischen Selbstbewusstsein der Arbeiterklasse, aber auch zunehmender Ungleichheit. Die Löhne dieser neuen Lohnarbeiterinnen und Lohnarbeiter waren höher und sie stiegen regelmäßig mit dem Produktivitätswachstum. In diesem Zusammenhang entstanden Renten- und Sozialsysteme, der Bau von Arbeitersiedlungen wurde modernisiert, Lebensbedingungen verbesserten sich und eine eigene Arbeiterkultur entstand. Der Staat musste die neu entstehenden Bereiche der Gemeingüterproduktion regeln und organisieren, entweder passende staatliche Organisationen schaffen oder Unternehmen damit beauftragen. Und er musste die Finanzierung durch Steuern, Gebühren oder Abgaben sicherstellen.

Die Expansion dieser neuen Bereiche der Gemeingüterproduktion beschleunigte auch das Wachstum der Privatwirtschaft und der Arbeiterhaushalte. Realwirtschaftlich mussten die für die Gemeingüterproduktion benötigten Produktionsmittel in der Privatwirtschaft hergestellt und vom Staat auf dem Markt erworben werden. Zugleich beschäftigten der Staat und staatliche Organisationen immer mehr Arbeitskräfte und zahlten Löhne an die privaten Haushalte. Die dafür erforderlichen Finanzen wurden durch Steuern erhoben. Letztlich kamen die Ressourcen aus der Privatwirtschaft, wurden über den Staat disponiert und eingesetzt. Mit dem Steuerstaat entstand ein neues Verhältnis von privater und öffentlicher Wirtschaft, von privater Güterproduktion und Gemeingüterproduktion. Die feudalwirtschaftliche Gemeingüterproduktion war überwunden.

Auf diesem Weg entstand nicht nur eine privatkapitalistische Marktwirtschaft, sondern parallel (und nachlaufend) eine staatlich organisierte und durch Steuern, Abgaben und Gebühren finanzierte Gemeingüterproduktion, eine bewirtschaftete Gemeingüterproduktion. Was zu den Gemeingütern zählte, welche und wie sie produziert wurden und welche Zwecke sie erfüllten – das alles waren staatliche Entscheidungen, hinter denen soziale Interessen, Kräfteverhältnisse und Auseinandersetzungen standen. Gemeingut ist eine gesellschaftlich umkämpfte soziale Konstruktion, keine Natureigenschaft.

(3) Weitere Expansion der Gemeingüterproduktion im fordistischen Teilhabekapitalismus

Tendenziell dominiert in einer kapitalistischen Marktgesellschaft zwar das Interesse an einer Minimierung der Steuern und damit einer möglichst kleinen und billigen Gemeingüterproduktion. Tatsächlich aber expandierte die Gemeingüterproduktion im 19. und 20. Jahrhundert, wenn auch keinesfalls stetig, so doch zyklisch. Der fordistische Teilhabekapitalismus, der während des Zweiten Weltkriegs in den USA und nachfolgend in Europa und Japan entstand, war mit einer weiteren Expansion der Gemeingüterproduktion verbunden. Die Kopplung der Lohneinkommen an die Produktivität und der wachsende Konsum der Arbeiterhaushalte erforderte den Ausbau der Infrastruktur, besonders der Verkehrsinfrastruktur, der Energie- und Informationsnetzwerke und der Entsorgung. Es wurde zunehmend erkennbar, dass die Effizienz und Produktivität einer modernen kapitalistischen Wirtschaft erheblich von der Gemeingüterproduktion abhängt, besonders von der Wissenschaft, der Forschung und Entwicklung, der Bildung und der Infrastruktur. Zweitens entstand mit der sich ausweitenden Gemeingüterproduktion eine Staatsklasse, eine Staatsbürokratie, deren Existenz und Klasseninteresse systematisch mit der Erhaltung, Entwicklung und Expansion der staatlichen Gemeingüterproduktion verbunden waren. Drittens ermöglichte die Produktivitätsentwicklung steigende Steuereinnahmen, und zwar nicht nur proportional, sondern überproportional steigende Steuern und Abgaben, besonders nachdem im fordistischen Teilhabekapitalismus regelmäßig steigende Löhne zur Norm wurden. Die Einkommen der Lohnarbeiter wie auch der Unternehmer und der Geldkapitalisten stiegen schneller als ihre Reproduktionskosten und machten daher einen steigenden Beitrag zur Gemeingüterproduktion – d. h. steigende Steuern und Sozialabgaben an den Staat – möglich. Die Expansion der Sozialsysteme und dafür speziell konstruierte Finanzierungsformen (Arbeitnehmer- und Arbeitgeberbeiträge, staatliche Zuschüsse, Kranken- und Rentenkassen) ergänzten die Finanzierung durch Steuern und schufen eigene Gemeingüter im Kreislauf der Lohnarbeit. Die Ausdifferenzierung der Gemeingüterproduktion ist zusammen mit der Ausdifferenzierung der Unternehmen und der Märkte eine zentrale Komponente der wirtschaftlichen Entwicklung.

(4) Wachsender Anteil der Gemeingüter am gesellschaftlichen Gesamtprodukt in modernen Industriegesellschaften

Machte die Gemeingüterproduktion im 17. Jahrhundert nur einen kleinen Teil der Gesamtproduktion aus (der größte Bereich war das Militär) so stieg der Anteil im 18. und 19. Jahrhundert, vor allem am Ende des 19. Jahrhunderts an. Es entstanden Schulen, Universitäten, Wissenschaft, Militär, Polizei, Rüstung, erste öffentliche Infrastrukturbereiche wie Eisenbahn und Elektrizität. Nach dem Zweiten Weltkrieg und mit dem 20. Jahrhundert dehnte sich die Produktion öffentlicher Güter erheblich aus: Sozialstaat, Verkehrsinfrastruktur, Städtebau, Energieversorgung, Versorgungsinfrastruktur, schließlich Digitalisierung etc. Die Ausweitung der Gemeingüterproduktion ist ein Produkt der sozialökonomischen Evolution des Kapitalismus.

Man kann die Staatsquote als indirekten Indikator nutzen, obwohl diese nicht identisch mit der Gemeingüterproduktion ist. Die Staatsquote misst den Anteil der Staatsausgaben am Bruttoinlandsprodukt (BIP) eines Landes und dient als Indikator für den Umfang staatlicher Aktivitäten in der Volkswirtschaft, sie berücksichtigt neben Gemeingütern auch Transfers, z. B. Renten und Sozialtransfers. In Deutschland betrug die Staatsquote im Jahr 2023 etwa 48,4 Prozent. In den USA lag die Staatsquote im Jahr 2023 bei rund 36,3 Prozent des BIP. [15] Die Unterschiede ergeben sich durch historisch unterschiedliche Entwicklungspfade. In einigen Ländern werden die Gesundheitsausgaben durch staatliche oder gemeinschaftliche Sozialsysteme finanziert, in anderen über private Versicherungen oder über familiäre Verpflichtungen. Ähnliches gilt für Renten und Sozialtransfers, teilweise auch für Schulen und Hochschulen.

Daher variiert die Staatsquote international erheblich. Länder mit einer höheren Staatsquote als Deutschland sind beispielsweise Frankreich (57,3 %), Belgien (54,9 %), Finnland (54,5 %), Italien (53,1 %) und Österreich (51,4 %). Länder mit einer noch geringeren Staatsquote als die USA sind beispielsweise Haiti (6,4 %), Somalia (8,8 %), Sudan (9,3 %), Äthiopien (9,5 %), Turkmenistan (10,1 %).[15] Allerdings können Länder mit so geringen Staatsquoten nicht als Beispiele für eine florierende moderne Marktwirtschaft gelten, da vergesellschaftete Sozialsysteme hier unterentwickelt sind und viele Leistungen (Gesundheit, Renten, Sozialleistungen) noch den Familien überlassen bleiben.

Dieser Abschnitt sollte zeigen, dass die Evolution der Gemeingüterproduktion ein essenzieller Bestandteil des Kapitalismus war und ist, genauso wie die Entwicklung von privaten Unternehmen, Banken und Märkten. Im Folgenden soll die Struktur der Gemeingüterproduktion aus heutiger Sicht am Beispiel Deutschlands dargestellt und die drei Funktionen der Gemeingüterproduktion im modernen Kapitalismus zusammengefasst werden. Dabei geht es vor allem um ihre Funktion für die wirtschaftliche Entwicklung, für die Dynamik.

B. Struktur der Gemeingüter heute am Beispiel Deutschlands (vereinfacht)

Allgemeine Gemeingüter (GA)

Zentrale, regionale und kommunale Staatsorgane und Verwaltungen
- Rechtssystem und Gerichte
- Polizei, Feuerwehr, Militär

Verkehrsinfrastruktur
- Straßen und Autobahnen
- Öffentliche Straßenbeleuchtung
- Öffentliche Verkehrsmittel
- Wasserstraßen und Häfen
- Flüsse und Seen

Energieinfrastruktur (Netze für Strom, Gas und Kraftstoffe)

Bildung
- Schulen und Hochschulen
- Universitäten
- Bibliotheken

Kultur und Kommunikation
- Öffentliche Medien
- Theater, Museen, öffentliche kulturelle Räume
- Digitalinfrastruktur

Forschungsinfrastruktur, Wissenschaftssystem
- Universitäten (teilweise Bildungssystem)
- Forschungseinrichtungen

Gemeingüter im Kreislauf der Lohnarbeit (GS)

Darunter werden Gemeingüter verstanden, die in direkter Weise Bestandteil der Reproduktion des Lebens der Individuen und ihrer Arbeitskraft sind, vor allem die Sozialsysteme.

Gesundheitssystem

Sozialtransfers, Rentensystem, Arbeitslosenversicherung oder -versorgung, Sozialfürsorge, Pflegeversicherung

(Man könnte auch Bildung als Teil des Kreislaufs der Lohnarbeit betrachten, aber die allgemeinen Funktionen scheinen mir in dem Fall zu dominieren.)

Ökologische Gemeingüter (GÖ)

Naturressourcen, Nutzungsrechte an Naturressourcen insbesondere
- Nutzung der Atmosphäre: Senke für Abgase
- Grundwasser

Abwasser
Mülldeponien
Lagerstätten von Rohstoffen

Der Bereich der ökologischen Gemeingüter ist noch im Entstehen. Einige Bereiche gibt es schon sehr lange: Grundeigentum an Wald, Wiesen, Feldern, Gewässern, Rohstofflagerstätten. Einige Bereich sind im 20. Jahrhundert entstanden: Senken für Müll und Schadstoffe, Naturschutz, Erhaltung der Artenvielfalt. Einige Bereich sind noch im Entstehen: Klimawandel, Erneuerbare Energiesysteme, offene und geschlossene industrielle Stoffkreisläufe. Ein integriertes System der Erhaltung und Reproduktion von Naturressourcen gibt es noch nicht, auch hier wenige volkswirtschaftliche und einige globale Ansätze bei CO2-Emissionen und Luftschadstoffen, kaum bei Stoffkreisläufen. Wissenschaftlich wird das Thema seit ca. 40 Jahren bearbeitet.*

Diese verschiedenen Gemeingüter sind hinsichtlich der Organisation, Zugangs- und Nutzungsregeln und der Finanzierung sehr unterschiedlich ausgestaltet. Das liegt einerseits an voneinander abweichenden Voraussetzungen und andererseits sind sie geprägt von den historischen Zeitpunkten ihres Entstehens, den jeweiligen sozioökonomischen Bedingungen und der Pfadabhängigkeit in den einzelnen Staaten.

Organisatorisch und rechtlich kennen wir vier Grundformen: (a) Gemeingüterproduktion durch staatliche (zentrale oder kommunale) Behörden und öffentlich-rechtliche Anstalten bzw. Organisationen (Militär, Polizei, Gerichte etc.); (b) Gemeingüterproduktion durch öffentlich-rechtliche *Unternehmen* (Ver- und Entsorgungsunternehmen, deutsche Bahn, viele Stadtwerke und Verkehrsunternehmen); (c) Gemeingüterproduktion durch Gemeinschaftsorganisationen, Körperschaften öffentlichen Rechts, Verbände (gesetzliche Krankenversicherung, Rentenversicherung, Bundesanstalt für Arbeit); (d) Gemeingüterproduktion durch private Unternehmen mit entsprechendem staatlichem Auftrag und staatlicher Finanzierung (Ver- und Entsorgung, private Eisenbahngesellschaften, Bauunternehmen für bestimmte Projekte etc.)

Finanziell sind drei Bereiche zu unterscheiden: (a) Bereiche, die vollständig oder weitgehend aus Steuern finanziert werden. Gebühren spielen nur eine ergänzende Rolle; (b) Bereiche, die aus Gebühren der Nutzer ganz oder teilweise finanziert werden (Ver- und Entsorgung, ÖPNV, Eisenbahn). Gebühren sind staatlich festgesetzte Entgelte, die nur von den Nutzern zu entrichten sind. Steuern können ergänzend als Zuschüsse wirken; (c) in einigen Bereichen ist die Nutzung von Infrastruktur direkt mit der Güterproduktion durch private Unternehmen verbunden. Dann kann

* Exemplarisch: Kloepfer (1989), Endres (2007), Land (2018): »Ökokapital« war ein Versuch, ein Modell für einen Kreislauf ökologischer Ressourcen zu entwerfen, der durch öffentliche Kapitalverwertungsgesellschaften organisiert wird.

die Nutzung von Gemeingütern auch mit Marktpreisen gekoppelt sein. Das Stromnetz beispielsweise ist ein staatlich reguliertes Gemeingut, dessen Nutzung und Erhaltung durch private, staatliche oder kommunale Unternehmen (Stadtwerke) erfolgt.[16] Der an die Haushalte gelieferte Strom ist ein Privatgut, dessen Preis zumindest teilweise auf dem Strommarkt gebildet wird. Er enthält aber zugleich die Finanzierung der Stromnetze, die ein staatlich reguliertes Gemeingut darstellen. Vergleichbar sind auch Preise für andere gemischte Güter wie Telekommunikation, Ver- und Entsorgung oder bestimmte Verkehrsleistungen (Fernverkehr). Es gibt also Bereiche der Gemeingüterproduktion, die vollständig oder weitgehend durch den privaten Verkauf der Leistungen an die Nutzer finanziert sind, aber zumindest anteilig doch Gemeingüter darstellen. Bei vielen Leistungen haben die Nutzer keine Alternative, z. B. kann man sich als Hausbesitzer oder Mieter nicht gegen Leistungen der Entsorgung von Müll oder Abwasser entscheiden. Auch der Verzicht auf Strom oder Heizung ist keine Option, selbst wenn der Verbraucher (scheinbar) zwischen verschiedenen Anbietern auswählen kann. Es gibt einige Bereiche, in denen private Güter parallel zu Gemeingütern angeboten werden: Privatschulen, Sicherheitsdienste, Nahverkehr, private Gesundheits- und Rentenversicherung etc. Allerdings funktionieren diese Privatangebote als Ergänzung und Erweiterung der Gemeingüterproduktion und setzen sie indirekt voraus.

C. Gemeingüter und wirtschaftliche Entwicklung

Die Gemeingüterproduktion und vor allem auch deren *Entwicklung* durch Innovationen, Rekombination und Selektion von Inventionen, ist eine essenzielle und unverzichtbare Komponente wirtschaftlicher Entwicklung. In Kapitel 1.1 war mit Bezug auf Schumpeter dargestellt worden, wie wirtschaftliche Entwicklung durch das Wirken von Unternehmern zustande kommt. Kreditaufnahme ermöglich den Unternehmen, Produktionsbedingungen neuen Verwendungen zuzuführen (und sie dabei aus bisherigen Verwendungen abzuziehen) und dadurch Inventionen umzusetzen. Diese rekombinieren und selektieren sich in Innovationswellen. Der dabei ausgelöste Strukturwandel hebt die Funktionsbedingungen einer gegebenen Wirtschaftsstruktur temporär auf, es kommt zu einer Rezession und einem Reorganisations- und Anpassungsprozess (Depression), der in einer anschließenden Phase der Erholung zu einer neuen Struktur des Produktionssystems führt – mit neuen Verfahren, Produktpaletten und Produktionsmitteln.

Bei dieser Darstellung schien es zunächst, als sei die unternehmerische Aktivität hinreichend, um Entwicklung zu erklären. In diesem Abschnitt soll aber gezeigt werden, dass die Entwicklung der Gemeingüterproduktion ein notwendiger Bestandteil der wirtschaftlichen Dynamik ist. Neben innovationsorientierten Unternehmen ist die Weiterentwicklung der Gemeingüter die zweite Säule der sozialen Evolution moderner Gesellschaften. Daran sind zwar auch Unternehmen beteiligt, denn diese produzieren mit den Produktionsmitteln einen wichtigen Teil der Voraussetzungen der Gemeingüterproduktion. Aber die Initiative geht hier von der Gesellschaft aus, von gesellschaftlichen Interessengruppen und deren Organisationen, von der Politik, die neue Entwicklungen im Gemeingüterbereich anstoßen muss. Die Innovationsinitiative der Unternehmen und die der politischen Organisationen bedingen sich gegenseitig und erzeugen erst im Zusammenwirken die wirtschaftliche Entwicklung moderner Gesellschaften seit dem 19. und insbesondere im 20. Jahrhundert.

Die Reproduktionsfunktion

Bei der öffentlichen Diskussion um Defizite oder erforderliche Weiterentwicklung der Gemeingüterproduktion stehen die reproduktiven Funktionen der Gemeingüter im Vordergrund. Die Sozialsysteme, Gemeingüter im Kreislauf der Lohnarbeit sind unverzichtbar für die Reproduktion der Lohnarbeit und der Lebenswelt der Individuen. Auch die Verkehrs- und Kommunikationsinfrastruktur, die Rechtsordnung, Marktordnungen gehören dazu.

Wirtschaftliche Entwicklung durch Stabilisierung des Konjunkturverlaufs

Wirtschaftliche Entwicklung verläuft zyklisch. Auf eine Innovationswelle folgt eine Aufhebung eines Teils der funktionalen Strukturen eines Wirtschaftssystems, schöpferische Zerstörung. Ressourcen werden ausgesondert, neue Entwicklung müssen stabilisiert werden. Am Ende einer Prosperitätsphase erschöpft sich eine Innovationswelle, es sind kaum noch disponierbare Ressourcen vorhanden. Einige Unternehmen waren erfolgreich, einige scheitern. Einige alte Unternehmen verlieren durch die Neuerungen ihre zuvor sicher geglaubten Einnahmequellen und geben auf, die Arbeitslosigkeit steigt von einem zunächst geringen Niveau. Ein Teil der laufenden alten oder auch neu aufgenommenen Kredite wird uneinbringlich. Die Banken reagieren. Sie reduzieren das Volumen neuer Kredite, verlangen höhere Sicherheiten und Zinsen. Viele Unternehmen versuchen, Kredite zu tilgen und Schulden zu verringern (Bilanzrezession).

Anders als die Neoklassik annimmt, gelingt die Wiederherstellung der Gleichgewichte nicht automatisch. Die Phase der Erschöpfung kann in eine schwere Depression, eine anhaltende Blockade des wirtschaftlichen Strukturwandels übergehen. Schumpeter spricht davon, dass dann der Anpassungsprozess über den Gleichgewichtspunkt hinausschießt. Eine anhaltende Depression entsteht, wenn die Akteure, insbesondere die Politik, falsch auf die Krise reagieren, wenn sie z. B. in die Rezession hinein sparen – bekanntlich der Fehler, der nach 1929 aus der Weltwirtschaftskrise in eine 8 Jahre anhaltende Depression führte. Nötig wäre in einer solchen Lage, den Nachfrageausfall fiskalpolitisch zu kompensieren, teilweise durch steigende Konsumausgaben des Staates, vor allem aber durch Investitionen in Gemeingüter, und zwar solche, von denen man relativ sicher weiß, dass sie für die künftigen Entwicklungen wichtig sein werden und keine veralteten Strukturen konservieren.

Um zu einem Gleichgewicht zu kommen muss erstens die Aussonderung überflüssig gewordener Ressourcen auf eine Weise geschehen, die den Strukturwandel nicht behindert, aber zugleich die soziale Stabilität nicht grundlegend beeinträchtigt. Das ist schwierig, weil es aus verschiedenen betroffenen Kreisen – Unternehmen und Arbeitnehmern, Städten und Gemeinden, politischen Organisationen und Lobbyisten – erheblichen Druck gibt, bestehende Strukturen und Ressourcen zu erhalten und der »schöpferischen Zerstörung« Einhalt zu gebieten, um Kapitalanlagen oder eben auch Lebenswelten zu schützen. Würde man dem allen stattgeben, wäre eine Konservierung überlebter Kapazitäten die Folge.

Zweitens muss die Anpassung des Wirtschaftssystems an die durch die Innovationen geschaffenen neuen Strukturen unterstützt werden. Auch das ist schwierig: Man kann noch nicht sicher sein, welche Neuerungen wirklich zukunftsträchtig sind. Die Lobbyisten des Neuen sind zumindest am Beginn einer Rezession zu schwach. Beispiele sind die Debatte um Klimawandel und Energiewende in der EU und in Deutschland und der Versuch der alten fossilen Energiekonzerne, die Energiewende zu verzögern und die Bevölkerung massiv gegen den Umbau der Energieversorgung zu mobilisieren.

Die Herausbildung neuer Strukturen geschieht nicht einfach als automatische Anpassung der Märkte an veränderte Angebote und Nachfragen. Vielmehr geht es um einen gesellschaftlichen Prozess, der die vorhandenen Strukturen, Defizite und das Feld möglicher Entwicklungen analysiert und prospektiv Entwicklungspfade in die öffentliche Debatte bringt. Das setzt aber voraus, dass sich die Akteure als Teil eines Evolutionsprozesses verstehen.

Die Verluste des Strukturwandels sollen durch den Ausbau der neuen Strukturen kompensiert werden. Dies kann vor allem durch umfassende Infrastrukturprojekte geschehen, heute beispielsweise durch den Ausbau erneuerbarer Energiesysteme, insbesondere der Netze und Speicher, finanziert durch Kreditaufnahme für Investitionen. Auch der Umbau der Wärmeversorgung könnte auf diese Weise forciert werden. Weitere Möglichkeiten wären die Einführung offener und geschlossener Stoffkreisläufe für ökologisch relevante Rohstoffe und die Umorientierung der Bauwirtschaft auf nachwachsende Rohstoffe, die den Konzepten vom »Bauhaus Erde« entsprechend langfristig CO_2 speichern.

Die temporäre Expansion der Gemeingüterproduktion ist also eine Möglichkeit, die Verluste der Rezession in Grenzen zu halten, zusätzliche Beschäftigung zu schaffen, Unternehmen am Leben zu halten und zugleich die neuen Strukturen aufzubauen, die Voraussetzung für eine neue Etappe wirtschaftlicher Entwicklung werden könnten. Dies ist der Sinn einer antizyklischen Fiskalpolitik. Die Probleme der Rezession sollten nicht vorwiegend durch Schutz des Alten, sondern durch Beschleunigung von Innovationen überwunden werden. Dazu ist ein diskursiver Konsens darüber nötig, durch welche neuen Entwicklungen die Verluste des Strukturwandels überwunden und in Progression umgewandelt werden können. Das ist schwer und gelingt oft erst nach einer schweren Depression und eskalierenden politischen Auseinandersetzungen, wie wir sie seit einigen Jahren in Europa und den USA erleben.

Gemeingüter als progressive Elemente wirtschaftlicher Entwicklung: Wissenschaft und Experimente

Die gerade angesprochenen Infrastrukturprojekte, die zum Überwinden der Rezessionsphasen durchgesetzt werden, sind schon Teil der wirtschaftlichen Entwicklung. Aber auch die grundsätzlichen Voraussetzungen zur Weiterentwicklung müssen vorangetrieben werden. Hier ist zunächst die Wissenschaft zu nennen, insbesondere die Erforschung neuer Wirkprinzipien und ihrer technologischen Umsetzung als Grundlage von Basisinnovationen. Auch die Erforschung der Systemzusammenhänge der äußeren Natur und ihrer Nutzung, der sozioökonomischen Reproduktionsbedingungen moderner Gesellschaften und die Förderung von Kunst und diskursiven Kommunikationsverfahren sind m. E. wichtig.

Während in der Wissenschaft in der Regel noch ohne Kenntnis möglicher Anwendungseffekte die Voraussetzungen für künftige Entwicklung geschaffen werden, gehen realwirtschaftliche Experimente ganz anders vor. Insbesondere die Entwicklung in China seit den 2000er Jahren ist experimentellen Vorgehensweisen zu verdanken, die sich auch bei der Umsetzung von Infrastrukturprojekten oder neuen betrieblichen oder sozioökonomischen Verfahren bewährt haben. Man führt Neuerungen zunächst experimentell ein, gegebenenfalls in mehreren Varianten und beobachtet und analysiert die Ergebnisse. Erfolgreiche Versionen werden dann in mehr oder weniger überarbeiteter Form verallgemeinert. Ein solches Vorgehen wäre auch in dem notwendigen ökologischen Umbau sinnvoll, der die nächsten drei Generationen andauern wird. Viele Unsicherheiten könnten durch experimentelle Vorgehensweisen besser begrenzt werden.

1.4.4 Das Finanzsystem

Abb. 7 zeigt die Geldkreisläufe einer Marktwirtschaft ohne Sachströme. Dabei ist zu erkennen, dass jeder Sektor, jede Gruppe von Wirtschaftssubjekten der Realwirtschaft, private Haushalte, Unternehmen und Staat, einen Geldzufluss und einen Geldabfluss hat. (Der Staat ist in diesem Modell als Zusammenfassung der Gemeingüterproduzenten GA und GÖ und als Zentrum des Finanzsystems in Form der Zentralbank als Bank des Staates und Bank der Banken zu betrachten.)

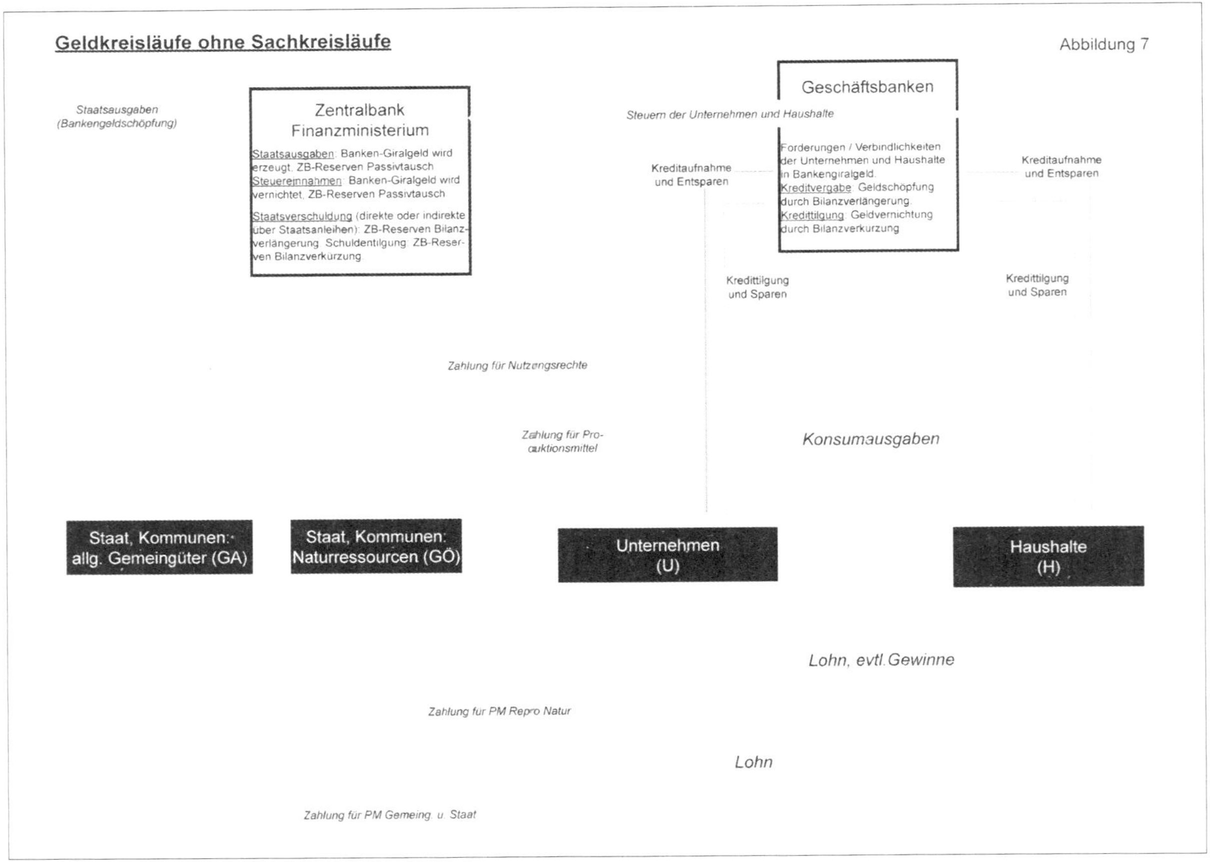
Geldkreisläufe ohne Sachkreisläufe
Abbildung 7
Staatsausgaben
(Bankengeldschöpfung)
Zentralbank
Finanzministerium
Staatsausgaben: Banken-Giralgeld wird erzeugt, ZB-Reserven Passivtausch
Steuereinnahmen: Banken-Giralgeld wird vernichtet, ZB-Reserven Passivtausch
Staatsverschuldung (direkte oder indirekte über Staatsanleihen): ZB-Reserven Bilanzverlängerung. Schuldentilgung: ZB-Reserven Bilanzverkürzung.
Geschäftsbanken
Steuern der Unternehmen und Haushalte
Forderungen / Verbindlichkeiten der Unternehmen und Haushalte in Bankengiralgeld.
Kreditvergabe: Geldschöpfung durch Bilanzverlängerung.
Kredittilgung: Geldvernichtung durch Bilanzverkürzung.
Kreditaufnahme und Entsparen
Kreditaufnahme und Entsparen
Kredittilgung und Sparen
Kredittilgung und Sparen
Zahlung für Nutzungsrechte
Zahlung für Produktionsmittel
Konsumausgaben
Staat, Kommunen: allg. Gemeingüter (GA)
Staat, Kommunen: Naturressourcen (GÖ)
Unternehmen (U)
Haushalte (H)
Lohn, evtl. Gewinne
Zahlung für PM Repro Natur
Lohn
Zahlung für PM Gemeing. u. Staat

Die privaten Haushalte erhalten Geld aus Lohnzahlungen und ausgeschütteten Gewinnen der Unternehmen und geben es für Konsumgüter aus. Die Unternehmen erhalten Geld für den Verkauf ihrer Waren. Die Zahlungen für die Produktionsmittel, die zwischen den Unternehmen ausgetauscht werden, sind zugleich Zufluss und Abfluss (das sind Stromgrößen,[17] daher auch als Zustrom und Abstrom bezeichnet) von Zahlungsmitteln innerhalb des Unternehmenssektors. Der Zufluss der Unternehmen besteht außerdem aus den Zahlungen der Haushalte für Konsumgüter und den Zahlungen des Staats für Produktionsmittel. Der Abfluss besteht aus Zahlungen für Löhne, Steuern und Nutzungsrechte. Der Staat gibt Geld aus für Löhne, es fließt an die Haushalte. Und er bezahlt Produktionsmittel, dieses Geld fließt an die Unternehmen. Darüber hinaus finanziert er die Sozialsysteme und einen Teil der Sozialtransfers. Der Zufluss für den Staat besteht hier aus Steuern und Abgaben für die Finanzierung der Gemeingüterproduktion (GA) und ggf. aus Zuschüssen zu sozialen Gemeingütern (GS).[*] Gäbe es einen Kreislauf des Ökokapitals, würden ökologische Gemeingüter (GÖ) durch Zahlungen für Nutzungsrechte an Naturressourcen bezahlt, bislang gibt es diesen Kreislauf aber nicht.

Die Gesamtheit der Geldströme bildet das Finanzsystem. Zunächst, d. h. im Rahmen des bislang entwickelten Modells, besteht es aus allen Geldströmen, die Sachströme vermitteln: Konsumgüter, Produktionsmittel, Arbeit, Nutzungsrechte an Naturressourcen oder Gemeingüter. In diesem abstrakten, vereinfachten Modell sind die Zu- und Abflüsse für jeden Sektor als gleich angenommen. Die Zahlungsmittel zirkulieren innerhalb des System, es entstehen nirgends Überschüsse oder Defizite, es gibt keine Geldvermögen und keine Schulden. Die Sachkreisläufe erscheinen als Ziel, Geld als laufend wieder verschwindende Vermittlung des Kreislaufs von Waren und Ressourcen.

Die Betrachtung des Finanzsystems muss aber über dieses einfache Modell hinausgehen und drei Fragen beantworten:

1. Woher kommen die zirkulierenden Zahlungsmittel?
2. Wie kann es zu Überschüssen (Gelddepots, Schatzbildung, Geldvermögen) und umgekehrt zu Gelddefiziten (»negatives Geldvermögen«, Verbindlichkeiten, Schulden) kommen und wie funktioniert in diesem Fall der marktwirtschaftliche Reproduktionsprozess?
3. Wie funktionieren die Selbstreferenzen im Geldsystem, also die Geldbewegungen, die nicht durch die Sachströme, sondern durch das Finanzsystem selbst induziert und angetrieben werden, die also Geld als Geld bewegen und umgekehrt auch auf die Sachströme wirken können?

* Im Rahmen der Modern Monetary Theory (MMT) würde man es anders beschreiben: Die Zuflüsse zum Staat erfolgen durch Geldschöpfung der Zentralbank, diese Kredite werden durch Steuereinnahmen und den Verkauf von Staatsanleihen ausgeglichen (vgl. Ehnts 2020, 2022, 2023; Paetz 2018, siehe auch unten).

Hier kann keine umfassende Geldtheorie und keine komplette Darstellung des Finanzsystems erfolgen.* Es geht im Moment nur darum, zu verstehen, wie die sachliche Reproduktion in einer Marktwirtschaft durch die Geldströme des Finanzsystems gestaltet wird. Das ist eine wichtige Voraussetzung, um verstehen zu können, wie eine *gelenkte Marktwirtschaft* funktioniert. Das Finanzsystem ist nicht das einzige, aber das wichtigste Instrument einer *gelenkten* Marktwirtschaft.

Zu 1. Woher kommen die Zahlungsmittel? Ich unterstelle das moderne Fiat-Kreditgeld (z. B. Dollar, Euro) und gehe hier nicht auf ältere Geldarten ein wie beispielsweise zirkulierende Münzen einer werthaltigen Geldware (Gold, Silber) und Banknoten mit oder ohne Goldbindung. Das moderne Geld hat seit 1971 keine Bindung an eine werthaltige Ware. 1971 hob US-Präsident Nixon die Goldbindung des Dollars auf und 1973 wurde das Bretton-Woods-System offiziell außer Kraft gesetzt.[18] Der von einem Zahlungsmittel repräsentierte Wert wird allein durch den Staat bzw. die Staaten eines Währungsverbundes und dessen Zentralbank bzw. die Funktionsweise des Finanzsystems als Ganzem gewährleistet. Meines Erachtens ist dafür der oben beschriebene Lohnstandard grundlegend.

Die Zirkulationsmittel existieren in den skizzierten Kreisläufen (Abb. 2, 6 und 7) als Buchgeld bzw. Giralgeld oder zu kleinem Anteil als Bargeld. Geld ist ein Kommunikationssystem, es existiert eigentlich nur virtuell. Praktisch ist es ein Anspruch auf einen Teil des zirkulierenden Nationaleinkommens, der allerdings nicht immer realisiert werden kann (Krise, Geldentwertung, Bankenrun). De jure existiert Giralgeld als mehr oder weniger gesicherter Anspruch auf Zentralbankgeld, den der Geldbesitzer in bestimmten Grenzen gegenüber einer Geschäftsbank oder bei Ausfall der Bank gegenüber dem Staat (Einlagensicherung bis 100.000 Euro) geltend machen kann. Dieses Kommunikationsmedium Geld wird durch Buchungen auf und von Konten bewegt, also indem Zeichen generiert und verändert werden. Giralgeld sind Eintragungen in den von Banken geführten Girokonten, die durch Buchungssätze verändert werden. Ein Buchungssatz beschreibt in diesem Fall eine Geldbewegung von einem Konto auf ein anderes, meist von einem Akteur A zu einem Akteur B, z. B. eine Lohnzahlung eines Unternehmens an einen Arbeitnehmer, d. h. seinen Haushalt. Bargeld sind Geldscheine oder Geldmünzen, die bei Zahlung weitergegeben werden. Zwischen Buchgeld und Bargeld kann gewechselt werden, indem man Bargeld einzahlt oder vom Konto abhebt. Heute zirkulieren die meisten Zahlungsmittel als Giralgeld durch Buchungssätze. In modernen Fiat-Geldsystemen ist Bargeld ein praktischer Umweg der Buchung auf Konten, sinnvoll bei kleinen Beträgen oder wenn die Zahlung verschleiert werden soll. Hebt man Bargeld ab verringert sich der Kontostand, man zahlt es an der Supermarktkasse ein und das Handelsunternehmen zahlt es auf sein Bankkonto ein. Der gleiche Vorgang, wenn

* Vgl. dazu Flassbeck, Spiecker 2014/15; Paetz 2018; Ehnts 2020, 2022, 2023; Deutsche Bundesbank o. J., 2024a und 2024b.

der Kunde direkt mit seiner Bankkarte bezahlt oder Online eine Überweisung tätigt, nur die Bargeldbewegung bleibt anonym.

Neben dieser technischen Charakteristik muss geldtheoretisch zwischen Zentralbankgeld und Giralgeld unterschieden werden. Giralgeld existiert nur in Form von Eintragungen in Konten von Geschäftsbanken. Zentralbankgeld sind sogenannte Reserven, Eintragungen auf Zentralbankkonten. Zentralbanken errichten Zentralbankkonten nur für Kreditinstitute, ausländische Zentralbanken, staatliche bzw. öffentliche Organisationen und besondere Marktteilnehmer.[19] Bargeld, Geldscheine oder Münzen in der Zentralbankwährung des jeweiligen Währungsgebietes sind für jede Person nutzbares Zentralbankgeld. Über Zentralbankkonten wird der Geldverkehr zwischen den Geschäftsbanken und mit dem Staat sowie mit ausländischen Zentralbanken abgewickelt. Die Idee, digitales Zentralbankgeld für jedermann verfügbar zu machen, wird diskutiert, ist aber bislang nicht umgesetzt.[20]

Die Geldbewegungen in den Kreisläufen (Abb. 2, 6 und 7) kommen zustande durch Überweisungen von einem Bankkonto auf ein anderes. Wenn die Konten bei der gleichen Bank sind, ist dies ein einfacher Buchungssatz. Werden die Konten bei verschiedenen Banken geführt, wird dies über die Interbankkonten der Zentralbank oder Konten der Banken untereinander vermittelt. Möglich sind auch Barzahlungen im Handel oder bei Löhnen (inzwischen die Ausnahme). Staatliche Stellen akzeptieren und zahlen nur ausnahmsweise bar. Bargeld und Buchgeld können jederzeit ineinander umgewandelt werden – durch Ein- oder Auszahlungen am Geldautomaten oder (nur noch selten) am Bankschalter. Wir sehen im Weiteren von Barzahlungen ab.

In den dargestellten Kreisläufen laufen die Zahlungsmittel von Akteur zu Akteur. Die Frage, woher die Zahlungsmittel kommen, stellt sich in diesem Fall nicht: Sie kommen immer aus vorangegangenen Zahlungen. Aus Lohn wird eine Zahlung für Konsumgüter oder Mieten an Unternehmen, daraus eine Zahlung für Produktionsmittel, Löhne oder Steuern und so weiter. Die Frage wird aber relevant, wenn zusätzliche Zahlungsmittel benötigt werden, beispielsweise in einer wachsenden Wirtschaft oder dann, wenn es Divergenzen zwischen den zu- und den abfließenden Zahlungsmittelmengen gibt. In einem völlig ausgeglichenen System wären die Zu- und Abströme für jeden Sektor gleich – und im Idealfall auch für jedes einzelne Wirtschaftssubjekt. Jeder Haushalt, jedes Unternehmen gäbe laufend genau das aus, was eingenommen wird. Es gäbe weder Wachstum noch Entwicklung.

Zusätzliche Zahlungsmittel entstehen durch Buchungssätze, mit denen Kredite ausgereicht werden. Vergibt die Zentralbank einen Kredit an eine Geschäftsbank, so wird in einem Buchungssatz eine Verbindlichkeit dieser Geschäftsbank gegenüber der Zentralbank und zugleich ein Guthaben auf dem Zentralbankkonto dieser Geschäftsbank gebucht. »Soll: 1 Mill. Euro Kredit an Bank A. Haben: 1 Mill Euro Guthaben auf dem Haben-Konto der Bank A.« Es entsteht gleichzeitig eine Schuld und ein Guthaben in gleicher Höhe. Die Geldmenge wächst. Über die so entstandenen

Zahlungsmittel auf dem Guthabenkonto kann die Geschäftsbank dann verfügen. Wird der Kredit zurückgezahlt, verschwinden Guthaben und Schulden wieder und damit auch diese Zahlungsmittel. Die Geldmenge sinkt. Das Gleiche passiert bei der Vergabe von Krediten durch Geschäftsbanken an ihre Kunden bzw. bei Rückzahlung solcher Kredite. Dabei entsteht oder vergeht Giralgeld der Geschäftsbanken (Emission, Demission).

Spannend wird die Sache, wenn sich in einem Sektor Zu- und Abströme nicht entsprechen. Ganz wichtig ist hierbei: Wenn die Zu- und Abströme für *einen* Sektor divergieren, dann müssen sie auch bei *mindestens noch einem weiteren oder vielen anderen divergieren*. Wenn also ein Sektor einen Zustrom hat, der größer als der Abstrom ist, dann muss bei einem oder mehreren anderen Sektoren das Umgekehrte der Fall sein.

Zu 2. Damit sind wir bei der zweiten Frage: Wie kann es zu Überschüssen (Gelddepots, Schatzbildung, Geldvermögen) und umgekehrt zu Gelddefiziten (»negatives Geldvermögen«, Verbindlichkeiten, Schulden) kommen und wie funktioniert in diesem Fall der marktwirtschaftliche Reproduktionsprozess?

Angenommen, die privaten Haushalte geben für Konsumgüter weniger aus, als sie an Löhnen und ausgeschütteten Gewinnen einnehmen; die Differenz sei 10 Prozent. Dann entsteht bei den Haushalten ein Gelddepot (im Küchenschrank, unter dem Kopfkissen, im Tresor oder einem Sparkonto), das bei jedem Umlauf wächst. Sie bilden Geldvermögen. Wird es nicht verliehen, ist es dem Kreislauf entzogen und führt zu einem verminderten Zustrom an die Unternehmen bzw. zu verminderter Nachfrage nach Konsumgütern. Die Produktion müsste sinken, was in der Folge zu verminderter Nachfrage auch nach Produktionsmitteln führen würde. Es werden weniger Arbeitskräfte benötigt, die Lohnsumme sinkt. Es kommt zu der bekannten von Keynes (1936) beschriebenen Abwärtsspirale, zu Krise und Depression.

Der verringerte Abstrom aus den Haushalten hat einen verringerten Zustrom bei den Unternehmen zur Folge – und auch ein verringertes Steueraufkommen. Dem kann nun entgegengewirkt werden, wenn entweder die Nachfrage nach Konsumgütern aufgestockt wird (z. B. durch Sozialtransfers) – dazu müsste der Staat Geld ausgeben – oder wenn die Investitionen der Unternehmen entsprechend steigen und diese mehr Produktionsmittel und Arbeitskräfte nachfragen. In beiden Fällen müsste Geld ausgegeben werden, welches aber in den bisher betrachteten Kreisläufen nicht abgezweigt werden kann. Woher soll es dann kommen? Würde der Staat Steuern erheben, um die Transfers zahlen zu können, würden dem Kreislauf erst die Zahlungsmittel entzogen, die dann durch die Transfers wieder hinzugefügt würden. Das Gleiche würde passieren, wenn die Unternehmen die Löhne kürzen würden, um mehr zu investieren. Beides wäre ein Nullsummenspiel.

Die Vermögensbildung in einem Sektor kann nur kompensiert werden, wenn in anderen Sektoren *zusätzliche* Zahlungsmittel generiert werden. Das leistet normalerweise das Bankensystem. Gerne stellt man sich das so vor: Die Sparer aus den

Haushalten bringen ihre Ersparnisse zur Bank und diese vergibt die Zahlungsmittel als Kredit an Unternehmen oder den Staat, die dann investieren bzw. Infrastrukturinvestitionen oder Sozialausgaben finanzieren. Entsprechen die aus Krediten finanzierten zusätzlichen Ausgaben exakt der Ersparnis, ist die Nachfragelücke ausgeglichen. Allerdings ist diese Vorstellung falsch. Wenn eine Bank Kredite vergibt, werden neue Zahlungsmittel wie oben dargestellt durch eine Bilanzverlängerung erschaffen (sogenannte Geldschöpfung). Wenn der Kreditnehmer dieses Geld ausgibt, entsteht die zusätzliche Nachfrage. Das Ersparte, ob es nun unter dem Kopfkissen liegt oder auf einem Sparkonto, verschwindet dabei nicht und wird auch nicht umgelenkt. Vielmehr werden neue Zahlungsmittel erschaffen, während die ersparten Zahlungsmittel temporär stillgelegt sind (Umwandlung von Sichteinlagen in Spareinlagen). Im theoretischen Ideal sollte die Geldschöpfung in einer stagnierenden Wirtschaft gerade die durch Sparen entstandene Nachfragelücke schließen und so ein Gleichgewicht herstellen. Ist die Kreditvergabe durch Geldschöpfung geringer als die Ersparnis, dann sinkt die Nachfrage und der Wirtschaftskreislauf schrumpft, ist sie höher, steigt die Nachfrage und die Wirtschaft wächst, zumindest, wenn die steigende Nachfrage zu erweiterter Produktion und einem steigenden Angebot führt. Kredittilgung ist der umgekehrte Vorgang, Guthaben und Schulden reduzieren sich, die Zahlungsmittel werden gelöscht.

In einer Marktwirtschaft gehören Sparen und Kreditaufnahme zusammen. Die makroökonomische Steuerung muss bewirken, dass durch Kreditvergabe und Investitionen mindestens so viel zusätzliche Nachfrage entsteht, wie durch Ersparnis oder Kredittilgung stillgelegt wird. Der eigentliche Witz der Geldschöpfung aber besteht darin, mehr Zahlungsmittel zu erschaffen, als durch Sparen stillgelegt werden – zumindest temporär im Aufschwung. In Krise und Depression hingegen müssen mehr Zahlungsmittel vernichtet werden, als neu entstehen.

Geldschöpfung können die Geschäftsbanken aber nicht allein bewirken. Nur die Beobachtung des Wirtschaftsprozesses durch die Zentralbank und den Staat und eine entsprechende Expansion oder Kontraktion der Ausgaben oder der Reallöhne können die Dynamik von Geldemission und Gelddemission regulieren und Stabilität gewährleisten.

Der wirtschaftswissenschaftliche Mainstream geht davon aus, dass die Zinspolitik der Zentralbank, die die Inflationsrate beobachtet, die Expansion oder Kontraktion der Kreditmenge regulieren und so die Inflationsrate steuern kann. Die Wirksamkeit dieses Instruments ist aber beschränkt und wird angezweifelt. Zinssenkungen ohne eine Erweiterung staatlicher Ausgaben bzw. Investitionen hatten empirisch kaum dynamisierende Wirkungen (vgl. Ehnts 2020, 2022, 2023; Paetz 2018).

Folgt man Schumpeters Theorie wirtschaftlicher Entwicklung (vgl. 1.2), dann kommt eine Welle wirtschaftlicher Entwicklung in Gang, wenn Unternehmer versuchen Innovationen zu realisieren und dazu Kredite aufnehmen, die in der Regel mit Geldschöpfung verbunden sind. In diesem Fall ist die Kreditvergabe (etwas) größer als die Kredittilgung, die Nachfrage wächst schneller und das Angebot zieht nach. Umgekehrt wird in Rezessionen Anpassung erzwungen, weil die Nachfrage hinter dem Angebot zurückbleibt und so selektive Anpassungen der Strukturen, Technologien und der Produktpaletten erzwungen werden, nicht zuletzt durch Deklassierung von veralteten Produkten, überflüssig gewordenen Anlagen und Unternehmen. Über das Finanzsystem wird im Reproduktionsprozess nicht einfach ein gegebenes Gleichgewicht erhalten (bzw. eine identische Reproduktion reguliert), sondern ein dynamisches Gleichgewicht generiert, das mit Expansion und Kontraktion verbunden ist. Im Idealfall wird ein evolutorischer Prozess generiert und reguliert, in dem über Geldströme, über Kreditemission und -demission Ressourcen neuen Verwendungen zugeführt werden und Innovationen realisiert, rekombiniert und selektiert werden. Dabei verändern sich die Strukturen des Wirtschaftssystems, passen sich veränderten Bedingungen an. Das ist wirtschaftliche Entwicklung.

Es ist aber falsch, anzunehmen, dass das Marktsystem automatisch und von alleine diesen dynamischen Entwicklungsprozess regulieren kann. Märkte sind die Voraussetzung, insbesondere wenn es um die Ermittlung korrekter Reproduktionspreise geht. Aber wirtschaftliche Entwicklung funktioniert nur, wenn laufend eine qualifizierte Beobachtung und Analyse des Wirtschaftsprozesses erfolgt (durch Rechnungsführung, Berichtswesen, Aufsicht wirtschaftswissenschaftliche Analysen) und im Finanzsystem, insbesondere von Zentralbank und Staat, entsprechende Instrumente zu Regulierung und Steuerung des Wirtschaftsprozesses eingesetzt werden.

Die Bildung von Ersparnissen und Schulden im Finanzsystem ist systematisch unabdingbar, wenn Marktwirtschaften wirtschaftliche Entwicklung generieren und Strukturwandel bewältigen sollen. Ein unverändertes Gleichgewicht, bei dem alle Zu- und Abströme im Finanzsystem immer ausgeglichen wären, ist mit wirtschaftlicher Entwicklung unvereinbar.

Zu 3. Damit sind wir bei der dritten Frage: Wie funktionieren die Selbstreferenzen im Geldsystem, also die Geldbewegungen, die nicht durch die Sachströme, sondern durch das Finanzsystem selbst induziert und angetrieben werden, die also Geld als Geld bewegen und umgekehrt auch auf die Sachströme wirken? Kurz gesagt geht es hier darum, wie mit Geld Geld verdient und geschaffen wird.

Angenommen, ein Unternehmen will Innovationen und Investitionen tätigen. Statt eines Bankkredits fragt es beim Publikum Anleihen nach oder bietet Unternehmensanteile, Beteiligungen oder Aktien an. Sparwillige Haushalte oder andere Unternehmen, Banken oder Aktienfonds, die aktuell nicht benötigte Zahlungsmittel haben, können auf diese Weise Ersparnisse anlegen, in der Regel zu höheren Zinsen als auf Bankkonten. Als Wertpapiere gelten Anleihen (festverzinsliche Wertpapiere), Staatsanleihen (Anleihen an den Staat), Aktien (verbriefte Unternehmensanteile), Zertifikate (Schuldverschreibungen mit Bezug auf einen Basiswert), Optionen, Derivate oder Futures (Wetten mit Bezug auf einen in der Zukunft liegenden Wert eines Basisprodukts), Fonds (Wertpapiere aus gebündelten Einzeltiteln) und ETFs (Exchange Traded Funds, Anteile an börsengehandelten Fonds, die einen Index nachbilden). Diese Wertpapiere werden auf Finanzmärkten gehandelt. Sie bekommen einen Preis (Kurs), der von Angebot und Nachfrage nach den jeweiligen Wertpapieren abhängt.

Wertpapiere sind in der Regel doppelgesichtig. Einerseits vermitteln sie Funktionen bei der Regulierung des Reproduktionsprozesses: So dienen Aktien und Anleihen einerseits dazu, freie Zahlungsmittel für eine bestimmte Zeit zu sparen und ähnlich wie Bankkredite Investitionen zu finanzieren. Die Anleger haben durch den Kauf und Verkauf von Wertpapieren die Möglichkeit, ihre Anlagen jederzeit wieder in liquide Mittel zu verwandeln oder umgekehrt liquide Mittel anzulegen, unabhängig von den Emissionsterminen. Andererseits entstehen dabei neue Funktionen im Finanzsystem: Wertpapiere und Finanzmärkte schaffen die Möglichkeit, mit Wertpapieren zu handeln und Kurs- oder Zinsdifferenzen auszunutzen, um Finanzrenditen zu erwirtschaften. Steigt der Kurs, kann man Wertpapiere mit Gewinn verkaufen. Sinkt der Kurs, kann man auch Geld verdienen, wenn man zuvor ein Derivat (bspw. eine Wette auf sinkende Kurse) erworben hat. Das ist akzeptabel, solange es um eine Optimierung der realwirtschaftlich sinnvollen Regulationsprozesse geht. Es wird problematisch, wenn Kauf und Verkauf von Wertpapieren und das Ausnutzen von Kursveränderungen Selbstzweck werden. Denn daraus resultierende Einkommen sind keine Wertschöpfung, sondern Abschöpfung (vgl. Mazzucato 2019). Nimmt der Anteil spekulationsgetriebener Transaktionen sehr stark zu, dann verselbstständigen sich die Kurse und geben realwirtschaftlich falsche Signale (vgl. Schulmeister 2018, besonders Thesen in der Einleitung und Teil III). Das Finanzsystem wird selbstreferenziell, verselbstständigt sich und erfüllt seine Funktion in der Regulierung der Reproduktion und Entwicklung der Wirtschaftssystems nicht mehr.

Im Finanzmarktkapitalismus kehrt sich das Verhältnis um: Die Realwirtschaft wird zum Mittel der Wertsteigerung von Finanzanlagen und zum Schauplatz der Spekulation. Die wirtschaftliche Entwicklung wird fehlgeleitet. Seit den 1980er Jahren und verstärkt seit 1990 sind dabei die politischen Weichen falsch gestellt worden. Die Deregulierung der Wirtschafts- und Finanzmärkte im Shareholder-Value-Kapitalismus hat deutlich negative Folgen. Die Orientierung auf ökologische Entwicklungspfade begann viel zu spät und ist immer noch unzureichend. Die soziale Ungleichheit wuchs, die Zahl und die Schwere der Wirtschaftskrisen nahm zu. Die Zielrichtung ist nicht eine optimale wirtschaftliche Entwicklung, sondern die Steigerung der Anlagewerte. Renditen hängen nicht mehr in erster Linie von realwirtschaftlichen Innovations- und Produktivitätsgewinnen ab, sondern von der Wertsteigerung von Finanzprodukten, die überwiegend spekulationsgetrieben ist. Unter solchen Bedingungen kann eine gelenkte Marktwirtschaft nicht funktionieren. Vielmehr stellt sich die Frage, wie die Finanzmärkte in Zukunft wieder so reguliert werden können, dass sie der Regulierung der Reproduktion und der Entwicklung dienen und ihre Selbstreferenz auf ein akzeptables Maß beschränkt wird.

1.4.5 Saldenmechanik

Nun ein kurzer Blick auf die Finanzierungssalden einer Kapitalverwertungswirtschaft, respektive modernen Marktwirtschaft (vgl. Stützel 2011, Flassbeck und Spiecker 2014/15, Paetz 2018). Sie ergänzen das bisher entwickelte Modell, weil nun Differenzen zwischen Abstrom und Zustrom von Zahlungsmitteln bei Haushalten, Unternehmen und Staat modelliert werden, also systematisch entstehende Gelddepots, Geldvermögen oder Schulden. Die Finanzierungssalden sind wichtig, da die Lenkung wirtschaftlicher Entwicklung vor allem über Finanzströme erfolgt. Aus dem Verständnis der Logik von Finanzierungssalden in einem sich über Geldkreisläufe reproduzierenden Wirtschaftssystem ergeben sich eine Reihe wichtiger Einsichten.

In einer geschlossenen Volkswirtschaft, die keinen Außenhandel hat, gibt es, wie oben dargestellt, drei Akteure: Haushalte, Unternehmen und Staat (Staat ist hier der Gemeingüterproduzent GA, GÖ und GS, soweit staatlich finanziert, und das Zentrum des Finanzsystems in Form der Zentralbank, die das System der Geschäftsbanken dominiert). Als vierter Akteur kommt der Außenhandel hinzu, und zwar dann, wenn die Handelsbilanz nicht ausgeglichen ist, also entweder mehr importiert oder mehr exportiert wird, der Abstrom von Geld für gekaufte Importe also größer oder kleiner ist als der Zustrom von Zahlungsmitteln für verkaufte Exporte. Ist die Handelsbilanz ausgeglichen, so ist der Saldo Null, wie in einer geschlossenen Volkswirtschaft oder der Welt als Ganzer. Reale Volkswirtschaften haben normalerweise positive oder negative Handelsbilanzen, wobei angestrebt wird, dass sie Überschüsse und Defizite mittelfristig ausgleichen (vgl. Land 2017b und 2021). Das ist aber seit Jahrzehnten nicht mehr der Fall. Dies ist eines der Krisenprobleme, die durch eine gelenkte Marktwirtschaft überwunden werden müssten.

Flassbeck stellt die Finanzierungssalden der deutschen Volkswirtschaft in zwei verschiedenen Zeitabschnitten einander gegenüber (Flassbeck, Spiecker 2014/15, Teil XXXIV, S. 2–4; vgl. auch Anhang, Abbildungen zu 1.4.5). Für den Zeitraum von 1960 bis 1975 ist zu erkennen, dass die privaten Haushalte Jahr für Jahr mehr Geld einnehmen, als sie ausgeben, also Sparer sind, Geldvermögen bilden, Spareinlagen tätigen oder Wertpapiere erwerben. Im Unterschied dazu sind die Unternehmen Schuldner, d. h. sie leihen sich Geld von Banken oder Anlegern und investieren es in den Wirtschaftsprozess. Staat und Ausland haben mittelfristig halbwegs ausgeglichene Salden. Man kann dies so deuten: Die Haushalte reduzieren ihre Güternachfrage und ermöglichen den Zuwachs von Sachanlagen der Unternehmen. Dabei bilden sie Geldvermögen. Die Unternehmen verschulden sich bei den Banken und mittelbar bei den Haushalten, die Guthaben bei den Banken haben oder Wertpapiere erwerben. Das war der Normalfall einer Kapitalverwertungswirtschaft, zumindest in der Zeit des *Teilhabekapitalismus* und davor.

Die Salden für den Zeitraum von 1991 bis 2013 unterscheiden sich. Die Haushalte sind Sparer wie zuvor, die Spareinlagen sinken anteilig etwas. Dann aber gibt es eine merkwürdige Bewegung bei den Unternehmen: Sie werden aus Schuldnern zu Sparern, und zwar etwa in den 2000er Jahren. D. h. sie investieren ihre Gewinne nicht mehr vollständig in Sachanlagen und nehmen per Saldo keine zusätzlichen Kredite auf. Gewinne werden teilweise in Geldvermögen gesteckt, Unternehmen erwerben Wertpapiere per Saldo, Staatsanleihen oder ausländische Schuldtitel. Der Staat befindet sich im Minus, ist Schuldner mit etwa 2 bis 3 Prozent des BIP, Tendenz steigend. Die Auslandsverschuldung wächst spiegelbildlich zu der Geldvermögensbildung der Unternehmen.

> »Ins Standardbild der sparenden Haushalte und der investierenden Unternehmen passen für (West-)Deutschland, wie man den Abbildungen entnehmen kann, nur die Ergebnisse in den 60er Jahren. Damals ... sparten die privaten Haushalte sehr viel, aber es gab dazu eindeutig einen Gegenpart, und das waren die privaten Unternehmen, die sich entsprechend verschuldeten.«
>
> »Mit dem Beginn der neunziger Jahre ... verkehrte sich die nun deutsche (und nicht mehr nur westdeutsche) Saldenwelt für zehn Jahre erneut. Im Zuge der deutschen Wiedervereinigung trat nicht mehr das Ausland als wichtigster Schuldner auf. Stattdessen übernahm der Staat diese Rolle: Er finanzierte direkt einen Großteil der Kosten der deutschen Wiedervereinigung mit neuen Schulden. Und die Vermögensbildung der privaten Haushalte ließ im gesamtdeutschen Durchschnitt betrachtet deutlich nach. Die Unternehmen aber setzten den begonnenen Trend fort und zogen sich weiter aus der Rolle der Schuldner und damit Investoren zurück.
>
> Mit der Jahrtausendwende und dem Beginn der Europäischen Währungsunion (EWU) ergab sich wiederum eine grundlegende und bis heute anhaltende Verschiebung der Salden. Mehr als jemals zuvor richtete sich die deutsche Wirtschaft darauf ein, dass das Ausland den Defizitpart übernimmt. Die von der Rot-Grünen Regierung orchestrierte Lohnmoderation führte zu einer Verbesserung der internationalen Wettbewerbsfähigkeit Deutschlands, die vor allem innerhalb der EWU zum Tragen kam. Damit manövrierte Deutschland die ganze Währungsunion in die Sackgasse, weil eine gewaltige Lücke in der Wettbewerbsfähigkeit zwischen den wichtigsten Mitgliedsländern entstand.« (Flassbeck, Spiecker 2014/15, Teil XXXIV)

Die Saldenmechanik *beschreibt* nur die Finanzverhältnisse zwischen den vier Sektoren Haushalte, Unternehmen, Staat und Ausland und die im Reproduktionsprozess entstehenden wechselseitigen Überschüsse (Geldvermögen) und Defizite (Verbindlichkeiten bzw. Schulden). Sie werden aber nicht *erklärt*, dazu bedarf es weitergehender theoretischer und empirischer Analysen.

Die beiden hervorstechenden Abweichungen in den von Flassbeck dargestellten Salden sind die Veränderungen zwischen den 1960er und den 2000er Jahren: A) Erst waren die Unternehmen Kreditnehmer, die mit Krediten ihre Investitionen finanzierten, seit 2000 sind sie Sparer, d. h. sie nehmen weniger Kredite auf, investieren Gewinne nicht oder nur teilweise und erwerben stattdessen Finanzanlagen. B) Deutschland hat seit 1998 bzw. 2000 einen Handelsbilanzüberschuss, d. h. es exportiert mehr, als es importiert. Das Ausland verschuldet sich, Deutschland häuft die spiegelbildlichen Geldvermögen an, und zwar vor allem in Form von Geldanlagen in ausländischen Wertpapieren (z. B. US-Staatsanleihen) oder Devisen. Nimmt man beides zusammen und interpretiert es mithilfe der Arbeiten von Schulmeister (2018) oder Hudson (2003), so lautet die Erklärung: Die Unternehmen konzentrieren sich darauf, Gewinne mit Geldanlagen zu machen. Das bedeutet nicht, dass realwirtschaftliche Prozesse (Produktion, Innovationen und Investitionen) keine Rolle mehr spielen, aber die Shareholder-Interessen dominieren. Es geht um die Wertsteigerung von Finanzanlagen, von Immobilien, Unternehmen, Marken, Wertpapieren. Innovationen und Investitionen dienen der Wertsteigerung von Unternehmen. Gewinne werden erzielt, indem man diese Anlagen zu einem höheren Wert verkauft, als man sie eingekauft hat. Man kauft ein Unternehmen, hübscht es auf, reduziert die Kosten, indem man Arbeiter entlässt, Menschen zu Billiglöhnen einstellt und spart, wo man kann. Die Gewinne steigen temporär, der Wert des Unternehmens, die kapitalisierte Rendite, steigt. Die Gewinne aus der Wertsteigerung von Anlagen sind oft viel größer als aus der laufenden Produktion. Das Risiko: Der Kurssturz nach geplatzten Kettenspielen und Finanzblasen vernichtet einen Teil diese »Wertsteigerungen«, dabei gewinnen einige, viele verlieren.

Auch der Handelsbilanzüberschuss ist realwirtschaftlich kein Vorteil. Zwar entstehen zusätzliche Arbeitsplätze, aber der Preis sind stagnierende oder sinkende Löhne und ein Billiglohnsektor. Der Gewinn aus dem Exportüberschuss besteht aus Wertpapieren bei den Geldanlegern. Die Löhne sind in der Zeit eskalierender Handelsbilanzüberschüsse um mehr als 20 Prozent hinter der Produktivitätsentwicklung zurückgeblieben. Insbesondere aber zerstören dauerhafte Handelsbilanzüberschüsse und -defizite die Weltwirtschaft und in Europa die Währungsunion. Die Defizitländer (außer der USA wegen des Privilegs des Dollars als Weltreservewährung) leiden unter der steigenden Verschuldung in fremder Währung und den Krisenfolgen. Die Überschussländer »verschenken« einen Teil ihrer Ressourcen (Produktionsmittel, vergegenständlichte Arbeit und Naturressourcen) gegen Schuldscheine (vgl. Land 2017, 2018a, 2021).

Zwischen den 1980er und den 2000er Jahren vollzog sich der Übergang aus dem Teilhabekapitalismus in den Finanzmarktkapitalismus. Bis in die 1960er Jahre dominierte ein Regime der wirtschaftlichen Entwicklung, das auf der Kopplung von Massenproduktion und Massenkonsum, von Produktivitäts- und Lohnsteigerungen beruhte (vgl. Elsenhans 2017a, 2017b; Menzel 2013; Dauderstedt 2012; Land, Busch

2012) und dessen Entwicklung sich über Innovationen und Investitionen in der Realwirtschaft vollzog. In den 1970er und 1980er Jahren begann der Übergang in den Finanzmarktkapitalismus, den u. a. Varoufakis (2012) untersucht und beschrieben hat. Zentrale Akteure sind nun die Finanzmärkte, die mit »Überschussrecycling« Wertsteigerungen von Anlagen organisieren. Diese Entwicklung begann in den USA, in Deutschland erst in den 1990er Jahren.

1.4.6 Der Finanzmarktkapitalismus

Die Geldkreisläufe im Finanzsystem und insbesondere die Bewegungen von Finanzanlagen haben eine selbstreferenzielle Dynamik. Das bedeutet, dass sie nicht nur durch die Bewegungen der sachlichen Reproduktionskreisläufe angetrieben werden, sondern auch durch das Finanzsystem selbst. Geld, immer mehr Geld wird eingesetzt, um Finanzgewinne zu generieren. Diese Dynamik ist spekulationsgetrieben. Hier entkoppelt sich das Finanzsystem von der Funktion, sachliche Reproduktionskreisläufe zu vermitteln und zu regulieren. Seit den 1980er Jahren hat sich das kapitalistische Wirtschaftssystem fundamental verändert. Bis Anfang der 1970er Jahre dominierte der Teilhabekapitalismus mit streng regulierten Finanzmärkten und dem internationalen Wechselkurssystem von Bretton Woods – das war zwar keine ideale, aber immerhin eine funktionierende Grundlage für einen dominant realwirtschaftlich orientierten Kapitalismus. Mit den 1970er Jahren übernahm der Finanzmarktkapitalismus das Ruder. Dieser Wechsel im Regime wirtschaftlicher Entwicklung wurde in den 1990er Jahren weitgehend abgeschlossen, vor allem nach dem Verschwinden der Planwirtschaften und der Eingliederung des ehemaligen Ostblocks in das westliche Wirtschaftssystem (zur Ausnahme China siehe Kapitel 2 bis 4).

Für den Übergang zum Finanzmarktkapitalismus sind folgende Prozesse relevant:

(1) Das Ende des Währungssystems von Bretton Woods

1968 beschränkte die US-Regierung die Einlösepflicht von Dollar in Gold auf Zentralbanken der Mitgliedsländer dieses Währungssystems.

> »Das Vertrauen in den Dollar wurde durch die hohen Auslandsreserven belastet, obwohl – aus politischen Gründen – kein Staat den Umtausch der eigenen Dollarreserven in Gold forderte. Der französische Staatspräsident de Gaulle forderte 1966 die USA (Regierung Johnson) auf, die französischen Dollarreserven in Gold umzutauschen und das Gold nach Frankreich zu liefern. Durch die nur unzulängliche Golddeckung des Dollars ... löste dies eine politische Krise aus. Im Jahr 1968 wurde die Einlösepflicht von Dollar in Gold auf die Zentralbanken der Mitgliedsstaaten beschränkt.« (Wikipedia[21])

Kapitalverkehrskontrollen wurden 1970 von den USA, Kanada, der BRD und der Schweiz endgültig aufgegeben. US-Präsident Richard Nixon beendete 1971 die nominale Goldbindung des Dollar, damit war das Währungssystem faktisch tot. Der Wechselkurs der DM wurde 1971 freigegeben, weitere Länder folgten. »*Im Jahre 1973 wurde das Bretton-Woods-System offiziell außer Kraft gesetzt. Nach der Beendigung des Bretton-Woods-Abkommens wurden in den meisten Ländern die Wechselkurse freigegeben.*« (Ebd., vgl. Varoufakis 2012, Kapitel 4; Land 2015)

(2) Der »Globale Minotaurus«

Das Finanzierungssystem für das doppelte US-Defizit (Außenhandelsbilanz und Staathaushalt) beruht auf der Emission von Wertpapieren. Varoufakis hat dieses System ausführlich beschrieben (2012, Kapitel 4) und es »Globaler Minotaurus« getauft. Er spielt damit auf das Jünglinge und Jungfrauen (Ressourcen aller Art) verschlingende griechische Sagenungeheuer Minotaurus an.

> »Nachdem die festen Wechselkurse des Systems von Bretton Woods nicht mehr bestanden, gerieten alle Kurse und Preise außer Kontrolle. Gold machte den Anfang: Es sprang von 35 Dollar auf 38 Dollar pro Unze, weiter auf 42 Dollar, und dann explodierte der Kurs. Im Mai 1973 kostete es über 90 Dollar und 1979 sagenhafte 455 Dollar – in weniger als zehn Jahren hatte sich der Preis verzwölffacht.« (Varoufakis 2012, Kapitel 4)

Auch der Ölpreis stieg in ungeahnte Höhen und es kam zur ersten Ölkrise.

> »Warum widersetzten sich die Vereinigten Staaten nicht entschlossen dem Anstieg des Ölpreises? Der Grund ist, dass die Regierung Nixon zum einen das Ende des Bretton-Woods-System nicht bedauerte, zum anderen auch nicht beabsichtigte, die OPEC bei ihrer Preispolitik zu behindern. Denn der hohe Ölpreis passte gut zu den Vorstellungen der Regierung ... So haben die Saudis beharrlich behauptet, Henry Kissinger sei es wichtiger gewesen, den Fluss der Petrodollars nach Amerika zu steuern, als einen Anstieg der Energiepreise zu verhindern, und er habe sie immer ermutigt, den Ölpreis auf das Zwei- bis Vierfache zu erhöhen. Solange Öl in Dollar bezahlt wurde, hatten die Vereinigten Staaten kein Problem mit einem steigenden Ölpreis.« (Ebd.)

Die Bindung der Öllieferungen an Zahlungen in Dollar war ein wichtiger Schritt bei der Installation des Minotaurus. Die Folge war ein stetiger Fluss von Dollarkrediten in alle möglichen Länder. Umgekehrt stellte sich die Frage, was Länder mit Handelsbilanzüberschüssen, darunter vor allem die OPEC-Staaten und andere Rohstoffe exportierende Länder, aber auch Japan und Deutschland, die Industriewaren exportierten, mit den wachsenden Mengen an Dollars anfangen sollten.

»Wenn wir uns daran erinnern, dass das neue Ziel darin bestand, Wege zu finden, um das doppelte Defizit der Vereinigten Staaten zu finanzieren, ohne die Staatsausgaben zurückzufahren, Steuern zu erhöhen oder Abstriche bei der weltweiten Dominanz der Vereinigten Staaten zu machen, hatten die amerikanischen Politiker verstanden, dass eine klare Aufgabe vor ihnen lag: Sie mussten den Rest der Welt dazu bringen, die Defizite der Vereinigten Staaten zu finanzieren. Doch das erforderte eine Umverteilung der weltweiten Überschüsse zugunsten der Vereinigten Staaten und zu Lasten der beiden Wirtschaftszonen, die sie rund um Deutschland und Japan errichtet hatten. Die geplante Umkehr der globalen Kapitalflüsse, sodass das Kapital aus aller Welt an die Wall Street strömte, um die wachsenden Defizite Amerikas aufzufüllen, setzte zwei Dinge voraus: a) Die US-Firmen mussten im Verhältnis zu ihren deutschen und japanischen Konkurrenten wettbewerbsfähiger werden, und b) die Zinssätze mussten so sein, dass sie Kapitalströme in die Vereinigten Staaten lenkten.«
»Von Saudi-Arabien bis Indonesien explodierten dank der hohen Ölpreise derweil die Bankkonten, und die amerikanischen Ölfirmen freuten sich über steigende Einnahmen. All diese Petrodollars fanden ihren Weg in die weit geöffneten Arme der Wall Street. Die Zinspolitik der Fed erwies sich dabei als besonders hilfreich. ... Der Geldzins (oder Nominalzins) stieg von 6 Prozent, wo er in der Endphase des Globalen Plans um 1971 gelegen hatte, über 6,44 Prozent in 1973 auf 7,83 Prozent im Jahr darauf. 1979 begann die Regierung Carter, mit Nachdruck die Inflation zu bekämpfen. Paul Volcker wurde neuer Notenbankpräsident ... Sein erster Schritt war eine Anhebung der Durchschnittszinssätze auf 11 Prozent. Im Juni 1981 setzte Volcker die Zinsen dann auf die schwindelerregende Höhe von zuerst 20 und dann 21,5 Prozent herauf. Mit dieser brutalen Geldpolitik gelang es ihm, die Inflation in den Griff zu bekommen ...« (Ebd.)

Die hohen Zinsen hatten zur Folge, dass die für die US-Importe in die Welt geflossenen Dollars in die USA zurückkehrten, an die Wall-Street-Börse und dort gegen US-Wertpapiere, vor allem US-Staatsanleihen getauscht wurden. Die Welt (vor allem Deutschland, Japan, die EU und die OPEC-Staaten) lieferte Ressourcen, die der Minotaurus schluckte und dafür Schuldscheine ausspuckte, erst auf Zetteln, später in elektronischer Form. Der Minotaurus war die Lösung für das Problem, wie man mit Schulden – statt mit Guthaben – die Welt beherrschen konnte (vgl. die Grafik in Land 2015a, S. 102).[22] Die Sekundärfolge war, dass sich das gesamte globale kapitalistische Finanzsystem dem Minotaurus unterwerfen musste. Dabei wurden die Dollarbestände in Europa und den OPEC-Staaten (Eurodollars bzw. Öldollars) zu einer eigenen Kreditinstanz des neuen Weltfinanzsystems.

»Damit begann eine neue Phase. Die Vereinigten Staaten konnten nun ungestraft ihr Defizit immer weiter steigern, und die neue Regierung Reagan konnte sich zugleich ein gewaltiges Verteidigungsbudget und immense Steuererleichterungen für die reichsten Amerikaner leisten. Die Angebotspolitik (das wirtschaftspolitische Dogma der 1980er Jahre), die Trickle-down-Theorie (wonach der Wohlstand der Reichen nach und nach in die unteren Gesellschaftsschichten durchsickert), die rücksichtslosen Steuersenkungen, die Umwertung von Gier zu einer Tugend und so weiter – all das waren nur Manifestationen von Amerikas neuem ›exorbitantem Privileg‹: der Chance, dank der Kapitalströme aus der übrigen Welt sein eigenes doppeltes Defizit beinahe unbegrenzt auszuweiten. Die amerikanische Hegemonie hatte eine neue Gestalt angenommen. Die Herrschaft des Globalen Minotaurus war angebrochen.« (Ebd.)

»Amerika begann zu importieren, als gäbe es kein Morgen, und die Regierung schmiss mit Geld um sich, ohne einen Gedanken an die wachsenden Defizite zu verschwenden. Solange ausländische Investoren täglich Milliarden von Dollar an die Wall Street leiteten, aus freien Stücken und aus Gründen, die nur mit *ihren eigenen* Bilanzen zu tun hatten, war das doppelte Defizit der Vereinigten Staaten kein Problem, und die Welt drehte sich planlos immer weiter.« (Ebd.)

Der Finanzmarktkapitalismus beruht darauf, dass die Realwirtschaft zum Vasallen der Finanzmärkte wird, Gewinne durch die Kettenspiele der Finanzmärkte und die Wertsteigerung von Finanzanlagen generiert werden und alle Defizite gedeckt werden können, wenn die eigene Wertpapieremission wertvoller ist als die der anderen.

»Beim GMÜR* des Globalen Plans waren die Vereinigten Staaten das Land, das Überschüsse aufhäufte in der guten Absicht, einen Teil davon nach Westeuropa und Japan zu transferieren, um Nachfrage für seine eigenen Exporte zu schaffen, aber auch für die Exporte seiner Protegés (hauptsächlich Deutschland und Japan). Der Globale Minotaurus funktionierte genau andersherum: Amerika *absorbierte* das Überschusskapital anderer Länder und recycelte es, indem es ihre Exporte kaufte.« (Ebd.)

Wichtig sind noch die von Varoufakis beschriebenen vier Helfer der Untiers: die Wall Street (Börse), Walmart (die Discounter, die durch Druck auf Lieferanten und Beschäftigte die Kosten, vor allem die Lohnkosten, senkten und die Wettbewerbsfähigkeit der US-Wirtschaft gewährleisteten), die Trickle-down-Theorie und -Strategie (die behauptete, dass auch die Armen vom Minotaurus profitieren könnten) und viertens die toxische ökonomische Theorie, die Angebotsökonomie und der Neoliberalismus.

»Ihre Modelle, so nichtssagend sie als Beschreibungen des real existierenden Kapitalismus sein mochten, lieferten die Inspiration für die mathematischen Formeln, die der Wall Street zwei Dinge erlaubten: erstens, zu fordern, der Finanzsektor dürfe keinerlei Regulierungen unterliegen, und zweitens, nach dem Immobilienbereich

* GMÜR: Globaler Mechanismus des Überschussrecycling. Ein zentraler Begriff von Varoufakis 2010, Kapitel 3.

zu greifen. Die aus Ramschhypotheken zusammengebastelten toxischen Derivate (die finanziellen Massenvernichtungswaffen, die uns den Crash von 2008 bescherten) wären niemals entstanden ohne die toxischen Wirtschaftstheorien, die an den besten Universitäten ungefähr zur selben Zeit wie der Globale Minotaurus das Licht der Welt erblickten.« (Ebd., Kapitel 5)

(3) Die marktwirtschaftliche Transformation der UdSSR und weiterer ehemals staatssozialistischer Volkswirtschaften Mittel- und Osteuropas (ohne China und Vietnam)

Diese Phase des Finanzmarktkapitalismus ist verbunden mit den Transformationsprozessen der 1990er Jahren, die in einigen Ländern in Form einer Schocktherapie (UdSSR, Ostdeutschland), in anderen schrittweise durchgeführt wurde (Ungarn, Slowakei, Serbien). In beiden Fällen entstanden umfangreiche Anlagemöglichkeiten und neue Märkte für westliche Konzerne und Finanzanleger. Zudem wurde das benötigte Kreditvolumen erheblich ausgeweitet, damit aber auch die finanzkapitalistischen Anlagefelder. Auch das Potenzial für billige Arbeitskräfte wuchs.

In welchem Maße haben der Zusammenbruch des Realsozialismus und die Transformation nicht nur zur Ausdehnung, sondern auch zu qualitativ neuen Strukturen und Verfahren des Finanzkapitalismus geführt? Dazu sind wohl noch weitere Untersuchungen erforderlich. Als gesichert kann gelten, dass die These vom »Ende der Geschichte« und dem endgültigen Sieg des Kapitalismus (in Gestalt des Finanzmarktkapitalismus) dazu geführt hat, dass die Akteure siegessicher waren, regulatorische Beschränkungen weiter reduziert bzw. in den Transformationsländern gar nicht erst eingeführt wurden. Der entstehende Oligarchenkapitalismus, der bekanntlich riesige Summen in ausländische Steueroasen transferierte und der Besteuerung entzog, ist eine der Folgen dieser ideologischen Prämisse. Immer schneller verbreiteten sich nach 1997 »Globalisierungs«-Modelle finanzkapitalistischer Art: die Kombination von Billiglohnstrategien und Steuersparmodellen sowie Wertschöpfungsketten, bei denen Forschung und Entwicklung in kapitalistische Zentren und die arbeitsintensive Massenproduktion in Billiglohnländer verlegt wurde. Auch die Umstellung der EU auf den Euro verstärkte finanzkapitalistische Tendenzen, obwohl sie diese eigentlich einschränken und kontrollieren sollte, weil Währungsspekulationen innerhalb der EU nicht mehr möglich waren. Aber stattdessen spekulierten die Finanzmärkte auf Staatsinsolvenz oder Immobilienanlagen. Die Folge unzureichender Regulierung des Eurosystems führte zu Handelsbilanzdivergenzen, Staatsschulden- und Bankenkrisen (vgl. Land 2017b, 2018a, 2018b).

Zu klären wäre auch, ob und in welchem Maße der Untergang des Staatssozialismus und die Transformation im Osten zur Verbreitung von Schattenbanken, halblegalen Finanzmärkten und der Konzipierung toxischer Wertpapiere (u. a. CDOs und verbriefte Hypothekenkredite aus Subprime-Krediten) beigetragen haben, die zur Weltfinanzkrise 2007–2009 führten. Ich gehe davon aus, dass die Deregulierungswelle der 1990er Jahre durch die Transformationskonstellation begünstigt und gestützt wurde.

Reparatur nach der Finanzkrise 2007–2009

In und nach der Finanzkrise wurde zwar über Reformen des Finanzsystems diskutiert, es fand aber keine umfassende Regulation der Finanzsysteme statt. Die Grundstrukturen des Finanzmarktkapitalismus, die Spekulation mit Wertpapieren, Immobilien und Rohstoffen, wurde nicht angetastet. Neben kleineren Anpassungen wurden vor allem Reparaturmechanismen installiert: Die Eigenkapitalanforderungen an Banken wurden erhöht, die Berichtspflichten überarbeitet, bestimmte Derivate müssen über Börsen gehandelt werden (Clearingpflicht) und es wurde ein Europäisches Abwicklungsregime für insolvente Banken eingeführt, was die Staatsfinanzen schützen soll. Streeck hat diese Anpassungen unter der Überschrift »Zeit kaufen« dargestellt. Er schreibt:

> »Als die Erinnerung an den Abgrund noch frisch war, herrschte kein Mangel an Forderungen nach ›Reformen‹ ... Internationale Konferenzen und Gipfeltreffen jeglicher Art folgten einander auf dem Fuß, aber über ein halbes Jahrzehnt später zeigt sich, dass sie so gut wie nichts bewirkt haben. Unterdessen konnte die Finanzindustrie, von der das Desaster ausgegangen war, sich bestens erholen: Gewinne, Dividenden, Gehälter und Boni sind wieder, was sie waren, während die Re-Regulierung im Gestrüpp internationaler Verhandlungen und innerstaatlicher Lobbytätigkeit hängen geblieben ist. Die Regierungen, und insbesondere die der Vereinigten Staaten, befinden sich nach wie vor fest im Griff der Finanzindustrie. Diese wiederum wird großzügig mit billigem Geld versorgt, welches ihre Freunde in den Zentralbanken für sie aus dem Nichts herbeizaubern ...« (Streeck 2015, H. 3, S. 101)

Die Reformen haben das finanzkapitalistische Regime nicht reformiert, sondern stabilisiert, indem Mechanismen installiert wurden, um Krisen zu kompensieren, ohne die Ursachen zu beseitigen.

Finanzmarktkapitalismus als Fehlentwicklung

Die Finanzmärkte sind seit den 1990er Jahren (beginnend schon mit Deregulierungen Ende der 1970er) nicht mehr in einer dienenden Funktion für die realwirtschaftliche Entwicklung, sondern sie dominieren die Realwirtschaft. Bei einer dominant realwirtschaftlichen Regulation entstehen Gewinne durch Innovationen und durch Produktion. Die Volkswirtschaften sind mehr oder weniger auf die Optimierung realwirtschaftlicher Gewinne und Einkommen eingestellt. Im Unterschied dazu entstehen Gewinne im Finanzmarktkapitalismus durch Steigerung des Werts von Finanzanlagen. Die Realwirtschaft wird dementsprechend so reguliert, dass der Wert der Unternehmen, der Immobilien und der Finanzanlagen steigt (Finanzialisierung). Gewinner ist die kleine Gruppe der Finanzanleger, wobei die professionell organisierten großen Anlagegesellschaften in der Regel erhebliche Gewinne auch zulasten der Kleinanleger einfahren. Das ganze System ist nicht mehr auf Innovationen und Investitionen ausgerichtet, sondern auf Finanzgewinne. Das bedeutet: Innovationen und Investitionen werden unter dem Gesichtspunkt von Finanzgewinnen selektiert, dienen der Wertsteigerung von Finanzanlagen, Unternehmen und Immobilien.

Schulmeister (2018) hat die Funktionsweise eines verselbstständigten Finanzsystems umfassend analysiert. Wichtige Feststellungen sind:

- Verselbstständigte spekulationsgetriebene Finanzmärkte geben keine korrekten Preissignale, weil die Bewegung der Werte von Finanztiteln kurz und mittelfristig nicht den Fundamentalwerten entspricht. Dies führt systematisch zur Fehlsteuerung von Innovationen und Investitionen. Das Auf und Ab der Kurse bedeutet, dass dem Signal zu mehr Investitionen (z. B. in erneuerbare Energien oder Kreislaufwirtschaft) morgen das umgekehrte Signal folgt, weil die Kurse der jeweiligen Unternehmen und Finanzanlagen erst steigen, dann wieder fallen. Realwirtschaftliche Innovations- und Investitionsstrategien verlangen aber langfristige Perspektiven.
- Spekulationsgetriebene Finanzmärkte generieren systematisch Blasen (übertrieben ansteigende Werte von Finanzanlagen), denen Finanzkrisen und Zusammenbrüche (übertriebene Wertverluste und Vernichtung von Finanzwerten) folgen. Das hat erheblichen Auswirkungen auf den realwirtschaftlichen Reproduktionsprozess und dramatische wirtschaftliche, ökologische und soziale Folgen.
- Der Primat des Marktes ist unvereinbar mit Demokratie (»am Markt« zählen »Geldstimmen«).
- Die »Ent-Fesselung« der Finanzmärkte hat unternehmerische Aktivitäten in der Realwirtschaft erschwert und Finanzspekulation attraktiv gemacht.
- Die neoliberalen »Therapien« verschlimmern die »Krankheiten« Arbeitslosigkeit, prekäre Beschäftigung, Staatsverschuldung, soziale Unsicherheit und Armut.
- Diese finanzkapitalistische Spielanordnung hatte auch sozialpsychologische Effekte: Wer als Unternehmer tätig ist, muss die Interessen anderer (Mitarbeiter, Kunden, Lieferanten) berücksichtigen; auf den Finanzmärkten gilt eine andere Logik: Je mehr mein »Partner« verliert, desto mehr gewinne ich.

Schulmeister stellt Überlegungen an, wie das finanzkapitalistische Setting überwunden und eine auf die realwirtschaftliche Entwicklung orientierte Dynamik geschaffen werden könnte. Das geht wohl nicht durch eine Rückkehr zu den Regularien des Kapitalismus der 1960er Jahre. Vielmehr muss es darum gehen, die heute anstehenden Probleme durch ein neues Regime wirtschaftlicher Entwicklung zu lösen:

- Erstens geht es um die Bewältigung der Klima- und der ökologischen Krise, also den Aufbau eines umweltkompatiblen Wirtschaftssystems, Konsumtion selbstverständlich eingeschlossen. Dazu sind gewaltige und anhaltende Innovationsschübe und enorme Investitionen nötig.
- Zweitens ist eine damit vereinbare Lösung der sozialen Probleme für alle Individuen zu konzipieren und umzusetzen: Teilhabe, Demokratie, progressive Entwicklungsmöglichkeiten. Das kann nicht nur die entwickelten Industriestaaten betreffen, es muss global gelten.
- Drittens geht es um die Entwicklungsländer und die Globalisierung. Chancen für wirtschaftliche Entwicklung müssen neu orientiert werden, eine nicht hegemoniale Art der globalen Entwicklung muss neue Entwicklungsmöglichkeiten auch für Afrika, Asien, Lateinamerika eröffnen.

Diese Ziele könnten in einer **gelenkten Marktwirtschaft** umgesetzt werden. Darauf fokussiert dieses Buch. **Voraussetzung einer gelenkten Marktwirtschaft sind regulierte Finanzmärkte**, die der realwirtschaftlichen Entwicklung dienen und dieser untergeordnet sind. Dazu müssen die spekulativen Prozesse unter Kontrolle gebracht und in ihrer Wirkung eingeschränkt werden. Ob ein solcher Umbau des globalen Wirtschaftssystems gelingt, wird über unsere Zukunft entscheiden. Die Chancen sind schlecht, die Kräfteverhältnisse ungünstig.

> »In dem entscheidenden Kampf auf ökonomischem Terrain stehen sich heute nicht einfach Arbeitnehmer und Arbeitgeber gegenüber. Vielmehr findet dieser Kampf zwischen Rentier-Interessen einerseits und Arbeitnehmern, Industrie und Staat andererseits statt. Deshalb sind die notwendigen Reformen unserer Zeit viel weitreichender als die der sozialdemokratischen Bewegung vor hundert Jahren. Reformen der Finanzmärkte und Gesetze zur Einschränkung des Rent-Seeking spielen in den Programmen der vorgeblich sozialistischen und Arbeiterparteien der Gegenwart keine große Rolle.« (Hudson 2016, Kapitel 29)

Hudson befürchtet, dass sich der Finanzmarktkapitalismus selbst zerstören wird:

> »Die nächsten Generationen werden sich mit der Frage auseinandersetzen müssen, wie sie die finanziellen Knoten in den heutigen Volkswirtschaften lösen wollen.« (Ebd.)

1.5 Regulierte und gelenkte Marktwirtschaft

Autonome Marktakteure, die in uneingeschränktem Wettbewerb Güter auf Märkten verkaufen und kaufen und dabei je nach dem Verhältnis von Angebot und Nachfrage Preise aushandeln – das ist das theoretische Modell einer *freien Marktwirtschaft*. Real hat Marktwirtschaft aber mindestens zwei Voraussetzungen. Erstens ein Rechtssystem, Eigentum und die Gleichheit der Akteure im Handel. Und zweitens müssen für die Preisverhandlungen die Anzahl der Anbieter und Nachfrager so groß sein, dass kein Marktakteur das Ergebnis vorhersehen oder manipulieren kann. Mit anderen Worten: Monopole und Oligopole müssen ausgeschlossen werden. Der Ordoliberalismus beschreibt die staatlich zu schaffenden Voraussetzungen, die Einbettung des Wirtschaftssystems in einen rechtlich fixierten Ordnungsrahmen:

> »Eucken entwickelte die Grundprinzipien einer Wettbewerbsordnung, die Effizienz und Freiheit durch das ungehinderte Wirken des Wettbewerbsprozesses garantieren soll ... Die konstituierenden Prinzipien der Wettbewerbsordnung sind für Eucken neben einem funktionsfähigen Preissystem das Primat der Währungspolitik, der freie Zugang zu den Märkten, Privateigentum an Produktionsmitteln, Vertragsfreiheit, Haftungsprinzip und eine Konstanz der Wirtschaftspolitik. ... Nach Eucken gibt es Bereiche, in denen die konstituierenden Prinzipien der Wettbewerbsordnung nicht ausreichen, um die Wettbewerbsordnung funktionsfähig zu halten. Er nennt Sozialpolitik, effizienzbedingte Monopolstellungen, Einkommensverteilung, Arbeitsmärkte und Umweltproblematik.« (Wikipedia[23])

Eine derartige freie Marktwirtschaft ist ein theoretisches Modell, dient der neoklassischen Wirtschaftswissenschaft, um die Funktionsweise von Marktprozessen zu erklären. Um reale Wirtschaftssysteme verstehen zu können, müssen zusätzlich Rahmen und Randbedingungen eingeführt werden. Jede reale, praktische Marktwirtschaft benötigt ein bestimmtes Maß an Regulation,[*] wobei die Parameter und Ziele vom jeweiligen Regime wirtschaftlicher Entwicklung (Land 2017), der

* Unter Regulation verstehe ich Interventionen von Staaten oder Organisationen in Marktprozesse. Diese Eingriffe können durch staatliche oder kollektive Organisationen erfolgen. So wird die Geldpolitik durch eine staatliche Behörde reguliert, die Zentralbank in Wechselwirkung mit dem Finanzministerium. Die Lohnpolitik wird dagegen im Rahmen der Tarifautonomie von Verbänden der Arbeitgeber und der Arbeitnehmer reguliert, allerdings in einem staatlich gesetzten Rahmen und unter bestimmten staatlich gesetzten Parametern, z. B. dem Mindestlohn. Viele weiteren Bereiche sind durch Vereinbarungen von Organisationen reguliert, z. B. Krankenkassen und Ärztekammern. Grundsätzlich kann Regulation erfolgen durch (1) staatliche rechtliche Vorschriften, Gesetze und Verordnungen, (2) vertragliche rechtlich bindende Vereinbarungen zwischen Organisationen, (3) politisch gesetzte Finanzbedingungen (Abgaben, Subventionen) oder auch (4) durch kulturelle Symbolik, die kommunikativ selektiert (z. B. Mülltrennen als Wert). In jedem Fall werden Marktprozesse in die eine oder andere Richtung beeinflusst, unter Umständen auch unterbunden, z. B. wenn Spekulation in bestimmten Segmenten verboten ist.

sozioökonomischen Struktur, den Klassen und Akteursgruppen und deren Kräfteverhältnissen abhängen. Der fordistische Teilhabekapitalismus benötigt andere Regularien als der Kapitalismus der industriellen Revolution oder der Finanzmarktkapitalismus.

In der bisherigen Darstellung der Funktionsweise moderner kapitalistischer Marktwirtschaften wurden die Funktionen angesprochen, die einer Regulation bedürfen, weil sie allein durch Marktprozesse nicht funktionieren:

- Löhne, d. h. Lohnniveau und Lohnentwicklung im Verhältnis zur Produktivität.
- Wechselkurse im internationalen Handel und im Geld- und Kreditverkehr.
- Zinsen für Kredite im Banksystem, vor allem der Zentralbankzins, der die Zinsen der Geschäftsbanken erheblich beeinflusst.
- Die Nutzung und Erhaltung von Naturressourcen, insbesondere wenn deren Erhaltung gefährdet ist.
- Die Produktion und Reproduktion von Gemeingütern.

Eine fordistische Marktwirtschaft zwischen 1953 und 1973 verlangt an der Produktivität orientierten Lohnzuwachs, entsprechende Entwicklung des Sozialtransfers, feste Wechselkurse ohne Spekulation (aber mit politischer Anpassung der Wechselkurse bei Handelsbilanzdivergenzen) sowie weitgehend regulierte Finanzmärkte. Dazu gehört ein Steuersystem mit relativ hohen Steueraufkommen und hohem Spitzensteuersatz, aus dem die Gemeingüterproduktion und die Sozialsysteme finanziert werden.

Ein Finanzmarktkapitalismus benötigt dagegen Lohnsteigerungen unterhalb der Produktivitätsentwicklung (Billiglohnsegmente), Rückbau der Sozialtransfers, Spekulation mit Wechselkursen und Wertpapieren und die Nutzung von Handelsbilanzdifferenzen für die Bildung von Finanzvermögen. Außerdem wird ein System der Bewältigung von Finanzkrisen benötigt, das die großen Finanzvermögen schützt. Steuern sollten niedrig sein, wobei die relativ höchste Steuerbelastung eben nicht bei den hohen Finanzvermögen und -erträgen anfällt, sondern bei der arbeitenden Mittelschicht.

Diese Beispiele sollen zeigen, dass es nicht einfach um mehr oder weniger Regulation geht, sondern darum, welches Regime welche Regulation benötigt und welche sozialen Gruppen und welche Interessen das Setting beherrschen.

Ich unterscheide zwischen *regulierten Marktwirtschaften* und *gelenkten Marktwirtschaften. Regulierung* dreht sich immer darum, die Funktionalität eines bestimmten Regimes wirtschaftlicher Entwicklung zu erhalten und zu stützen, Fehlfunktionen zu begrenzen und das »System« am Laufen zu halten – immer entsprechend den Erhaltungsbedingungen des jeweiligen Regimes und der jeweiligen sozialen Klassen und Gruppen. Regulation verändert nicht die Entwicklungsrichtung, die durch die Grundfiguration der jeweiligen Regimes gesetzt ist.

Im Unterschied dazu nenne ich *gelenkte Marktwirtschaft* ein Setting, bei dem es über die Erhaltung der Funktionsfähigkeit hinaus darum geht, *bestimmte Entwicklungsrichtungen* zu unterstützen und andere zu begrenzen oder zu unterbinden. Es geht um *gestaltete Entwicklung*. In bestimmten Maße sind durch gestaltete Entwicklungsrichtungen auch Transformationen machbar, also der Übergang zu einem anderen Regime wirtschaftlicher Entwicklung, etwa einem Ökokapitalismus.

Der Unterschied zwischen regulierter und gelenkter Marktwirtschaft mag im Detail fließend sein und jede gelenkte Marktwirtschaft ist auch eine regulierte. Aber nicht jede Regulation schließt Lenkung von Entwicklungsrichtungen ein. Der Finanzmarktkapitalismus beispielsweise geht grundsätzlich davon aus, dass die Bestimmung von Entwicklungsrichtungen Ergebnis von Marktprozessen sein soll und die Eingriffe auf ein Minimum zu begrenzen sind. Eine gelenkte Marktwirtschaft strebt im Gegensatz dazu ganz bestimmte Entwicklungsrichtungen an und versucht, Marktprozesse entsprechend zu gestalten und zu beeinflussen. Es geht um Industriepolitik, aber auch Regionalpolitik, Umwelt und soziale Entwicklung. Die neoklassische ökonomische Theorie geht davon aus, dass solche Eingriffe zu Produktivitätseinbußen führen, weil die Märkte immer die effizientesten Innovationen selektieren. Empirisch stimmt das nicht. Der Finanzmarktkapitalismus hat deutlich geringere makroökonomische Produktivitätsfortschritte als der gelenkte Teilhabekapitalismus, und die chinesische gelenkte Marktwirtschaft ist im Innovationsbereich sehr erfolgreich. Es mag sein, dass die Selektion über die Märkte härter ist und in einer gelenkten Marktwirtschaft auch weniger effiziente Variationen durchkommen. Aber wenn die Masse erfolgreicher Innovationen und die Dynamik vielfach größer sind, dann sind auch die Reserven höher und Verluste können kompensiert werden.

In der Gegenwart ist die Lenkung wirtschaftlicher Entwicklung in bestimmten Bereichen unverzichtbar, insbesondere beim ökologischen Umbau, der Umstellung auf erneuerbare Energien und Stoffkreisläufe. Für diese Bereich gibt es auch im Finanzmarktkapitalismus rechtliche, finanzielle und kulturelle Lenkungsinstrumente, wenn auch sehr unzureichende.

1.5.1 Regulierte Marktwirtschaft

Die wirtschaftswissenschaftliche Forschung und die Wirtschaftskrisen des 20. Jahrhunderts haben erkannt, dass eine Reihe wirtschaftlicher Prozesse durch Märkte nicht optimal funktionieren. Schon Marx (MEW 23, Kapitel 8) hat im 19. Jahrhundert dargelegt, dass die Arbeitszeit rechtlich geregelt werden muss, weil die Konkurrenz der Fabriken sonst zu einer Verlängerung der Arbeitszeit führt und die Reproduktion der Lohnarbeit untergräbt. Das Interesse der Kapitalistenklasse muss durch den Staat gegen das der konkurrierenden Einzelkapitale durchgesetzt werden.

Die wohl bekannteste Analyse stammt von Keynes (1936 bzw. 2006) und zeigt, dass Löhne, würden sie völlig frei auf Arbeitsmärkten bestimmt, zu dramatischen

Fehlentwicklungen führen würden. Sinken Löhne (der Preis der Arbeit) wegen hoher Arbeitslosigkeit (Angebot an Arbeit größer als Nachfrage), so würden die Markt-Löhne sinken. Theoretisch sollten die Kapitalisten mehr Arbeitskräfte »konsumieren«, einstellen, weil Arbeit billiger wird. Aber das geschieht nicht. Es kommt zu einer Abwärtsspirale. Denn mit den Löhnen sinken auch die Konsumausgaben der Arbeiterhaushalte und infolgedessen die Einnahmen der Unternehmen, die Konsumgüter herstellen. Diese drosseln die Produktion, was auch den Umsatz an Produktionsmitteln reduziert. Beides führt zu sinkender Produktion und der Entlassung von Arbeitskräften. Trotz sinkender Löhne werden keine zusätzlichen Arbeitskräfte eingestellt, weil auch die Nachfrage nach Produkten zurückgeht. Zudem sinken auch das Steueraufkommen und die Staatseinnahmen, was im schlimmen Fall *sinkende Staatsausgaben* zur Folge haben kann. Sinkende Löhne und sinkende Staatsausgaben verschärfen die Abwärtsspirale, weil die Nachfrage immer weiter zurückgeht und die Arbeitslosigkeit weiter steigt. Keynes hat diesen Zusammenhang im Anschluss an die Weltwirtschaftskrise 1929 und die anschließende lange Depression untersucht. Die Abwärtsbewegung setzt sich fort, bis der »Boden« erreicht wird. Das Wirtschaftssystem kollabiert oder es muss durch staatliche Interventionen »gerettet« werden: steigende Staatsausgaben, die *durch Kreditaufnahme* finanziert sind. Sind diese groß genug, um die sinkende Nachfrage zu kompensieren, endet die Abwärtsspirale.

Die Schlussfolgerung lautet: Löhne können nicht funktionsgerecht über Märkte reguliert werden, weil es eine negative Rückkopplung zwischen der Lohnhöhe und den Umsätzen der Unternehmen gibt. Dies gilt auch für Umweltressourcen, weil steigende Nachfrage zwar zu steigenden Preisen führt, meist aber kein zusätzliches Angebot anregt, wenn die Naturressourcen exogen begrenzt sind. Vielmehr kommt es zu steigenden Preisen und sinkender Produktion.

Zudem können einige Märkte keine korrekten Preise bilden, wenn sie stark von Spekulation beeinflusst werden. Dies betrifft Wechselkurse, Finanzanlagen, Immobilien, Rohstoffe und Energie, eigentlich alle Waren, die monopolistisch hergestellt oder gehandelt werden können. Eine korrekte Regulierung der Reproduktion und eine sinnvolle Selektion von Innovationen sind nicht möglich, wenn Märkte durch positive oder negative Rückkopplungen Abweichungen von Proportionalität oder Gleichgewicht verstärken oder systematisch falsche Preissignale generieren.

Um Fehlfunktionen und Fehlallokation zu kompensieren werden Regularien installiert, die dies verhindern, sie kompensieren oder abschwächen und die Reproduktion des Wirtschaftssystems funktionsfähig erhalten. Die Aufgabe einer regulierten Marktwirtschaft ist, **die Funktionsfähigkeit der Allokation durch Märkte für die Realwirtschaft zu erhalten.**

- Durch kollektive Lohnfindungsverfahren, die Arbeitnehmer und Arbeitgeber für eine bestimmte Zeit binden, wird die Lohnfindung auf freien Arbeitsmärkten ersetzt. Nicht nur Tarifsysteme, sondern auch Standards für Arbeitszeit und Arbeitsbedingungen sichern die Reproduktion der Arbeitskraft, aber auch der Unternehmen. Abwärtsspiralen oder die Unternehmen überfordernde Lohnsteigerungen werden verhindert.

- Wechselkurse können durch Spekulationen absurde Werte annehmen. Dies kann durch Interventionen der Zentralbanken verhindert werden. Feste, aber anpassbare Wechselkurse, die von Zeit zu Zeit an unterschiedliche Inflationsraten oder divergierende Lohnentwicklungen angepasst werden, oder eine Währungsunion können den internationalen Handel stabilisieren und auf realwirtschaftliche Entwicklung ausrichten.
- Schattenbanken und die Emission von spekulativen Finanzanlagen können das Kreditsystem stören, zu Blasen und Finanzkrisen führen.
- Umweltgüter sind knappe Ressourcen, die in der Regel nicht vermehrt werden können (natürliche Monopole). Monopolgewinne, spekulationsgetriebene Preise müssen begrenzt oder verhindert werden. Noch wichtiger ist inzwischen, die Übernutzung von Naturressourcen oder Senken zu verhindern. Da Naturressourcen in der Regel öffentliche Güter sind, ist ihre Bewirtschaftung durch den Staat bzw. öffentliche Unternehmen geboten. Unternehmen sollten Nutzungsrechte im Rahmen von wissenschaftlich begründeten Tragfähigkeitsgrenzen erwerben können. Die Einnahmen aus dem Handel mit Nutzungsrechten sollten für die Bewirtschaftung, Erhaltung und Wiederherstellung der Naturressourcen verwendet werden (vgl. Land 2018b).

1.5.2 Gelenkte Marktwirtschaft

Das Ziel einer regulierten Marktwirtschaft ist es, die Funktionsfähigkeit eines Marktwirtschaftssystems und das Wirtschaftswachstum zu erhalten, ggf. auch in Bezug auf soziale und ökologische Voraussetzungen, Krisen zu verhindern oder abzuschwächen. Ziel kann auch sein, eine bestimmte Wachstumsrate zu generieren und die Arbeitslosigkeit niedrig zu halten.

Eine gelenkte Marktwirtschaft baut auf diese Regulation auf, geht aber darüber hinaus. **Das Ziel ist, ganz bestimmte, gewollte Entwicklungsrichtungen zu generieren und ungewollte einzuschränken** oder ganz zu verhindern. Entwicklung wird in inhaltlich bestimmte Richtungen gelenkt.

Gelenkte Marktwirtschaft ist ein Konzept, mit dem *die Gesellschaft* die Entwicklung ihres Wirtschaftssystems intentional gestalten will und kann. Gemeint ist die komplexe Gesellschaft, also nicht nur die Wirtschaftssubjekte und deren Organisationen (Unternehmen, Manager, Lohnarbeiter, Händler, Finanzanleger u. ä.), sondern die Gesellschaft als das Ensemble von Individuen und Gemeinschaften mit verschiedenen Lebenswelten und den dazugehörigen politischen, kulturellen und sozialen Verhältnissen. Eine gelenkte Marktwirtschaft nutzt und berücksichtigt die inneren Gesetzmäßigkeiten wirtschaftlicher Reproduktion und Entwicklung, gestaltet aber in diesem Rahmen *gewollte Entwicklungsrichtungen*. Das Wirtschaftssystem ist bezogen auf seine möglichen Entwicklungsrichtungen kein streng determiniertes System. Es ist kontingent, d. h. es sind immer verschiedene Entwicklungen möglich in Abhängigkeit davon, welche technischen, wirtschaftlichen und kulturellen Innovationen in Gang gesetzt, rekombiniert und selektiert werden. Diese Kontingenz ermöglicht Entscheidungen für diese und gegen jene mögliche Entwicklung, somit also Lenkung. Allerdings setzt dies voraus, dass sich die Akteure auf bestimmte Richtungen einigen.

Die einfachste Form einer gelenkten Marktwirtschaft war in den Kriegswirtschaften des 20. Jahrhunderts zu finden. Lang anhaltende Kriege erfordern eine Orientierung der Wirtschaft auf Waffen und Munition und kriegswichtige Branchen. Auch Innovationen werden dann auf solche Ziele gerichtet.

Nach dem Zweiten Weltkrieg war das Lenkungsziel der Wiederaufbau. Daran schloss sich der Aufbau einer Marktwirtschaft unter einem neuen Kräfteverhältnis von Kapital und Arbeit an. Dies begann mit dem New Deal in den USA, dem Versuch, die lange Depression durch steigende Sozialausgaben, Arbeitsbeschaffung und kreditfinanzierte Infrastrukturprojekte zu überwinden. Der Zweite Weltkrieg und der damit verbundene Aufschwung der Industrie bei gleichzeitigem Arbeitskräftemangel führte zu stark steigenden Löhnen und etablierte die fordistische Rückkopplung von Produktivität, Löhnen, steigendem Massenkonsum und steigender Massenproduktion. Das war die Grundlage des Teilhabekapitalismus, der ersten umfassenden Form gelenkter Marktwirtschaft im 20. Jahrhundert. Sie wurde dann auch in Westeuropa (der späteren EU) und Japan installiert. In Japan bildete sich ein Wohlfahrtskapitalismus heraus, dessen Entwicklungsrichtungen durch das Zusammenwirken von Technologieministerium (MITI) und Kreditlenkung der Zentralbank dirigiert wurden.

Nicht die Selbstreferenz des Wirtschaftssystems und nicht die der Finanzmärkte bestimmt, was und wie viel produziert wird und wie es verteilt wird, welche Innovationen umgesetzt und rekombiniert werden und welche nicht. Vielmehr bestimmt die Gesellschaft – d. h. nicht nur die Politik als System von um Macht konkurrierenden politischen Organisationen (politische Klasse und Staatsklasse), sondern alle relevanten sozialen Gruppen – in einem diskursiven Prozess, in der allgemeinen gesellschaftlichen Kommunikation, welche wirtschaftlichen Entwicklungsrichtungen gewollt sind. Der Staat und gesellschaftliche Organisationen nutzen dann bestimmte Instrumente, um das Wirtschaftssystem im Rahmen seiner eigenen Funktionsweise in diese gewollten Richtungen zu lenken.

Das Konzept widerspricht der neoliberalen Vorstellung, dass die Inhalte wirtschaftlicher Entwicklung allein oder weitgehend von den Märkten bzw. den Wirtschaftsakteuren abhängen sollen, dass es nicht möglich sei, wirtschaftliche Entwicklung aktiv und zielorientiert zu gestalten und die Gesellschaft oder der Staat sich nicht einmischen sollten – oder so wenig wie irgend möglich. Das Konzept einer gelenkten Marktwirtschaft hebt die Eigengesetzlichkeit des Wirtschaftssystem nicht auf, aber es nutzt den darin enthaltenen Möglichkeitsraum zur Gestaltung gewollter Entwicklung.

Das Konzept der gelenkten Marktwirtschaft zielt darauf, die *wirtschaftliche Entwicklung durch die Gesellschaft zu gestalten, statt sie den Märkten oder der Dominanz kleiner, aber mächtiger Interessengruppen zu überlassen!*

Es geht um Lenkung durch gesellschaftliche und demokratische Prozesse, Teilhabe und Mitbestimmung. Es geht nicht um die Lenkung im Interesse staatlicher Macht oder einzelner Gruppen. Zwar werden staatliche Instrumente zur Lenkung genutzt, aber nicht der Staat, sondern die Gemeinschaft, die verschiedenen sozialen Gruppen setzen in einem demokratischen Diskurs die Ziele und Richtungen der Entwicklung. Der Staat ist das Instrument der Umsetzung.

Heute wird mehr als je zuvor erkennbar, dass eine wirtschaftliche Entwicklung, deren Richtung allein von den Interessen wirtschaftlicher Akteure abhängt, seien es Unternehmen, Arbeitnehmer, Banken oder Finanzanleger, in falsche Richtungen führt: Wirtschaftskrisen, Umweltzerstörung, soziale Ungleichheit, zunehmende Divergenz zwischen Regionen und zwischen Staaten. Besonders problematisch ist es, wenn Finanzmärkte, also der Wertzuwachs von Finanzanlagen, über die Richtungen der wirtschaftlichen Entwicklung entscheiden.

Im Allgemeinen ist die wirtschaftliche Entwicklung das Ergebnis der Verbreitung, Rekombination und Selektion von Innovationen, neuen Produkten und/oder neuen Verfahren. Diese verändern Produktionssystem und Konsumtion, aber auch die Verbindungen und den Austausch zwischen verschiedenen Unternehmen und zwischen Unternehmen, Haushalten und staatlichen Unternehmen und Verwaltungen.

Betrachten wir zunächst die Selektion von Innovationen im **Konsumgüterbereich**. Ein Beispiel dafür ist die Verbreitung von Haushaltsgeräten (Kühlschränke, Waschmaschinen, Küchengeräte usw.) in den 1950er und 1960er Jahren: Diese Produktinnovationen wurden von den einschlägigen Unternehmen durch Forschung und Entwicklung, neue Produktionsmittel und Anlagen, Marketing und Vertriebsorganisationen implementiert und verbreitet. Die Unternehmen selektieren die damit verbundenen Investitionen nach der Rendite. Wird das Produkt angenommen, findet es genügend Käufer, um eine Massenproduktion zu ermöglichen? Was kosten Vertrieb und Service? Was kostet die Produktion? Bringen die aufgebauten Produktionslinien mehr ein, als sie kosten? Welche Wettbewerber bieten gleiche oder ähnliche Produkte an und auf welchem Niveau liegt deren Technik? Je nach wirtschaftlichem Erfolg entscheidet das Unternehmen, ob die neue Produktlinie ausgebaut oder aufgegeben wird und in welchem Tempo. Eine positive Selektion durch das Unternehmen setzt voraus, dass das neue Produkt von den potenziellen Käufern angenommen wird. Das aber hat mehrere Voraussetzungen: Bei steigendem Einkommen sind private Haushalte eher bereit, neue Konsumgüter zu erwerben und zu nutzen. Bei stagnierendem Einkommen oder wenn das Budget insgesamt nicht ausreicht, kommen neue Konsumgüter nur in Frage, wenn andere dafür aufgegeben werden. Man kauft eine Waschmaschine und verzichtet zugleich darauf, die Wäsche in die Wäscherei zu bringen und spart das Geld für diese Dienstleistung. Evtl. muss auch eine Urlaubsreise ausfallen, um das neue Gerät anschaffen zu können.

Die Implementation neuer Konsumgüter in die Lebenswelt eines privaten Haushalts war in den 1950er und 1960er Jahren mit einem erheblichen kulturellen Wandel verbunden. Viele Lohnarbeiter stiegen in die Mittelklasse auf, die Einkommen stiegen. Viele Frauen wurden erwerbstätig, meist in Teilzeit, wenn noch Kinder zu betreuen waren. Der Einsatz von Dienstboten ging stark zurück. In diesem Kontext musste der Zeitaufwand für Hausarbeit reduziert werden. Man nutzte die technischen Möglichkeiten zum Umbau der Lebensweise. Das Beispiel soll zeigen, dass die Selektion der Unternehmen nach Gewinn und Rentabilität mit der kulturellen und sozialen Veränderung der Lebensweise zusammenhing. Erst der Aufstieg der einfachen Lohnarbeit in die Mittelklasse, die Veränderung der Haushaltsstruktur und der Rolle der Frauen, die nicht mehr nur Hausfrauen sein wollten, sondern erwerbstätig wurden, schufen die Voraussetzung dafür, dass solche Innovationen rentabel wurden und sich verbreiteten. Nicht eine eigene Logik der Produktivkraftentwicklung bestimmt die technologische Entwicklung, sondern der *Zusammenhang* von Inventionen als *Erweiterung und Rekombination der technischen Aneignung von Naturprozessen* und *der sozialökonomischen Selektion* von Entwicklungsrichtungen aufgrund der gegebenen Produktionsverhältnisse und der Entwicklungsrichtungen der Sozialstruktur.

Im Bereich der **Produktionsmittel** war eine wichtige Innovation die Einführung von Fließbändern und Taktstraßen nicht nur in der Automobilproduktion, sondern auch bei Massenprodukten der Haushaltstechnik oder der Elektroindustrie und Unterhaltungstechnik. Die positive Selektion dieser Innovationen – in Rekombination mit vielen gegebenen Produktlinien – hatte mit der Reduzierung des Arbeitsaufwandes pro Stück, also mit Skaleneffekten der Massenproduktion zu tun. Die teuren Investitionen rentierten sich nur, wenn sehr viele Produkte herzustellen waren, bei Massenproduktion. Eine sich ausweitende Massenproduktion wird erst rentabel, wenn die Einkommen der Vielen und die daraus folgende Massennachfrage tendenziell steigen.

Wegen der steigenden Löhne und der an die Löhne gekoppelten Sozialabgaben im Zuge des Aufbaus des Sozialstaats waren Arbeitskräfte teuer und arbeitssparende Technologien sinnvoll. Massenproduktion, Fließbänder und große Fertigungsstraßen erforderten veränderte Produktionsmittel. Die damit verbundenen Rekombinationen im Maschinen- und Anlagenbau und im Bauwesen hatten weitere Innovationen zur Folge, die nur im Kontext der fordistischen Massenproduktion und der damit verbundenen technologischen und kulturellen Veränderungen rentabel waren und den Unternehmen Profite einbrachten.

Rentabilität ist das zentrale Selektionskriterium der Unternehmen, aber sie ist im Kontext mit kulturellen, sozialen und technologischen Entwicklungen zu sehen. Die Rekombinations- und Selektionsprozesse einer Innovationswelle sind komplex und nicht prognostizierbar. Nicht alles, was technisch funktioniert oder auf den ersten Blick sinnvoll erscheint, passt in die gegebenen Lebensweisen oder in beginnende Umbrüche von Lebensweisen. Viele Innovationen scheitern, weil sie von den Anwendern nicht angenommen werden, nicht rekombiniert, d. h. nicht in deren Produktionsprozess (bei Produktionsmitteln in den Produktionsprozess anderer Unternehmen) bzw. in deren Lebenswelt (bei Konsumgütern) eingebaut werden.

Der Kontext, der über die Rentabilität einer Innovation entscheidet, ändert sich mit der technologischen, der sozioökonomischen und der kulturellen Entwicklung. Verändert sich dieser Kontext, werden andere Innovationen rentabel und positiv selektiert, während Produkte und Verfahren, die vorher positiv selektiert wurden, ggf. nun ausscheiden. So ändern sich die Richtungen wirtschaftlicher Entwicklung. Solche Prozesse laufen endogen. Die Märkte registrieren und vermitteln solche Veränderungen, aber sie schaffen sie nicht.

Das Wissenschaftssystem, die Forschung und Entwicklung, produzieren Inventionen, die von Unternehmen aufgegriffen werden oder auch nicht, je nach deren Vorstellungen über profitable künftige Entwicklungen. Von den Anwendern, anderen Unternehmen oder privaten Haushalten, hängt ab, welche Neuerungen sich durchsetzen und zu Innovationen werden.

Wodurch und in welchem Maße kann wirtschaftliche Entwicklung nun gelenkt werden? Gelenkte Entwicklung setzt voraus, dass über den endogenen technologischen, ökonomischen und kulturellen Prozess hinausgehende Selektionen erfolgen, also bestimmte mögliche Entwicklungen gefördert oder gehemmt bzw. verhindert werden. Dies hat zwei Voraussetzungen: Erstens muss es ein kommunikatives Bewusstsein über die gegebene wirtschaftliche, soziale und kulturelle Lage geben, das reflexiv und in bestimmtem Maße unabhängig von den Bewertungen der Unternehmen ist. Wirtschaftliche Entwicklung und deren Folgen müssen aus verschiedenen Perspektiven reflektiert werden: lebensweltlich, kulturell, ökologisch. Es muss einen Diskurs darüber geben, nicht nur punktuelle Reflexionen des Homo oeconomicus, der singulär Nutzen bewertet. Zweitens müssen Vorstellungen darüber gebildet werden, welche Entwicklungen gewollt werden, was ein gutes Leben unter den gegebenen Bedingungen sein könnte. Gestaltete Entwicklung setzt die laufende kritische Reflexion der gegebenen Entwicklung und möglicher Alternativen voraus. Auf dieser diskursiven Voraussetzung können Ziele und Instrumente der Gestaltung wirtschaftlicher Entwicklung in einer gelenkten Marktwirtschaft wirken.

Die drei essenziellen Komponenten einer gelenkten Marktwirtschaft

1. Geteilte Ziele

In einem diskursiven Prozess, der endlos ist und in den alle wichtigen sozialen, kulturellen und politischen Gruppierungen und Strömungen eingebunden sein sollten, werden die Ziele der wirtschaftlichen, kulturellen und sozialen Entwicklung diskutiert und ein Grundkonsens aufgebaut. Dabei geht es nicht um ein parlamentarisches Entscheidungsverfahren, obwohl so etwas in regelmäßigen Abständen den Diskussionsprozess zusammenfassen könnte. Es geht zunächst darum, einen kulturellen Konsens darüber zu finden, was gewollt ist – und vorausgehend: was möglich ist, was nötig ist, was geboten scheint.

Heute stehen die Bewältigung des Klimawandels, der ökologische Umbau, der Abbau sozialer Ungleichheit, die Eröffnung von Entwicklungschancen für die junge Generation, die Herstellung eines kooperativen Entwicklungszusammenhangs zwischen Industrieländern und Entwicklungsländern im Rahmen der Globalisierung und die Entwicklung von Vorstellungen über eine gute Lebenswelt und Lebensweise auf der Tagesordnung. Zu diesen Themen müssen Ziele entwickelt werden, die von allen (oder den meisten) geteilt werden. Vor allem Bürgerbewegungen und zivilgesellschaftliche und kulturelle Organisationen müssen diesen Diskurs führen. Nötig sind Verfahren, die verhindern, dass mächtige Interessengruppen diesen Diskurs funktionalisieren und manipulieren.

2. Gesellschaftlicher Grundkonsens

Ein Rückblick auf die Geschichte offenbart, dass es gelenkte Marktwirtschaften bereits gab: in den USA von etwa 1938 bis 1972, mit verschiedenen Phasen. Ausgangspunkt war der New Deal, dann kamen die amerikanische Führungsrolle im Zweiten Weltkrieg, die US-Hegemonie beim Wiederaufbau und am Ende das Scheitern in Vietnam, schließlich die Aufkündigung des Währungssystems von Bretton Woods. Die Nachkriegsweltordnung war eine gelenkte Marktwirtschaft unter Dominanz der USA und der US-amerikanischen Wirtschaft. Vor und während des Zweiten Weltkriegs war das Ziel, die Depression nach der Weltwirtschaftskrise zu überwinden und auf einen Wachstumspfad zurückzukehren. Nach 1938 gewann die neue Rolle der USA im Zweiten Weltkrieg an Bedeutung. Es ging um Aufrüstung, zunächst zur Unterstützung der Alliierten, nach Kriegseintritt der USA ging es um die eigene Aufrüstung und den Sieg im Zweiten Weltkrieg. Nach 1945 stand der Wiederaufbau in Europa und Japan im Zentrum. Diese gelenkte wirtschaftliche Entwicklung beschränkte sich nicht auf die USA, sondern schloss Europa, insbesondere Deutschland, und Japan ein (vgl. Varoufakis 2012). Es handelte sich um das erste *internationale* Programm einer gelenkten wirtschaftlichen Entwicklung. Dazu gehörten später auch die erfolgreiche Entwicklung in Südkorea, unterschiedliche Erfolge in Lateinamerika (Panama, Mexiko) und gescheiterte Integrationsversuche (Nordkorea, Vietnam, Laos und Kambodscha). Das letzte große technologische Projekt einer gelenkten Marktwirtschaft war das Apollo-Programm (vgl. Mazzukato 2019, 2021). Mit dem Scheitern in Vietnam und dem Niedergang des Weltwährungssystems von Bretton Woods endete die Phase einer international gelenkten wirtschaftlichen Entwicklung unter US-Hegemonie (vgl. Münkler 2005, 2023).

In den 1970er Jahren entwickelte sich eine neue Kräftekonstellation, die den Teilhabekapitalismus beendete – und damit die sozioökonomische Grundlage einer gelenkten kapitalistischen Marktwirtschaft. Es begann ein dominant finanzkapitalistisches Regime, das sich in den 1990er Jahren voll ausprägte.

In Westeuropa entstand unter US-Hegemonie eine gelenkte Marktwirtschaft. Kern waren der Wiederaufbau nach dem Zweiten Weltkrieg, die produktivitätsorientierte Lohnentwicklung und der Sozialstaat, große Infrastrukturprojekte, regulierte Finanzmärkte, mittelfristige Finanzplanung und eine aktive, auf realwirtschaftliche Entwicklung zentrierte Politik. Neben Deutschland folgten insbesondere Frankreich, Italien, die Benelux-Staaten, Österreich und Nordeuropa einer solchen Orientierung. Besonderer Ausdruck dieser geteilten Ziele war der Grundkonsens über steigende Löhne, Wohlfahrt und Sozialstaat, dem sich auch Unternehmerverbände und Unternehmen mehrheitlich verpflichtet fühlten. Ganz im Gegensatz zu heute und den Entwicklungen seit den 1990er Jahren gehörten Lohnsteigerungen zu den Zielen auch der Unternehmen. Die Interessen der Finanzanleger hatten eine dienende, aber keine dominierende Stellung.

Auch Japan hatte eine gelenkte Marktwirtschaft. Wichtig war dabei die Zusammenarbeit des japanischen Ministeriums für Internationalen Handel und Industrie (MITI), das Technologieentwicklung konzipierte und leitete, der japanischen Zentralbank und der Geschäftsbanken, die über Kreditlenkung wirtschaftliche Entwicklung selektiv in bestimmte Richtungen lenkten. Die japanische Version einer gelenkten Marktwirtschaft funktionierte bis 1989 und wurde auf Intervention der US-amerikanischen Politik und der amerikanischen Zentralbank (FED) beendet. Man wollte die Kreditlenkung beenden, sie passte nicht in ein neoliberales Konzept und widersprach dem Washington Consensus. Zudem sollte die japanische Konkurrenz geschwächt werden (vgl. Werner 2007).*

Alle Versionen einer gelenkten Marktwirtschaft setzen **geteilte Ziele und einen Grundkonsens** voraus, in den alle wirtschaftlich relevanten Interessengruppen eingebunden sind. Im Kapitalismus bedeutet Grundkonsens, einen tragfähigen Klassenkompromiss, der grundlegende Interessen der gegensätzlichen Klassen und Gruppen vermittelt, in Übereinstimmung bringt und in einem funktionierenden Zusammenhang erhält: vor allem das Interesse an steigenden Löhnen, Transfer-

* Derzeit gibt es die chinesische Version einer gelenkten Marktwirtschaft. Vgl. dazu ab Kapitel 3.

einkommen und Ausbau des Sozialstaates. Für die Funktionsfähigkeit des Teilhabekapitalismus beispielsweise ist entscheidend, dass das fungierende Kapital (das Management, die Unternehmer) definitiv selbst an steigenden Löhnen interessiert sind (was heute nicht mehr der Fall ist). Ebenso ist das Interesse der Lohnarbeiterklasse an steigenden Gewinnen der Unternehmen Teil des Grundkonsens des Teilhabekapitalismus. Dagegen gibt es kein Interesse an steigenden Grundrenten und das Interesse an steigenden Kursen für Finanzanlagen ist auf die Finanzierung von Investitionen und Innovationen beschränkt. Der Rentier steht marginalisiert am Rand (vgl. Elsenhans 2017a, 2017b).

Der Grundkonsens des Teilhabekapitalismus zerbrach in den 1970er Jahren. Ein *nur methodischer* Grundkonsens über politische Verfahren und Entscheidungsfindung ist wichtig, aber nicht ausreichend. Es muss auch einen *inhaltlichen* Grundkonsens über geteilte Ziele geben. Dieser ist dem methodischen Konsens vorausgesetzt, ist aber nur umsetzbar mit tragfähigen Kompromissen und einem Interessenausgleich. Nur kleine und weniger wichtige Gruppen dürfen ausgegrenzt sein bzw. deren Distanzierung kann hingenommen werden. Es reicht nicht, geteilte Ziele mit 51 Prozent zu verabschieden. Für die Nachkriegsgesellschaft waren der Wiederaufbau, Frieden, Wohlfahrt, wachsende Einkommen, Konsum, Sozialstaat und Stabilität wichtige geteilte Ziele aller Interessengruppen. Mitbestimmung und Demokratie spielten eine Rolle, rückten aber erst Ende der 1960er Jahre ins Zentrum des Diskurses. Wissenschaftliche Analysen, die der Öffentlichkeit und der Politik dienen, und eine demokratische mediale Kommunikationskultur, Wissenschaft und Medien als sogenannte vierte Gewalt, waren ebenso wichtige Funktionsbedingungen. Das politische System, die politische Klasse und die Staatsklasse funktionierten auf der Basis dieser kulturell formierten geteilten Ziele, formale Spielregeln des politischen Systems setzten den inhaltlichen Grundkonsens der Interessengruppen voraus.

Eine gelenkte Marktwirtschaft kann ohne einen inhaltlichen und formalen (auf die Regeln der Entscheidungsfindung bezogenen) Grundkonsens nicht funktionieren. Unterschiedlich aber sind die Art und Weisen, wie der Grundkonsens und die gemeinschaftlich gesetzten Ziele generiert werden. Idealtypisch könnte man drei Formen oder auch Komponenten unterscheiden:

Eine *pluralistisch demokratische Diskursgestaltung* würde bedeuten, dass viele Individuen in lokalen, regionalen und gesellschaftlichen Zusammenhängen an der allgemeinen Richtung und vielen konkreten Projekten mitwirken. Dabei steht ein kultureller und medialer Diskurs im Vordergrund. Welche Werte, welche Formen der Teilhabe und Mitbestimmung werden präferiert? Wie sollen Entscheidungen lokal, regional und zentral gefällt werden? Bürgerräte könnten dabei eine Rolle spielen. Entscheidend ist für diese Diskursform, dass keine soziale, politische oder wirtschaftliche Gruppe den Diskurs dominieren kann.

Eine theoretisch denkbare zweite Form der Herstellung von Grundkonsens und Zielen nenne ich *meritokratisch*. Eine qualifizierte Elite, die entsprechend ausgebildet und medial verankert ist, entwickelt Konzepte für geteilte Ziele und versucht, die verschiedenen Interessengruppen dafür zu gewinnen und einen Konsens in der Bevölkerungsmehrheit herzustellen. Wichtig ist dabei, dass die Meritokratie keine von ihrer Rolle verschiedenen Eigeninteressen (wirtschaftliche oder machtpolitische) generiert (vgl. den Unterschied zur Aristokratie, Wikipedia[24]). Weder Tradition noch Macht, sondern allein Kompetenz sollten (zumindest theoretisch) den Zugang zu dieser Funktionselite ermöglichen.

Die dritte Form wäre eine *autokratische Führung*. Der Grundkonsens und die geteilten Ziele werden von einer machtpolitischen Elite durchgesetzt. Nicht die Kompetenz, sondern die Machtinstrumente sind das Mittel, den Diskurs zu bestimmen. Oft wird dabei Zwang ausgeübt und alternative oder oppositionelle Positionen werden unterdrückt und ausgeschaltet. Ein auf autoritäre Weise hergestellter Grundkonsens trägt nur so lange, wie die Herrschenden die Interessen der Beherrschten tatsächlich und hinreichend verwirklichen.

Praktisch spielen in den realen Verhältnissen alle drei Komponenten eine Rolle. So ist Roosevelts New Deal eine demokratische, meritokratische, aber zuweilen auch autoritäre Form der Bildung von Zielen und Grundkonsens. Die Rolle der KP Chinas kann man durchaus meritokratisch deuten. Dafür spricht u. a. das systematisch aufgebaute Schulungssystem und die Aufstiegsetappen in der Hierarchie, die sich eindeutig von den Aufstiegspfaden demokratischer Politiker im Westen unterscheiden, aber auch von Diktatoren wie der Kim-Familie in Nordkorea oder Gaddafi in Libyen bis 2011. In der KP Chinas spielen auch demokratische Prozesse eine Rolle – vor allem auf den unteren Ebenen. In zentralen Machtfragen, wie nationale Einheit, Taiwan, Tibet, Uiguren, Hongkong, Rolle der KP, regiert die KP diktatorisch, Abweichungen, die bestimmte rote Linien überschreiten, werden massiv unterdrückt. Jede gelenkte Marktwirtschaft hat ihre jeweils besondere Mischung demokratischer, meritokratischer und autoritärer Verfahren. Sie funktioniert aber nur so lange, wie die relevanten Bevölkerungsgruppen und die Mehrheit den Grundkonsens teilen und an seiner Reproduktion und Entwicklung aktiv mitwirken. Eine bloß passive Duldung würde die Grundlagen einer gelenkten Entwicklung nach einiger Zeit erodieren lassen.

3. Instrumente der Lenkung des Wirtschaftsprozesses

Die wichtigsten Instrumente der Lenkung der wirtschaftlichen Entwicklung sind:

- Kreditlenkung im Zusammenhang mit der Geld-, Finanz- und Währungspolitik. Dabei geht es nicht nur darum, das Funktionieren des Wirtschaftssystems zu gewährleisten, sondern über die Vergabe (oder Verweigerung) von Krediten gewollte Entwicklungen zu initiieren oder zu fördern und ungewollte zu verhindern. Dazu gehört insbesondere auch, die Finanzierung von Spekulation durch Kredite stark einzuschränken. So hatte die japanische Zentralbank den Geschäftsbanken zweckgebundene Kreditfenster vorgegeben, mit denen bestimmte technologische Entwicklungsrichtungen unterstützt und beschleunigt wurden.

- Infrastrukturentwicklung. Insbesondere die chinesische Entwicklung nach 2000 zeigt, wie bedeutsam große Infrastrukturprojekte für die Lenkung wirtschaftlicher Entwicklung sind. Beispiele sind die Sonderwirtschaftszonen, neu entstandene Großstädte und Industriegebiete, Forschungseinrichtungen, Universitäten und Schulen, aber auch Verkehrssysteme wie die Hochgeschwindigkeitszüge. Die Belt-and-Road-Initiative ist ein Projekt der internationalen Infrastrukturentwicklung, das versucht, China auf neue Art und Weise in die globale Entwicklung einzubinden.
- Besonders wichtig ist die Lohnpolitik, die eine der Produktivitätsentwicklung entsprechende Lohnentwicklung ansteuern muss und dabei die Inflationsrate reguliert. Zur Lohnpolitik gehört auch die Entwicklung der Sozialsysteme, der Gemeingüter im Kreislauf der Lohnarbeit. Hier wirken die Organisationen der Arbeitgeber und der Arbeitnehmer und der Staat zusammen.
- Die Regulierung der allgemeinen Gemeingüterproduktion (GA), insbesondere der Wissenschaft, des Bildungssystems und der Kultur.
- Die Regulierung der Reproduktion der Naturressourcen, ein bislang unterentwickelter Bereich.
- Weitere Instrumente sind Industriepolitik, Regionalpolitik, Technologiepolitik, aber auch Lohnpolitik.
- Neue Instrumente sind Umweltpolitik und Verbraucherpolitik.

Meist wird der Einsatz dieser Instrumente als staatliche Lenkung beschrieben. Aber es ist nicht notwendigerweise eine allein staatliche Lenkung. Auch nichtstaatliche Organisationen, Gewerkschaften, die Selbstverwaltung der Wirtschaft, Bürgerräte und Quartiersmanagement wirken mit.

Grundkonsens, geteilte Ziele und Instrumente stehen in einem funktionalen Zusammenhang. Es ist wichtig zu verstehen, dass es nicht um die alte Debatte *Markt und/oder Staat* geht, nicht um einen anderen Ansatz der Lenkung der Wirtschaft durch den Staat, sondern um die Gestaltung der eigenen Entwicklung *durch die Gesellschaft*. Wobei der Staat Instrument der Umsetzung ist, die Ziele aber in einem gesellschaftlichen Diskurs entwickelt werden – und zwar parallel mit einem entstehenden Grundkonsens und Interessenausgleich.

2. Chinas gelenkte Marktwirtschaft

China war in den 1970er Jahren eines der ärmsten Länder der Welt. Zwar lag das Wirtschaftswachstum mit 2,6 Prozent ein wenig über dem anderer einkommensschwacher Länder, aber das Pro-Kopf-BIP war wegen des Bevölkerungswachstums rückläufig. Ein Drittel der Bevölkerung lebte in absoluter Armut (Weber 2023, S. 136). Die kommunistische Staatspartei konnte ihre Macht nur erhalten, wenn es ihr gelang, die Versorgung der Bevölkerung zu verbessern, Hungersnöte zu vermeiden und den Rückstand gegenüber den Industrieländern zu verringern. Eine dynamische wirtschaftliche Entwicklung war nötig. Die Reformer um Deng Xiaoping wollten vom Westen lernen, sich dessen Technologie und Managementmethoden aneignen und insbesondere marktwirtschaftliche Verfahren verstehen und übernehmen.

Die Umstellung auf eine Marktwirtschaft nach westlichem Vorbild war allerdings erst nach dem Tod von Mao Zedong und den daran anschließenden Machtkämpfen möglich. Es gelang, die Anhänger Maos in der Parteiführung zu marginalisieren, unter anderem durch die Verhaftung der »Viererbande«,[25] das altersbedingte Ausscheiden eines Teils der Parteiführung und den Aufstieg einer neuen Gruppe von Funktionären unter Führung von Deng Xiaoping. »Die zentrale Arbeitskonferenz der Kommunistischen Partei im November/Dezember 1978 brachte die Wende ...« (Wikipedia)[26]

Chinas gelenkte Marktwirtschaft ist eine Eigenentwicklung. Sie entstand zu einer Zeit, in der andere gelenkte Marktwirtschaften, insbesondere in den USA und in Westeuropa, bereits von neoliberalen Regulationssystemen (dem Finanzmarktkapitalismus) verdrängt worden waren. Lediglich Japan war noch bis 1989 eine gelenkte Marktwirtschaft; erst massive US-amerikanische Interventionen zwangen die japanische Zentralbank, die Kreditlenkung zu beenden (vgl. Werner 2007).

Die Reform- und Öffnungspolitik in China begann mit den »Vier Modernisierungen« 1978/1979 (vgl. Wikipedia[27]). Die Herausforderung bestand nicht nur darin, eine Marktwirtschaft aufzubauen, sondern zusätzlich darin, dass die *Macht der KPCh* und eine *sozialistische Orientierung* erhalten bleiben sollten. Wie konnte die Steuerung der wirtschaftlichen und sozialökonomischen Entwicklung durch eine *kommunistische Staatspartei in einer Marktwirtschaft* gelingen? Für einen solchen Umbau gab es keinen Masterplan und kaum Erfahrungen in anderen Ländern. Die vorhandenen westlichen Finanzsysteme, etwa der USA, Westeuropas oder Japans, waren wichtige Orientierungspunkte. Aber es gab zwei offene Fragenkomplexe: (1) Sollte man die neoliberal orientierten Finanzsysteme des in den 1970er und 1980er Jahren entstandenen *Finanzmarktkapitalismus* kopieren? War dies mit der für die KP grundlegenden *sozialistischen* Orientierung vereinbar? Konnte das Ziel, eine *sozialistische Marktwirtschaft* aufzubauen, mit der Kopie eines neoliberalen, auf Shareholder Value orientierten Finanzsystems umgesetzt werden? (2) Wie sind die *Probleme des Übergangs* aus einem planwirtschaftlich verfassten Banken- und Geldsystem (ohne relevante Kapitalmärkte) zu gestalten, ohne dass *tiefe* realwirtschaftliche Einbrüche und Krisen auftreten oder Versorgungsengpässe, anhaltende Inflation, Massenarbeitslosigkeit und dadurch bedingte sozialen Unruhen und Protestbewegungen, die die Macht der KPCh in Frage stellen? Schocktherapie wie z. B. Privatisierung und Freigabe der Zinsen für Kredite, Anleihen und Wertpapiere mit der Gefahr eines Zusammenbruchs des Finanzsystems und Bankenrun war keine Option (vgl. ausführlich Weber 2023). Aber wie konnte eine schrittweise Entwicklung marktkompatibler Finanzinstrumente gestaltet werden? Temporäre Dysfunktionalität und Ineffizienz waren im Übergang kaum zu vermeiden.

In der ersten Etappe – 1978 bis 2007 – ging es darum, die Grundstrukturen aufzubauen, d. h. handlungsfähige Unternehmen und ein marktwirtschaftlichen Finanzsystems, das staatlich gelenkt werden konnte, um den wirtschafts- und sozialpolitischen Zielen zu entsprechen. Diese nachholende Wirtschaftsentwicklung orientierte sich an den vorhandenen westlichen Wirtschaftssystemen, insbesondere der USA, Japans und Europas. Aber auch die Reformversuche und Erfahrungen von Reformökonomen anderer sozialistischer Staaten, etwa der ČSSR, Ungarns, Jugoslawiens, spielten eine Rolle. Ebenso wurden die Erfahrungen in Chile ausgewertet. International bekannte Wirtschaftswissenschaftler verschiedener Schulen und Strömungen waren eingeladen, Ideen beizusteuern (vgl. Gewirtz 2017, besonders das Kapitel »Tage auf dem Fluss«). Der Umbau einer Planwirtschaft in eine Marktwirtschaft war ein völlig neuartiger Vorgang: Abbau der zentralen Planung, Umwandlung der Staatsbetriebe in eigenverantwortliche Unternehmen, Aufbau eines marktwirtschaftlichen Preissystems, Zulassung und Unterstützung entstehender Privatunternehmen.

Wenigstens drei Umbrüche mussten aufeinander abgestimmt erfolgen: (1) Der Um- und Aufbau marktwirtschaftskompatibler *Unternehmen*, die eigenständig auf Märkten agieren und in der Lage sind, selbst über ihre Produktions-, Investitions- und Innovationsstrategien, ihre Marktstrategien und ihr Verhalten bei der Preisgestaltung zu entscheiden. Dies betraf die Umbildung der Staatsbetriebe, die vielen kommunalen Betriebe und die seit den 1990er Jahren neu entstehenden Privatbetriebe. Anfangs waren nur kleine Privatbetriebe mit wenigen Beschäftigten zugelassen. (2) Die Preissetzung musste von zentral administrierten Preisen auf *Marktpreise* umgestellt werden, die abhängig von Angebot und Nachfrage schwanken, wofür ein rechtlicher und regulativer Rahmen zu schaffen war. (3) Es war ein *Finanzsystem* erforderlich, das den Betrieben ermöglichte, Investitionen und Innovationen zu finanzieren, *Kredite* aufzunehmen und *Überschüsse in Finanzform anzulegen,* und das für die privaten Haushalte die Möglichkeit schuf, Ersparnisse zu bilden und bei Bedarf auszugeben.

Dieser Umbruch erwies sich als sehr schwierig und riskant. Zwei Reformerfraktionen stritten in den 1980er Jahren um den richtigen Weg. Die einen befürworteten eine *Schocktherapie*, die Neuorganisation aller wichtigen Komponenten in kurzer Zeit, wobei sie die Freigabe der Preise und die Einführung von Marktpreisen als die wichtigste Komponente ansahen. Sie meinten, der Schock würde zwar zu einem wirtschaftlichen Einbruch führen, aber die vermeintlich bald einsetzenden Marktprozesse sollten relativ schnell korrekte Preise generieren und eine baldige Erholung und Dynamisierung bringen. Die Gegenposition plädierte für einen *schrittweisen Übergang*, bei dem die laufenden Ergebnisse beobachtet werden sollten, um von Fall zu Fall über die nächsten Schritte zu entscheiden. Das planwirtschaftliche System sollte zunächst beibehalten und schrittweise geöffnet, ergänzt und nach und nach abgebaut werden – in dem Maße, wie der marktwirtschaftliche Bereich wuchs. Man wollte den Schock, den damit verbundenen Einbruch, das Risiko von Protesten und Machtverlust vermeiden.

Über den Weg gab es wiederholt dramatische Auseinandersetzungen. In den 1990er Jahren entschied sich die Führung der KP nach kontroversen Diskussionen und den Krisen 1988 und 1989 schließlich gegen eine Schocktherapie, also gegen eine schlagartige Einführung marktwirtschaftlicher Strukturen und Verfahren (vgl. Weber 2023, S. 15). Die meisten (aber nicht alle) westlichen Ratgeber plädierten für die Schocktherapie. Das wohl wichtigste Argument: Man könne nicht parallel Plan- und Marktwirtschaft betreiben, wie auch im Straßenverkehr nicht Rechts- und Linksverkehr gleichzeitig möglich sei. Entweder zentral festgelegte Preise oder Marktpreise.

Dieses scheinbar logische und überzeugende Argument ist aus heutiger Sicht völlig falsch. Die Schocktherapie wurde versucht, Deng Xiaoping wollte den Reformprozess beschleunigen und befürwortete 1986 eine schnelle Umstellung auf Marktpreise. Dabei kam es zu einer schweren Wirtschafts- und Gesellschaftskrise (1986–1992), hoher Inflation und Protesten der Bevölkerung. Der Höhepunkt war ein Studentenaufstand, der 1989 in Peking blutig niedergeschlagen wurde. Die Schocktherapie war gescheitert, der Reformprozess zunächst blockiert.* Die daraus folgende Blockade des Reformprozesses wurde erst 1992 durch Deng Xiaopings Reise in den Süden beendet.

> »Die Gespräche und Reden, die Deng während der Tour hielt, nahmen die Umsetzung seiner sogenannten ›Reform- und Öffnungspolitik‹ auf dem chinesischen Festland wieder auf, die nach dem blutigen Massaker am Platz des Himmlischen Friedens 1989 zum Stillstand kam. Die Südtour 1992 wird allgemein als kritischer Punkt in der modernen Geschichte Chinas angesehen, da sie die chinesische Wirtschaftsreform sowie den Kapitalmarkt rettete und die ›Stabilität der Gesellschaft‹ bewahrte.« (Wikipedia[28])

* In den 1990ern versuchte Russland nach dem Ende der UdSSR, mit einer Schocktherapie schnell ein kapitalistisches Wirtschaftssystem aufzubauen. Die Folgen waren katastrophal, erst viele Jahre später wurde die Wirtschaftsleistung der 1980er Jahre wieder erreicht und es entstand keine Markt- sondern eine Oligarchenwirtschaft.

Erst 1992 konnte die Reformpolitik weitergeführt werden, nun als schrittweiser, offener Suchprozess, als ein *Hineinwachsen in den Markt.* »Steine ertastend den Fluss überqueren« lautete jetzt die neue Parole.*

»Der Reformmodus, der sich Mitte der achtziger Jahre in China durchgesetzt hatte ..., beruhte auf einer Vermarktlichung durch Wachstum. Ich bezeichne diesen Prozess als ›in den Markt hineinwachsen‹ ... weil der wichtigste Aspekt des zweigleisigen Preissystems kein absoluter Rückgang des Plananteils, sondern das Wachstum des relativen Anteils des Marktes war. Die Vermarktlichung von den Rändern her löste eine grundlegende Verwandlung der Planwirtschaft aus. Aber anfangs wuchs die chinesische Wirtschaft in den Markt hinein. ... Dieser Reformmodus beruhte also auf Wachstum und Entwicklung.« (Weber 2023, S. 295)

»Der chinesische Ansatz kann also als experimenteller Gradualismus bezeichnet werden.« (Ebd. S. 223)

[Es wird oft] »außer Acht gelassen, dass die graduelle, vom Staat geleitete Transformation der chinesischen Volkswirtschaft keineswegs von vornherein feststand oder aufgrund des chinesischen Exzeptionalismus die ›natürliche‹ Wahl war. Im ersten Jahrzehnt der ›Reform- und Öffnungspolitik‹ unter Deng Xiaoping (1978–1988) wurde um den künftigen wirtschaftspolitischen Weg in einer erbittert geführten Debatte gerungen. Befürworter einer Liberalisierung mittels Schocktherapie stritten mit Ökonomen, die eine von den Rändern des Wirtschaftssystems ausgehende graduelle Vermarktlichung empfahlen. Bei zwei Gelegenheiten wurden die Weichen für einen ›Big Bang‹ in der Preisreform gestellt. Beide Male nahm die chinesische Führung schließlich Abstand von dieser Lösung. ... Indem es der Volksrepublik gelang, der Schocktherapie zu entkommen, bewahrte sich der chinesische Staat die Fähigkeit, die für die wirtschaftliche Stabilität und das Wachstum wichtigsten Sektoren zu lenken, während die chinesische Volkswirtschaft in den globalen Kapitalismus integriert wurde. (Ebd. S. 19ff.)

Der Neustart des Reformprozesses gelang und bis etwa 2007 konnte eine funktionierende Marktwirtschaft aufgebaut werden. Drei existenzielle Vorgänge waren die Voraussetzung: (1) Der Übergang in der *Landwirtschaft* mit der Auflösung der Volkskommunen und der Einführung des Familienverantwortungssystems in Kombination mit der Ablieferungspflicht und dem freien Marktverkauf der Überschüsse. (2) Einrichtung der *Sonderwirtschaftszonen*, in denen Unternehmen aus dem Westen gemeinsam mit chinesischen Partnern Betriebsstätten aufbauen konnten. Das

* Zur Paradoxie dieses Umbruchs gehört, dass die vorherigen Vertreter der Schocktherapie angesichts des Desasters das Hemd wechselten und die Führung im *schrittweisen* Umbau übernahmen, während die Befürworter eines langsamen Übergangs beschuldigt, angeklagt und in Gefängnisse geworfen wurden oder das Land eilig verlassen mussten (vgl. Weber 2023).

ermöglichte nicht nur die *Übernahme* westlicher Technologien und Produkte (in Kombination mit dem niedrigen chinesischen Lohnniveau), sondern auch das Erlernen *marktwirtschaftlicher Management- und Innovationsverfahren.* (3) Die *soziale Abfederung* des Umbaus der Staatsbetriebe, der mit Entlassungen, einer Auflösung der betrieblichen Sozialsysteme (Danwei) und großer Unsicherheit verbunden war.

Der Umbau gelang letztlich trotz vieler Probleme, weil mit dem dynamischen Wachstum der chinesischen Volkswirtschaft in den 1990er und 2000er Jahren genügend Reserven vorhanden waren, um Defizite zu kompensieren, faule Kredite abzuschreiben, Fehlentwicklungen zu korrigieren und notfalls Finanzunternehmen zu retten. Hätte der Umbau des Wirtschaftssystems unter den Bedingungen einer allgemeinen Rezession in einer schrumpfenden Wirtschaft, bei sinkenden Einkommen und geringen finanziellen Spielräumen des Staates erfolgen müssen, wäre ein Erfolg kaum möglich gewesen.

Die Komponenten der chinesischen Version einer gelenkten Marktwirtschaft sind durch experimentelle Such- und Selektionsprozesse schrittweise entstanden und werden bis heute weiterentwickelt, wie später noch ausführlicher gezeigt werden wird. Bestimmte Elemente wurden versuchsweise regional begrenzt eingeführt. Die Wirkung wurde beobachtet und analysiert und ggf. korrigiert. Je nach Ergebnis wurde das jeweilige Verfahren oder Instrument verallgemeinert, in weiteren Provinzen eingeführt oder wieder aufgegeben. Dabei wurde die historische Entwicklung regulierter oder gelenkter Marktwirtschaften eingehend studiert, aber nicht einfach kopiert. Die Elemente der japanischen, US-amerikanischen oder europäischen Modelle wurden detailliert analysiert und auch später immer wieder aus neuen Perspektiven betrachtet. Zudem wurde die wirtschaftliche Entwicklung der asiatischen Tigerstaaten Südkorea, Taiwan, Hongkong und Singapur aufmerksam verfolgt. Bestimmte Elemente wurden übernommen, überarbeitet und angepasst.

Man kann zwei Phasen der Entwicklung unterscheiden: (1) Die erste Phase vom Beginn der Öffnungs- und Reformpolitik 1979 bis zum Boom in den 2000er Jahren – China als Werkstatt der Welt. Damit begann der Aufstieg, eine industrielle Entwicklung, die auf ausländischen Direktinvestitionen und dem Aufbau einer exportorientierten industriellen Massenproduktion beruhte. Die Kombination westlicher Technologie und westlichen Managements mit den niedrigen Löhnen chinesischer Arbeitskräfte war die Grundlage in dieser Phase. Es wurde eine große Anzahl an Arbeitskräften aus den ländlichen Regionen rekrutiert (sogenannte Wanderarbeiter), wodurch der Bevölkerungsüberschuss in den ländlichen Regionen reduziert und die Einkommenssituation der Bevölkerung insgesamt verbessert wurde. Allerdings nahmen die Einkommensunterschiede zwischen den sich industriell entwickelnden östlichen und südlichen Küstenregionen und den ländlichen Regionen erheblich zu.

(2) Etwa 2013/2015 wurde mit dem Übergang vom 12. zum 13. Fünfjahrplan ein *Pfadwechsel* eingeleitet, es begann eine neue Phase. Eine besondere Rolle spielte

dabei das Programm »Made in China 2025« (Wikipedia[29]). Zwar blieb die exportorientierte Industrie »Werkstatt der Welt« auch nach 2015 ein wichtiges Standbein, die Dynamik der Entwicklung wurde nun aber von drei neuen Komponenten bestimmt: Das war zum einen eine *innovationsbasierte Entwicklung*. Die zweite Komponente dieser neuen Phase war die Orientierung auf den *Binnenmarkt* als Treiber wirtschaftlicher Entwicklung. Diese Ausrichtung erfordert steigenden Konsum, daher steigende Löhne und steigende Transfereinkommen sowie den Ausbau der sozialen und kulturellen Infrastruktur, insbesondere des Wohnungsbaus und der Stadtgestaltung. Die dritte Komponente dieses Pfadwechsels ist die *Belt and Road Initiative*, der Versuch, *ein neues und alternatives Globalisierungskonzept* unter chinesischer Führung zu etablieren (dazu in Kapitel 3).

2.1 Der Aufbau der chinesischen Marktwirtschaft von 1978 bis 2007

2.1.1 Agrarwirtschaft und Haushaltsverantwortungssystem

Ohne eine erhebliche Steigerung der Lebensmittelproduktion zu Beginn der 1980er Jahre wäre Dengs Politik gescheitert – man musste den Hunger besiegen und eine ausreichende Versorgung mit Lebensmitteln gewährleisten. Nur so konnte die KP-Führung erreichen, dass die kommenden Veränderungen von der Landbevölkerung und den Arbeitern in den Städten akzeptiert und mitgetragen wurden. Die Legitimation des Reformkurses hing vom Gelingen dieses ersten Schrittes ab.

Die Volkskommunen auf dem Land wurden aufgelöst, der Boden und die Bewässerung (die wichtigste Infrastruktur der chinesischen Landwirtschaft) blieben Staatseigentum, wurden aber den »dörflichen Haushalten« (den Bauernfamilien) zur Bewirtschaftung im Rahmen eines vertragsgebundenen Verantwortlichkeitssystems verpachtet. Der Getreidemarkt wurde liberalisiert, die bäuerlichen Agrarbetriebe durften einen großen Teil ihrer Produktion frei verkaufen, nur ein kleiner Teil war als Steuer an den Staat abzuliefern. Die Investitionen in die Landwirtschaft verdoppelten sich zwischen 1980 und 1985 von 9 Mrd. Yuan auf 20 Mrd. Im Ergebnis verdoppelte sich binnen 10 Jahren die Agrarproduktion. China konnte erstmalig seine immer noch schnell wachsende Bevölkerung ausreichend mit Getreide, Fisch und Fleisch in bescheidenen, aber ausreichenden Mengen versorgen und 1990 die Lebensmittelrationierung abschaffen (Fischer 2006, S. 9).

Um die Reform der Landwirtschaft, besonders um das Haushaltsverantwortungssystem und die Preisreform für Getreide und Agrarprodukte gab es dramatische Auseinandersetzungen (ausführlich Weber 2023, S. 227ff.). Im Haushaltsverantwortungssystem schloss die Produktionseinheit Verträge mit den bäuerlichen Haushalten und stellte ihnen Anbauflächen, Geräte und Inputs zur Verfügung, wofür die Haushalte im Gegenzug einen Teil ihrer Ernte abtraten (vgl. ebd., S. 228). Das Haushaltsverantwortungssystem wurde bereits in den 1960er Jahren entwickelt, um die damalige Hungersnot zu überwinden und die landwirtschaftliche Produktion zu steigern. Aber »kurze Zeit später griff Mao persönlich ein, um die Ausbreitung des Haushaltsverantwortungssystems zu unterbinden« (ebd., S. 230).

Nachdem Deng in der 3. Plenarsitzung des ZK im Jahr 1978 an die Macht kam, blieb die Übertragung der landwirtschaftlichen Produktion auf die bäuerlichen Haushalte fürs Erste verboten, örtliche Experimente wurden jedoch geduldet.

> »Die intensivste politische Auseinandersetzung wurde über die Frage geführt, ob das Haushaltsverantwortungssystem auch an Orten eingeführt werden sollte, an denen die Volkskommunen relativ gut funktionierten. Jene, die darin einen ideologischen Rückschritt sahen, lehnten das ebenso ab wie die Provinzparteiführungen, die befürchteten, die Privatisierung der Produktion werde ihre mechanisierte Agrarproduktion zerstören.« (Ebd., S. 241)

Eine neu entstandene Ländliche Entwicklungsgruppe (ebd., S. 238ff.) untersuchte empirisch die Resultate des Haushaltsverantwortungssystems:

> »Die Erhebungen der Ländlichen Entwicklungsgruppe lieferten überzeugende Belege für die positiven Resultate des Haushaltsverantwortungssystems. Die Gruppe war nicht die einzige Einrichtung, welche die Experimente studierte, aber ihre Einschätzung hatte besonderes Gewicht, weil sie als relativ neutrale Gruppe außerhalb der Partei- und Staatsstrukturen galt.« (Ebd., S. 241)
> »Im Jahr 1983 errang das Haushaltsverantwortungssystem seinen ›totalen Sieg‹, als der Widerstand der Parteiführungen von Provinzen wie Heilongjiang mithilfe von Feldstudien der Ländlichen Entwicklungsgruppe gebrochen wurde. Diese Erhebungen zeigten, dass sich die Bauern gegen den Willen ihrer Provinzführung eindeutig dafür aussprachen, die Verantwortung für ihre Produktion selbst zu übernehmen.« (Ebd., S. 242)

Die Auflösung der Volkskommunen und die Verallgemeinerung des Haushaltsverantwortungssystems bedeutete zugleich, dass 1983 sich die Gemeinden als unterste Verwaltungseinheit erneuerten.

Ein weiterer umkämpfter Bereich war die Preisreform. Auch hier untersuchten die Forscher die realen Ergebnisse, indem sie einen Bezirk mit einer zurückhaltenden und einen anderen mit einer radikalen Preisreform verglichen (ebd., S. 243). Das zweigleisige Preissystem bewährte sich – es gab einen festgelegten Preis für die an den Staat abzuliefernde Quote und einen auf dem Markt gebildeten Preis für die frei verkauften Überschüsse:

> »Die dem mehrstufigen Preissystem zugrunde liegende Logik ... wurde im Augenblick des großen Erfolgs des neuen Haushaltsverantwortungssystems offenkundig. Anfangs

bewegte die mehrstufige Preisgestaltung die Bauern zu Produktionssteigerungen. Sie durften nun die Früchte ihrer Arbeit zu ihrem individuellen Vorteil ernten. Aber als das Getreideangebot stark stieg, was einen raschen Preisverfall auslöste, schützte die staatliche Beschaffung im Rahmen des Haushaltsverantwortungssystems die Bauern vor den Auswirkungen heftiger Preisschwankungen.« (Ebd., S. 244)

Das zweigleisige Preissystem war offenbar die richtige Lösung für eine eher lange Übergangsphase zu einer entfalteten Marktwirtschaft. Die positiven Erfahrungen im Agrar- und Textilbereich (vgl. ebd., S. 247ff.) sollten später auch in der Debatte um die Industriepreisreform eine Rolle spielen (ebd., S. 226). Mit der Steigerung der Agrarproduktion stieg auch die Arbeitsproduktivität und es wurden weniger Arbeitskräfte benötigt. Die pro Kopf zur Verfügung stehenden Flächen sind in China sehr begrenzt. 1995 standen pro Kopf 0,08 ha zur Verfügung, aber die Zahl sinkt sukzessive aufgrund der wachsenden Städte und der noch immer nicht vollständig gestoppten Ausbreitung der Wüsten im Norden und Westen. Das zwingt zu einer intensiven Agrarwirtschaft. Die Freisetzung von Arbeitskräften in den ländlichen Regionen wurde durch Arbeit in den schnell wachsenden industriellen Zentren und durch die Entwicklung ländlichen Gewerbes kompensiert. Der Umbau der ländlichen Produktion konnte daher ohne dramatischen Anstieg der Arbeitslosigkeit und bei Verbesserung der sozialen Lage der Bevölkerung bewältigt werden. Wichtig dabei war eine kontrollierte Abwanderung von Arbeitskräften in Industrie und Städte, wobei die Bindung der Wanderarbeiter an ihren Wohnsitz und die Versorgungssysteme in der ländlichen Gemeinde noch lange Zeit erhalten blieb. Die Wohnsitzbindung der Bevölkerung, das Hukou-System, wurde später schrittweise gelockert, derzeit dürfen Arbeitskräfte aus ländlichen Regionen, die in Industriezentren arbeiten, in vielen chinesischen Städten dauerhaft legal Wohnsitz nehmen. Der kontrollierte Urbanisierungsprozess hat dazu geführt, dass heute die Mehrzahl der Chinesen nicht mehr auf dem Lande, sondern in teilweise riesigen Megastädten und Ballungsgebieten lebt, in denen es keine Elendsviertel und keine Slums gibt. Von den rund 800 Mio. Arbeitskräften arbeiteten 2019 etwa 28 Prozent in der Landwirtschaft, 30 Prozent in der Industrie und 42 Prozent in der Dienstleistungsbranche.

Der Modernisierungsprozess der Landwirtschaft, inzwischen des ländlichen Raums insgesamt, setzte sich in den folgenden Jahrzehnten fort. Derzeit ist das offizielle Ziel eine *sozialistische Ökozivilisation*. Es gibt moderne marktorientierte Unternehmen, die neben der Lebensmittelproduktion auch die Verarbeitung und gewerbliche Produktion umfassen. Die Orientierung auf Subsistenz und Selbstversorgung ging in vielen ländlichen Regionen entsprechend zurück.

China muss in den kommenden Jahren einige zentrale Probleme der ländlichen Entwicklung lösen, die mit der geringen Ackerfläche pro Kopf, den notwendigen intensiven Bewirtschaftungsformen und der hohen Bevölkerungszahl zusammenhängen: Wassermangel, Bodenerosion, abnehmende Bodenfruchtbarkeit, Umweltprobleme durch Überdüngung, Chemie und insbesondere den Einsatz von Pestiziden. Als Reaktion darauf sind Programme zur Erhaltung der Bodenfruchtbarkeit und eine beginnende Umstellung auf ökologischen Landbau zu beobachten (vgl. dazu: Ökologischer Landbau 2020; Sausmikat 2015; Zukunftsstiftung 2013; Deutsche Gesellschaft 2016; Fell 2019), auch durch Genossenschaften, in denen Verbraucher Genossenschaftsmitglieder sind und über Produktionsmethoden, Qualität und Ausrichtung der Produktion mitbestimmen.* Zu den neuen Entwicklungen gehört beispielsweise ein umfangreiches Aufforstungsprogramm, das innerhalb von 10 Jahren eine Fläche bewaldet hat, die doppelt so groß ist wie das Territorium Deutschlands und in den kommenden Jahren noch einmal verdoppelt werden soll (Hallermayer 2020; Kerkow 2020; Wille 2020). Auch der Aufbau von Bodenkliniken, die Analysen des Bodens durchführen und am Einzelfall orientierte naturnahe Strategien zur Regeneration des Bodens erarbeiten, sind ein Schritt auf diesem Weg (vgl. Hu Hua 2019).

2.1.2 Sonderwirtschaftszonen (SWZ)

Der Aufbau von Sonderwirtschaftszonen war ein entscheidendes Instrument für die Dynamisierung der Volkswirtschaft. Sie ermöglichte zum einen die chinesische Einladung an amerikanische, europäische und japanische Unternehmen, gemeinsam mit chinesischen Unternehmen Joint Ventures zu errichten, um dann über diese technologische und unternehmerische Strategien und Innovationen zu erlernen und zu übernehmen. Gerade die Unternehmensführung in einer Marktwirtschaft musste erlernt und erfahren werden. Eine ganze Generation von Managern wuchs heran und wurde nicht zuletzt auch durch großzügige Programme für das Studium und die Arbeit im Ausland für marktwirtschaftliches Management gebildet. Zum anderen aber war die Kombination moderner Technologie mit noch sehr niedrigen chinesischen Löhnen ein Erfolgsrezept sowohl für die ausländischen als auch für die chinesischen Unternehmen. Es ermöglichte, die empfangenen Direktinvestitionen mit Außenhandelsüberschüssen zu kombinieren und so der Verschuldungsfalle zu entgehen, in die viele Entwicklungsländer durch Kreditaufnahme und Direktinvestitionen gerieten.

> »Vorläufer waren Hongkong, Taiwan und Südkorea. Diese ›asiatischen Tiger‹ hatten sich ihren Weg aus der Armut in einem erstaunlichen Tempo erkämpft, indem sie die westlichen Volkswirtschaften mit preiswerteren Konsumgütern versorgten.« (Männlein 2021, S. 31)
> »In Chinas damals geplanter und geschlossener postmaoistischer Wirtschaft boten die Sonderwirtschaftszonen der Regierung eine Möglichkeit, mit der Einführung

* Diese Information stammt aus eigenen Gesprächen beim Besuch einer Genossenschaft in der Umgebung von Beijing.

einer liberaleren, marktorientierten Politik zu beginnen, ohne plötzliche und weitreichende Störungen des gesamten Systems zu verursachen. Die ersten SWZ-Experimente waren erfolgreich, insbesondere in der südlichen Stadt Shenzhen, die sich innerhalb weniger Jahrzehnte von einem Fischerdorf in eine pulsierende Metropole verwandelte.« (Ebd., S. 31f.)

Die Sonderwirtschaftszonen waren das entscheidende industrielle Experimentierfeld für den Übergang zur Marktwirtschaft. Erfolgreiche Varianten konnten schrittweise ausgeweitet, erfolglose korrigiert oder beendet werden.

»In der von *Mao* geerbten Kommandowirtschaft waren die SWZ ein begrenztes Versuchsfeld für eine neue, liberale Politik für Chinas allmählichen Übergang zur Marktwirtschaft. So wurden beispielsweise Vertragsarbeit und flexible Lohnsysteme zunächst in der Sonderwirtschaftszone von Shenzhen eingeführt und später auf die übrige Wirtschaft ausgeweitet. ... Die Übertragung von Landnutzungsrechten war damals zwar verfassungsrechtlich verboten, wurde aber erstmals 1987 von der Provinzregierung von Guangdong für Investoren in Shenzhen legalisiert«. (*Ebd.,* S. 36f.)

Schon 1979 wurden zwei Küstengebiete als Pilotprojekte ausgewählt und die erforderlichen rechtlichen Voraussetzungen geschaffen. Dazu wurde den Provinzregierungen der nötige Spielraum eingeräumt. Nach anfänglichen Schwierigkeiten und Überarbeitung des Regelwerkes nahmen die Investitionen ab 1981 zu. 2004 gab es mehr als 7.000 Industrieparks und der Staatsrat griff ein, wodurch sich die Anzahl auf 1.568 offiziell anerkannte Sonderzonen reduzierte, davon 222 auf Staatsebene, die anderen waren von Provinzen eingerichtet. »Bis 2017 war diese Zahl nach Angaben des chinesischen SWZ-Verbandes auf 1.172 SWZ auf Provinzebene und 569 SWZ auf Staatsebene mit insgesamt 1.741 Zonen angestiegen.« (Ebd., S. 38)

1984 wurden 14 offene Küstenstädte (OCC) eingerichtet, eine Form der SWZ, die »für ausländische Investoren flexiblere Steuerregelungen und Arrangements bieten als der inländische Zollbereich. ... Einige OCC expandierten, um die umliegenden Bezirke aufzunehmen. Dies führte zur Entstehung großer nach außen gerichteter Entwicklungsgebiete, insbesondere des weltberühmten Perlflussdeltas (Pearl River Delta, PRD) bei Guangzhou und Shenzhen und des Jangtse-Deltas (Yangtze River Delta, YRD) bei Shanghai.« (Ebd., S. 39)

Innerhalb der SWZ entstanden zwischen 1984 und 1988 vierzehn Zonen für wirtschaftliche und technologische Entwicklung (ETDZ), weitere achtzehn 1992 bis 1993.

»Bis Ende der 2000er Jahre waren rund fünfzig ETDZ auf gesamtstaatlicher Ebene genehmigt worden. Ihre Zahl stieg in den folgenden Jahren stark an: 2017 waren die ETDZ mit 219 von 569 SWZ auf Staatsebene der häufigste Typ chinesischer SWZ.« (Ebd., S. 40)

Ab Ende der 1980er Jahre begann im Rahmen eines Programms des Ministeriums für Wissenschaft und Technologie die Einrichtung von High-Tech-Industrieentwicklungszonen (HIDZ).

> »HIDZ, die sich auf Hightech-Entwicklung und Innovation konzentrieren, unterscheiden sich von ETDZ dadurch, dass sie sich innerhalb der Städte und nicht an deren Rand befinden. Sie sind bestrebt, wissensintensive städtische Gebiete zu nutzen, indem sie Forschungsinstitute, Universitäten sowie große und mittlere Unternehmen miteinander verbinden. Während die ETDZ eher auf Produktionskapazitäten für den Export ausgerichtet sind, spezialisieren sich die HIDZ auf Forschung und Entwicklung (F&E) und deren Kommerzialisierung. Zu diesem Zweck bieten viele HIDZ ausländischen Technologieunternehmen Anreize für den Aufbau einer Zusammenarbeit zwischen Institutionen.« (Ebd.).

Freihandelszonen (FTZ) und Wirtschaftszonen der Grenzkooperation (Border Cooperation Economic Zone, BCEZ), New Areas, Exportverarbeitungszonen und umfassende Pilotzonen waren weitere Formen der Förderung der internationalen Wirtschaftsverflechtung. Die Zahl der Beschäftigten in den verschiedenen Zonen beträgt inzwischen etwa 30 Mio., das sind 30 Prozent der Beschäftigten in Industrieunternehmen (vgl. ebd., S. 49).

Die Verpflichtung ausländischer Unternehmen zur Beteiligung chinesischer Unternehmen ist seit Inkrafttreten des neuen Auslandsinvestitionsgesetzes (Foreign Investment Law, FIL 2020) zu Beginn des Jahres 2020 aufgehoben. Neu sind chinesische Sonderwirtschaftszonen im Ausland, »chinesische Überseezonen für wirtschaftliche und handelspolitische Zusammenarbeit (COCZ)« entlang der sechs Wirtschaftskorridore der Seidenstraße. Das sind Wirtschaftscluster, in denen chinesische Unternehmen größere Projekte gemeinsam mit den dortigen Unternehmen und Staaten verfolgen. Inzwischen ist China nicht mehr nur Empfänger, sondern zunehmend auch Geber von Direktinvestitionen im Ausland.

> »Die Expansion ins Ausland wurde zu einem der zentralen Themen des 11. Fünfjahresplans (2006–2010), dem eine Reihe von Maßnahmen zur Konkretisierung der Going-Out-Strategie folgte.« (Ebd., S. 52)
> »Nach offiziellen chinesischen Zahlen stellten die 113 COCZ bis Ende 2018 eine Gesamtinvestition von 42,14 Mrd. USD und 4.742 Unternehmen dar, die 3,24 Mrd. USD an Steuern an die Gastländer zahlen und 302.000 Menschen beschäftigen.« (Ebd., S. 54f.)

Bis heute haben die Sonderwirtschaftszonen ihre Bedeutung nicht verloren, sind aber zunehmend in die neuen Paradigmen Hochtechnologie, Innovation, Binnenmarkt und Belt and Road (Seidenstraße) eingebunden. Neue Sonderwirtschaftszonen entstanden vor allem im Inneren und im Westen des Landes.

»Während Chinas SWZ alten Stils im Westen versuchen, einen Neuanfang zu machen, treten die wirtschaftlichen Kraftzentren, die sie im Osten mit aufgebaut haben, in eine neue Entwicklungsphase ein. Inmitten der zunehmenden Konkurrenz durch billigere Destinationen für arbeitsintensive Produktion in Südostasien und unter dem Druck steigender Löhne und eines verlangsamten Wachstums im eigenen Land streben Chinas führende Küstenstädte danach, ihren Wettbewerbsvorteil aufrechtzuerhalten, indem sie zu einer Megalopolis von Weltklasse aufsteigen. Durch die Integration seiner drei am weitesten entwickelten Regionen, der PRD im Südosten, der YRD im Osten und des Bohai-Rands im Nordosten, will China große und lebendige Ballungsgebiete schaffen: die Greater Bay Area Guangdong – Hongkong – Macau (GBA), die Greater Bay Area Hangzhou und die Bohai Bay Area, die meist als Beijing-Tianjin-Hebei-Integrationsplan oder ›Jing-Jin-Ji‹ bekannt ist. Im Jahr 2018 entfielen auf diese drei Gebiete über 40 % des chinesischen BIP.« (Ebd., S. 60)

»Während die meisten der einst exklusiven Politiken, die von den frühen Sonderwirtschaftszonen eingeführt wurden, auf den Rest des Landes ausgedehnt wurden, wodurch die Zonen weniger ›speziell‹ wurden, haben die SWZ ihre Bedeutung behalten, indem sie sich zusammen mit der chinesischen Wirtschaft weiterentwickelten, da sie weiterhin die Speerspitze auf dem Transformationsweg des Landes bilden. Einst ausschließliche Empfänger ausländischer Investitionen im Inland, sind die SWZ selbst in Übersee tätig geworden und wurden zu Kanälen für die Internationalisierung chinesischer Unternehmen, zu Vektoren der internationalen Zusammenarbeit und zu Demonstrationsflächen für Chinas wirtschaftliches Entwicklungsmodell im Ausland.« (Ebd., S. 64f.)

2.1.3 Marktwirtschaftliche Reorganisation der Staatsbetriebe

Eine Marktwirtschaft erfordert Unternehmen, die als Akteure auf Märkten handlungsfähig sind. In der Debatte um die Preisreform in China wurde deutlich, dass eine Preisreform nur funktioniert, wenn es Unternehmen gibt, die auf Preissignale sinnvoll reagieren, also das Angebot erhöhen oder reduzieren, produktivitätssteigernde und kostensenkende Innovationen und Investitionen tätigen oder ggf. neue Produkte entwickeln und anbieten. Dazu gehört, dass diese marktfähigen Betriebe eigenverantwortlich über ihre Reproduktion und die Erwirtschaftung der erforderlichen Mittel entscheiden, also auch die Risiken tragen und tragen können. Gleichzeitig muss aber auch die Verwendung der Gewinne (nach Entrichtung von Steuern und Abgaben) in ihrer Hand liegen.

Solche marktfähigen Unternehmen gab es im maoistischen China nicht. Die funktional unselbstständigen Staatsbetriebe in einer Planwirtschaft oder die Volkskommunen im ländlichen China sind nicht marktfähig, weil sie nicht autonom über ihre Produktionsstruktur und ihre Investitionen entscheiden. Sie müssen den Vorgaben der Planungsbehörden folgen. Bestenfalls entsteht ein Schwarzmarkt hinter dem Rücken der Planungsbehörden, der aber in der Regel keine sachgerechten Reproduktionspreise generiert, sondern Verzerrungen und Korruption zur Folge hat.

In der chinesischen Debatte um die Reform- und Öffnungspolitik der 1980er Jahre spielte dieser Zusammenhang zwischen Preisfindungs- und Unternehmensreform eine wichtige Rolle. Er wurde aber anfangs nicht hinreichend erkannt und beachtet.

> »Das urbane Industriesystem war im Wesentlichen dem sowjetischen Vorbild nachempfunden: Die Unternehmen im Staatsbesitz hatten nur sehr begrenzten Einfluss auf das Wachstum ihres Betriebs. Sie waren Produktionseinheiten, die in einem von den zentralen Planungsstellen festgelegten Rahmen arbeiteten. Die Planer gaben den Unternehmen Produktionsziele vor und teilten ihnen die benötigten Rohmaterialien und Maschinen zu. In diesem System musste das Planungsbüro alle Inputs und Outputs über die Produktionseinheiten hinweg ins Gleichgewicht bringen. Das System zur finanziellen Kontrolle beruhte auf diesem materiellen Ausgleichssystem.« (Weber 2023, S. 155)

Die Staatsbetriebe waren in dem System der zentralen Planwirtschaft keine handlungsfähigen Marktakteure und konnte ihre Produktion und Vermarktung, Innovationen und Investitionen nicht oder nur sehr eingeschränkt bestimmen. Die Umwandlung der unselbstständigen Betriebe der Planwirtschaft in *Unternehmen* bedeutete also, dass der Betrieb die Strukturen und Fähigkeiten entwickeln musste, eigenständig auf dem Markt zu agieren: Er hatte den Verkauf der Produkte und den Einkauf der benötigten Produktionsressourcen zu organisieren, die Reproduktion der benötigten Ressourcen sachlich und finanziell sicherzustellen, das Budget auch finanziell zu managen und langfristig vor allem eine Innovations- und Investitionsstrategie zu konzipieren und umzusetzen, die es ermöglichte, den Betrieb zu erhalten, zu reorganisieren, weiterzuentwickeln oder ggf. Wachstum zu organisieren. Dies galt auch dann, wenn die Betriebe im Staatseigentum blieben, aus Staatsbetrieben also *staatliche Unternehmen* werden sollten, die sich selbst trugen.

Der damit verbundene Umbau erforderte Strukturveränderungen in Produktion und Management, eine entsprechende Qualifizierung der Angestellten mit völlig neuen Kompetenzen, vor allem auch in der Forschung und Entwicklung, dem Marketing und dem Kundenservice. Nicht alle Betriebe waren dazu in der Lage, teilweise waren ihre Ressourcen, ihre Produktionspalette und ihre Produktionsmittel von vornherein nicht zukunftsfähig oder es gelang nicht, eine erfolgreiche Transformation zu organisieren. Viele Betriebe und die Belegschaften mussten also noch längere Zeit gestützt werden. Oft war dies ein abgefederter Weg in die Insolvenz und eine der Ursachen für die Defizite und die Verschuldung vieler Betriebe in der mehrjährigen Übergangszeit der 1990er Jahre. Die Maßnahmen, die während der »Reformen ohne Verlierer« zur Stabilisierung finanziert wurden, um Unternehmen trotz Defiziten am Leben zu halten oder deren Ausscheiden abzufedern (vgl. Naughton 2007, S. 460f) waren die Ursache für den hohen Anteil notleidender Kredite in den 1990er Jahren, die erst in den 2000er Jahren auf ein tragbares Maß reduziert werden konnten.

Hinzu kam ein weiterer Aspekt: Die chinesische Danwei, die Arbeitseinheit, der Betrieb, war nicht nur Arbeitsstelle, sondern zugleich die wichtigste *soziale Integrations*einheit: Wohnen, Gesundheitsleistungen, Renten, Kinderbetreuung und diverse Versorgungsleistungen wurden über die Betriebe organisiert. Auch wenn Angestellte in den Ruhestand wechselten, blieben sie Mitglieder ihrer Danwei und waren auf die sozialen Leistungen des Betriebs angewiesen. Die Umwandlung in marktwirtschaftliche Unternehmen erforderte, dieses an den Betrieb gebundene soziale Netz in ein öffentliches soziales Netzwerk umzubauen, d. h. das Wohnen und die Versorgung betriebsunabhängig zu organisieren (kommunal oder über sogenannte Nachbarschaftskomitees). Es musste eine öffentliche Sozialversicherung (Kranken-, Renten- und Pflegeversicherung) aufgebaut und eine betriebsunabhängige Kinderbetreuung geschaffen werden. All dies konnte nur schrittweise geschehen. Der Aufbau eines funktionierenden Sozialversicherungssystems hat große Fortschritte gemacht, ist aber insbesondere im ländlichen Raum noch nicht abgeschlossen. Eine Sozialversicherung für Studenten wurde erst jetzt aufgebaut (vgl. Land 2024b, S. 10f.).[30]

Damit eine Marktwirtschaft funktionieren kann, müssen Unternehmen autonom agieren. Das bedeutet:

- **Auftritt als Marktakteur** bei Verkauf und Einkauf: Unternehmen bieten ihre Produkte oder Leistungen selbstständig auf den Märkten an, verhandeln mit Käufern die jeweiligen Preise und entscheiden, zu welchem Preis sie bei gegebenen Rahmenbedingungen verkaufen.
- Analoges gilt für den **Einkauf** der benötigten Rohmaterialien, Produktionsmittel und Leistungen: Unternehmen müssen ihre Lieferanten selbst auswählen und vertraglich binden können. Das gilt auch für Arbeitsverträge, die in gesetzlichen und tariflichen Rahmen vereinbart werden.
- **Eigenerwirtschaftung** der Ressourcen bzw. der zur Reproduktion und Entwicklung des Unternehmens erforderlichen Finanzen: Unternehmen müssen ihre Reproduktion durch die Gestaltung von Einnahmen und Ausgaben sicherstellen und die finanziellen Mittel selbst erwirtschaften. Unterstützung durch den Staat soll auf Ausnahmen beschränkt sein.
- **Unternehmerische Innovations- und Investitionsstrategien**: Unternehmen müssen eigenständig innerhalb gegebener Rahmenbedingungen über Innovationen und Investitionen entscheiden.
- **Unternehmen tragen das Risiko ihrer wirtschaftlichen Tätigkeit**: Für Erfolge und Misserfolge stehen Unternehmen selbst ein. Das bedeutet, dass Unternehmen selbst über erwirtschaftete Gewinne im Rahmen der gesetz-

lichen Vorschriften und nach Zahlung von Steuern entscheiden. Ebenso sind sie für Defizite und Schulden verantwortlich und werden insolvent, wenn sie finanziellen Verpflichtungen nicht mehr nachkommen können. Die Rettung eines Unternehmens durch den Staat muss die Ausnahme bleiben, die politische Rechtfertigungen voraussetzt.

Damit diese Bedingungen erfüllt werden, muss das System der zentralen Planung und Leitung der Staatsbetriebe abgebaut bzw. in ein indirektes Lenkungssystem umgebaut werden. Das muss im Verbund mit einer Neuordnung des Wirtschafts- und Unternehmensrechts, der Steuern und Abgaben und Rahmenbedingungen auf den Märkten geschehen. Die Betriebe müssen zu selbstständigen Marktakteuren werden, gleichzeitig muss eine *staatliche Vermögensverwaltung* aufgebaut werden, die die Eigentümerfunktion für die Unternehmen wahrnimmt, die ganz oder anteilig in Staatseigentum verbleiben. Diese Transformation wurde teilweise mit der Umwandlung von Staatsbetrieben in kommunale Unternehmen oder in Aktiengesellschaften verbunden. Dabei wurde aber keine radikale Privatisierung versucht.

Manche Reformer waren der Meinung, dass diese Bedingungen nur durch eine Umwandlung in Privatunternehmen hergestellt werden könnten, also den Verkauf an inländische oder ausländische Privatpersonen oder ausländische Unternehmen oder Finanzanleger. Das aber war in den 1990er Jahren in der KP Chinas nicht mehrheitsfähig. Es mussten Wege gefunden werden, Staatsbetriebe in marktkompatible Staatsunternehmen umzuwandeln, die Autonomie und Eigenerwirtschaftung der Ressourcen und Finanzen sicherstellten, während gleichzeitig die Eigentümerfunktion weiter vom Staat wahrgenommen wurde.

In einer Kapitalverwertungswirtschaft sind Unternehmensführung und Eigentum funktional verschieden, auch wenn sie im einfachsten Fall, dem inhabergeführten Personenunternehmen, von derselben oder denselben Personen wahrgenommen werden. Dies war die ursprüngliche Verfassung kapitalistischer Unternehmen, wobei auch hier Unternehmen und Haushalt des Eigentümers als verschiedene Subjekte erscheinen. In großen modernen Unternehmen wird die Eigentümerfunktion in der Regel von einer Organisation wahrgenommen, der Gesellschafterversammlung, der Aktionärsversammlung, einer Holding oder einem Fonds, in dem Anleger Geld anlegen und Manager das Vermögen verwalten. In Unternehmensformen wie Kommanditgesellschaften, GmbH oder Aktiengesellschaften sind Management und Eigentümerfunktion unterschieden und durch rechtliche Regeln verbunden. Gesellschafterverträge beispielsweise legen fest, welche Rechte und Pflichten Eigentümer und Management haben. Diese Unterscheidung ermöglicht auch, ein marktwirtschaftlich agierendes Unternehmen im Staatseigentum zu halten, und zwar nicht nur in China, sondern in allen entwickelten Marktwirtschaften.

Der Eigentümer, die Eigentümerversammlung oder die Eigentümerorganisation haben drei Funktionen:

- Bestellung des Managers oder des Managements für den laufenden Geschäftsbetrieb. Das kann bei größeren Unternehmen und Aktiengesellschaften bedeuten, dass die Eigentümerversammlung (z. B. Aktionärsversammlung) einen Aufsichtsrat beruft und dieser wiederum den Vorstand bestellt bzw. abberufen kann. Der Vorstand stellt dann das weitere Personal für Management und Betrieb ein und erstattet dem Aufsichtsrat bzw. der Eigentümerversammlung in definierten Abständen Bericht.
- Zweitens werden bei diesen Gelegenheiten auch die grundsätzlichen Innovations-, Investitions- und Geschäftsstrategien des Unternehmens festgelegt und größere Vorhaben bestätigt. Aufsichtsrat und Eigentümerversammlung greifen aber normalerweise nicht in den laufenden Geschäftsbetrieb ein. Dabei ist das Interesse und das Maß der Einflussnahme der Eigentümer auf die Unternehmensstrategie unterschiedlich, es reicht von bloßen Renditeerwartungen bis zu detaillierten Vorstellungen über Produkte und Innovationen, wie bei Elon Musk im Bereich der Elektrofahrzeuge, der Raumfahrt usw.
- Drittens entscheiden die Eigentümer über die Gewinnverwendung, insbesondere welcher Anteil der Gewinne im Unternehmen reinvestiert wird und was an die Eigentümer ausgeschüttet wird, wie hoch die Dividende ausfällt. Dazu gehört im Zweifelsfall auch die Übernahme von Verlusten bzw. die Kreditaufnahme und die Hinterlegung von Sicherheiten durch die Eigentümer oder die Einleitung eines Insolvenzverfahrens.

Grundsätzlich können diese Beziehungen auch in einem Staatsunternehmen funktionieren. Der Eigentümer Staat (Kommune, Regional- oder Zentralverwaltung) agiert durch die Finanzbehörde oder eine dafür geschaffene Staatsbehörde, beruft den Aufsichtsrat oder den Vorstand, kontrolliert die Geschäftsabschlüsse und die Gewinnverwendung, wobei Gewinne im Unternehmen reinvestiert oder gegebenenfalls an den Staatshaushalt abgeführt werden. Und der Staat kann an strategischen Entscheidungen ausschlaggebend mitwirken, wie dies auch Eigentümer in Privatunternehmen tun – oder auch nicht, wenn sie nur an Rendite interessiert sind. Der Staat als Eigentümer muss aber nicht und sollte auch nicht in den laufenden Geschäftsbetrieb eingreifen. Formal unterscheidet sich das marktwirtschaftlich aufgestellte Staatsunternehmen nicht von einem Privatunternehmen, bei dem beispielsweise ein Anlagefonds die Aktien hält. Ob eine private Fondsverwaltung oder eine Staatsbehörde die Eigentümerfunktion wahrnimmt, ist funktional kein grundsätzlicher Unterschied. In beiden Fällen geht es um die Berufung und Kontrolle des Managements, die Verwendung von Gewinnen und Verlusten und die Unternehmensstrategie. Der reale Unterschied besteht dann darin, dass ein privater Fonds unter Umständen andere Ziele verfolgt als eine staatliche Behörde. Es ist möglich, dass in beiden Fällen die Gewinnmaximierung im Vordergrund steht, in Form privat auszuschüttender Rendite oder in Form von Staatseinnahmen. Im

Allgemeinen verfolgt der Staat aber andere und komplexere Ziele: Gemeingüterproduktion, Infrastrukturentwicklung, Verbesserung der Wettbewerbsfähigkeit oder auch machtpolitische Ziele. Bei staatlichen Unternehmen ist der strategische Einfluss auf die Entwicklung größer.* Aber auch private Unternehmen können über die Rahmenbedingungen, Kreditlenkung und Industriepolitik in bestimmte Richtungen gelenkt werden, wie noch zu zeigen sein wird. Insofern verschwindet der Unterschied zwischen Staats- und Privatunternehmen insbesondere in der zweiten Phase nach 2015 in der gelenkten Marktwirtschaft Chinas. Beide werden durch indirekte Instrumente (vgl. 2.3 und 3.3) gelenkt, heute vor allem über die Guidance Funds, die Innovationen und Investitionen finanzieren, und zwar in Staats- und Privatunternehmen und auch für Infrastrukturen und Forschungseinrichtungen.

Der parallele Umbau der Staatsbetriebe zu Staatsunternehmen im laufenden Wirtschaftsprozess war ein komplexer Prozess. Er umfasst auch die partielle Kommunalisierung oder Privatisierung, den Aufbau einer Vermögensverwaltung für Staatsunternehmen, den Aufbau von Sozialversicherungen und öffentlichen sozialen Dienstleistungen (Ersetzen der Danwei-Funktionen) und letztlich auch die Herausbildung von Arbeitnehmer-Lebenswelten (vor allem im Mittelstand) anstelle der in den Volkskommunen oder den städtischen Danwei gepflegten Einheit von Arbeit und Leben. Das begann in den 1990er Jahren und ist noch nicht abgeschlossen. Erst 2024 wurde die staatliche Vermögensverwaltung erneut reformiert (siehe unten). Welche Schritte waren wichtig?

Li Pengcheng (1995) hat den »Chinesischen Modernisierungsprozess in den achtziger Jahren« in einer Studie für das Wissenschaftszentrum Berlin untersucht. Er schreibt, die chinesische Reform habe »mit dem 3. Plenum des 11. ZK der KP Chinas im Dezember 1978 begonnen« (Li Pengcheng 1995, S. 7). Die wichtigsten Passagen aus seiner Studie sollen hier rekapituliert werden:

1. Die Reform der Landwirtschaft wurde oben schon beschrieben: Auslösung der Volkskommunen und Einrichtung des »Produktionsverantwortlichkeitssystems der Familien«.

2. Neben den Staatsbetrieben wurden kollektive und private Unternehmen zugelassen, zunächst in der Größe beschränkt. »*In den neun Jahren von 1979 bis 1987 haben 18 Mio. Menschen eine Beschäftigung in städtischen und kleinstädtischen Kollektivbetrieben aufgenommen, die Anzahl der in der Privatindustrie beschäftigten Personen ist von 150.000 im Jahre 1978 auf 5,69 Mio. im Jahre 1987 gestiegen. … Von den 390 Mio. ländlichen Arbeitskräften Chinas gingen bis Ende der 80er Jahre 80 Mio. Menschen in diese Art von Betrieben.*« (Ebd., S. 8)

* Bei den Renditeerwartungen aus Staatsunternehmen spielen allerdings oft auch Korruption und private Bereicherung eine Rolle, z. B. bei staatlichen Ölgesellschaften im Nahen Osten oder in Russland und in gewissem Maße auch in China. Dort wurde eine Reihe von Bürgermeistern und Politikern wegen Korruption belangt, weil sie die Staatsunternehmen als private Bereicherungsmaschinen nutzten oder Bestechungsgelder von Finanzakteuren kassierten.

3. Dezentralisierung. »*Seit 1979 wurde damit begonnen, Betriebe ... zu ›dezentralisieren‹ und von den Lokalregierungen verwalten zu lassen. Gleichzeitig gewährte die Zentralregierung den Lokalregierungen eine neue Finanzpolitik. ... Nach Erfüllung ihrer Pflichten konnten die Regionen über den das Soll übersteigenden Teil sowie über den selbst aufgebrachten Teil außer Bilanz selbständig verfügen, dies fiel nicht in die Zuständigkeit der zentralen Finanzbehörden.*« (Ebd., S. 9)

4. Das Planungssystem wurde beibehalten, aber durch die noch begrenzte Selbstständigkeit der Betriebe ergänzt : Im Mai 1984 »*erließ der Staatsrat Richtlinien, die die Selbstbestimmungsrechte der staatlichen Betriebe um einen weiteren Schritt ausweiteten. ... Nach Erfüllung der Produktionsaufgaben, die die staatliche Planung verlangt, können sie selbständig diejenigen Produkte herstellen, die sie zu produzieren wünschen*«. Diese Produkte dürfen die Betriebe selbstständig auf dem Markt verkaufen und auch die Preise selbst festlegen. Die Betriebe dürfen im Rahmen des vom Staat bereitgestellten Verzeichnisses ihre Zulieferer selbst auswählen. Sie können über die im Betrieb verbleibenden Gewinne selbst verfügen und nicht benötigte Vermögenswerte verpachten oder »*gegen Entschädigung abtreten*« (ebd., S. 10). Sie dürfen Kader der mittleren Ebene selbst ernennen, Formen der Lohnverteilung wählen und einen Teil des Gewinns als Prämie ausschütten.

Diese Maßnahmen führten noch nicht zu einer funktionierenden Marktwirtschaft, das Planungssystem wurde noch nicht abgeschafft, wohl aber gelockert. Daneben entstanden erste marktwirtschaftliche Bereiche. Im August 1984 beschloss der Staatsrat weitere Veränderungen. Die verbindliche Planung wurde auf sieben landwirtschaftliche Produkte und elf Industrieprodukte reduziert. Gleichzeitig wurde die Zahl der Produktionsmittel und Investitionsgüter reduziert, die verbindlich über das Planungssystem zugeteilt wurden. Einen großen Teil der Einkäufe wickelten die Betriebe nun über Märkte ab (vgl. ebd., S. 11).

> »Auch die verbindliche Planung für die Industrieproduktion wurde in großem Umfang verringert. 1984 gab es 120 staatliche Planvorgaben für Industrieprodukte, bis 1988 waren nur noch 60 übriggeblieben.« (Ebd., S. 15)

Der 12. Parteitag 1985 beschloss den Entwurf des 7. Fünfjahrplans. Grundlegende Leitgedanken dieses Fünfjahrplans sind:

> »Festhalten am grundlegenden Gleichgewicht zwischen gesamtgesellschaftlichem Angebot und gesamtgesellschaftlicher Nachfrage; Vermeidung von Spannungen und Durcheinander im Wirtschaftsleben; Schaffung eines für die Reform ausgezeichneten Wirtschaftsumfeldes. Auf dieser Grundlage sollte eine ›komplette Reform‹ von Betrieb, Markt und Makroregulierung realisiert werden.« (Ebd., S. 11)

Man hielt am Planungssystem fest, bereitete aber gleichzeitig weitere marktwirtschaftliche Reformen vor. Ein Ausschuss wurde damit beauftragt, ein Reformprogramm auszuarbeiten, das vor allem Reformen bei den Preisen und Steuern, im Finanz- und Bankenwesen und im Binnen- und Außenhandel bringen und auch die Form der wirtschaftlichen Führung der Betriebe modernisieren sollte.

> »Innerhalb von zwei bis drei Jahren sollte die Reform der Preise für wichtige Rohstoffe, Energien, Verkehr und Transport erfolgen und die Preise freigegeben werden, damit die Produktionsabteilungen miteinander konkurrieren könnten. Gleichzeitig sollte die Mehrwertsteuer die Besteuerung der Produkte ersetzen; ein neues Steuersystem sollte errichtet werden, das Investitionssteuern, Bodennutzungssteuern sowie Steuern auf Naturressourcen umfasst. Der Aufbau eines solchen Steuersystems bedeutete für alle Arten von Betrieben ... die Ausbildung eines fairen Umfeldes des wirtschaftlichen Wettbewerbs. ... Aufbau eines zum Marktsystem passenden Bankenwesens, das dazu führt, dass die Banken der unteren Ebenen ein unternehmensmäßiges Management verwirklichen; die Zentralbank soll mit dem Mittel der Finanzen eine Makroregulierung des Wirtschaftssystems erreichen und die Stabilität der Währung gewährleisten.« (Ebd., S. 11f.)

Zur Realisierung des großen Reformprogramms schreibt Li Pengcheng, dass es »im August 1986 bewilligt [wurde]. Aber die Durchsetzung und Verwirklichung in der Realität fand nicht statt. Seit 1987 ignorierte man durchgehend bis 1993 den Aspekt der Makroregulierung, d. h. die allseitige Reform« (ebd., S. 12). Man beschloss, die Preisreform zu beschleunigen.

> »Dieser Fehler in der Wahl der Reformziele führte im Sommer und Herbst 1988 zu Hamsterkäufen im ganzen Land. Bis zu einem gewissen Grad bildete er die ökonomische und psychologische gesellschaftliche Grundlage für die politischen Unruhen im Sommer 1989.« (Ebd., S. 13)

Erst 1993 konnten die Wirtschaftsreformen fortgesetzt werden:

> »Auf dem 3. Plenum des 14. ZK der KP Chinas (11.-14. November 1993) ergriff die chinesische Führung eine entscheidende Reformmaßnahme: die Errichtung eines sozialistischen marktwirtschaftlichen Systems in China. Die offizielle Proklamation dieser Entscheidung beendete das 44 Jahre lang verwirklichte ökonomische Planungssystem und setzte den Anfang für die vollständige Einführung der Marktwirtschaft in China.« (Ebd., S. 13)

Li Pengcheng konstatiert, dass dieses schrittweise Herantasten vom Planungssystem zum Marktsystem in China wichtig war, um die Reformen in den 90er Jahren umsetzen zu können.

»Der wesentliche Punkt der Reform des chinesischen Eigentumssystems bestand darin, den Mythos des erstmals von Stalin geschaffenen »volkseigenen« Wirtschaftsmodells über Bord zu werfen und, dem Ziel des Überganges zur Marktwirtschaft entsprechend, zu einer Readjustierung des Verhältnisses von Staat und Betrieben zu kommen, d. h. die Betriebe letztlich zu unabhängigen Wirtschaftseinheiten [Hervorgehoben Rainer Land] werden zu lassen …« (Ebd., S. 18)

Das Vertragsverantwortungssystem (Contract Responsibility System)

Der Übergang zur Marktwirtschaft ging mit der Transformation der Staatsbetriebe in Staats**unternehmen** einher. Ein entscheidendes Instrument dabei war das *Vertragsverantwortungssystem* für Staatsbetriebe (Contract Responsibility System), das schon in den 1980er Jahren entstand.[31]

Eine weitere Frage ergab sich mit der Umbildung der Betriebe zu selbstständig agierenden Wirtschaftssubjekten, der Schaffung von Märkten und entsprechenden Handelssystemen sowie der Marktpreisreform: Wie sollte das Eigentum der Staatsbetriebe organisiert werden? Mit der Auflösung der Planungsgremien und dem Ende der administrativen Unterstellung der Staatsbetriebe unter die Regierung bzw. die jeweiligen Branchenministerien musste eine staatliche Organisation für die Wahrnehmung der Eigentümerfunktion geschaffen werden. 1990 gab es etwa 1.000 zentral geleitete Staatsbetriebe. 2020 sind es nur noch 97, vor allem im Bereich Energie, Telekommunikation, Rüstung, Eisenbahn und Finanzen, die vollständig in Staatsbesitz sind oder die der Staat über eine Aktienmehrheit kontrolliert.[32] Die erste staatliche Vermögensverwaltung in China entstand 1988.[33]

2.1.4 Neue Unternehmensformen: Township and Village Enterprises (TVE)

Neben der Reform der Staatsbetriebe, die in den 1980er Jahren begann und eine Vielzahl von Reformschritten umfasste und auch 2024 noch nicht abgeschlossen sein dürfte, sind neu entstehende Unternehmensformen ein wichtiges Element der Wirtschaftsreformen und der gelenkten Marktwirtschaft. Ein zweiter großer Bereich marktfähiger Unternehmen waren die Township and Village Enterprises (TVE). Das sind marktorientierte kommunale (öffentliche) Unternehmen der Städte und Dörfer.

Bereits in den 1950er und 1960er Jahren gab es ländliche Unternehmen, Kommune- und Brigadeunternehmen, in 1965 waren es etwa 122.000, in 1970 um die 447.000. Diese waren aber in das System der Planwirtschaft und der Volkskommunen eingebunden.[34] Die eigentliche Gründungswelle von TVEs begann jedoch erst nach 1978, als China seine Reform- und Öffnungspolitik einleitete. Im März 1984 verwendete der Staatsrat der Volksrepublik China offiziell den Begriff »Township and Village Enterprises«. Von da an erlebten die TVEs ein enormes Wachstum. Ihre Anzahl stieg von 1,5 Millionen im Jahr 1978 auf über 12 Millionen bis 1985, bei den

Beschäftigten war das eine Zunahme von 28 Millionen im Jahr 1978 auf 135 Millionen im Jahr 1996 (ebd.).

In den 1980er und 1990er Jahren entwickelten sich die TVEs zum dynamischsten Teil der chinesischen Wirtschaft, nahmen Millionen von Arbeitnehmern im Industriesektor auf und bildeten die Grundlage für industrielle Cluster (Naughton 2007; Fu und Gao 2007; Männlein 2021, S. 35). Sie waren marktorientierte öffentliche Unternehmen, die unter der Aufsicht lokaler Regierungen in Dörfern und Kleinstädten standen, aber autonom in ihrer Betriebsführung waren (vgl. 2.1.4). TVEs kombinierten öffentliches (kommunales) und kollektives Eigentum.

Nach den Reformen von 1978 und insbesondere während der 1980er Jahre, als die TVEs einen enormen Aufschwung erlebten, erweiterten sie ihre Produktion erheblich. Sie stellten eine Vielzahl von Produkten her, darunter Eisen und Stahl, Zement, chemische Düngemittel, hydroelektrische Energie, landwirtschaftliche Geräte und Werkzeuge. Besonders aktiv waren in den 1980er Jahren die TVEs in den östlichen Küsten- und Zentralprovinzen wie Guangdong, Fujian, Zhejiang, Jiangsu, Shandong und Hunan. Sie stellten eine breite Produktpalette her, die von leichten Industrieprodukten bis hin zu hochtechnologischen Artikeln reichte. Einige TVEs spezialisierten sich auf die Herstellung von Ergänzungsprodukten für größere staatseigene Unternehmen (SOEs) und kollektive Unternehmen (COEs), wie zum Beispiel große Jutesäcke für den Transport in Fabriken.

Die TVEs waren also nicht nur für die Diversifizierung der ländlichen Wirtschaft verantwortlich, sondern spielten auch eine wichtige Rolle bei der Förderung der industriellen Entwicklung und der Modernisierung Chinas. Sie profitierten von einer engeren Verbindung zur lokalen Gemeinschaft und hatten oft einen besseren Zugang zu lokalen Ressourcen. So konnten sie schneller auf lokale Bedürfnisse reagieren und waren in der Lage, Überschüsse aus der Landwirtschaft in industrielle Aktivitäten zu investieren. Diese Besonderheiten trugen dazu bei, dass die TVEs eine treibende Kraft für das Wirtschaftswachstum und die Modernisierung im ländlichen China wurden.

Seit Mitte der 2000er Jahre sind die TVEs jedoch in die chinesische Industrie integriert worden. Sie haben sich seit ihrer Gründung in den 1980er Jahren stark verändert. Während sie einst eine zentrale Rolle in Chinas ländlicher Wirtschaft spielten, haben sich viele TVEs im Laufe der Zeit privatisiert oder sind in größere Unternehmensstrukturen integriert worden. Als eigenständige Kategorie sind sie aus der chinesischen Wirtschaftsstatistik weitgehend verschwunden. Ihre historische Bedeutung hatten sie, weil diese Unternehmensform marktwirtschaftliche Verfahren ermöglichte und zugleich kommunale, kollektive und private Eigentumsformen kombinierte.

2.1.5 Privatunternehmen in Industrie und Dienstleistungsgewerbe

Seit 1978 ist es möglich, Privatunternehmen zu gründen und zu betreiben. Das war anfangs mit erheblichen Einschränkungen verbunden. Privatunternehmen durften anfangs nur bis zu 8 Mitarbeiter beschäftigen. Anfangs waren die Unternehmen auf Einzelhandel, Dienstleistungen und Leichtindustrie beschränkt. Diese Beschränkung wurde später schrittweise gelockert. Die ersten Privatunternehmen in China nach den Reformen von 1978 waren oft kleine, familiengeführte Betriebe. Viele davon entstanden in der Wenzhou-Modell-Region und konzentrierten sich auf Produkte der Kleinindustrie und Konsumgüter wie Schuhe, Kleidung und Haushaltswaren.

In den 1990er Jahren wurde das Betätigungsfeld für Privatunternehmen auf weitere Sektoren erweitert und der Zugang zu Bankkrediten und anderen Finanzierungsquellen ermöglicht. Mit dem Beitritt Chinas zur Welthandelsorganisation (WTO) im Jahr 2001 wurden auch viele Handels- und Investitionsbeschränkungen aufgehoben, sodass den Privatunternehmen der Zugang zu internationalen Märkten erleichtert wurde. Das hat die schnelle Entwicklung sehr großer und starker Privatunternehmen ermöglicht. Ein frühes Beispiel ist Huawei[35], das schon 1987 von Ren Zhengfei gegründet wurde. Huawei begann als kleines Telekommunikationsunternehmen und entwickelte sich zu einem der weltweit führenden Technologieunternehmen. Der Sitz ist Shenzhen, der Jahresumsatz im Jahr 2023 betrug 99,5 Mrd. US-Dollar. Huawei hat 207.000 Mitarbeiter, mehr als die Hälfte davon in Forschung und Entwicklung. In den Folgejahren entstanden weitere wichtige und große Privatunternehmen.[36] Auch die Privatisierung eines Teils der Staatsunternehmen vergrößerte den Bereich privater Unternehmen weiter und ebenso die Umwandlung einiger Staatsunternehmen in Aktiengesellschaften mit Aktienbesitz ganz oder teilweise in privaten Händen.

Insgesamt hat sich der Anteil der Privatunternehmen in der chinesischen Wirtschaft erheblich erhöht. Im Jahr 2012 gab es in China etwa 10,86 Millionen registrierte Privatfirmen. Bis Mai 2023 stieg diese Zahl auf über 50 Millionen, was einem Anstieg um das 3,7-fache entspricht. Der Anteil der Privatunternehmen stieg von 79,4 Prozent auf 92,4 Prozent. Heute tragen Privatunternehmen in China mit mehr als 60 Prozent zum Bruttoinlandsprodukt bei und stellen rund 90 Prozent der neu entstandenen Arbeitsplätze.

Letztlich gibt es in einer gelenkten Marktwirtschaft keinen prinzipiellen Unterschied zwischen Staatsunternehmen und Privatunternehmen. Beide Gruppen sind Unternehmen, die auf Märkten agieren, sich über Marktbeziehungen reproduzieren. Beide müssen ihr Kapital erhalten und qualitativ und quantitativ erweitern, indem sie Innovationen und Investitionen vornehmen. Natürlich ist der Zugriff des Eigentümers »Staat« über die Aufsichtsräte, die Gewinnverwendung und die Strategiebildung in den Staatsunternehmen besonders, weshalb Rüstungsbetriebe und wichtige Infrastrukturunternehmen in der Regel Staatsbetriebe sind oder Aktiengesellschaften, in denen die staatliche Vermögensverwaltung die Mehrheit der Aktien bzw. der Stimmrechte hält. Aber auch die Privatunternehmen ohne Staatsbeteiligung sind in das System der gelenkten Marktwirtschaft eingebunden: über Kreditlenkung und Finanzierungen, über Teilhabe an Infrastrukturentwicklungen und Forschungsförderung, über gesetzliche Rahmenbedingungen, Arbeits-, Unternehmens- und Handelsrecht sowie über Umweltgesetze und Umweltprogramme. Zudem spielt in größeren Privatunternehmen auch die betriebliche Parteiorganisation der KPCh eine wichtige Rolle (dazu mehr in den Kapiteln 4 und 5)

Die Haltung der KPCh und der chinesischen Regierung gegenüber Privatunternehmen hat sich seit erheblich verändert. Heute sind Privatunternehmen akzeptiert und sie werden seit den 2010er Jahren in der Regel genauso gefördert wie Staatsunternehmen – nämlich in Abhängigkeit von den Zielen und der Bedeutung für die wirtschaftliche Entwicklung und weitgehend unabhängig von der Unternehmensform. Privatunternehmen sind wie Staatsunternehmen an die sozialistischen Zielstellungen gebunden. Gewinne stehen dazu nicht im Widerspruch und Korruption muss in Staatsbetrieben wie auch in Privatbetrieben kontrolliert und unterbunden werden.

2.2 Die Rolle der Regionen

Arnaud Bertrand, ein französischer Unternehmer in Schanghai, schreibt nach einem Vortrag von Prof. Keyu Jin (2023) über den »doppelten Wettbewerb«, der zum einen zwischen den Unternehmen und zum anderen zwischen den Regionalverwaltungen stattfindet:

> »... eine Kennzahl, die mich immer wieder erstaunt hat, ist die Tatsache, dass in China die lokalen Regierungen (Provinzen, Städte, Dörfer usw.) verrückte 85 Prozent der Ausgaben des Landes kontrollieren. Im Durchschnitt liegt die gleiche Kennzahl für OECD-Länder bei 33 Prozent. ... Wie Keyu Jin erklärt, hat dies zur Folge, dass Provinzen und größere Gemeinden in China ein immenses Maß an Autonomie über die Art und Weise haben, wie sie ihre jeweilige Wirtschaft betreiben, und hart miteinander konkurrieren. Dies ist die erste Schleife. Und dann ist die zweite Schleife natürlich, dass es Unternehmen gibt, die auf dem Markt miteinander konkurrieren. Infolgedessen entwickeln sich in China nicht nur die Unternehmen, sondern auch das Umfeld ... ständig weiter: Es gibt ständig diese oder jene Provinz, die eine neue Politik verfolgt, die sich als sehr effektiv erweist, wodurch sie sich einen Vorteil gegenüber anderen Orten verschafft, eine Initiative, die dann von anderen Orten kopiert wird.«[37] (vgl. auch Abbildung und Tabelle im Anhang[38])

Regionen und Kommunen, Städte und ländliche Gemeinden, spielen in der chinesischen gelenkten Marktwirtschaft eine ganz besondere Rolle. Erstens weil die

Kommunen und Regionen im Wettbewerb um leistungssteigernde Innovationen stehen. Zweitens aber auch, weil Innovationen und neue Verfahren zunächst lokal oder regional erprobt, ggf. verbessert und kombiniert und erst dann auf andere Regionen übertragen werden. Regionen und Kommunen sind die Experimentierfelder des Innovations- und Selektionsprozesses. Auch neue Verwaltungsverfahren und Gesetze werden zunächst lokal eingeführt und erprobt, beispielsweise das autonome Fahren. Es gibt weitere Beispiele (vgl. auch weiterführende Links im Anhang[39]):

- Die Einführung von Smart-City-Technologien begann in ausgewählten Städten wie Hangzhou und Shenzhen. Diese Städte implementierten fortschrittliche Technologien zur Verbesserung der städtischen Infrastruktur, des Verkehrsmanagements und der öffentlichen Sicherheit. Der Erfolg dieser Pilotprojekte führte zur Ausweitung der Smart-City-Initiativen auf andere Städte in China.
- In Städten wie Shenzhen wurden Elektrobusse und andere umweltfreundliche Verkehrsmittel getestet, bevor sie in anderen Teilen des Landes eingeführt wurden. Shenzhen war die erste Stadt der Welt, die ihre gesamte Busflotte auf Elektrofahrzeuge umstellte.
- Das soziale Kreditsystem wurde zunächst in ausgewählten Städten wie Rongcheng und Hangzhou getestet. Dieses System bewertet das Verhalten von Unternehmen und Bürgern, belohnt oder bestraft sie entsprechend. Derzeit läuft noch die Erprobung in ausgewählten Regionen und es ist unklar, ob es auf andere Regionen ausgeweitet wird.
- Das Hongyun-Projekt, das stabile Internetverbindungen durch Niedrigorbit-Satelliten bereitstellt, wurde zunächst in ländlichen Regionen getestet, um die digitale Kluft zu verringern. (Vgl. Yijia, Osborne 2017, Kapitel 10)

Diese Beispiele zeigen, wie China innovative Ansätze zunächst in kleineren Maßstäben testet, bevor sie landesweit umgesetzt werden. Die Regionen und Kommunen haben großen Einfluss auf lokale Standortbedingungen und großes Interesse an florierenden Unternehmen, da sie erhebliche Einnahmen aus Grundsteuern, Unternehmenssteuern und Mehrwertsteuern erzielen. Viele Kommunen finanzierten ihre Haushalte auch aus Einnahmen für die Verpachtung von Grund und Boden für Gewerbegebiete und Bauunternehmen. Oft bauen die Kommunen auch die Infrastruktur für solche Gebiete und stellen sie den Nutzern zur Verfügung.

> »Immobilien sind auch die Lebensader der lokalen Regierungen, für die ein großer Teil der Steuereinnahmen und der Schuldenfinanzierung von aktuellen und zukünftigen Grundstücksverkäufen abhängt. Im Großen und Ganzen macht der Immobiliensektor fast 30 Prozent des chinesischen BIP aus ... Dies ist bei weitem der höchste Wert unter den großen Volkswirtschaften.« (Keyu Jin 2023, Kapitel 6)

Eine Folge davon sind allerdings Überkapazitäten im Bausektor, Leerstand von Wohnungen in Gebieten, die (noch) nicht nachgefragt werden, und wohl auch ungenutzte Gewerbeflächen. Die chinesische Regierung hat regulierend eingegriffen und die entstandene Immobilienblase zum Platzen gebracht. Evergrande, einer der größten Immobilienentwickler Chinas, steht in einer massiven Krise. Das Unternehmen hat Schulden in Höhe von über 300 Milliarden US-Dollar angehäuft. Ein Gericht in Hongkong hat im Januar 2024 die Liquidation des Unternehmens angeordnet, nachdem Evergrande wiederholt keinen Plan zur Restrukturierung seiner Schulden vorlegen konnte. Die chinesische Regierung hat staatlich unterstützte Unternehmen dazu ermutigt, Vermögenswerte von Evergrande zu kaufen. Dies half, die wirtschaftlichen Auswirkungen des Zusammenbruchs zu mildern, ohne dass eine direkte staatliche Rettungsaktion erforderlich war. Trotz der finanziellen Schwierigkeiten von Evergrande wurden viele Projekte weitergeführt, um die Interessen der Hauskäufer zu schützen.

Die Folgen der Immobilienkrise sind bis heute nicht ausgestanden. Das drastische Eingreifen der KPCh und der Regierung hat zum Konkurs einiger Unternehmen und zum Scheitern spekulativer Immobilien-Geschäftsmodelle geführt. Aber dies leitete Korrekturen bei der Lösung dieses Problems ein:

> »Seit etwa sechs Jahren höre ich die Klagen von Chinesen, dass es nicht mehr möglich sei, ein Haus zu kaufen. Ihr Wohnungsmarkt wurde, genau wie der unsere [Rainer Land: gemeint ist der deutsche], von Investoren aufgekauft, wodurch junge Menschen verdrängt wurden. Was war die Antwort der Chinesen? Sie ließen ihren Wohnungsmarkt zusammenbrechen und die Regierung griff ein: Millionen von Sozialwohnungen sind geplant, bis 2030 sollen sie das gesamte Wohnungsangebot dominieren. Der Staat wird zum größten Bauherren für Wohnhäuser. ... China hat wiederholt bewiesen, dass dort eine Politik durchgesetzt wird, die für die Mehrheit gut ist, auch wenn sie den Reichen schadet.« (Welsh 2024, o. S.)
>
> »Das harte Durchgreifen gegen den stark verschuldeten Immobiliensektor ab 2020 führte zu einem starken Rückgang der Nachfrage nach Grundstücken, Rohstoffen, Arbeitskräften und Krediten für Wohnungen und die damit verbundene Infrastruktur. Dies hinterließ ein Loch in den Finanzen der Kommunalverwaltungen – die einen Großteil ihrer Einnahmen auf Landverkäufe stützen – und beeinträchtigte das Wirtschaftswachstum. Daher suchten die Kommunalverwaltungen nach alternativen Investitionsmöglichkeiten, um das Wirtschaftswachstum anzukurbeln ... Nun fließt ein Großteil der Bankkredite und -investitionen, die zuvor in Immobilien flossen, in die Fertigung – hauptsächlich in die Cleantech-Fertigung – sowie in den Cleantech-Einsatz.« (Myllyvirta 2023, o. S.)

Myllyvirta berichtet auch, dass Kommunalverwaltungen versuchen, mit direkten oder indirekten Subventionen Investoren in die Region zu holen. Auch im Bereich der Solarenergie haben sich chinesische Kommunen mit dem »Whole County Solar«-Modell etwas einfallen lassen.

> »Bei diesem Modell verhandelt der Entwickler mit Gebäudeeigentümern und arrangiert die Verträge mit Netz, Finanzierung, Beschaffung, Vertragsabschlüssen und Installationen. Dieses Modell – das man als zentralisierte Entwicklung dezentraler Solarenergie beschreiben könnte – hat den Einsatz von Solaranlagen auf Dächern in großem Maßstab ermöglicht.« (Ebd.)

Die Kommunen nehmen die Kredite auf, die Hauseigentümer stellen ihre Dächer zur Verfügung, bekommen eine PV-Anlage, profitieren, indem sie den günstigen Strom selbst nutzen, und die Kommunen erhalten einen Teil des Ertrags zur Finanzierung ihrer Kommunalhaushalte und Refinanzierung der Kredite. Das ist eine Einnahme über viele Jahre, da der Ausbau und die Nutzung der PV über Jahre und Jahrzehnte anhalten wird. Nach der Immobilienkrise konnte so eine neue Quelle für kommunale Finanzen gefunden werden.

> »In fast allen dreiundzwanzig Provinzen und vier Kommunen Chinas laufen experimentelle Projekte zur kommerziellen Entwicklung … Dieses Phänomen ist als *Bürgermeisterwirtschaft* [Hervorhebung Rainer Land] bekannt. In den letzten Jahrzehnten haben bahnbrechende lokale Regierungsbeamte in frenetischem Tempo ihre lokale Wirtschaft ausgebaut und ehemalige Fischerdörfer und Ackerland in IT-Technologiezentren und Industriezentren verwandelt.« (Keyu Jin 2023, Kapitel 5)
> »Dieses Modell der politischen Machtkonzentration in Verbindung mit wirtschaftlicher Dezentralisierung ist einzigartig für den chinesischen Staat. Chinesische Kommunalbeamte haben die direkte Kontrolle über enorme Ressourcen, von Land, Energie und Rohstoffen bis hin zu lokalen Banken. Es unterscheidet sich von völlig zentralisierten Staaten wie der ehemaligen Sowjetunion, wo alle Entscheidungen an der Spitze getroffen wurden und jede wichtige Wirtschaftspolitik von spezialisierten zentralen Ministerien koordiniert und umgesetzt wurde. Es unterscheidet sich auch vom amerikanischen Föderalismus, wo der wirtschaftliche Einfluss der Gouverneure der Bundesstaaten und der von ihren Wählern gewählten Bürgermeister in erster Linie in Form von Steuerzuweisungen durch die bundesstaatlichen Gesetzgeber erfolgt.« (Ebd.)

Bei Keyu Jin finden sich unzählige Beispiele für Aktionen von Kommunen, die sich erfolgreich für die Weiterentwicklung ihrer Regionen einsetzen. Ein paar davon, möchte ich noch vorstellen:

> »In den letzten Jahren wurden mehr als einhundertfünfzig High-Tech-Entwicklungszonen in kleinen und mittelgroßen Städten im ganzen Land gebaut, mit dem Ziel, kommerzielle Knotenpunkte für Elektronik, Biomedizin und saubere Energie zu

entwickeln. In fast allen dreiundzwanzig Provinzen und vier Kommunen Chinas laufen experimentelle Projekte zur kommerziellen Entwicklung: in Guangdong gibt es eines für eine maritime Seidenstraße, in Fujian eines für Verbindungsinvestitionen mit Taiwan, in Shanghai eines, das die Stadt als Zentrum für internationale Finanzdienstleistungen positionieren soll, und viele andere.« (Ebd.)

»Neben der Bekämpfung von Umweltverschmutzung und Korruption umfasst die neue Agenda des Staates auch eines der eklatantesten Probleme der Gegenwart: die Einkommensunterschiede, die unweigerlich mit dem schnellen Wachstum einhergehen. Die Märkte lösen dieses Problem nicht von selbst, sondern können es sogar noch verschärfen. Die zunehmende Ungleichheit ist weltweit zu einem kritischen Thema geworden, das zu polarisierten Gesellschaften, wachsendem Populismus und weit verbreiteter Unzufriedenheit mit der Regierung führt. Auch hier sind die lokalen Regierungen in der Pflicht. Sie haben Zielvorgaben für die Zahl der Menschen erhalten, die in ihrem Zuständigkeitsbereich jährlich aus der Armut befreit werden müssen, und ihr Erfolg oder Misserfolg wird sich an diesen Maßstäben orientieren. Präsident Xi legte eine Liste konkreter Maßnahmen auf den Tisch, um den Schwächsten zu Wohlstand zu verhelfen. Dazu gehören die Umsiedlung von Menschen aus ländlichen Gebieten, die von Naturkatastrophen oder Notlagen betroffen sind, in Städte und Gemeinden, die Bereitstellung von Anreizen und Ressourcen für die Gründung von Kleinunternehmen, die Verbesserung der ländlichen Infrastruktur und die Bereitstellung öffentlicher Güter in diesen Gebieten, wie z. B. Gesundheitsfürsorge und öffentliche Dienstleistungen, sowie allgemeine und berufliche Bildung für junge Menschen. [Ausgewählte] Haushalte erhalten sogar Kontaktinformationen zu den für die Armutsbekämpfung in ihrer Region zuständigen Beamten. Infolge dieses Programms ist die Zahl der sehr armen Landbewohner von fast 100 Millionen Ende 2012 auf 16,6 Millionen Ende 2018 gesunken. Bis Ende 2020 wurde das Ziel der vollständigen Beseitigung der extremen Armut erreicht …« (Ebd., S. 271)

Als weiteres Beispiel beschreibt Keyu Jin die Verbindung zwischen Nio, einem Unternehmen, das Elektroautos herstellt, und der Provinzregierung Hefei.

»Im April 2020 war der Aktienkurs des Unternehmens seit dem Börsengang im Jahr 2018 um 62 Prozent gefallen, und das Unternehmen stand am Rande des Bankrotts, da es keine Finanzierung mehr hatte. An diesem Punkt schritt die Regierung der Provinz Hefei in der Provinz Anhui ein und überbot ihre Konkurrenten mit einem Angebot von 7 Milliarden RMB (umgerechnet etwa 1 Milliarde US-Dollar) im Austausch für eine 25prozentige Beteiligung an dem Unternehmen. Nio verlegte seinen Hauptsitz nach Hefei, wo die lokale Regierung dem Unternehmen half, Kredite von sechs großen staatlichen Banken zu erhalten, und es außerdem bei der Schaffung, Organisation und Koordinierung einer Lieferkette für Batterien, Motoren und Steuersysteme unterstützte (was andere produktive Unternehmen ermutigte, sich in der

Region niederzulassen). Im Laufe des nächsten Jahres stieg die Autoproduktion von Nio um 81 Prozent. Die Gesamtbewertung des Unternehmens, die im April 2020 bei etwa 3 Milliarden US-Dollar lag, stieg acht Monate später auf etwa 100 Milliarden US-Dollar. Durch die Beteiligung profitierte die lokale Regierung in vielerlei Hinsicht: Sie konnte ein hochwertiges Unternehmen in ihren Hightech-Park holen, Arbeitsplätze schaffen, sich einen Namen machen und einen stattlichen Gewinn aus dem Besitz von Nio-Aktien erzielen.« (Ebd., S. 196)

»Die Stadt Kunshan [Provinz Jiangsu; RL] ist ein gutes Beispiel dafür, wie eine lokale Regierung im Alleingang eine unscheinbare Agrarstadt in eine boomende Industrie- und High-Tech-Stadt verwandelt hat. Im Jahr 1978 sparten die Einwohner der Stadt im Durchschnitt etwa 12 US-Dollar pro Jahr. Zwischen den beiden mächtigen Nachbarstädten Shanghai und Suzhou gelegen, hatte Kunshan keine Chance, sich erfolgreich um die Aufmerksamkeit US-amerikanischer und europäischer multinationaler Unternehmen zu bemühen. Daher hat die lokale Regierung beschlossen, sich als Nischenmarkt für wohlhabende taiwanesische Investoren neu zu erfinden. Zu diesem Zweck wurde eine breite Palette unternehmensfreundlicher Maßnahmen ergriffen, darunter finanzielle und steuerliche Unterstützung, Landverpachtung, die Beantragung von Lizenzen aus einer Hand und niedrigere Kapitalschwellen. Darüber hinaus verfolgte sie eine strikte Politik der Nicht-Toleranz gegenüber Korruption. Infolgedessen fühlten sich die taiwanesischen Investoren sowohl begehrt als auch sicher. Als einige von ihnen bei einem Besuch erkrankten und ins Krankenhaus eingeliefert wurden, besuchten die örtlichen Führungskräfte sie und kümmerten sich persönlich um ihr Wohlergehen und ihre Genesung. Infolge dieser Unterstützung und Herzlichkeit entstanden in Kunshan mehr als viertausend neue Unternehmen.« (Ebd.)

2.3 Das Finanz- und Versicherungssystem

Das chinesische Finanzsystem wurde und ist auch jetzt noch von Banken dominiert. Einer der ersten Schritte war die *funktionale Trennung von Zentralbank und Geschäftsbanken*. Die People's Bank of China (PBoC) war 1978 noch beides, Zentral- und Geschäftsbank. Mittlerweile ist sie nur noch Zentralbank (das Zentralbankgesetz trat 1995 in Kraft), vier Geschäftsbanken wurden herausgelöst: die Agricultural Bank of China (ABoC), die Bank of China (BoC), die People's Construction Bank of China (PCBoC) und die Industrial and Commercial Bank of China (ICBoC). Die Zentralbank ist dem Staatsrat unterstellt und darf in ihren Entscheidungen nicht durch Lokalregierungen, Verwaltungen oder Einzelpersonen beeinträchtigt werden. Gleichzeitig untersagt das Zentralbankgesetz der PBoC explizit die Finanzierung von Haushaltsdefiziten und die Kreditvergabe an Organisationen der Zentral- und Lokalregierungen. Noch in den 1990er Jahren entstanden als Abspaltung aus der Zentralbank unabhängige *Aufsichtsbehörden* für Banken, Wertpapiergesellschaften und Versicherungen.

Anstelle eines Monobankensystems entwickelte sich eine vielfältige Bankenlandschaft. Unter der geldpolitischen Regie der Zentralbank und unter der Kontrolle diverser Aufsichtsbehörden entstanden neben den o. g. Big Four staatliche Sonderinstitute (sog. Policy Banks), landesweit als Kapitalgesellschaften operierende Geschäftsbanken, Kreditgenossenschaften, ausländische Banken und städtische Banken, die aus Kreditkooperationen entstanden und deren Geschäftstätigkeit sich hauptsächlich auf Städte konzentriert (sog. City-Banken). Mit dieser Vielfalt entwickelt sich natürlich auch ein Wettbewerb zwischen den einzelnen Banken.

Ein schwieriges Problem des Übergangs waren *uneinbringliche Kredite*, die an ineffiziente Staatsbetriebe ausgereicht worden waren, oder auch Kredite für neue Projekte, die nicht erfolgreich wurden. Ende der 1990er Jahre machten die notleidenden Kredite etwa 40 Prozent der gesamten Kreditsumme aus. Naughton (2007, S. 460f.) sieht die Ursache dafür vor allem in den Maßnahmen, die zur Stabilisierung während der »*Reformen ohne Verlierer*« finanziert wurden, um Unternehmen trotz Defiziten am Leben zu halten oder deren Ausscheiden abzufedern. Der Bestand an notleidenden Krediten wurde erst in den 2000er Jahren auf ein tragbares Maß reduziert. Weitere Reformen differenzierten das Bankensystem im Vorfeld des Beitritts zur Welthandelsorganisation.

Seit den 1980er Jahren sind auch *Schattenbanken* entstanden, Organisationen, die außerhalb des beaufsichtigten und regulierten Bankensystems Kredite an Kleinunternehmen und Privatpersonen vergeben. Die chinesische Regierung hat versucht, diesen Bereich zu begrenzen und zu kontrollieren – mit wechselndem Erfolg.

Bereits in den 1990er Jahren entstanden *Kapitalmärkte* und *Börsen* für *Aktien* und *Anleihen*. Heute gibt es zwei Hauptbörsen in Festlandchina: die Shanghai Stock Exchange (SSE) und die Shenzhen Stock Exchange (SZSE). Auch die Hong Kong Stock Exchange (HKEX) wird oft als Teil des chinesischen Aktienmarktes angesehen, insbesondere seit der Einführung des »Shanghai-Hong Kong Connect«-Programms im Jahr 2014, das ausländischen Investoren den Zugang zu Aktien ermöglicht, die an den Festlandbörsen notiert sind. Petry (2020) betont, dass chinesische Kapitalmärkte anders funktionierten als ihre »globalen« Äquivalente, auch wenn sie die Marktmechanismen übernommen hätten. Es sei

> »... von Bedeutung, wie Börsen (d. h. Marktorganisationen) geregelt werden und welchen Zwängen und Anreizen sie ausgesetzt sind. Im Westen werden Börsen öffentlich als Unternehmen behandelt, die profitable Geschäftsentscheidungen treffen müssen, um den Shareholder Value zu steigern; sie befinden sich in einem institutionellen Rahmen, der von einer neoliberalen institutionellen Logik geprägt ist. ... [Während] privates Finanzkapital das primäre Grundprinzip neoliberaler Märkte ist, interveniert der Staat in China vor allem in die Kapitalmärkte, um sie in ›produktive‹ Bahnen zu lenken, die staatliche Ziele erleichtern.« (Petry 2020, S. 6)

Der *Fintech-Markt* umfasst eine breite Palette von Produkten und Dienstleistungen, die traditionelle Finanzmethoden durch den Einsatz von Software und modernen Technologien verbessern oder ersetzen. In China ist dieser Markt ein integraler Bestandteil der Finanzdienstleistungsbranche.

Venture Capital spielt in China eine zentrale Rolle, insbesondere im Hinblick auf die Förderung von Innovationen und Unternehmertum. Der chinesische Venture-Capital-Markt ist nach den USA der zweitgrößte weltweit und bietet Investoren große Chancen sowie einzigartige Investmentfälle. Die chinesische Regierung hat zahlreiche Programme initiiert, um Unternehmertum zu fördern und die Innovationsfähigkeit des Landes zu stärken, beispielsweise das »Mass Entrepreneurship und Innovation-Program«. Diese Bemühungen zielen darauf ab, China bis zum Jahr 2025 zu einer der führenden Technologienationen zu machen.

Crowdfunding in China hat sich zu einem bedeutenden Teil des Finanzierungssystems entwickelt und bietet eine Plattform für die Finanzierung einer Vielzahl von Projekten und Unternehmungen.

Im Jahr 2007 konstatiert Naughton: »Heute verfügt China über praktisch alle Institutionen eines modernen Finanzsystems ...« (S. 451) Die bis 2007 entstandenen Strukturen des Finanzsystems mit Dominanz der Banken gehen über die in Kapitel 1 beschriebenen Funktionen für die Reproduktion der Sach- und Geldkreisläufe kaum hinaus. Sie haben nur eine geringe Eigendynamik und sind wenig geeignet, wirtschaftliche Entwicklung differenziert zu lenken. Das ändert sich im Zusammenhang mit dem Pfadwechsel, der nach 2007 langsam begann. Der schrittweise Übergang zu einer industriepolitisch gelenkten wirtschaftlichen Entwicklung erforderte neue Finanzinstrumente, insbesondere dynamische und zugleich regulierte Kapitalmärkte. Das Finanzsystem wird umgebaut und erweitert (der Aufbau des chinesischen Finanzsystems ist detaillierter beschrieben in Land 2024a). Die mit Kapitalmärkten verbundene Eigendynamik im Finanzsystem sollte aber nicht in einen Finanzmarktkapitalismus abgleiten, nicht zur Dominanz von Finanzrenditen und Anlegerinteressen führen. Das Finanzsystem sollte dynamisch und zugleich gestaltbar und reguliert sein, und zwar so, dass die intendierten realen Entwicklungsrichtungen tatsächlich angesteuert werden. Dazu entstand ein System der Kreditlenkung durch »*Industrial Guidance Fonds*«-Ziele (Näheres dazu in 3.1.1).

»Die Entwicklung von Guidance Fonds lässt sich in drei Sätzen beschreiben. Im ersten Schritt richtete die Regierung Anfang bis Mitte der 2010er Jahre eine Reihe von Startfonds sowie den unterstützenden Rechtsrahmen ein. Im zweiten Schritt gab es einen Boom bei den zwischen 2015 und 2018 eingerichteten Guidance Fonds, der durch die Regierungspolitik, lockere Regulierung, Einschränkungen bei anderen Ausgaben und Trendverfolgung unter Regierungsbeamten angetrieben wurde. Im Januar 2015 leitete Ministerpräsident Li Keqiang ein Treffen zur Einrichtung staatlicher Guidance Fonds auf nationaler Ebene. In der dritten Phase, etwa ab 2018, verlangsamte sich das

> Tempo der Gründung und Mittelbeschaffung für die Industrieleitfonds, vor allem aufgrund strengerer Vorschriften.«[40]

Neben der Umstrukturierung des Finanzsystems entstand ein differenziertes *Versicherungssystem*. Der Auf- und Ausbau einer öffentlichen und allgemeinen Sozialversicherung (Renten-, Kranken-, Mutterschafts-, Unfall- und Arbeitslosenversicherung sowie Wohnungsfonds für Arbeitnehmer) hat die großen Hürden genommen und funktioniert, ist aber noch nicht abgeschlossen.

Für *Private Versicherungen* ist China der zweitgrößte Versicherungsmarkt der Welt. Die Prämien (ohne Krankenversicherung) haben sich seit der globalen Finanzkrise im Jahr 2008 fast vervierfacht und erreichten 2018 einen Wert von 417 Milliarden Euro. Technologieunternehmen haben große Plattformen geschaffen, die fast ausschließlich von mobilen Geräten bedient werden. Personenversicherungen werden fast ausschließlich online abgeschlossen.

2.4 Makroökonomische Bedingungen

In diesem Abschnitt geht es um die makroökonomischen Bedingungen wirtschaftlicher Entwicklung (selbstverständlich im Sinne Schumpeters, wie in 1.2 dargestellt), die ich noch einmal rekapitulieren möchte, bevor ich in Abschnitt 2.5 nachzeichne, wie Chinas Fünfjahrpläne zur gelenkten Marktwirtschaft geführt haben. Heiner Flassbeck (2024) hat die makroökonomischen Bedingungen im Einzelnen analysiert, ich beziehe mich hier auf seine »Grundlagen einer relevanten Ökonomik«.

Erstens geht es um kreditfinanzierte Investitionen für Innovationen, um *niedrige Zinsen unterhalb der Wachstumsrate*. Sind die Zinsen höher als die Wachstumsrate, so werden keine oder nur wenige Unternehmen Kredite aufnehmen. Wenn die durchschnittlichen Renditen geringer sind als der allgemeine Zinssatz, dann lohnen sich realwirtschaftliche Investitionen nicht. Das nominale Wachstum sollte höher sein als die durchschnittliche volkswirtschaftliche Rendite; nur dann können Kreditzinsen, Gewinne der Unternehmen und steigende Löhne zugleich erwirtschaftet werden.

> »Wichtig ist zu verstehen, dass die Renditen von Investitionsprojekten gesamtwirtschaftlich gesehen nicht unabhängig voneinander sind: Je mehr Projekte durchgeführt werden, desto positiver entwickelt sich die Gesamtnachfrage, was die Rentabilität anderer Projekte erhöht. Hier tritt wieder der sich selbst verstärkende Prozess zu Tage, der durch gesamtwirtschaftliche Rückkoppelung einzelwirtschaftliches Parallelverhalten erzeugt.« (Flassbeck 2024, Abschnitt 5.3.1)

Zu den Rahmenbedingungen sollte auch die Kontrolle und Beschränkung der Kreditaufnahme für *spekulative Investitionen* gehören. Hier geht es um Kredite, die aufgenommen werden, um Vermögenswerte zu erwerben und auf deren Wertsteigerung oder auch auf fallende Kurse zu wetten. Bei diesen Geschäften werden Spekulationsgewinne durch Umverteilung bzw. Abschöpfung erzielt. Für die Entwicklung der Realwirtschaft ist dies bestenfalls bedeutungslos, weil die Gewinne und Verluste im Spekulationsgeschäft Null ergeben. Im schlimmsten Fall sind die Effekte für die Realwirtschaft negativ, weil kreditfinanzierte Spekulation, die sich selbstreferenziell ausweitet,* zu falschen Preisen und daher zu Fehlallokationen führt, Entwicklung temporär fehlleitet und zu dramatischen Finanzkrisen führen kann, z. B. zu Preisblasen bei Immobilien, Rohstoffen, Energie und Lebensmitteln (vgl. Schulmeister 2018, Werner 2007, Hudson 2016). Daher sind regulierte und kontrollierte Finanzmärkte eine Voraussetzung für eine gelenkte wirtschaftliche Entwicklung. Das soll nach Flassbeck auch für Devisenmärkte und Wechselkursanpassungen gelten (Flassbeck 2024, Abschnitt 2.12).

Der zweite wichtige Parameter ist die *Lohnentwicklung* im Verhältnis zur volkswirtschaftlichen Produktivität. Die Reallöhne sollen entsprechend der Produktivität steigen, nur dann wächst die Nachfrage entsprechend. Wird eine positive Inflationsrate angesteuert, z. B. 2 Prozent, so lautet die Regel, dass das Wachstum der Löhne (inklusive der Lohnnebenkosten) der Produktivitätssteigerung plus der Zielinflationsrate entsprechen soll (goldene Lohnregel). Wie Flassbeck im Detail nachweist (ebd., Abschnitt 5.3), wird die Inflationsrate von der Lohnentwicklung bestimmt. Die neoklassische Vorstellung, der Zentralbankzins könne die Inflationsrate regulieren, ist ein Irrtum. Zwar kann die Zentralbank durch eine deutliche Anhebung der Zinsen eine Wirtschaftskrise mit hoher Arbeitslosigkeit auslösen und auf diesem Weg die Lohnentwicklung bremsen oder sogar sinkende Löhne erzwingen, aber um einen hohen Preis. Eine kontinuierliche Anpassung der Lohnentwicklung an die Produktivität und die Zielinflationsrate wäre der bessere Weg. Bleibt die Lohnentwicklung hinter der Produktivität zurück entstehen deflationäre Bedingungen, die eine anhaltende Depression zur Folge haben können.

Damit im Zusammenhang steht ein dritter Parameter, eine ausgeglichene *Handelsbilanz*. Bleibt die Lohnentwicklung hinter der Produktivität zurück, dann sinken die Exportpreise im Außenhandel und Inflationsdifferenzen zwischen Handelspartnern verschieben die Preisverhältnisse. Die Exportpreise von Ländern mit einer Lohnentwicklung unterhalb der Produktivität sinken relativ, dies führt zu Handelsbilanzüberschüssen (Beispiel Deutschland). Umgekehrt steigen die Exportpreise

* »An den Märkten kommt es ... zu Herdenbildungen, also weitgehend gleichartigem Verhalten vieler ›Investoren‹, was massive Preisverzerrungen und eindeutig falsche Preise zum Normalfall macht. ... Der kritische Punkt ist, dass die Herde gewinnt, so lange sie rennt. Eine einmal in Gang gekommene Aufwärtsbewegung bei dem Preis eines Assets, sei es eine Währung, eine Aktie, ein Hypotheken- oder ein Rohstoffderivat, macht alle Spekulanten reicher und fordert neue ›Investoren‹ geradezu zum Einsteigen auf. ... Je länger eine solche Hausse aber geht, umso größer wird die Wahrscheinlichkeit, dass sie zusammenbricht und Verluste auf breiter Front verursacht.« (Flassbeck 2024, Abschnitt 7.2)

für Länder, deren Reallöhne stärker steigen, was zu Handelsbilanzdefiziten dieser Länder führt. In der Eurozone ist das dramatische Ergebnis, dass auch die Länder, die sich an die goldene Lohnregel gehalten haben (z. B. Frankreich), zunehmende Handelsbilanzdefizite hinnehmen mussten, weil Deutschland als größte Volkswirtschaft in der EU sich über viele Jahre Wettbewerbsvorteile durch zurückbleibende Löhne verschafft hat. Zwischen Handelspartnern mit unterschiedlichen Währungen ist ein Ausgleich durch Anpassung der Wechselkurse möglich – das Überschussland würde aufwerten, das Defizitland abwerten, bis die Handelsströme wieder ausgeglichen sind. Das setzt aber voraus, dass die Wechselkurse nicht durch spekulationsgetriebene Finanzströme verzerrt werden und die Anpassung zügig und in ausreichender Größe erfolgt. In einer Währungsunion ist Anpassung hingegen nur durch eine Koordination der Lohnpolitik innerhalb der Währungsunion möglich, wofür es bislang keine politischen Verfahren gibt (vgl. Land 2017b und 2018a).

Eine weitere Bedingung ist eine stabile und möglichst geringe *Inflationsrate* – im einstelligen Bereich. 2 oder 3 Prozent sind günstige Werte. Schwankungen erschweren die Planungssicherheit für Kreditaufnahmen und Investitionen, starke Schwankungen und hohe Inflationsraten blockieren. Eine Inflationsrate von null Prozent ist nicht zielführend, weil sie bedeuten würde, dass die Preise für Produkte mit durchschnittlicher Produktivitätsentwicklung sinken müssten. Denn es gibt immer einen recht großen Bereich, bei dem Preise nicht (oder nur geringfügig) sinken können. Die Produktivität von Lehrern, Krankenschwestern und verschiedenen Dienstleistern kann nicht steigen. Ein Lehrer kann eine bestimmte Zahl von Schülern pro Klasse oder die Zahl der Unterrichtsstunden pro Woche nicht fortlaufend erhöhen. Steigt die volkswirtschaftliche Produktivität, so müssen aber auch die Löhne in diesen Branchen steigen – sonst würden die Arbeitskräfte aus solchen Branchen abwandern. Das bedeutet, dass die Kosten und die Preise für Produkte aus diesen Branchen Jahr für Jahr steigen müssen, während die Preise für Produkte mit hoher Produktivitätsentwicklung sinken. Die Produktivität solcher Branchen steigt, weil die Wertschöpfung pro Stunde wächst, nicht aber der physische Output.

Daher scheint es optimal, eine positive Inflationsrate im einstelligen Bereich zu haben. Bei einer Zielinflation von 2 Prozent, also etwa in der Größenordnung der erwarteten durchschnittlichen Produktivitätsentwicklung, würden die Preise für bestimmte Dienstleistungen über der Inflationsrate steigen, die Preise für Produkte mit durchschnittlicher Produktivitätssteigerung würden ein wenig im Maße der Zielinflationsrate steigen und die Preise für Produkte mit hoher Produktivitätssteigerung würden leicht sinken. Würde eine Inflationsrate von Null angestrebt, so gäbe es einen erheblich größeren Anteil von Produkten mit Jahr für Jahr sinkenden Preisen.

Bezogen auf die VR China stellt Flassbeck fest (ebd., Abschnitt 5.3.3; vgl. dazu die Abbildungen in der Anhangsdatei[41]):

»Die Volksrepublik China ist in vielerlei Hinsicht der Maßstab, also das Land, das in fast jeder Hinsicht wirtschaftlich erfolgreich war. In China haben von 1980 bis heute praktisch immer günstige monetäre Bedingungen geherrscht. Die nominalen Zinsen ... lagen stets weit unterhalb der Zuwachsraten des nominalen Bruttoinlandsprodukts. ...
So bewegt sich die reale Wachstumsrate seit Mitte der 1990er-Jahre oberhalb des Zinsniveaus. Der von der Zentralbank erhobene Zins liegt deutlich unter dem Bankenzins; deshalb muss man für China in den letzten Jahrzehnten konstatieren, dass die Zentralbank bei stabilen Inflationsraten und niedrigen Zinsen für eine hohe Profitabilität der privaten Investitionstätigkeit gesorgt hat.
Bei einer sehr stabilen Inflationsrate ist es der chinesischen Notenbank insbesondere seit Mitte der 1990er-Jahre möglich gewesen, günstige monetäre Bedingungen zu schaffen. Nimmt man hinzu, dass sich der Wechselkurs des chinesischen Yuan gegenüber dem US-Dollar seit 1993 auf einem niedrigen Niveau stabilisiert hat, stellt China in diesen drei Jahrzehnten das Paradebeispiel dafür dar, wie man es ›richtig‹ macht.«

Die dynamische wirtschaftliche Entwicklung ist die Voraussetzung für eine *gelenkte* Entwicklung. Man kann nur lenken, wenn es Investitionen und Innovationen gibt. Allerdings ist es ein Unterschied, ob der Fokus allein auf der Wachstumsrate liegt oder ob *bestimmte Entwicklungsrichtungen* angesteuert werden. Dazu im folgenden Abschnitt.

2.5 Die Fünfjahrpläne und die Veränderung ihrer Funktion

Derzeit ist der 14. Fünfjahrplan (2021–2025) gültig und der 15. wird vorbereitet, so auf dem 3. Plenum des ZK der KPCh im Juli 2024. Die Abfolge der Fünfjahrpläne (FJP) lässt zwei Umbrüche erkennen: 1978/1980 begann der Übergang in eine Marktwirtschaft. 2007 bis 2015 wurde ein Pfadwechsel zu einer innovationsbasierten Industriepolitik eingeleitet.

Die ersten fünf Fünfjahrpläne orientierten sich am Modell einer zentralen Planwirtschaft, das ursprünglich, in den 1950er Jahren von der UdSSR übernommen und mit sowjetischer Hilfe installiert worden war. Wegen der zunehmenden Differenzen zwischen der KPdSU und der KPCh koppelte sich das chinesische Planungssystem in den 1960er Jahren von dem der UdSSR und des RGW ab. 1961 verließ China den RGW. Aber bis 1979 blieb es bei einer zentralen Planwirtschaft, wie in Abschnitt 1.1 beschrieben.

Der 1. Fünfjahrplan (1953–1957) wurde stark vom sowjetischen Vorbild und der Unterstützung sowjetischer Planer beeinflusst. Industrielle Entwicklung stand im Vordergrund, konzentriert auf Nordostchina. Zum Plan gehörten 156 von der UdSSR entworfene Bauvorhaben und 694 weitere mittlere und große Bauvorhaben. Ziel war der Beginn des Aufbaus einer sozialistischen Industrie und einer kollektiven Landwirtschaft. Dies wurde in den folgenden Fünfjahrplänen fortgesetzt. Im 2. Fünfjahrplan (1958–1962) sollte die landwirtschaftliche Produktion um 270 Prozent steigen, erreicht wurden aber nur 35°Prozent.[42]

Im 3. Fünfjahrplan (1966–1870) kam eine Orientierung auf Konsum hinzu: »Lösung der Probleme bei Ernährung, Kleidung und anderer Grundbedürfnisse des Volkes. … Der dritte Fünfjahresplan verlangte außerdem, Priorität auf die nationale Verteidigung in Hinsicht auf einen möglichen großen Krieg zu setzen …«[43] Der 3. Plan sollte ursprünglich Anfang 1963 beginnen. Aber der »Große Sprung nach vorn« scheiterte und es gab nacheinander vier schlechte Ernten. Daher musste der Plan aufgegeben werden. Erst ab 1966 wurde wieder ein Fünfjahrplan aufgestellt.

Auch die Umsetzung des 4. Fünfjahrplans (1971–1975) verlief wegen der Rückschläge und der Wirren der Kulturrevolution eher chaotisch. Die wirtschaftliche Lage Chinas war sehr schlecht. Die chinesischen Erfahrungen mit der Koordination und Entwicklung im Rahmen einer zentralen Planwirtschaft waren nicht erfolgversprechend.

Der 5. und 6. Fünfjahrplan und der Beginn der Öffnung und Reformpolitik

Die Reform- und Öffnungspolitik begann nach dem Tod Mao Tse-tungs 1978 während der Laufzeit des 5. FJP (1976–1980). Damit begann die erste große Richtungsänderung in der Strategie der wirtschaftlichen Entwicklung, die Auseinandersetzung um den Weg in eine *sozialistische Marktwirtschaft*. Im März 1978 wurde der Fünfjahrplan geändert. Die ursprüngliche Fassung von 1975 hatte Ziele vorgesehen, die nicht erreichbar waren.[44]

> »Im Dezember 1978 verlagerte die 3. Plenarsitzung des 11. Zentralkomitees der Kommunistischen Partei Chinas den Arbeitsschwerpunkt der KPCh auf die Modernisierung. Die Sitzung … schlug Anpassungs- und Reformmaßnahmen vor, die darauf hindeuteten, dass die wirtschaftliche Entwicklung des Landes in eine neue Phase eingetreten sei, eine der Erkundung und Entwicklung. Im April 1979 legte die Zentralregierung offiziell neue Grundsätze der Neuausrichtung, Reform, Berichtigung und Verbesserung vor.« (Wikipedia[45])

Im Februar 1980 wurde ein Seminar zur Erarbeitung des 6. Fünfjahrplanes (1981–1985) einberufen.

> »Zu diesem Zweck führten die staatliche Planungskommission und die zugehörigen Abteilungen auch umfangreiche Forschungs- und Berechnungsarbeiten zur Erstellung des Plans durch und organisierten entsprechende Experten für die Durchführung wissenschaftlicher Gutachten. Das nationale Planungstreffen von 1982 konzentrierte sich erneut hauptsächlich auf die Ausarbeitung des Plans.« (Ebd.)

Zu den Veränderungen gehörte ein neues Prinzip: »Anpassen, Reformieren, Korrigieren und Verbessern«. Man glaubte nicht mehr, alles von vornherein wissen und planen zu können. Neue Wege sollten durch Experimente und Erfahrungen gefunden werden, nicht mehr (allein) durch Ableitungen aus der Theorie.

Es wurde eine Wachstumsrate von 5 Prozent und eine technologische Modernisierung anvisiert. Ausländisches Kapital sollte genutzt werden und das Bevölkerungswachstum unter Kontrolle gebracht werden.

> »Laut China Daily war der Plan insgesamt ein großer Erfolg ... Die Volkswirtschaft verzeichnete ein stabiles Wachstumstempo. Die durchschnittliche jährliche Wachstumsrate für Industrie- und Agrarprodukte betrug 11 Prozent. Das Bruttosozialprodukt erreichte 1985 778 Milliarden Yuan (113 Milliarden US-Dollar), was einem durchschnittlichen jährlichen Wachstum von 10 Prozent nach Inflation seit 1980 entspricht. ... Die Haushaltslage verbesserte sich von Jahr zu Jahr schrittweise. Die Steuereinnahmen stiegen jedes Jahr um durchschnittlich 15,9 Milliarden Yuan, was einem jährlichen Wachstum von 12 Prozent entsprach und so ein Gleichgewicht zwischen Steuereinnahmen und -ausgaben herstellte. Chinas Außenhandelstransaktionen und der Technologieaustausch traten in eine neue Phase ein. Im Ranking des weltweiten Exportvolumens stieg China von Platz 28 im Jahr 1980 auf Platz 10 im Jahr 1984 auf.« (Wikipedia[46])

Diese positive Tendenz ist zu einem erheblichen Teil auf die Reformen im Bereich der Agrarpolitik zurückzuführen (vgl. 2.1.1), aber auch auf die Aufbruchsstimmung in der KPCh, der Staatsklasse und der Bevölkerung nach Maos Tod, der Öffnung des Landes und der öffentlichen Suche nach neuen Wegen.

Der 7. Fünfjahrplan im Kontext des zeitweiligen Stillstandes der Reformpolitik 1989–1992

Der 7. Fünfjahrplan stand im Zeichen der Reformpolitik. Wirtschaftliche Entwicklung sollte mit Reformen verbunden werden. Es waren erhebliche Steigerungen der Industrie- und Agrarproduktion und der Investitionen vorgesehen (vgl. Ang 2016).[47] Aber der 7. Fünfjahrplan scheiterte aus politischen Gründen. Schuld war eine Fehleinschätzung der KP-Führung. Trotz mehrjähriger Diskussionen entschied sich Deng Xiaoping für eine schnelle Umsetzung der Preisreform (vgl. 2.1 und Weber 2023, S.: 243). Wegen der schockartigen Umsetzung marktwirtschaftlicher Reformen, insbesondere der Preisreform, kam es zu einer hohen Inflation, zunehmenden wirtschaftlichen Engpässen, Protesten der Bevölkerung und einem Studentenaufstand. Die Studenten forderten neben wirtschaftlichen vor allem auch politische Reformen, die die KPCh damals nicht gleichzeitig mit den Wirtschaftsreformen angehen wollte. Für eine Demokratisierung nach westlichem Vorbild gab es in der KP keine Mehrheit. Sie befürchtete eine Destabilisierung des Staates. Die Verhandlungen mit den Studenten scheiterten, die Lage eskalierte und die Studentenrevolte wurde im Juni 1989 blutig niedergeschlagen. Damit war der Reformprozess zunächst blockiert.[48]

Wie oben dargestellt wurde nach Dengs Reise in den Süden 1992[49] der Reformprozess wieder aufgenommen, nun aber schrittweise als Suchprozess gestaltet. Für mehrere Jahre bestanden planwirtschaftliche und marktwirtschaftliche Steuerungen nebeneinander. Die Betriebe hatten Planauflagen, verbunden mit der Zuweisung von Ressourcen. Und sie konnten über diese Auflagen hinaus für den Markt produzieren, Ressourcen auf Märkten einkaufen und eigenständig Innovationen und Investitionen tätigen. Das Wachstum des marktvermittelten Produktionsvolumens sollte das Volumen der Planproduktion nach und nach überflügeln. Erst nach einer Stabilisierung sollte der Anteil der geplanten Wirtschaftsleistungen nach und nach verringert und schließlich abgeschafft werden. Diese Strategie gelang, wie oben in 2.1.1 bis 2.1.5 dargestellt. In den 1990er Jahren entstanden erst kleine, dann auch größere Privatunternehmen und schließlich war der Übergang in die Marktwirtschaft bewältigt.

Der 8. und 9. Fünfjahrplan (1991–1995, 1996–2000)
und der Neustart der Reformpolitik

> »Die Reform der Wirtschaftsstruktur machte bahnbrechende Fortschritte. Ein neues Finanzsystem mit dem System der Steuererhebung mit getrennten Kompetenzen als Kern und ein neues Steuersystem mit der Mehrwertsteuer als Hauptteil wurden im Wesentlichen eingeführt und begannen, normal zu funktionieren. Die politisch orientierten und die kommerziellen Finanzen trennten sich in einigen Aspekten voneinander, der Wechselkurs wurde reibungslos vereinheitlicht. Der Rahmen eines neuen Systems für die makroökonomische Steuerung nahm in Anfängen Gestalt an. Die fundamentale Rolle des Marktes bei der Verteilung von Ressourcen wurde spürbar verstärkt. Das Gefüge, bei dem das Gemeineigentum die Hauptform bildet und sich die verschiedenen Wirtschaftssektoren gemeinsam entwickeln, ist entstanden. Mehr als 1100 Kreise und Städte wurden geöffnet, während eine große Anzahl von wirtschaftlichen Entwicklungszonen und 13 Zollverschlusszonen errichtet wurden.« (china.org.cn[50])
>
> »Die Volkswirtschaft wuchs weiter in hohem Tempo. Das Bruttosozialprodukt betrug im Jahr 1995 5760 Milliarden Yuan, das 4,3fache gegenüber 1980.... Die Produktion von Kohle, Zement, Baumwollstoff, Fernseher, Getreide, Baumwolle und Fleisch rangierte weltweit an der Spitze, während der Stahlausstoß und die Produktion von Chemiefaser den zweiten Platz und die Stromerzeugung den dritten Platz belegten. In dieser Periode lag die jährliche Wachstumsrate der Wirtschaft Chinas bei ca. 11 Prozent ...

Die getätigten Anlageinvestitionen erreichten 3890 Milliarden Yuan mit einer jährlichen Wachstumsrate von 17,9 Prozent, 13,6 Prozentpunkte höher als die letzte Periode. Dabei nahmen die Investitionen der staatseigenen Einheiten jährlich um 22,9 Prozent zu, dies war bei weitem höher als das Jahreswachstum von 4,1 Prozent des 7. Fünfjahresplans.« (Ebd.)

Der Außenhandel stieg rapide:

»Das Im- und Exportvolumen betrug insgesamt 1014,5 Milliarden US-Dollar, ein Jahresanstieg von 19,5 Prozent ... Der Anteil des Außenhandels am Welthandel stieg von 1,6 Prozent während der Periode des 7. Fünfjahresplans auf 3 Prozent. Beim Exportvolumen rangierte China 1995 weltweit an 11. Stelle. Die staatlichen Devisenreserven betrugen 73,6 Milliarden US-Dollar. Dies stieg um das 5,6fache gegenüber 11,1 Milliarden US-Dollar Ende des 7. Fünfjahresplans ...« (Ebd.)

Der 9. Fünfjahrplan (1996–2000) war der erste, der vollständig unter den Bedingungen einer gelenkten sozialistischen Marktwirtschaft aufgestellt und umgesetzt wurde. Mit diesem Fünfjahrplan war die zentrale planwirtschaftliche Steuerung beseitigt. Den Betrieben wurden keine Produktionskennziffern und keine Ressourcen mehr zugewiesen – wenn man von wenigen strategischen Ressourcen und der Rüstungsindustrie absicht. Die Betriebe mussten von diesem Zeitpunkt an ihre eigene Reproduktion über den Markt sicherstellen. Die hohe Dynamik der Entwicklung war die Folge des Übergangs zur Marktwirtschaft. Die Umsetzung der Ziele des Fünfjahrplans wurde nun nicht mehr durch Anweisungen der Planungsbehörden an die Betriebe erreicht, sondern durch die eigene Tätigkeit und die eigene Initiative der Betriebe in gegebenem Rahmen und unter Voraussetzung indirekter Instrumente einer gelenkten Marktwirtschaft, vor allem durch Kreditlenkung, staatliche Infrastrukturinvestitionen und Pilotprojekte, die Entwicklungsrichtungen präformierten.

Der 10. Fünfjahrplan (2001–2005)

Während des 10. Fünfjahrplanes verlagerte sich der Zweck der Planung von quantitativen Wachstumszielen auf die Koordination struktureller Veränderungen und sozialer Ziele. Wissenschaft, Technologie und Humanressourcen sollen als entscheidende Faktoren entwickelt werden. Der Dienstleistungssektor, die Urbanisierung und die inländische Nachfrage werden genannt, auch die ökologische Nachhaltigkeit spielt eine Rolle. Die Gesamtmenge der eingeleiteten großen städtischen und ländlichen Schadstoffe sollte im Vergleich zum Jahr 2000 um 10 Prozent gesenkt werden, und es sollten mehr Maßnahmen zum Schutz und zur Schonung der natürlichen Ressourcen ergriffen werden. (Vgl. Wikipedia[51])

Das 11. Fünfjahresprogramm (2006–2010) – Programm statt Plan

Mit dem 11. Fünfjahresprogramm und dem 12. Fünfjahresprogramm (2011–2015) beginnt der Pfadwechsel, der mit einer Veränderung der Entwicklungsrichtungen und der Funktionsweise der Pläne verbunden ist. Das Instrument heißt nun nicht mehr Fünfjahr*plan*, sondern Fünfjahres*programm*.[52] Dies soll den Wandel von einem regierungs- zu einem marktorientierten Ansatz der makroökonomischen Steuerung anzeigen (vgl. Jia Yu in Graewe 2021, S. 14).

> »Beginnend mit dem 11. zielen alle Fünfjahresprogramme darauf ab, China weg von der energieintensiven Fertigung und hin zu hochwertigen Sektoren zu führen. Hervorgehoben wird die Bedeutung kohlenstoffarmer Technologien als strategische aufstrebende Industrie, insbesondere in den Bereichen Windkraft und Solarenergie. Der Plan verfolgte einen energischeren Ansatz für den Technologietransfer in der Spitzentechnologie. Der Plan legte als nationales Ziel eine Reduzierung der Energieintensität um 20 Prozent fest. ... Die politischen Entscheidungsträger sahen im 11. Fünfjahresplan Emissionsreduzierungen und Energieeinsparung als Umweltangelegenheiten mit höchster Priorität.« (Wikipedia[53])
>
> »Die Hauptaufgaben der wirtschaftlichen Entwicklung während der 11. Periode des Fünfjahresprogramms waren die Förderung der wirtschaftlichen Transformation, mit besonderem Schwerpunkt auf der Entwicklung der Informationstechnologie, und die Förderung einer ressourcenschonenden und umweltfreundlichen Gesellschaft.« (Jia Yu in Graewe 2021, S. 14)

Das 12. Fünfjahresprogramm (2011–2015)

In diesem Programm wird erstmalig wird zwischen verbindlichen und erwarteten Zielen unterschieden.

> »Die verbindlichen Ziele betreffen die Grundversorgung der Bevölkerung (Wohnraum, medizinische Versorgung, Bildung, Anbauflächen) und die ökologische Nachhaltigkeit (Energie- und Wasserintensität, Verringerung der Umweltverschmutzung). ... zum ersten Mal [wird] ein Ziel zur CO_2-Intensität eingeführt und als verbindliches Ziel eingestuft ... Die erwarteten Ziele beziehen sich meist auf wirtschaftliche Indikatoren, wie z. B. BIP-Wachstum, Haushaltseinkommen, Urbanisierung usw. Der Markt als solcher ist die treibende Kraft für die Erreichung dieser Ziele und nicht staatliche Interventionen.« (Jia Yu 2021, S. 16f.)

Das 13. Fünfjahresprogramm (2016–2020)

> »ist darauf ausgerichtet, das Wirtschaftswachstum aufrechtzuerhalten und den Binnenkonsum zur Hauptantriebskraft des Wachstums zu machen.... Nach den derzeitigen Standards, die im 13. Fünfjahresplan festgelegt sind, sollten alle Armen auf dem Land bis 2020 aus der Armut herausgeholt worden sein. Der Industriesektor sollte auf das mittlere und obere Niveau angehoben werden. Das Programm zielt auch auf eine kontinuierliche ökologische Qualität ab. Im Vergleich zu früheren Fünfjahresprogrammen wurde das Ziel der Bevölkerungskontrolle ... gestrichen, da China mit Alterungsproblemen zu kämpfen hatte und die Ein-Kind-Politik 2015 fallen gelassen wurde. Darüber hinaus wurde die CO2-Intensität im Einklang mit Chinas Verpflichtung im Rahmen des Pariser Abkommens über den Klimawandel zu einem verbindlichen Ziel gemacht.« (Ebd., S. 19)

Im 13. Fünfjahresprogramm wurden neunzehn Stadtcluster benannt, die »gemäß einer geografischen Anordnung, die als zwei Horizontale und drei Vertikale (liang heng san zong) bezeichnet wird«, entwickelt und gestärkt werden sollen. Zu den Clustern gehören die Städte Peking, die Tianjin-Hebei-Region, die Jangtse-Deltaregion und die Greater Bay Area. Es werden regionale Koordinierungsmechanismen eingerichtet, Entwicklungskosten aufgeteilt und gemeinsame Governance-Ansätze für ökologische Fragen und Umweltschutz eingerichtet. (Vgl. Hu, Richard 2023)

Das 14. Fünfjahresprogramm (2021–2025)

Das Programm wurde »vor dem Hintergrund der sich verschlechternden Beziehungen zwischen China und den Vereinigten Staaten und der COVID-19-Pandemie erstellt, die Chinas Wirtschaft im ersten Quartal 2020 schrumpfen ließ – das erste Mal seit 44 Jahren.« (Wikipedia[54])

China soll bis 2035 eine »moderat entwickelte Volkswirtschaft« werden. Wichtige Punkte sind:

- Der Aufbau eines doppelten Wirtschaftskreislaufs: Expansion des Binnenmarkts und Erhaltung des Umfangs der Außenwirtschaft. Das künftige Wachstum soll auf dem inländischen Verbrauch von Gütern und Dienstleistungen beruhen.
- Die Priorisierung auf die Weiterentwicklung der Landwirtschaft und des ländlichen Raums.
- Die Erhöhung der Ausgaben für Forschung und Entwicklung um 7 Prozent pro Jahr, Durchbrüche bei Kerntechnologien wie Quanteninformation und Quantencomputer, Hirnforschung, Halbleiter, Saatgutindustrie, Genforschung, regenerative Medizin, Biotechnologie, Weltraum- und Tiefseeforschung, integrierte Kommunikation mit Erdbeobachtungs- und Navigationssatelliten.

Dazu wurde der Aufbau von vier umfassenden nationalen Wissenschaftszentren geplant:

- »In China gibt es mehr als 7.200 lizenzierte Saatgutunternehmen, aber nur wenige verfügen über die Fähigkeit zur Innovation. Tang Renjian, Minister für Landwirtschaft und ländliche Angelegenheiten, sagte, das Ministerium prüfe einen Plan, um seinem Tier- und Pflanzenzuchtsektor zu helfen, die Lücke zum Ausland zu schließen.« (Wikipedia[55].)
- »China ist immer noch nicht in der Lage, unabhängig fortschrittliche Halbleiter zu entwickeln, die mit der Leistung der in Taiwan oder Südkorea hergestellten Halbleiter mithalten können. In Anerkennung der bevorstehenden Herausforderungen haben einflussreiche Beamte, Unternehmer und Akademiker den ›patriotischen Geist der Wissenschaftler‹ heraufbeschworen und chinesische Studenten und Unternehmer aufgefordert, ›an den harten Knochen zu nagen‹, um China beim Aufbau einer unabhängigen, kontrollierbaren Halbleiterlieferkette zu helfen.... Im Rahmen der Technologieinitiative wurden etwa eine Billion [im Original US-englisch eine Trillion] Dollar an staatlichen Mitteln bereitgestellt, von denen ein Teil von der Zentralregierung und den lokalen Regierungen verwendet wird, um gemeinsam in eine Reihe von Chipprojekten der dritten Generation zu investieren.« (Ebd.)
- Neue Energietechnologien wie Autobatterien sollen dazu führen, dass bis 2035 die Hälfte der Fahrzeuge in China elektrisch oder mit Brennstoffzellen und die andere Hälfte als Hybridfahrzeuge betrieben werden.
- Der Scheitelpunkt der Kohlenstoffemissionen soll bis Ende der 2020er Jahre erreicht werden, spätestens ab 2030 sollen die CO2-Emissionen sinken. Dazu wird ein gesonderter Plan aufgestellt;
- Ausbau von bis zu 60 Gigawatt Wasserkraft;
- Verbesserung der Infrastruktur für den Wasserschutz;
- Cluster aus Groß-, Mittel- und Kleinstädten sollen entwickelt werden, die Zersiedelung soll vermieden und die Stadterneuerung zu »menschengerechten Städten« führen;
- Beschränkungen des Hukou-Systems sollen für Städte unter 3 Mio. Einwohnern aufgehoben und für größere Städte weiter gelockert werden; Landmigranten erhalten eine Aufenthaltsgenehmigung und alle Stadtbewohner bekommen vollen Zugang zu öffentlichen Dienstleistungen;
- Fertigstellung des Hochgeschwindigkeitsnetzes »acht vertikal und acht horizontal« (Abbildung im Anhang);[56]
- Verbesserung des Transports nach Xinjiang und Tibet und der internationalen Grenzverbindungen;
- Verbesserung der Zivilluftfahrt, einschließlich des Baus von 30 neuen Flughäfen;

- Friedliche Entwicklung der Beziehungen zu Taiwan, weitere Öffnung der Wirtschaft, die »Belt and Road«-Initiative weiter fördern.

Ausblick auf das Fünfjahresprogramm 2026–2030

Eine neue Überschrift lautet »Produktivkräfte neuer Qualität«. Gemeint sind Zukunftstechnologien. Bis 2035 soll eine »sozialistische Marktwirtschaft mit hohen Standards« geschaffen werden. Die großen Differenzen zwischen den hochmodernen Metropolen und den ländlichen Regionen sollen verringert werden. Die Einkommensungleichheit soll verringert, Spitzengehälter gekappt und Maßnahmen gegen Arbeitslosigkeit verstärkt werden. Eine Reform des Steuer- und Finanzsystems wird in Aussicht gestellt, dabei soll auch die Finanzierung der Kommunen und der Provinzen auf eine neue Grundlage gestellt werden.

Im Kampf gegen den Klimawandel werden »grüne Entwicklung« und Wirtschaftswachstum verbunden. »Darüber hinaus wurde in dem Kommuniqué die Öffnung als ›entscheidendes Merkmal der Modernisierung chinesischer Art‹ bezeichnet. Es gelte, die institutionelle Öffnung stetig auszuweiten, die Strukturreform des Außenhandels zu vertiefen, die Verwaltungssysteme für in- und ausländische Investitionen weiter zu reformieren, die Planung für die regionale Öffnung zu verbessern sowie die Mechanismen für eine qualitativ hochwertige Zusammenarbeit im Rahmen der ›Belt and Road‹-Initiative zu optimieren.« (people.com[57])

3. Chinas Pfadwechsel

3.1 Von der »Werkstatt der Welt« zur innovationsbasierten Entwicklung. Die konstituierenden Elemente: Innovation, Binnenmarkt, Belt and Road Initiative

Bereits bei der Sichtung der Fünfjahrpläne (2.5) zeigte sich ein Funktionswandel. Äußerlich in einer Umbenennung: Seit dem 11. heißen die Pläne Fünfjahres*programm*, nicht mehr Fünfjahr*plan*. Inhaltlich: Zunehmend werden *qualitative*, darunter vermehrt *sozialökonomische* und ökologische Ziele aufgestellt. Der sich darin ausdrückende Pfadwechsel begann 2007 und erreicht mit »Made in China 2025« einen Höhepunkt. Nach Naughton kennzeichnet dies den Übergang zur *industriepolitischen Lenkung* der wirtschaftlichen Entwicklung.

> »... in den Jahren 2015–2016 ... [hat die Regierung] eine neue und intensivierte Runde der Industriepolitik unter dem Titel ›Innovation-Driven Development Strategy‹ (IDDS) gestartet. Diese neue Runde ist größer, aufdringlicher und umfassender als jede vorherige chinesische Industriepolitik. Sie ist beispiellos.« (Naughton 2021, S. 133)
> »Die Eröffnungsmanöver dieser neuen Kampagne waren die wichtigen eigenständigen Pläne, ›Made in China 2025‹ und das ›Internet Plus-Programm‹, beide wurden 2015 veröffentlicht. Dann, im Mai 2016, genehmigte die Regierung eine neue integrierende Vision, eine Art Masterplan mit dem Titel ›Innovation-driven Development Strategy‹ (IDDS). ... Etwa zur gleichen Zeit wurde der bestehende ›Strategic Emerging Industries‹ (SEI)-Plan umgestaltet, um ihn operationeller, kohärenter und konsistenter mit den IDDs zu machen. So verabschiedete China innerhalb weniger Jahre ein Portfolio industriepolitischer Maßnahmen, verknüpft mit einer Vision. Diese Welle der Industriepolitik war ein neuer Aufbruch, da sie sich auf eine bevorstehende technologische Revolution konzentrierte.« (Ebd., S. 69)

Die bis 2006 dominante Strategie – Werkstatt der Welt – basierte auf Exporten und war somit abhängig von Direktinvestitionen westlicher Unternehmen und von westlichen Importeuren. Der *Aufbau einer funktionierenden Marktwirtschaft* gelang. Chinas Ingenieure, Manager und Planer lernten von entwickelten kapitalistischen Volkswirtschaften und kopierten Technologie, Management, Marketing. Dies wurde anfangs vor allem durch Direktinvestitionen ausländischer Unternehmen möglich, später dominierten eigene chinesische Unternehmen das Wachstum.

Dabei gelang es China, den Kapitalimport aus empfangenen Direktinvestitionen durch Finanzströme aus den eigenen Handelsbilanzüberschüssen zu kompensieren. Daher führte der immense Zustrom von Direktinvestitionen nicht zu einer Auslandsverschuldung, unter der viele andere Entwicklungsländer litten und leiden.

China hielt im Juni 2024 etwa 800 Mrd. US-Staatsanleihen und weitere Finanztitel und Devisenreserven (3,201 Billionen US-Dollar), die durch Handelsbilanzüberschüsse entstanden waren. Im April 2024 betrug der Handelsbilanzüberschuss 72 Mrd. Dollar (in einem Monat).[58] Die langfristige Tendenz ist rückläufig: China versucht, den Überschuss zu reduzieren; eine ausgeglichene Handelsbilanz (mittelfristig gleich hohe Exporte und Importe) ist aber nicht so bald zu erwarten.

Eine Strategie »Werkstatt der Welt« mit steigenden Handelsbilanzüberschüssen würde China in Abhängigkeit von den großen kapitalistischen Industrienationen halten, die sogenannte »Falle des mittleren Einkommens« würde drohen.[59] Dem kann China nur entkommen, wenn es auf eine *endogene Dynamik der wirtschaftlichen Entwicklung setzt*, also auf Triebkräfte, die dem eigenen Wirtschaftssystem entstammen und nicht von der Importnachfrage reicher Industrieländer abhängen. Das bedeutet nicht, dass Exporte keine Rolle mehr spielen sollen, aber dass andere Triebkräfte führend werden sollten. Naughton (2021) beschreibt den Übergang zur Industriepolitik im 11. und 12. Fünfjahresprogamm mit »Made in China 2025«.[60]

Die *Innovation-Driven Development Strategy* ist eine Dachpolitik, die viele spezifische Industriepolitiken als Komponenten umfasst. Sie ist langfristig angelegt: Bis 2020 sollte China eine »innovative Nation« werden; bis 2030 sollen Innovationen die entscheidende Quelle wirtschaftlichen Wachstums werden und China zu einer führenden innovativen Nation machen, und bis 2050 will das Land eine technologische Supermacht werden (vgl. Naughton 2021, S. 77)

Interessant ist Naughtons Einschätzung der potenziellen und zu erwartenden Wirkungen der nach 2007 bzw. 2015 eingeleiteten *Industriepolitik*:

> »In den 1980er und 1990er Jahren fielen die Marktreformen mit dem höchsten Wachstumspotenzial Chinas zusammen, da unterbeschäftigte Landwirte in neue ländliche und städtische Berufe abwanderten und China sich einer enormen demografischen Dividende erfreute. Jetzt waren die politischen Entscheidungsträger auf der Suche nach – wie sie es gerne nennen – ›neuen Wachstumstreibern‹ ... Mit der Beschleunigung des technologischen Wandels sind auch die Ambitionen der chinesischen Planer und Politiker gewachsen, und die Interventionen haben sich fortgesetzt und verstärkt. Tatsächlich könnte Chinas heutige Entwicklungsstrategie einen neuen Namen verdienen: China strebt danach, die erste ›staatlich gelenkte Marktwirtschaft‹ zu werden. ... Chinas Aufstieg zur wirtschaftlichen und technologischen Supermacht ist in erster Linie auf das politische Paket zurückzuführen, das es von 1978 bis zum ersten Jahrzehnt des 21. Jahrhunderts, also bis etwa 2006–2007, verfolgte. Das heutige politische Paket Chinas – also die Politik, die nach 2005 zögerlich begann, aber zwischen 2008 und 2010 vollständig umgesetzt wurde – unterscheidet sich grundlegend. Aus diesem Grund ist es ein Fehler, den Erfolg Chinas auf die Politik zurückzuführen, die China

derzeit verfolgt. Diese Maßnahmen sind einfach zu neu, um einen entscheidenden Einfluss auf die heutigen Ergebnisse zu haben. China ist eine technologische Supermacht, weil es nach 1978 eine kluge Politik verfolgte und eine Vermarktung und Investitionen in Human- und Sachkapital anstrebte. Ob die Industriepolitik des letzten Jahrzehnts zur technologischen und wirtschaftlichen Leistungsfähigkeit Chinas beitragen wird, ist noch nicht klar.« (Naughton 2021, S. 13f.)

Es scheint offen, ob die in der Phase nach 2012/2015 eingeschlagene wirtschaftspolitische Linie wirklich zum Erfolg führen. Misserfolge und Rückschläge sind bei einem Pfadwechsel unvermeidlich. Aber die beeindruckenden Erfolge, die China in jüngster Zeit beim Ausbau der Fotovoltaik erreicht hat (vgl. Myllyvirta 2024; Tooze 2024), und einige ehrgeizige Technologie- und Infrastruktur-Projekte, deren Umsetzung begonnen hat, sowie die aktuellen Erfolge bei der Entwicklung künstlicher Intelligenz (KI), lassen vermuten, dass es funktionieren könnte.

Drei Komponenten sind für das überarbeitete neue Regime wirtschaftlicher Entwicklung m. E. entscheidend:

(1) Eine **innovationsbasierte wirtschaftliche Entwicklung**, wobei es um die *eigenen* Innovationen geht. Dazu war es notwendig, die Innovationspotenziale in der Gesellschaft und in den Unternehmen und Kommunen zu entfalten. China hatte mit seinem guten Bildungssystem geeignete Startvoraussetzungen. Chinas Eltern, die Schülerinnen und Schüler, Studentinnen und Studenten sind außerordentlich ehrgeizig und engagiert. Es wurde weiter in Hochschulen und Forschungseinrichtungen investiert und es gab eine Vielzahl von Programmen zu Innovationsförderung von Unternehmen. China hat zudem in den 2000er Jahren gemerkt, dass die Entwicklung und der Ausbau erneuerbarer Energien ein respektabler Innovationstreiber sein kann. Heute ist China führend bei Photovoltaik, Windkraftanlagen und Elektrofahrzeugen. Mit dem Programm Made in China 2025 und dem 13. Fünfjahresprogramm wurden die Weichen auf den Ausbau der Innovationspotenziale gestellt. Wie im Folgenden zu zeigen sein wird, ergeben sich daraus neue Anforderungen an das Finanzsystem, denen in den vergangenen Jahren nachgekommen wurde. Aber es ist auch für die Zukunft noch Einiges zu erwarten. Aktuell hat sich China vorgenommen, den Rückstand bei der Fertigung von Chips höchster Ordnung zu überwinden und die noch bestehenden Sanktionen ins Leere laufen zu lassen. China entwickelt eine bemannte Mondstation für die Rückseite des Mondes und eine Marsmission, die Bodenproben auf die Erde bringen soll.

(2) Eine **Zentrierung auf den Binnenmarkt**, wobei die Exportorientierung wichtig bleibt, aber selektiver gestaltet wird. Diese Neuorientierung setzt eine systematische Steuerung der Löhne (im Maße der Produktivitätsentwicklung), eine Ausweitung des Konsums und der konsumrelevanten Infrastrukturen, eine Anhebung der Lebensstandards vor allem der unteren Einkommensschichten und

der ländlichen Regionen und eine Reduzierung der Einkommensungleichheit (vor allem durch Zuwachs im unteren Bereich) voraus. Auch hier entstehen neue Anforderungen an die Finanzsysteme. Eines der Probleme ist die hohe Sparquote der chinesischen Haushalte. Der Konsum wächst langsamer als die Lohnsumme, die Finanzanlagen der Haushalte sind hoch. Eine weitere Aufgabe ist die Finanzierung des ökologischen Umbaus. Die innovationsbasierte Entwicklung soll so gesteuert werden, dass die ökologischen Belastungen unter Kontrolle bleiben und absolut zurückgehen. Der Konsum soll wertmäßig wachsen, aber bei gleichzeitig sinkendem Ressourcenverbrauch und geringeren ökologischen Belastungen. CO2-Emissionen müssen sinken, Kreislaufwirtschaft und Recycling sollen entwickelt werden, Dienstleistungen (besonders im Bildungs- und Kulturbereich) sollen schneller wachsen als Massenkonsum mit hohem Material- und Energieumsatz. Mit der Absicht, eine »Ökozivilisation« aufzubauen, wurden erste Weichen gestellt, aber diese Trendwende steht noch ganz am Anfang. Immerhin ist es China gelungen, in einigen Bereichen die ökologischen Belastungen erheblich zu verringern durch erneuerbare Energien, Recyclingsysteme und nicht zuletzt durch ambitionierte Aufforstungsprogramme. 2025 werden die CO2-Emissionen wahrscheinlich erstmals absolut sinken – bei einem Wirtschaftswachstum von etwa 5 Prozent.

(3) Ein **alternatives Globalisierungskonzept**, die Belt and Road Initiative (BRI). Diese Initiative zielt darauf, gemeinsam mit anderen Volkswirtschaften entlang bestimmter Korridore durch Infrastrukturinvestitionen (Verkehr, Gewerbegebiete, Wissenschaft, Forschung und Entwicklung, Erschließung von Märkten und Rohstoffen) neue Cluster zu schaffen, in denen staatliche und private Unternehmen aus den beteiligten Staaten einschließlich chinesischer Unternehmen zusammenwirken. Diese Initiative zielt auch darauf, die Abhängigkeit von den USA und den westlichen Industrieländern durch Diversifikation und Zusammenarbeit mit anderen Schwellen- und Entwicklungsländern zu überwinden, also nicht mehr allein als Werkstatt der Welt mit billigen Massenprodukten zu fungieren, sondern neue und eigene globale Kooperationen in Gang zu setzen, eine Globalisierung ohne Verlierer.

3.2 Geteilte Ziele der Entwicklung

Im Zentrum der neuen Strategie steht die Kombination wirtschaftlicher, ökologischer und sozialer Zielsetzungen und die Orientierung der Innovationen und der Forschung und Entwicklung an diesen Zielen:

- Beschleunigter Ausbau erneuerbarer Energien (Solar und Windkraft), Steigerung der Energieeffizienz, Speicher- und Netzausbau;
- Einführung von verbindlichen Zielen bei der Senkung der CO2-Emissionen;
- Senkung des Wasserverbrauchs pro Einheit industrieller Weltschöpfung;
- Senkung der Schadstoffemissionen um 20 Prozent in 5 Jahren;

- Umfassende Nutzung der Industrieabfälle;
- Aufbau eines doppelten Wirtschaftskreislaufs (Binnenmarkt und Export)
- Binnenkonsum soll zur wichtigsten Antriebskraft des Wirtschaftswachstums werden;
- Priorisierung der weiteren Entwicklung des ländlichen Raums und der Landwirtschaft;
- Forschung und Entwicklung im Bereich von Saatgut, so dass Saatgutunternehmen Weltniveau erreichen;
- Halbleiterproduktion soll das Niveau von Taiwan und Südkorea erreichen;
- Aufbau von vier umfassenden Wissenschaftszentren; Durchbrüche werden angestrebt u. a. bei der Quanteninformation und dem Quantencomputer, in der Hirnforschung, der Genforschung, der regenerativen Medizin, der Biotechnologie, in der Weltraum- und Tiefseeforschung, der integrierten Kommunikation mit Erdbeobachtungs- und Navigationssatelliten.

Bei den sozialen Zielen ist hervorzuheben:

- Wachstum des verfügbaren Einkommens der städtischen und der ländlichen Haushalte um mehr als 7 Prozent pro Jahr (12. FJP) bzw. 6,5 Prozent (13. FJP);
- Umstellung der Bevölkerungsentwicklung auf geringes Bevölkerungswachstum und einen wachsenden Anteil älterer Menschen; Ziel der Bevölkerungskontrolle im 13. FJP gestrichen; Ende der Ein-Kind-Politik;
- Erhöhung der Bildungsdauer auf durchschnittlich 9 Jahre, Ausbau des Bildungssystems und der Hochschulen;
- Ausbau des Gesundheitssystems und der Altersrente;
- Ausbau der Grundversorgung der Bevölkerung mit Wohnraum, medizinischer Versorgung und Bildung;
- ganzheitliche Entwicklung von Stadtclustern (Pilotprojekte), Governance-Konzepte für ökologische und soziale Entwicklung in den Clustern;

Bei der Ausarbeitung des nächsten Fünfjahresprogramms wird als Ziel eine »sozialistische Marktwirtschaft mit hohen Standards« angestrebt. Das Steuer- und Finanzsystem soll umgebaut, die Finanzierung der Provinzen und Kommunen auf eine neue Grundlage gestellt werden. Grüne Entwicklung und Wirtschaftswachstum sollen verbunden werden.

3.3 Die Steuerung der wirtschaftlichen Entwicklung über das Finanzsystem

Das inzwischen wichtigste Instrument der Industriepolitik sind nicht mehr Bankkredite (wie in der vorangegangenen Phase), sondern gemischte Fonds. Bankkredite finanzieren vor allem den laufenden Geschäftsbetrieb. Banken agieren aber auch als Kapitalanleger für die Fonds.

3.3.1 Die Finanzierung einer innovationsorientierten Industriepolitik: Die Industrial Guidance Funds (Industrie-Leitfonds)

Ein China Government Guidance Fund ist ein Investitionsinstrument, das als öffentlich-private Partnerschaft eingerichtet wurde und darauf abzielt, die industriepolitischen Ziele Chinas zu fördern. Der Fonds kann entweder direkt in Unternehmen oder konkrete Projekte investieren oder indirekt, indem er über Dachfonds in andere Investmentfonds (sogenannte Teilfonds) investiert.

Mitte der 1990er Jahre begann die chinesische Regierung mit der Förderung von Industrieinvestitionsfonds, den Vorläufern der Guidance Funds. Die Fonds sammeln Gelder aus öffentlichen und privaten Quellen und tätigen Investitionen im Einklang mit den Prioritäten der Regierung. Regierungsbehörden auf zentraler, provinzieller und auch auf lokaler Ebene richten solche Fonds ein. Dies umfasst in der Regel die Gründung des Fonds, die Festlegung eines Fundraising-Ziels, die Finanzierung von 20 bis 30 Prozent des angestrebten Finanzierungsziels aus dem bereitgestellten Budget und die Beschaffung des Rests von anderen Investoren, deren Beiträge »Sozialkapital« genannt werden. Obwohl diese Investoren mit Privaten gleichgesetzt werden, handelt es sich häufig um staatliche Unternehmen und öffentliche Banken. Um Sozialkapitalinvestoren anzulocken, kann der staatliche Sponsor Verluste der Anleger übernehmen, auf Zinszahlungen verzichten oder andere Anreize bieten.

Guidance Funds verwenden meist eine Kommanditgesellschaftsstruktur, bei der ein Komplementär die Investitionsentscheidungen trifft und das Tagesgeschäft abwickelt, während die Kommanditisten Kapital einbringen und Erträge oder Verluste übernehmen. Der Komplementär kann entweder ein staatsnaher oder ein anderer Investmentmanager sein. Das Finanzministerium hat Regierungsbeamte dazu ermutigt, Drittmanagern mehr Autonomie einzuräumen. Sozialkapitalgeber zählen als Kommanditisten. Individuelle Kapitalanleger agieren über eine in der Regel öffentliche oder halböffentliche Organisation. Die Fonds sind nicht auf maximale Rendite ausgelegt.

> »Erstens haben wir viele Hinweise darauf erhalten, dass IGFs extrem niedrige Renditen anstreben. Ein Fondsmanager aus Shanghai wurde mit den Worten zitiert, dass es keine Rolle spiele, ob der Fonds Gewinne erwirtschafte, solange er sein Geld zurückbekomme. Der Nationale IC-Fonds ist dafür bekannt, eine Rendite von 5 Prozent angestrebt zu haben. Branchenquellen zufolge musste der Fonds jedoch erkennen, dass er eine solche Rendite nicht erzielen konnte, und richtete einen separaten ›Strategic‹-Subfonds mit einer Zielrendite von null Prozent ein, zusätzlich zum ›Commercial‹-Subfonds mit der Zielrendite von 5 Prozent. Zweitens haben Fonds-

manager Branchenquellen mitgeteilt, dass es starke Anreize für diejenigen gibt, die mehr als die Zielrendite erreichen. Mit anderen Worten: Investmentmanager haben die Möglichkeit, die über dem angestrebten Zinssatz liegenden Renditen nach einer großzügigen Formel aufzuteilen. Es könnte vernünftig sein, zu dem Schluss zu kommen, dass Fondsmanager belohnt werden, wenn sie eine beträchtliche Rendite erwirtschaften, aber wahrscheinlich nicht bestraft werden, wenn sie keine positive Rendite erzielen.« (Naughton 2021, S. 119f.)

Das ist ein grundlegender Unterschied zu den Regeln im Finanzmarktkapitalismus. Die Rendite wird in China nicht nach dem von Windolf (2005, S. 20ff.) beschriebenen Verfahren bewertet:

»Die Investment-Fonds sind die ›neuen‹ Eigentümer, die in den USA inzwischen die Mehrheit an den großen Aktiengesellschaften besitzen. Sie sind der operatorischen Logik der Finanzmärkte unterworfen und zwingen die Unternehmen zu einer kurzfristigen Strategie der Profitmaximierung.« (Ebd., S. 20)

Die chinesischen Guidance Funds sind nicht auf maximale Rendite und nicht auf maximales Wachstum angelegt, sondern auf *wirtschaftliche Entwicklung*, auf jeweils *inhaltlich bestimmte Ziele*. Jeder Fonds hat eigene Anlageziele und -beschränkungen, einige investieren z. B. nur in bestimmte Sektoren oder Regionen. Im Jahr 2002 wurde in Peking einer der ersten Guidance Funds zur Unterstützung von Startup-Unternehmen in Zhongguancun ins Leben gerufen. Im Jahr 2005 (erst Jahre später – Test- und Experimentierphase!) hat die Nationale Entwicklungs- und Reformkommission diese Funds offiziell definiert und die Einrichtung gefördert, um die Entwicklung von Startup-Unternehmen durch Risikokapitalfirmen zu unterstützen. Während der Amtszeit von Xi Jinping hat der Einsatz staatlicher Gelder zugenommen.

Anfang bis Mitte der 2010er Jahre wurde eine Reihe von Startfonds eingerichtet und der Rechtsrahmen geschaffen. Zwischen 2015 und 2018 gab es einen regelrechten Boom für Guidance Funds, der durch die Regierungspolitik, lockere Regulierung, Einschränkungen bei anderen Ausgaben und Trendverfolgung unter Regierungsbeamten angetrieben wurde. In der dritten Phase verlangsamte sich ab etwa 2018 das Tempo der Gründung und der Mittelbeschaffung, vor allem aufgrund strengerer Vorschriften.

Guidance Funds erregten erst 2014 große Aufmerksamkeit, als der China Integrated Circuit Industry Investment Fund gegründet und »Made in China 2025« ins Leben gerufen wurde. Staatliche Guidance Funds waren eine wichtige Form der politischen Unterstützung für die Ziele von Made in China 2025. Im ersten Quartal 2020 waren 1.741 Fonds mit einer Gesamtzielgröße von 11 Billionen RMB eingerichtet (vgl. Naughton 2021, S. 80 und vgl. die Abbildungen in der Anlagedatei[61]).

Guidance Funds kommen auch bei der Finanzierung von internationalen Projekten und BRI-Vorhaben zum Einsatz (siehe auch 3.3.3).[62] Dabei sind die Guidance Funds nicht das einzige Instrument der Industriepolitik. Die Innovation-Driven Development Strategy soll nach Naughton

> »die größte Einzelzusage staatlicher Mittel für ein industriepolitisches Ziel in der Geschichte darstellen. Darüber hinaus sind viele weitere Instrumente im Einsatz, und es ist wahrscheinlich, dass der Ressourcenaufwand, der durch ihre Implementierung entsteht, seit der Einführung der IDDs ebenfalls zugenommen hat. Das scheint eine bemerkenswerte und beispiellose Regierungsanstrengung zu sein.« (Ebd., S. 82)
> »Heutzutage haben die politischen Entscheidungsträger kein Problem damit, private Unternehmen im Rahmen der Industriepolitik zu unterstützen. Dieser Pragmatismus wird zum Teil von einer grundlegenden Realität angetrieben: Ein Großteil der Expertise in künstlicher Intelligenz und dem Betrieb intelligenter Netzwerke liegt im privaten Sektor. Gehälter und Gewinne sind hoch und die Wahrscheinlichkeit, dass die Regierung die benötigten Talente von Unternehmen wie Alibaba und Tencent abwerben kann, ist sehr gering. Aus Sicht der Regierung ist es weitaus besser, diese Privatfirmen in die nationalen Bemühungen einzubeziehen.« (Ebd., S. 93)

Bei Chinas Vorgehensweise handelt es sich nicht mehr um nachholende Industrieentwicklung durch Kopieren erfolgreicher Vorbilder, sondern um den endogenen Vorstoß ins Neuland. Aber, so gibt Naughton zu bedenken:

> »Die Politik in China neigt dazu, über das Ziel hinauszuschießen und destruktive ›große Sprünge‹ hervorzubringen. Wir können nicht ausschließen, dass dies auch bei den IDDs der Fall sein wird. Es handelt sich um ein enormes Wagnis, und die Gefahr einer Überschreitung ist erheblich. ... Viele einzelne Industriepolitiken könnten scheitern, aber China könnte am Ende doch zu einer erfolgreichen Wirtschaft und einer modernen, einflussreichen Weltmacht werden.« (Ebd., S. 96)
> »Die Einführung der IDDs vollendete den dramatischen Wandel der chinesischen Industriepolitik, der 2006 begann. China hatte bereits seine Bereitschaft gezeigt, interventionistische Maßnahmen zu ergreifen und diese dann großzügig zu finanzieren. Nun hatte China eine umfassende und transformative Begründung gefunden, die die nationale Bedeutung der Industriepolitik weiter steigerte. In dieser neuen Konzeption war Chinas Industriepolitik Teil einer Reaktion auf eine technologische Revolution geworden.« (Ebd., S. 97)

3.3.2 Erneuerbare Energien, Klimaschutz, Ökozivilisation, Umweltschutz – und deren Finanzierung

> »Der 19. Nationalkongress verankerte ... die Stärkung der ökologischen Zivilisation und den Aufbau eines schönen Chinas als grundlegende Strategie der sozialistischen Modernisierung Chinas und wies auf die Notwendigkeit hin, ein Industriesystem mit grüner, kohlenstoffarmer und zirkulärer Entwicklung zu schaffen, ein sauberes, kohlenstoffarmes, sicheres und effizientes Energiesystem aufzubauen und die umfassende Erhaltung und Nutzung von Ressourcen zu fördern.« (Institute of Climate Change 2022, S. 264)

Ein sozial- und industriepolitischer Schwerpunkt ist der *Ausbau erneuerbarer Energien* und der *ökologische Umbau* der Industrie und der Städte. Beim Ausbau der erneuerbaren Energien, vor allem der Solar- und Windenergie, hat China große Fortschritte gemacht und möglicherweise die Wende zu künftig jährlich absolut sinkenden CO2-Emissionen erreicht (vgl. Myllyvirta 2023).

Im Jahr 2023 beliefen sich die Investitionen in den chinesischen Fotovoltaik-Markt auf insgesamt 670 Milliarden Yuan (87 Milliarden Euro). Diese Investitionen trugen dazu bei, dass China einen Rekordzubau von 216,88 Gigawatt Fotovoltaik erreichte, was nicht zuletzt auf das *Whole County PV-Programm* zurückzuführen ist. Das ist eine Initiative, die darauf abzielt, die Fotovoltaik-Nutzung auf den Dächern eines ganzen Landkreises zu maximieren, um die Kosten zu senken, die Selbstverbrauchsquote zu erhöhen und die Netze zu entlasten. Finanziert wird das Programm durch eine Kombination staatlicher Unterstützung, privater und kommunaler Investitionen.[63]

> »Besondere Treiber der Nachfrage seien dabei gewerbliche und private Dachanlagen sowie die sogenannten ›Gigawatt-Basen‹. Der chinesische Staatsrat habe mit Blick auf die Energiesicherheit und sich abschwächenden Konjunktur zu einer beschleunigten Umsetzung ... aufgerufen ... Insgesamt 33 Verwaltungsmaßnahmen seien für sechs Bereiche erlassen worden, um die Wirtschaft wieder in Gang zu bringen. Dazu hat der Staat eine Zweckanleihe ausgegeben, die ein Volumen von 518 Milliarden US-Dollar habe.« (Enkhardt 2022)

Auch beim Ausbau von Windkraftanlagen hat China erhebliche Fortschritte gemacht.[64] Ein weiteres Projekt ist *Chinas Grüne Mauer*, ein Umweltprojekt zur Bekämpfung der Desertifikation, dessen offizieller Name »Sanbei Fanghulin Gongcheng« (»Three-North Shelterbelt Development Program«, Schutzgürtel-Entwicklungsprogramm) lautet. Da die Volksrepublik jedes Jahr durch Desertifikation 2.500 km^2 Fläche verliert und dadurch 100 Millionen Menschen von der Desertifikation bedroht werden, wurde dieses Projekt ins Leben gerufen, um das

Problem zu bewältigen.[65] Darüber hinaus gibt es weitere Umweltschutzmaßnahmen wie z. B. *Bodenkliniken*, die im Kampf gegen Bodenerosion und Verlust der Bodenfruchtbarkeit helfen sollen, indem sie die Bauern und Dörfer unterstützen und beraten (vgl. Hua 2019).

Auch die *Kreislaufwirtschaft* hat große Fortschritte gemacht. Eine bemerkenswerte Initiative ist der kürzlich gestartete strategische Dialog zwischen Deutschland und China zu den Themen Kreislaufwirtschaft und Ressourceneffizienz. Ein Hauptaugenmerk dieses Dialogs liegt auf besonders relevanten Materialien wie Kunststoffen und Metallen sowie auf Verpackungen, dem Bausektor, Fahrzeugen und Batterien. Der gesamte Lebenszyklus von Kunststoffen soll in den Fokus genommen werden. Es geht um die nachhaltige Entwicklung, Verwendung und Wiederverwertung von Kunststoffen durch effiziente und wissenschaftlich fundierte Methoden, um der Plastikverschmutzung und ihren Auswirkungen auf Umwelt und menschliche Gesundheit ein Ende zu setzen.[66]

Im Umweltbereich ergänzen sich wie auch schon in anderen Bereichen zentrale, regionale, kommunale staatliche Finanzierungsverfahren und private Finanzierungen. Da die Quellen und Zuständigkeiten vielfältig und schwer überschaubar sind, ist es nicht möglich, eine Gesamtsumme oder eine voll transparente Finanzierungsstruktur für den gesamten Umweltbereich darzustellen.

So finanzieren Guidance Fonds z. B. auch Projekte im Bereich der erneuerbaren Energien und im Umweltschutz. Oft sind innovative Industrieprojekte gleichzeitig mit Energieeffizienz, erneuerbaren Energien, Kreislaufwirtschaft und Umweltschutz kombiniert. Zu weiteren Instrumenten gehören Einspeisetarife für erneuerbare Energien, grüne Kredite und Anleihen sowie verschiedene Formen der öffentlichen Unterstützung für Forschung und Entwicklung im Bereich der grünen Technologien.

3.3.3 Finanzierung der »Belt and Road«-Projekte

Die Belt-and-Road-Initiative (BRI) ist ein weltumspannendes Infrastrukturprojekt, das China offiziell im Jahr 2013 angekündigt hat. Ziel ist es, mehrere Kontinente über Land und See zu verbinden. Bislang wurden über 200 BRI-Kooperationsabkommen mit mehr als 150 Ländern und 30 internationalen Organisationen unterzeichnet.

Die genauen Investitionssummen variieren je nach Quelle und einbezogenen Ländern. Hier einige Schätzungen:[67]

- Die Weltbank schätzt, dass bis 2019 rund 575 Milliarden US-Dollar in 70 Länder geflossen sind, wobei die Volksrepublik China nicht mitgerechnet ist. Die vier Transitländer Russland, Pakistan, Malaysia und Indonesien haben etwa die Hälfte der Investitionen erhalten.
- Der Finanzanalyst »Refinitiv« kommt mit einer eigenen Datenbank bis Mitte

2020 auf insgesamt 2,3 Billionen US-Dollar, wobei Russland als ein Hauptzielland der BRI genannt wird.
- Das American Enterprise Institute (AEI) errechnet bis Mitte 2021 Gesamtinvestitionen von 795 Milliarden US-Dollar in 115 Ländern. Hier steht Pakistan an erster Stelle der Empfängerländer, gefolgt von Russland.
- Speziell die beiden staatlichen Entwicklungs- bzw. Außenhandelsbanken CDB und Exim stellten von 2013 bis 2019 insgesamt 281 Milliarden US-Dollar bereit, ihre Investments gingen aber kontinuierlich zurück.

Insgesamt ist die Belt and Road Initiative ein ehrgeiziges Projekt mit weitreichenden geopolitischen und finanziellen Implikationen. Es bleibt spannend zu beobachten, wie sich die Investitionen in den kommenden Jahren weiterentwickeln werden.

Die Finanzierung der Projekte im Rahmen der Belt and Road Initiative ist vielfältig und umfasst verschiedene Quellen. Zu den internationalen Entwicklungsbanken, die Projekte finanzieren, gehören Institutionen wie die Weltbank, die Asiatische Entwicklungsbank (ADB) und die deutsche Kreditanstalt für Wiederaufbau (KfW). Die Finanzierung durch chinesische Kreditinstitute spielt ebenfalls eine bedeutende Rolle, wobei chinesische Staatsfirmen oft auch Ausschreibungen internationaler Entwicklungsbanken gewinnen.

Die Investitionen für die Neue Seidenstraße erreichten im Jahr 2017 ihren Höhepunkt. Seitdem haben die jährlichen Investitionen nur noch 65 Prozent des Wertes von 2017 erreicht. Im ersten Halbjahr 2023 beliefen sich die Investitionen auf 43,3 Milliarden US-Dollar. Im Jahr 2023 zeigten Zentral- und Südostasien (ASEAN) den stärksten Anstieg an BRI-Projekten. Im dritten Quartal 2022 wurden die Projekte der BRI zu knapp 57 Prozent aus dem Ausland (ohne Entwicklungsbanken) finanziert und zu 14 Prozent durch internationale Entwicklungsbanken.

Diese Zahlen zeigen, dass die BRI weiterhin ein zentraler Bestandteil von Chinas internationalen Wirtschaftsbeziehungen ist, obwohl sich die Schwerpunkte und die Höhe der Investitionen im Laufe der Zeit verändert haben.[68]

Zur Finanzierung der BRI-Projekte wurden bestehende Banken konditioniert und umstrukturiert, es entstanden aber auch neue Organisationen:

- *China Development Bank (CDB):* Die CDB ist eine staatliche Entwicklungsbank und spielt eine zentrale Rolle bei der Finanzierung von BRI-Projekten. Sie bietet Kredite und andere Finanzinstrumente für Infrastrukturprojekte in den beteiligten Ländern.
- *Export-Import Bank of China (China Eximbank):* Diese staatliche Bank unterstützt den internationalen Handel und die Investitionen Chinas. Sie vergibt Kredite und bietet Finanzierungslösungen für BRI-Projekte an.
- *Bank of China (BoC):* Als eine der größten kommerziellen Banken Chinas ist die BoC ebenfalls an der Finanzierung von BRI-Projekten beteiligt. Sie bietet

verschiedene Finanzdienstleistungen, einschließlich Kredite und Handelsfinanzierung.

- *Industrial and Commercial Bank of China (ICBC):* Die ICBC ist eine weitere große kommerzielle Bank in China und spielt eine wichtige Rolle bei der Bereitstellung von Finanzmitteln für BRI-Projekte.
- *China National Petroleum Corporation (CNPC):* Die CNPC ist ein staatliches Unternehmen im Energiesektor beteiligt sich an BRI-Projekten, insbesondere im Bereich der Energieinfrastruktur.
- *State Administration of Foreign Exchange (SAFE):* Die SAFE verwaltet die Devisenreserven Chinas und kann ebenfalls eine Rolle bei der Finanzierung von BRI-Projekten spielen.
- *Council on Foreign Relations (CFR):* Zwischen 2009 und 2017 haben Chinas zwei größte Entwicklungsbanken – die CDB und die China Eximbank – mehr Kredite im Ausland vergeben als die Weltbank in jedem Jahr (außer in einem). Im Jahr 2018 sind die Kredite dieser Banken jedoch um etwa drei Viertel im Vergleich zum Vorjahr gesunken.
- *AidData:* Diese Organisation hat eine Datensammlung zur internationalen Entwicklungsförderung aus China erstellt. Sie umfasst 13.427 Projekte im Wert von 843 Milliarden US-Dollar in 165 Ländern über einen Zeitraum von 18 Jahren.

Das Engagement einer der beiden großen international tätigen chinesischen Entwicklungsbanken Exim und China Development Bank im bilateralen Memorandum of Understanding (MoU) sowie in spezifischen BRI-Projekten kann als qualitatives Signal primär nach innen für chinesische Großunternehmen, Banken, kleinere Unternehmen sowie Privatpersonen verstanden werden. Es signalisiert, dass der chinesische Staat hinter dem jeweiligen Projekt in einem BRI-Partnerstaat steht. Chinesische Akteure im Ausland sind eher Projektausführende als Direktinvestoren, sie akzeptieren höhere Cluster-Risiken und engagieren sich geografisch zumeist dort, wo der Westen nicht oder nur geringfügig präsent ist.

Die *New Development Bank (NDB)*, ehemals *BRICS Development Bank*, ist eine multilaterale Entwicklungsbank, die am 15. Juli 2014 von den BRICS-Staaten gegründet wurde. Der Hauptsitz der Bank befindet sich im chinesischen Shanghai. Daneben wurde eine Zweigstelle für den afrikanischen Kontinent im südafrikanischen Sandton errichtet. Im Gegensatz zur Weltbank, die sich nach den gehaltenen Anteilen orientiert, besitzt jeder Mitgliedsstaat der NDB eine einzige Stimme.[69] Die Bank wird voraussichtlich über ein Kreditvolumen von 50 Mrd. Dollar für Infrastrukturprojekte verfügen können, die z. B. für BRI-Projekte eingesetzt werden. Daneben soll eine Sonderrücklage (*Contingency Reserve Arrangement*) in Höhe von 100 Mrd. Dollar eingerichtet werden, welche sich aus den Einlagen der fünf Gründungsstaaten wie folgt zusammensetzt: China mit 41 Mrd., Brasilien, Indien, Russland mit je 18 Mrd., Südafrika mit 5 Mrd. Dollar.

Auch die *Asiatische Infrastrukturinvestmentbank (AIIB)* ist eine multilaterale Entwicklungsbank unter chinesischer Führung. Sie wurde 2015 von 57 Staaten gegründet und steht im Wettbewerb mit der Weltbank, dem Internationalen Währungsfonds und der Asiatischen Entwicklungsbank. Deutschland und das Vereinigte Königreich traten der AIIB bereits zur Gründung bei, Italien und Frankreich im Sommer 2016.[70]

Für die BRI-Projekte gibt es Kontrollmechanismen, auch finanzieller Art, obwohl Umsetzung und Effektivität je nach Land und Projekt variieren können. Hier einige der wichtigsten Kontrollansätze:

- *Transparenz und Berichterstattung:* Die beteiligten Länder sollten transparente Verfahren für die Auswahl, Finanzierung und Umsetzung von BRI-Projekten etablieren. Dies umfasst die Veröffentlichung von Informationen über Verträge, Kosten, Umweltauswirkungen und soziale Aspekte.
- *Risikobewertung und Due Diligence**: Vor der Umsetzung von BRI-Projekten sollten Risikobewertungen durchgeführt werden, um potenzielle negative Auswirkungen zu identifizieren. Dies kann Umwelt-, soziale und finanzielle Risiken umfassen. Eine sorgfältige Prüfung (Due Diligence) der Projekte ist vorgesehen.
- *Unabhängige Überwachung und Bewertung:* Externe Organisationen, wie z. B. Nichtregierungsorganisationen, können die Projekte überwachen und bewerten. Dies hilft sicherzustellen, dass die Projekte den Standards entsprechen.
- *Governance und Rechenschaftspflicht:* Die beteiligten Länder sollten Mechanismen zur Rechenschaftspflicht etablieren, um sicherzustellen, dass die Projektgelder ordnungsgemäß verwendet werden. Dies kann die Einrichtung von speziellen Gremien oder die Stärkung bestehender Institutionen umfassen.
- *Internationale Zusammenarbeit:* Da die BRI grenzüberschreitend ist, ist die Zusammenarbeit zwischen den beteiligten Ländern und internationalen Organisationen wichtig. Gemeinsame Standards und bewährte Verfahren können dazu beitragen, die Kontrolle zu verbessern.

Es ist jedoch wichtig zu beachten, dass die Umsetzung dieser Kontrollmechanismen nicht immer reibungslos verläuft und es zuweilen Probleme bei der Überwachung und Bewertung von BRI-Projekten gibt. Seit 2019 hat sich die Entwicklung insbesondere aufgrund der COVID-19-Pandemie verlangsamt. Hier einige Faktoren, die zu einer Stagnation bei BRI-Projekten nach 2019 geführt haben:

- Die Pandemie hat zu Verzögerungen, Unterbrechungen und Unsicherheiten bei Infrastrukturprojekten auf der ganzen Welt geführt. Viele BRI-Projekte wurden ausgesetzt oder verlangsamt, was zu einem Rückgang der Investitionen führte.

* Due Diligence (doppelte Sorgfalt) bedeutet die sorgfältige Analyse und Bewertung eines Gegenstandes im geschäftlichen Zusammenhang.

- China hat seine BRI-Strategie überdacht und sich auf qualitativ hochwertige Projekte konzentriert. Dies führte zu einer selektiveren Auswahl von Projekten und möglicherweise zu einer geringeren Anzahl von neuen Investitionen.
- Während die privaten Unternehmen weiterhin in BRI-Projekte investieren, sind die staatlichen Investitionen zurückgegangen. Dies könnte auf eine Neuausrichtung der Prioritäten oder auf finanzielle Herausforderungen zurückzuführen sein.
- Einige Länder haben ihre Haltung gegenüber der BRI geändert, was zu Unsicherheiten und möglicherweise zu einem Rückgang der Projekte geführt hat. Zum Beispiel haben einige europäische Länder Bedenken hinsichtlich der strategischen Abhängigkeit von China geäußert.

Die Zukunft der BRI hängt von der globalen wirtschaftlichen Erholung, politischen Entscheidungen und der Zusammenarbeit zwischen den beteiligten Ländern ab. [71]

3.3.4 Der Seidenstraßenfonds

Der Seidenstraßenfonds (Silk Road Fund) ist ein zusätzlicher Fonds der chinesischen Regierung zur Förderung verstärkter Investitionen in Ländern entlang der »Belt and Road«-Straßen, der sich hauptsächlich auf Eurasien konzentriert. Die chinesische Regierung hat 2014 40 Milliarden US-Dollar zugesagt.

Der Fonds ist der einzige Staatsfonds Chinas mit einer expliziten geoökonomisch-strategischen Mission. Er wurde von Präsident Xi Jinping gegründet, um die Politik und die Prioritäten der Belt and Road Initiative voranzutreiben. Die Schwerpunkte sind Infrastruktur, Konnektivität, Ressourcenentwicklung und Entwicklung industrieller Kapazitäten. Gemäß den Zusagen Chinas im Rahmen des Forums für chinesisch-afrikanische Zusammenarbeit (FOCAC) gehört der Seidenstraßenfonds zu den chinesischen Institutionen, die Entwicklungsgelder für afrikanische Länder bereitgestellt haben. Laut Angaben der Bank of China ist der Silk Road Fund eine der Hauptfinanzierungsquellen für BRI-Projekte in Afrika.

Im Gegensatz zu anderen Fonds, deren Organisationsformen hauptsächlich Kommanditgesellschaften und insbesondere Private Equity (PE)[72] sind, ist der Silk Road Fund eine Gesellschaft mit beschränkter Haftung. Die vier Anteilseigner sind: State Administration of Foreign Exchange mit 65 Prozent, China Investment Corporation (15 Prozent), Export-Import Bank of China (15 Prozent) und China Development Bank (5 Prozent). Der Fonds verfügt über ein Gesamtkapital von 40 Milliarden US-Dollar, und die erste Kapitalzahlungsrunde beläuft sich auf 10 Milliarden US-Dollar, die von den Aktionären eingezahlt werden.

Die leitenden Angestellten stammen alle von den vier Anteilseignern: Beamte der People's Bank of China haben die meisten Posten übernommen, da der größte Inhaber, die State Administration of Foreign Exchange, ein untergeordnetes Organ der Zentralbank ist. Der Vorstandsvorsitzende Jin Qi war z. B. früher stellvertretender Gouverneur der PBoC. Der wichtigste Führungsposten, General Manager, wurde Wang Yanzhi zugewiesen, dem Direktor für Devisenreserven des Entrust Loan Office der State Administration of Foreign Exchange. Die Strukturen des Vorstands und der Aufsichtsbehörden repräsentieren das Machtgleichgewicht zwischen BRI-bezogenen Institutionen. Im Aufsichtsgremium, in dem Yang Zejun, ehemaliger Generalsekretär des Büros der Central Financial Leadership Group, als Vorsitzender fungiert, teilen sich leitende Angestellte von CIC, CDB und IEBC die Sitze mit zwei weiteren Personalvertretern. Der Silk Road Fund steht unter der Aufsicht der Zentralbank (PBoC). Die organisatorischen Beziehungen der Partei werden von der PBoC verwaltet.

Laut dem Vorsitzenden Jin Qi beliefen sich die zugesagten Investitionen des Silk Road Fund bis August 2017 auf 6 Milliarden US-Dollar, wobei Aktieninvestitionen fast 80 Prozent ausmachten. Die Zahl der Projekte, in die investiert wurde, belief sich im Mai 2017 auf 15. Ein Teil des ursprünglichen Fonds wurde in den Bau einer Normalspurbahn zwischen Mombasa und Nairobi in Kenia investiert. Pakistan investiert 1,65 Milliarden US-Dollar in das Karot-Wasserkraftprojekt und andere Wasserkraftprojekte in der Region als Teil des China-Pakistan-Wirtschaftskorridors. Russland erwarb von Novatek 9,9 Prozent des Yamal-LNG-Projekts, eines Flüssigerdgasprojekts in Sabetta, nordöstlich der Jamal-Halbinsel. Die Vereinigten Arabischen Emirate investierten in das Dubai Hassyan Clean Coal Powerplant, gemeinsam mit Harbin Electric International aus China. Die Vereinigten Arabischen Emirate sind mit 24 Prozent Kapitalbeteiligung an der vierten Phase des Mohammed bin Rashid Al Maktoum Solar Parks beteiligt, dem größten Einzelstandort-Investitionsprojekt, das CSP- und Photovoltaik-Technologie nach dem IPP-Modell kombiniert. Russland übernahm 9,9 Prozent durch PJSC SIBUR Holdings, ein riesiges russisches Energieunternehmen. Italien übernahm 5 Prozent der Autostrade per l'Italia, des größten italienischen Autobahnkonzessionärs, der fast das ganze Land (3.000 km) abdeckt.[73] Der Silk Road Fund ist Teilhaber des Astana International Financial Centre.

3.3.5 Der China-Afrika-Entwicklungsfonds

Der China-Afrika-Entwicklungsfonds,[74] besser bekannt als CAD-Fonds, ist ein China Government Guidance Fund, der ausschließlich von der China Development Bank, einer politischen Bank der chinesischen Regierung, finanziert wird. Ziel des Fonds ist es, Investitionen chinesischer Unternehmen in Afrika in den Bereichen Energieerzeugung, Transportinfrastruktur, natürliche Ressourcen, Fertigung und anderen Sektoren anzuregen.

Die Schaffung des CAD-Fonds wurde am 4. November 2006 auf dem Pekinger Gipfel des Forums für China-Afrika-Kooperation (FOCAC) von Präsident Hu Jintao als eine der »Acht Maßnahmen« für die chinesisch-afrikanischen Beziehungen angekündigt. Er wurde im Juni 2007 eingerichtet mit einer anfänglichen Finanzierung von 1 Milliarde US-Dollar durch die China Development Bank und soll in Zukunft auf 5 Milliarden US-Dollar wachsen. Der Fonds startete im Mai 2010 seine zweite Fundraising-Runde, um 2 Milliarden US-Dollar einzusammeln. Im Jahr 2015 kündigte China seinen Plan an, den CAD-Fonds auf 10 Milliarden US-Dollar zu erweitern.

Bis 2010 war der Fonds an 30 Projekten in Afrika im Wert von rund 800 Millionen US-Dollar beteiligt. Allein im Jahr 2009 stellte der Fonds 140 Millionen US-Dollar der insgesamt 1,3 Milliarden US-Dollar bereit, die China in diesem Jahr in Afrika investierte. Der Fonds konzentrierte sich hauptsächlich auf die industrielle Entwicklung. Im Jahr 2010 tat sich das Unternehmen beispielsweise mit mehreren Partnern zusammen, indem es 382,5 Millionen ZAR in eine 1,65 Milliarden-ZAR-Investition von Jidong Cement einbrachte, um ein Zementwerk in Limpopo, Südafrika, zu bauen. Der Fonds beteiligte sich auch am Erwerb von Rohstoffvorkommen, indem er im Februar 2012 ein Joint Venture mit der China National Nuclear Corporation (damals China Guangdong Nuclear Power Group) gründete, um den Großteil der Husab-Mine für 996 Millionen US-Dollar zu erwerben. Sogar in der Medienbranche engagierte sich der Fonds, als er im Dezember 2013 Finanzpartner wurde beim Erwerb von 20 Prozent von Independent News and Media SA, einem Zeitungsverlag in Südafrika, für 400 Millionen ZAR.

Der CAD-Fonds leistet Unterstützung im Zusammenhang mit den Sonderwirtschaftszonen im Ausland, die chinesische Unternehmen in Afrika eingerichtet haben. Obwohl die chinesische Regierung bei der Entwicklung dieser Zonen im Allgemeinen einen unkomplizierten Ansatz verfolgt und es chinesischen Unternehmen überlässt, mit Gastländern bei der Einrichtung dieser Zonen zusammenzuarbeiten, stellt der CAD-Fonds Unterstützung in Form von Zuschüssen, Darlehen und Subventionen bereit. Über 60 Projekte hat der Fonds selbst abgeschlossen, fungiert aber auch als Ressource für die Organisation unabhängiger Investitionen chinesischer Unternehmen. Manchmal verfügen diese Projekte nur über sehr wenige Mittel direkt aus den 10 Milliarden US-Dollar, die dem CAD-Fonds zugewiesen wurden, profitieren aber von der logistischen Erfahrung und Überwachung des CAD-Fonds, damit die Effizienz der Investitionen gewährleistet ist.

In Äthiopien zielt der CAD-Fonds auf die landwirtschaftliche und ländliche Entwicklung ab. Im Jahr 2009 investierte er in einem Joint Venture mit der Xinxiang Kuroda Mingliang Leather Co. Ltd. rund 27 Millionen US-Dollar in eine große Lederproduktfabrik in der Nähe der äthiopischen Hauptstadt Addis Abeba. Der Fonds hat in Zusammenarbeit mit chinesischen Unternehmen auch dazu beigetragen, Äthiopiens Sonderwirtschaftszone namens »Ethiopian Eastern Industrial Zone« (EEIZ) einzurichten. Dabei laufen mehrere unabhängige Investitionsprojekte mit Potenzial zur Schaffung vieler Arbeitsplätze für die lokale Bevölkerung.

Die Hauptinvestitionen des CAD-Fonds in Ghana sind der Bau und die Entwicklung von Kraftwerken. Am bemerkenswertesten ist das Asogli-Kraftwerk in

Tema. Diese Anlage ist die erste private Stromerzeugungsanlage in Ghana, die Erdgas nutzt.

Der CAD-Fonds in Kenia half bei der Organisation von über 16 Millionen US-Dollar an Investitionen in Wasserkraftwerke sowie in mehrere Infrastrukturverbesserungen. Der Fonds wird auch die Organisation mehrerer chinesischer Firmen beim Bau eines großen Hafens in Lamu als Teil des Lamu Port Southern Sudan-Ethiopia Transport Corridor-Projekts (LAPSSET) unterstützen.

Der CAD-Fonds Südafrika eröffnete ein Büro in Johannesburg, das Investitionen chinesischer Unternehmen in den Bergbausektor sowie Venture-Projekte mit südafrikanischen Unternehmen ermöglichte. Die größte Einzelinvestition des CAD-Fonds in Südafrika erfolgte 2010 durch die Unterstützung der Jidong Development Group, die rund 52 Millionen US-Dollar in die Errichtung eines Zementwerks investierte. Der CAD-Fonds investierte außerdem mehrere Millionen US-Dollar in mehrere Projekte im Bereich der erneuerbaren Energien. Der Fonds hat auch daran gearbeitet, die Coega Industrial Development Zone in Port Elizabeth einzurichten und zu fördern, um weitere unabhängige Investitionen und die Schaffung von Arbeitsplätzen anzuregen.

3.4 Gemeingüter in China*

Die Gemeingüterproduktion kann hier nicht umfassend dargestellt werden. Einzelne Aspekte wurden bereits behandelt, so die Ablösung der betriebszentrierten Sozialsysteme *Danwei* durch moderne gesellschaftliche Sozialsysteme (2.1.3, siehe auch Anmerkung 30) oder die ökologischen Gemeingüter beim Ausbau der erneuerbaren Energien, dem Aufbau der »Grünen Mauer« und den Recyclingprojekten (3.3.2). Hier sind noch einige Aspekte nachzutragen, die wichtig für das Verständnis der chinesischen gelenkten Marktwirtschaft sind.

Urbanisierung: Stadtgestaltung und Wohnungsbau

Die Bevölkerungsentwicklung und die Bevölkerungswanderung vom Land in die Städte hatten enorme Konsequenzen für die Infrastruktur und die Stadtentwicklung. 1980 gab es in China knapp 1 Mrd. Menschen, davon ca. 20 Prozent in den Städten und rund 800 Mio. auf dem Land. 2024 hat sich die Bevölkerung auf 1,41 Mrd. erhöht, leicht rückläufig seit 2022. Etwa 65 Prozent (900 Mio.) leben jetzt in Städten, 500 Mio. auf dem Land. Die Landbevölkerung hat um etwa 300 Mio. abgenommen, die Stadtbevölkerung ist um etwa 700 Mio. gewachsen (Binnenwanderung plus Bevölkerungswachstum).

Die chinesische Regierung hat mit einem Mix aus Infrastrukturinvestitionen, gezielter Stadtentwicklung, Steuerung der Binnenmigration und teils strikten Bau-

* Recherchiert mit Hilfe von ChatGPT und Deep Seek.

und Umweltauflagen versucht, das enorme Wachstum der Städte zu lenken. Trotz hoher Effektivität in vielen Bereichen bestehen große strukturelle Herausforderungen – insbesondere im Hinblick auf soziale Gerechtigkeit, ökologische Nachhaltigkeit und die Finanzierung durch die Kommunen. Eindrucksvoll beschreibt Frank Sieren (2021) »Wohnen, Bewegen, Subkultur und Leben« in Shenzhen, einer der modernsten und zugleich lebenswertesten Großstädte der Welt.

Um die Kernstädte zu entlasten, entstand eine Vielzahl von Neubaugebieten, Sonderwirtschaftszonen (wie etwa Shenzhen oder Pudong in Shanghai) und Satellitenstädten rund um große Metropolen. Der Staat förderte den sozialen Wohnungsbau. In den 2010er Jahren wurden zahlreiche Programme aufgelegt, um »slum-ähnliche« Gebiete zu sanieren und günstigen Wohnraum bereitzustellen, z. B. durch die Renovierung veralteter Wohnblocks, (shantytown redevelopment). In traditionellen Innenstädten erfolgten massive Abriss- und Erneuerungsprojekte, um eine höhere Bebauung zu ermöglichen und Platz für mehr Wohnungen und Gewerbeflächen zu schaffen. Gleichzeitig wurde das Städtebild durch neue Hochhäuser geprägt, was oft zu kontroversen Debatten über den Verlust historischer Viertel führte.

Viele Metropolen verfügen über mehrjährige Entwicklungspläne, die in die nationalen Fünfjahrespläne eingebettet sind. Darin wird festgelegt, in welchen Gebieten Wohn- und Gewerbeflächen entstehen sollen, wo Hochhäuser zulässig sind und wie das Verkehrs- und Versorgungsnetz strukturiert werden muss. Trotz großer Erfolge in puncto wirtschaftlicher Entwicklung und Infrastruktur sorgt das rasante Wachstum für Überlastung in Bereichen wie Verkehr, Umweltschutz und Sozialsystemen.

Der Zuzug ist durch das Hukou-System (Haushaltsregistrierungssystem) eingeschränkt und geregelt. In Metropolen wie Peking oder Shanghai ist das Hukou stark reglementiert, um ein zu starkes Bevölkerungswachstum in den Kernstädten zu bremsen. Seit den 2000er Jahren lockert die Regierung das System in vielen kleineren oder mittleren Städten, um den Zuzug zu erleichtern und so Wachstum außerhalb der Mega-Citys zu fördern.

Um ein Gleichgewicht zwischen Großstädten und umliegenden Regionen zu schaffen, förderte man die Bildung von Stadtclustern wie beispielsweise Jing-Jin-Ji (Beijing-Tianjin-Hebei), das Perlflussdelta (Guangdong-Hongkong-Macau) oder den Jangtse-Delta-Raum (Shanghai und Umgebung). Diese Cluster sollen eine gemeinsame Infrastruktur, ein koordiniertes Verkehrsnetz und eine abgestimmte Wirtschaftsplanung sicherstellen. Einige Gebiete erhielten steuerliche und bürokratische Vergünstigungen, um Investitionen anzulocken (z. B. Shenzhen, Zhuhai, Xiamen, Hainan). Diese Zonen wurden zum Motor für wirtschaftliche Aktivitäten und boten gleichzeitig Arbeitsplätze für Migrantinnen und Migranten aus dem ländlichen Raum. In einigen Ballungsräumen führen immense Wohnkosten zu sozialer Ungleichheit und Schwierigkeiten für Zuziehende. Zukünftige Reformen im Rahmen des Hukou-Systems, der Finanzierung der Kommunen und der Koordination von Stadtclustern sollen eine nachhaltigere Urbanisierung fördern. Gleichzeitig spielt der demografische Wandel (niedrige Geburtenrate, alternde Gesellschaft) eine immer größere Rolle bei der Stadtplanung.

China hat begonnen, striktere Umweltauflagen einzuführen, etwa für Industrieansiedlungen, Verkehr und Energieerzeugung. Große Grünanlagen (z. B. Stadtparks, Grünzüge) sollen das Stadtklima verbessern und Urban Heat Islands reduzieren. In den letzten Jahren verstärken Initiativen wie die »Schwammstadt«-Programme den Hochwasserschutz, indem sie Grünflächen, Wasserauffangsysteme und eine nachhaltige Regenwasserbewirtschaftung in die Stadtplanung integrieren.

Auch der Ausbau der Verkehrs-, Kommunikations- und Versorgungsinfrastruktur ist eine große Herausforderung. Der Ausbau von U-Bahnnetzen, z. B. in Shanghai, Peking, Beijing, Guangzhou, Shenzhen, Chengdu Chongqing und Wuhan (alle über 500 km Streckenlänge) und ein steigende Anteil an Elektrobussen und -fahrzeugen im öffentlichen Verkehr, ist Teil der Dekarbonisierungsstrategie.

Grund und Boden, Immobilien, Immobilienkrise

Die Immobiliennutzung wird seit einigen Jahren reformiert und reorganisiert. Ländlicher Boden ist Kollektiveigentum und gehört dem Dorfkollektiv. Es wird an Bauern, Familienbetriebe, Unternehmen und Genossenschaften verpachtet, in der Regel für 30 Jahre, seit 2019 für bis zu 70 Jahre. Die Pacht ist meist jährlich zu zahlen, in einigen Regionen wird auch eine einmalige Vorauszahlung praktiziert. Seit 2013 können Bauern ihre Landnutzungsrechte (nicht das Land selbst!) verpachten, verkaufen oder vererben (sogenannte »Trennung der drei Rechte«: Eigentum, Vertragsrecht, Nutzungsrecht). Dies ermöglicht die Bildung größerer Agrarflächen oder die Verpachtung an größere Agrarunternehmen und Tourismusprojekte.

Städtischer Boden ist Staatseigentum. Die Pacht für gewerbliche, industrielle oder Wohnzwecke wird meist einmalig für die gesamte Pachtlaufzeit bezahlt. Dieser Betrag wird bei Vertragsabschluss fällig. Die Laufzeiten betragen bei Wohnimmobilien maximal 70 Jahre, für gewerbliche Nutzung 40 bis 50 Jahre, für industrielle Nutzung 50 Jahre. Nach Ablauf der Pacht kann der Vertrag gegen eine Gebühr verlängert werden (Details regelt das 2021 reformierte Grundstücksverwaltungsgesetz). Bei großen Infrastrukturprojekten (z. B. Einkaufszentren) kann die Pacht jährlich oder in Raten gezahlt werden, um Investoren zu entlasten. In Sonderwirtschaftszonen (z. B. Shanghai) experimentieren einige Städte mit flexibleren Modellen.

Die Kommunen verpachten Grundstücke für Immobiliennutzung an Industrieunternehmen oder Wohnungsbauunternehmen. Dabei wurde und wird teilweise auch die Infrastruktur (Verkehr, Versorgung) durch die Kommunen errichtet. Lokale Regierungen versteigern oder vergeben staatliches Land über tender offers (öffentliche Ausschreibungen). Online-Plattformen wie »Land China« vereinfachen die Verpachtung staatlicher Flächen.

Die einmaligen Pachtzahlungen sind eine wichtige Einnahmequelle für Kommunen (bis zu 30 Prozent ihrer Einnahmen stammen daraus). Da die Kommunen im Wettbewerb untereinander entscheiden, was sie zu welchen Konditionen verpachten und versuchen, einkommensrelevante Unternehmen anzuziehen, ist eine Immobilienblase entstanden. Die Immobilienpreise stiegen, dies wurde zusätzlich angefacht durch Spekulation von Finanzanlegern. Über einen langen Zeitraum waren Immobilien in China nahezu alternativlos als lohnende Kapitalanlage. Viele Privatpersonen und Investoren sahen den Immobilienmarkt als »sichere Wette« mit stetig steigenden Preisen. Die Aussicht auf Wertsteigerungen sorgte für eine regelrechte Pachtwelle: Selbst Familien, die bereits mehrere Immobilien gepachtet hatten, investierten weiter, um vom Preisanstieg zu profitieren. Diese Nachfrage bei gleichzeitig (häufig künstlich) begrenztem Angebot ließ die Immobilienpreise insbesondere in Metropolen und Wachstumsregionen rasant steigen. Viele Käufer finanzierten ihre Immobilien über Kredite. Der Anstieg der Immobilienpreise verstärkte den Glauben daran, dass Wohnraum eine krisenfeste Geldanlage sei. Großinvestoren sowie Bauunternehmen setzten auf Vorverkaufsmodelle, bei denen Käufer oft schon vor Baubeginn hohe Summen zahlen. Solange die Preise stiegen, wurde das Geld aus diesen Vorverkäufen genutzt, um neue Projekte zu starte. Durch die Spekulationswelle entstanden künstlich überhöhte Bewertungen, die nicht immer mit tatsächlichem Bedarf übereinstimmten. In Regionen mit geringer Bevölkerungszunahme oder unzureichender Infrastruktur entstanden »Geisterstädte« und ein enormer Leerstand.

Die Regierung ergriff drastische Gegenmaßnahmen, z. B. die sogenannten »drei Roten Linien«[75] und erschwerte die Spekulation. Die Blase brach zusammen, die Immobilienpreise fielen drastisch, dies erschwerte die Refinanzierung hoch verschuldeter Bauträger. Beobachter gehen davon aus, dass diese Krise von der Zentralregierung mehr oder weniger absichtlich herbeigeführt wurde, um die spekulative Entwicklung zu beenden bzw. unter Kontrolle zu bringen.[76] Dies sollte der Ausgangspunkt für eine neue Regulation des Immobiliensektors werden. Einige Immobilienkonzerne hatten Zahlungsausfälle oder wurden zahlungsunfähig, z. B. Evergrande Group, Fantasia Holdings, Kaisa Group. Auch Entwickler wie Sunac, Shimao und Modern Land standen beziehungsweise stehen unter massivem Druck. Einige haben Teilzahlungen ausgesetzt oder Restrukturierungen eingeleitet. Die Unternehmen werden nun mit staatlichen Maßnahmen saniert und restrukturiert. Darüber hinaus beschloss die Regierung Mitte Mai 2024, den Immobiliensektor zu stützen, indem sie die Nachfrage förderte. Zu den Maßnahmen gehörten die Senkung des erforderlichen Eigenkapitals für Immobilienkredite von Erstkäufern von 20 Prozent auf 15 Prozent und die Aufhebung der Untergrenzen für Hypothekenzinsen, so dass Banken Kredite unter dem Leitzins anbieten können. Zudem wurde ein 300 Milliarden Yuan schweres Programm initiiert, das Lokalregierungen ermutigt, fertiggestellte, aber unverkaufte Immobilien zu erwerben und in Sozialwohnungen umzuwandeln.[77]

Parallel werden Wege gesucht, die Finanzierung der Kommunen auf neue Grundlagen zu stellen. Viele Kommunen stehen unter hohem Druck, da sie weniger Geld aus Landverkäufen erzielen und gleichzeitig hohe Ausgaben- und Schuldenstände haben. Eine Reorganisation der Kommunalfinanzen – etwa durch eine transparentere Schuldenpolitik, eine breitere Steuerbasis und gezielte Reformen – gilt als dringend notwendig, dürfte aber nur schrittweise und in engem Zusammenspiel mit der Zentralregierung umgesetzt werden. Seit Jahren wird eine umfassende Steuerreform diskutiert, unter anderem eine echte Immobiliensteuer. Die Einführung trifft aber auf politische und gesellschaftliche Widerstände. Einerseits will man die Spekulation eindämmen und stabile Einnahmen schaffen, andererseits gibt es Befürchtungen, dass hohe Immobiliensteuern den ohnehin angeschlagenen Markt weiter belasten könnten.

Wissenschaft, Forschung und Bildung

Nach 1976 wurde das Bildungswesen unter Deng Xiaoping neu aufgebaut. Die Wiederaufnahme des Gaokao (nationale Hochschulaufnahmeprüfung) 1977 war ein Meilenstein, um akademische Standards und Chancengleichheit zu sichern. Das Compulsory Education Law (1986) führte eine 9-jährige Schulpflicht ein (6 Jahre Grundschule, 3 Jahre Mittelschule), um Analphabetismus zu bekämpfen. Bis 2020 lag die Einschulungsrate in Grundschulen bei über 99 Prozent. China hat sein Bildungssystem von einem elitären, examenszentrierten Modell zu einem hybriden System transformiert, das technologische Innovation, soziale Mobilität und globale Ambitionen vereint. Allerdings gibt es Spannungen zwischen Tradition und Moderne.

In den 1980er- und 1990er-Jahren wurde STEM (Science, Technology, Engineering, Mathematics) stark gefördert, um Ingenieure und Techniker für die Industrialisierung auszubilden. Im Jahr 2001 begann die »New Curriculum Reform«. Sie beinhaltet einen kompetenzbasierten Lehrplan mit weniger Auswendiglernen und dem Fokus auf kritischem Denken, Kreativität und Praxisbezug. Fächer wie Informatik, Englisch und Umweltbildung wurden gestärkt.

Die Projekte 211 (1995) und Projekt 985 (1998) modernisierten ausgewählte Universitäten zu Eliteeinrichtungen. Die Zahl der Studierenden stieg von 5,6 Millionen (1998) auf über 40 Millionen (2020). 2017 startete die »Double First-Class Initiative«, um bis 2050 weltweit führende Universitäten und Fachbereiche zu schaffen. Die Tsinghua University und Peking University (Beida) rangieren in internationalen Rankings wie QS, Times Higher Education (THE) oder ARWU (Shanghai Ranking) regelmäßig unter den Top 30. Daneben sind Fudan, Shanghai Jiao Tong, Zhejiang University und einige andere oft in den Top 100 zu finden.

Das gesamte Hochschulsystem ist riesig und heterogen. Neben den Vorzeigeuniversitäten gibt es auch viele Einrichtungen, die nur regionale Bedeutung haben und deren Qualität hinter dem Spitzenfeld zurückbleibt. Aufgrund kontinuierlicher Investitionen, strategischer Reformen und internationalen Networkings wird erwartet, dass weitere chinesische Universitäten in den kommenden Jahren im weltweiten Vergleich aufrücken werden – insbesondere in forschungsintensiven Fächern. Tsinghua, Peking, Fudan, Shanghai Jiao Tong, Zhejiang und einige weitere haben den Sprung in die internationale Spitzenliga geschafft, insbesondere in naturwissenschaftlich-technischen Disziplinen. Tsinghua und Peking zählen zu den forschungsstärksten Hochschulen in Bereichen wie Künstliche Intelligenz, Quantenphysik oder Materialwissenschaften. Auch in Wirtschaftswissenschaften oder Medizin haben chinesische Universitäten aufgeholt, wenn auch das Niveau zum Teil noch unterschiedlich ausfällt. Trotz aller Fortschritte bleibt der Zugang zu Eliteuniversitäten für Kinder aus ländlichen Regionen oder armen Familien weiterhin schwierig.

E-Learning-Plattformen wie XuetangX (chinesisches MOOC-Pendant) und KI-gestützte Tools (z. B. adaptive Lernsoftware) wurden massiv ausgebaut. Während der COVID-19-Pandemie nutzten über 270 Millionen Schüler:innen Online-Plattformen wie DingTalk und Tencent Classroom. Englisch ist seit den 2000ern Pflichtfach ab der Grundschule, um die globale Wettbewerbsfähigkeit zu stärken.

Seit den 2000ern wurde auch die berufliche Ausbildung ausgebaut, um Fachkräfte für die Industrie 4.0 auszubilden. Programme wie »Made in China 2025« integrieren duale Ausbildungssysteme nach deutschem Vorbild. Der Staat fördert Lifelong Learning, z. B. die Weiterbildung über Plattformen wie »National Open University«, um die Bevölkerung für den digitalen Wandel fit zu machen.

Chinesische Universitäten kooperieren mit internationalen Spitzenunis (z. B. Joint Ventures wie NYU Shanghai). Der »Belt and Road Initiative«-Bildungsfonds fördert Austauschprogramme mit Partnerländern.

Der »Rural Teacher Support Plan« (2015) verbessert die Ausbildung und Bezahlung von Lehrkräften in ländlichen Regionen. Für abgelegene Gebiete wurde die Online-Bildung erweitert, z. B. durch die »Internet Plus Education«-Initiative.

Die »Double Reduction Policy« (2021) war ein drastischer Schritt zur Entlastung von Schüler:innen. Sie beinhaltete das Verbot von profit-orientiertem Nachhilfeunterricht in Kernfächern und die Reduzierung von Hausaufgaben und Prüfungen in Grundschulen. KI-basierte Lernanalysen und personalisierte Bildung (Smart Education) werden weiter ausgebaut. Klimawandel und Nachhaltigkeit sind seit 2020 fest im Lehrplan verankert.

Forschung und Entwicklung

Neben den Universitäten sind es vor allem staatliche Forschungsakademien, Ministerien, öffentliche und private Großforschungsinstitute sowie Unternehmenslabore, die das Rückgrat des chinesischen Wissenschaftssystems bilden. Diese enge Verflechtung von akademischer, staatlicher und industrieller Forschung ist ein zentrales Merkmal des chinesischen Innovationsmodells. Angesichts der ehrgeizigen technologischen Ziele Chinas wird das Zusammenspiel dieser Akteure in Zukunft weiter intensiviert und durch gezielte Fördermaßnahmen der Regierung gestärkt.

Die Chinesische Akademie der Wissenschaften (CAS) ist die größte und bekannteste staatliche Forschungsorganisation in China. Sie umfasst mehrere Dutzend Forschungsinstitute, die in nahezu allen naturwissenschaftlichen und technischen Disziplinen tätig sind (z. B. Physik, Chemie, Biologie, Astronomie, Informatik). Die CAS betreibt zudem Hochsicherheitslabore und Großforschungseinrichtungen (z. B. Teilchenbeschleuniger, Teleskope) und ist maßgeblich in nationale Megaprojekte wie die Raumfahrtprogramme eingebunden.

Weitere Einrichtungen sind die Chinesische Akademie für Ingenieurwissenschaften (CAE), die eine hochrangige Institution für Ingenieur- und Technikwissenschaften ist, und die Chinesische Akademie der Sozialwissenschaften (CASS), die das wichtigste staatliche Forschungsinstitut für Sozial-, Geistes- und Wirtschaftswissenschaften ist und zahlreiche Institute zu Themen wie Ökonomie, Geschichte, Philosophie, Politikwissenschaft und Soziologie betreibt und als Think Tank für Regierungspolitik in diesen Bereichen gilt.

Das Ministerium für Wissenschaft und Technologie (MOST) koordiniert große staatliche Programme, z. B. die »National Key R&D Programs«. Es bündelt die Forschung und Entwicklung in strategisch relevanten Technologiefeldern, u. a. zu künstlicher Intelligenz (KI), Big Data, Cloud Computing, Quanteninformatik, Halbleiter, Genomforschung, Impfstoffentwicklung, innovative Medikamente, Biomedizinische Technik, Healthcare-IT, Materialwissenschaften (Nano-, Leichtbau-, Verbundwerkstoffe), Robotik, 3D-Druck, High-End Maschinenbau, Erneuerbare Energien (Solar, Wind, Wasserstoff), Energiespeicher, Carbon Capture, Green-Tech, Wasser- und Luftreinhaltung, Saatgutforschung, Hightech, Landwirtschaft, Smart Farming, Lebensmittelsicherheit, Raumfahrt und Meerestechnik, neue Verkehrskonzepte (Elektromobilität, vernetztes und autonomes Fahren, Hochgeschwindigkeitszüge) und Katastrophenvorhersage (z. B. Erdbeben, Überschwemmungen), Drohnentechnologie, Rettungsrobotik. Das Ministerium für Industrie und Informationstechnologie (MIIT) spielt eine wesentliche Rolle bei strategischen Hightech-Themen (z. B. 5G, Halbleiterindustrie, IT-Entwicklung). Viele weitere Ministerien (z. B. Landwirtschaft, Gesundheit, Natürliche Ressourcen) unterhalten jeweils eigene Forschungsinstitute.

Die National Natural Science Foundation of China (NSFC) ist das Pendant zur Deutschen Forschungsgemeinschaft (DFG) oder zur National Science Foundation (NSF) in den USA. Sie fördert Grundlagenforschung in Universitäten und öffentlichen Forschungsinstituten durch wettbewerbliche Stipendien und legt Programme zur Nachwuchsförderung auf.

Provinzen und Großstädte (etwa Shanghai, Shenzhen, Beijing) haben eigene Förderetats und Forschungsprogramme, um regionale Innovation zu unterstützen.

Über sogenannte *Local Government Financing Vehicles (LGFVs)* oder eigene Fonds beteiligen sie sich teils an strategisch wichtigen F&E-Projekten in ihrer Region.

Forschungsteams aus Universitäten, öffentlichen Forschungsinstituten, Staatsunternehmen und zunehmend auch Privatfirmen können sich auf spezifische Ausschreibungen bewerben. Die Vergabe von Fördermitteln setzt häufig voraus, dass Unternehmen und öffentliche Forschungseinrichtungen in Konsortien zusammenarbeiten. So werden Wissenstransfer und Anwendungen in die Industrie gefördert. Projekte werden in der Regel über mehrere Jahre gefördert, mit regelmäßigen Zwischenberichten und Evaluierungen (oft im 1- bis 2-Jahres-Rhythmus). Die Bewilligung der Folgemittel hängt vom Fortschritt und den bisherigen Ergebnissen ab. Lokalregierungen (Provinzen, Städte) bieten ergänzende Fördermittel für Projekte, die im Rahmen der National Key R&D Programs angesiedelt sind.

Die National Key R&D Programs sind das Herzstück der chinesischen Innovations- und Technologieförderung. Sie bündeln die wichtigsten staatlichen F&E-Investitionen in hoch priorisierten Bereichen, um Chinas technologische Unabhängigkeit zu stärken und globale Wettbewerbsfähigkeit auszubauen. Durch die Fokussierung auf zentrale Zukunftsfelder wie KI, Biotechnologie, erneuerbare Energien oder Hightech-Fertigung sind sie eng verzahnt mit den langfristigen Entwicklungszielen, die in den nationalen Fünfjahresplänen und Initiativen wie »Made in China 2025« definiert wurden.

Staatliche Unternehmen (SOEs) sind oft in Sektoren tätig, die als »strategisch« für die nationale Wirtschaftssicherheit und -entwicklung gelten – etwa Energie, Verkehr, Telekommunikation, Stahl, Luft- und Raumfahrt. Der Fokus liegt auf Großprojekten und Infrastruktur wie Hochgeschwindigkeitszügen (CRRC), Raumfahrt (CASC), Flugzeugbau (COMAC) oder der Entwicklung neuer Energiesysteme (State Grid, Three Gorges Corporation). Dabei handelt es sich oft um »Langfristprojekte«, für die ein hoher Kapitalbedarf und ausgedehnte Forschungszeiträume erforderlich sind. Beispielhaft sind die State Grid (Stromnetzbetreiber): Forschungsschwerpunkte sind intelligente Netze (Smart Grids), Energiespeicher, erneuerbare Energien; CRRC (China Railway Rolling Stock Corporation): weltweit führend bei Hochgeschwindigkeitszügen und Bahntechnologie; COMAC (Commercial Aircraft Corporation of China): Entwicklung eigener Passagierflugzeuge (C919), um die Abhängigkeit von Airbus und Boeing zu reduzieren; AVIC (Aviation Industry Corporation of China): Forschung in militärischer und ziviler Luftfahrttechnik.

In der chinesischen IT-, Internet- und Hightech-Szene sind private Unternehmen die wichtigsten Akteure. Diese Unternehmen agieren stärker marktgetrieben, entwickeln Produkte und Dienstleistungen mit Blick auf Endkunden oder Geschäftskunden. Dazu gehört u. a. Huawei, das führend ist in Telekommunikationsausrüstung, Smartphones, 5G-Technologie, KI und Halbleitern. Huawei ist bekannt für enorme jährliche F&E-Ausgaben, 2022 lagen diese bei über 20 Mrd. USD. Huawei beschäftigte 2022 etwa 207.000 Mitarbeiter, davon 114.000 in der Forschung und

Entwicklung. Alibaba orientiert sich auf E-Commerce, Cloud Computing, KI, Smart Logistics. Das Forschungslabor »DAMO Academy« treibt Grundlagenforschung z. B. in Quantencomputing und Machine Learning. Tencent ist führend im Bereich Social Media, Gaming, FinTech und KI-Forschung (bspw. in Bilderkennung, automatischer Übersetzung). Baidu ist stark in KI, autonomem Fahren, Sprach- und Bilderkennung. Xiaomi und DJI konzentrieren sich auf Drohnentechnik, ByteDance auf KI-Algorithmen für TikTok/Douyin. Alle genannten Unternehmen sind Innovationsführer nicht nur im nationalen chinesischen Kontext, sondern gehören auch im internationalen Maßstab zur Spitzengruppe.

Verkehrsinfrastruktur

Seit den 1990er Jahren hat sich das chinesische Straßensystem rasant weiterentwickelt und zählt heute zu den umfangreichsten der Welt. Die wichtigsten Punkte dieser Entwicklung lassen sich folgendermaßen zusammenfassen: Der Grundstein für das chinesische Autobahnnetz wurde Ende der 1980er Jahre gelegt. Die erste moderne Schnellstraße (Autobahn) in China war die Shanghai–Jiading-Schnellstraße, die 1988 eröffnet wurde. In den 1990er Jahren begann die Regierung, systematisch ein landesweites Netz an Schnellstraßen aufzubauen. Dieses Vorhaben wurde in verschiedene Fünfjahrespläne integriert, um eine landesweite, einheitliche Infrastruktur zu schaffen. In den 1990er Jahren startete China das sogenannte National Trunk Highway System (NTHS), ein Großprojekt zur Verbindung der wichtigsten Städte und Wirtschaftszentren. Es umfasste zunächst mehrere nationale Hauptstrecken, die sogenannte »5+7«-Struktur (fünf Nord-Süd- und sieben Ost-West-Autobahnen). Später wurde es kontinuierlich erweitert. Während in den frühen 1990er Jahren das Autobahnnetz noch relativ klein war, wuchs es in den folgenden Jahrzehnten sprunghaft. China setzte massive Investitionen ein, um die wirtschaftliche Entwicklung voranzutreiben, den Güterverkehr zu erleichtern und ländliche Regionen besser anzubinden. Heute verfügt China über das längste Schnellstraßennetz der Welt (ca. 160.000 km). Bis 2030 ist ein noch weitergehender Ausbau des »7-9-18«-Netzes geplant (7 Strahlen ab Peking, 9 weitere wichtige Nord-Süd-Verbindungen und 18 Ost-West-Verbindungen).

Das chinesische Hochgeschwindigkeitszugsystem (HSR) hat sich in mehreren Phasen entwickelt, die durch technologische Übernahmen, massive Infrastrukturprojekte und schließlich eigenständige Innovationen geprägt waren. 2004 wurde der Grundstein für ein landesweites HSR-Netz gelegt. Ziel war zunächst, Strecken über insgesamt 25.000 km zu bauen. China kooperierte mit ausländischen Herstellern wie Siemens (Deutschland), Alstom (Frankreich), Kawasaki (Japan) und Bombardier (Kanada), um Zugtechnologie (z. B. CRH1, CRH2, CRH3, CRH5) zu erwerben. Ein erster chinesischer Prototyp (»China Star« 2002) scheiterte, woraufhin sich der Fokus auf ausländische Modelle verlagerte.

2008 wurde die erste Strecke eröffnet, die Beijing–Tianjin Intercity Railway. Danach entstanden längere Strecken mit Geschwindigkeit von 350 km/h, z. B. die Shanghai–Hangzhou- und Beijing–Shanghai-Strecken. 2010/2011 kam die 1.318 km lange Beijing–Shanghai-Verbindung dazu und wurde zum Symbol der HSR-Expansion. Die CRH380-Serie waren die ersten eigenständig weiterentwickelten Züge (bis 380 km/h), sie wurden z. B. auf der Beijing–Shanghai-Strecke eingesetzt. Bis 2016 erreichte das Netz eine Länge von über 20.000 km, darunter Verbindungen in abgelegene Regionen (z. B. Harbin–Dalian im Nordosten). Der schwere Zugunfall bei Wenzhou (2011) führte zu Sicherheitsüberprüfungen und einer Verlangsamung des Ausbaus. Bis 2023 umfasste das Netz über 42.000 km Strecke und ist damit das größte der Welt. Ab 2017 verkehrten vollständig in China entwickelte Fuxing-Züge (bis 350 km/h) und es entstanden internationale Projekte wie die Jakarta-Bandung-Strecke (Indonesien) und Kooperationen im Rahmen der »Belt and Road Initiative«. Hohe Baukosten führten zu erheblichen Schulden der Staatsbahn. Einige Strecken sind unterausgelastet, insbesondere in dünn besiedelten Gebieten. Sie werden aber aus politischen Gründen vorangetrieben, u. a. um die wirtschaftliche und politische Integration des Landes zu fördern

Kommunikationsinfrastruktur

In den 1980er Jahren war das chinesische Telefonnetz sehr eingeschränkt. Telefon anschlüsse waren vor allem in Großstädten wie Peking, Shanghai oder Guangzhou verfügbar. In ländlichen Regionen hatten nur wenige Haushalte einen Festnetzanschluss. In den 1990er Jahren begann der Ausbau der Festnetze parallel zum wirtschaftlichen Aufschwung (insbesondere entlang der Ostküste).

Anfang bis Mitte der 1990er begann der Ausbau des Mobilfunks, die ersten GSM-Netze[78] entstanden. Unternehmen wie China Telecom, China Unicom oder später China Mobile (aus der Abspaltung von China Telecom) sind bis heute tragende Säulen des Telekommunikationsmarkts. In den 2000er Jahren verbreitete sich der Mobilfunk rasant, China wurde zum größten Mobilfunkmarkt der Welt. Nach 2G/GSM kamen 3G-, 4G/LTE- und ab etwa 2019 5G-Netze in den Metropolen zum Einsatz. Der 5G-Ausbau in China ist einer der schnellsten weltweit. Klassische Festnetzanschlüsse sind zwar weiterhin verfügbar, spielen jedoch gegenüber Mobiltelefonie und Breitband-Internet eine immer geringere Rolle.

Für das Internet entstanden in den späten 1980er Jahren erste Forschungsnetzwerke an Universitäten und Forschungseinrichtungen (z. B. in Peking und Shanghai). 1987 wurde die erste E-Mail aus China ins Ausland gesendet (»Across the Great Wall, we can reach every corner in the world«). Noch handelte es sich aber um sehr kleine Pilotprojekte. Als offizielle Geburtsstunde gilt 1994. China erhielt den ersten offiziellen Full-Function-Internetanschluss (über die China Education and Research Network, CERNET). Staatlich lizensierte Provider wie ChinaNet (unter China Telecom) führten Breitbandanschlüsse in größeren Städten ein. Internetcafés und Websites breiteten sich ab Ende der 1990er in den Städten aus, während private Breitbandanschlüsse noch sehr teuer waren. Es entstanden erste nationale Webportale (Sina, Sohu, Netease u. a.). Seit den 2000er Jahren ist das Internet ein regulierter Massenmarkt mit enormen Nutzerzahlen. China entwickelte sich zum Land mit den meisten Internetnutzern weltweit (aktuell weit über 900 Millionen). Der Großteil der Nutzer greift mobil (Smartphone) auf das Internet zu. DSL, Kabelinternet und vor allem Glasfaser verbreiteten sich rasant, unterstützt durch staatliche Förderprogramme. Heutzutage haben große Teile der Bevölkerung Zugang zu schnellen Breitbandverbindungen.

Die chinesische Regierung betreibt eine strikte Internetkontrolle. Viele westliche Plattformen (Google, Facebook, Twitter) sind blockiert. Parallel entwickelten sich große chinesische Tech-Konzerne (Tencent, Alibaba, Baidu), die den heimischen Markt dominieren. Mit dem Vorstoß in 5G will China seine Position im Bereich digitale Innovation und Smart Citys weiter festigen. Anwendungen wie mobiles Bezahlen (Alipay, WeChat Pay) oder E-Commerce sind längst im Alltag integriert. Das schnelle Wachstum bei Telefon- und Internetzugängen hat den Handel, die Logistik und den Dienstleistungssektor befeuert. Die große Verbreitung von Smartphones und das mobile Internet prägen den Alltag. Kommunikation findet vorwiegend über WeChat, QQ und ähnliche Apps statt, während Online-Plattformen in den Bereichen Unterhaltung, Bildung und Services dominieren.

Trotz der liberalisierten Märkte bleiben große Telekom-Unternehmen in staatlicher Hand. Die Regulierung des Internets (Zensur, Filtern von Inhalten) bildet ein prägendes Merkmal des chinesischen Kommunikationssystems. Insgesamt hat China seit den 1980er Jahren eine beispiellose Entwicklung seiner Kommunikationsinfrastruktur erlebt. War das Land zu Beginn von veralteten oder kaum vorhandenen Netzen geprägt, verfügt es heute über eines der größten und modernsten Telekommunikationsnetze weltweit – sowohl im Festnetz- und Mobilfunkbereich als auch beim Breitband- und 5G-Ausbau.

3.5 Chinas Finanzmärkte sind anders – Die Rolle des Finanzsystems in der gelenkten Marktwirtschaft Chinas und der Unterschied zum neoliberalen Finanzmarktkapitalismus

Johann Petry hat 2020 in einem Artikel die dynamische Entwicklung der chinesischen Finanzmärkte dargestellt (vgl. auch Land 2020, S. 9):*

* Im Unterschied zu meiner Darstellung sieht er die chinesische Wirtschaft als *Staatskapitalismus* oder staatlich dominierten Kapitalismus. Das ist logisch, wenn man die Regulationsform, Kapitalverwertung, Geld- und Kapitalkreisläufe als Kriterium anlegt. Wobei mir nicht klar ist, ob der Staat selbst als Kapitalist betrachtet wird (also *privat* Mehrwert aneignet) oder als Instrument einer chinesischen oder internationalen Kapitalistenklasse (bzw. der Kommunistischen Partei als organisiertem Gesamt-

»Diese empirische Untersuchung zeigt, dass chinesische Kapitalmärkte, obwohl sie einige Merkmale mit ›globalen‹ Kapitalmärkten gemeinsam haben, ganz anders funktionieren. Der Artikel argumentiert, dass Chinas staatliche Börsen die Entwicklung staatskapitalistischer Kapitalmärkte erleichtern – Kapitalmärkte, die einer institutionellen Logik folgen, die von Chinas staatskapitalistischem Wirtschaftssystem abgeleitet ist. Anstatt sich einem neoliberalen Regelwerk zu beugen, stellen Chinas Kapitalmärkte eine Alternative zu den Normen, Prinzipien und Verfahren der gegenwärtigen globalen Finanzordnung dar, widersetzen sich ihnen und fordern sie heraus.« (Petry 2020, S. 6)

Dies bedeutet nicht, dass Gewinne oder Renditen auf Finanzanlagen keine Rolle spielen. Grundsätzlich kann in einer Kapitalverwertungswirtschaft, auch in einer sozialen oder sozialistischen Marktwirtschaft, nicht auf Überschüsse bzw. Gewinne (das sind in Geldeinheiten denominierte Überschüsse über Kosten inklusive Abschreibungen auf Sachanlagen) verzichtet werden. Sie werden benötigt, um Gemeingüter und Infrastruktur (das ist der aktuell größte Teil) sowie Innovationen und Investitionen (also erweiterte Reproduktion) zu ermöglichen. Überschüsse erscheinen im Geldausdruck als Gewinne, die Gemeingüter und Investitionen finanzieren.

Die *private Aneignung von Finanzrenditen* finanziert in einer kapitalistischen Ökonomie auch die Luxuskonsumtion der Kapitaleigner, Finanzanleger und der großen Manager. Deren Konsumtion ist mit großer sozialer Ungleichheit verbunden und unter ökologischen Gesichtspunkten zu verurteilen, weil sie einen erheblichen Teil der Umweltlasten ausmacht – und noch dazu einen funktional überflüssigen. Dieser Aspekt spielt auch in China eine Rolle, denn die Zahl der Superreichen und das Volumen ihres Konsums sind seit den 1980er Jahren dramatisch gewachsen.

Der Konsum der Reichen ist hingegen nicht das einzige und nicht das Hautproblem einer kapitalistischen Ökonomie. Die private Aneignung und Subsumtion

kapitalisten) fungiert und auf diese Weise *private Mehrwertaneignung* umsetzt. Ich finde das nicht ganz plausibel. Was bedeutet hier »private Aneignung«. Oder geht es um Oligarchen? Aber China ist nicht Russland. Wenn man die inhaltliche Entwicklungsrichtung des Widerspruchs zwischen individueller und gesellschaftlicher Entwicklung zum Kriterium macht, wie oben angedeutet, kann man meinethalben von einer Kapitalverwertungsökonomie mit sozialistischer Orientierung sprechen (vgl. 5.3). Das ist eine deutliche Abkehr vom Kapitalismus (private Aneignung des Mehrwerts und Subsumtion der Arbeit unter das Kapital), vom Finanzmarktkapitalismus sowieso. Meiner Ansicht nach sollte die Unterscheidung Kapitalismus und Sozialismus nicht an der Regulationsform festgemacht werden: Planwirtschaft, Marktwirtschaft, gelenkte Marktwirtschaft als Mischung von Kapitalismus und Sozialismus oder von Markt und Staat – das bringt alles nichts. Entscheidend sind die *inhaltlichen Entwicklungstendenzen* und die sozialen Gruppen, die von dieser Entwicklung getragen werden. Das chinesische Modell »Gemeinsamer Wohlstand« entspricht m. E. einer sozialistischen Orientierung, jedenfalls wenn es ernst gemeint ist, wovon ich ausgehe. In einer gelenkten Marktwirtschaft sind die privaten Unternehmen wie auch die Staatsbetriebe und die Gemeingüterproduzenten durch die Regulierung und die Steuerungsinstrumente an die geteilten Ziele gebunden. Gemeinsamer Wohlstand ist mehr als der Klassenkompromiss des Teilhabekapitalismus. Vgl. Kapitel 4 und 5.

unter private Kapitalinteressen besteht in der *Exklusivität der Entscheidung* über die *Investitionen in Gemeingüter* und damit über die *Richtungen*, in denen Innovationen und Infrastruktur vorangetrieben, Lebenswelten durch Konzernstrategien und Werbung dominiert und den Menschen entfremdet werden. Die Richtung wirtschaftlicher Entwicklung wird von den Kapitaleignern, heute vor allem den Finanzanlegern und ihren Organisationen, dominiert. Unterordnung der Lohnarbeit und der Gesellschaft unter das Kapital bedeutet heute Unterordnung der wirtschaftlichen Entwicklung unter die Interessen der Finanzanleger.

In China sind die *Finanzmärkte Instrumente zur Lenkung wirtschaftlicher Entwicklung*. Für die einzelnen Finanzanleger geht es selbstverständlich um Renditen. Aber die Rahmenbedingungen und Steuerungsinstrumente sind so gestaltet, dass die Anlagestrategien im Großen und Ganzen den gesetzten wirtschaftlichen und sozialpolitischen Zielen entsprechen. Dabei wird es immer wieder Konflikte geben, die kompensiert werden müssen und die ggf. zu Korrekturen in den Instrumenten und Rahmenbedingungen führen.

Petry unterstreicht in seinem Artikel die Unterschiede:

> »... die bloße Übernahme von Marktmechanismen (z. B. Kapitalmärkte) [macht] China nicht neoliberal ... Während sich die marktbasierte Finanzierung in China zu einem wichtigen Instrument der wirtschaftlichen Steuerung entwickelt hat ..., funktionieren die chinesischen Kapitalmärkte grundlegend anders als die neoliberalen Kapitalmärkte.«
> Es ist »... von Bedeutung, wie Börsen (d. h. Marktorganisationen) geregelt werden und welchen Zwängen und Anreizen sie ausgesetzt sind. Im Westen werden Börsen öffentlich als Unternehmen behandelt, die profitable Geschäftsentscheidungen treffen müssen, um den Shareholder Value zu steigern; sie befinden sich in einem institutionellen Rahmen, der von einer neoliberalen institutionellen Logik geprägt ist. ... Die institutionelle Logik des chinesischen Staatskapitalismus ist nicht einfach eine des Befehls und der Kontrolle, sondern eine Kombination aus staatlicher Top-Down-Koordination und Bottom-Up-Marktwettbewerb ... [Während] privates Finanzkapital das primäre Grundprinzip neoliberaler Märkte ist, interveniert der Staat in China vor allem in die Kapitalmärkte, um sie in »produktive« Bahnen zu lenken, die staatliche Ziele erleichtern.« (Petry 2020, S. 6)

Die Unterschiede zwischen neoliberalen Kapitalmärkten und Chinas Staatskapitalmärkten werden in Petrys folgender Aufstellung deutlich:

	Neoliberale Kapitalmärkte	Chinas Staatskapitalmärkte
Spekulation	ermutigt, z. B. durch Anreizsysteme	entmutigt, z. B. durch Handelsregeln
Marktdaten	kontinuierlicher Fluss, kostspielig, unterschiedlicher Zugriff	Snap-Shots, kostenlos, wenig/keine Diskriminierung
Regulierungsaufsicht	begrenzt, privatisiert (dunkle Pools, etc.)	umfangreiches, durchsichtiges Überwachungssystem
Marktzugang	ungleich (externe Standorte, direkter Marktzugang)	relativ gleich (externe Standorte begrenzt, kein direkter Marktzugang)
Kontostruktur	Sammelkonten (wenig Aufsicht)	individuell (vollständige Aufsicht)
Margen-Anforderungen	Portfolio-Margen, Aufrechnung von Margen	volle Margen, keine Aufrechnung, Margen-Monitoring
Positionsbegrenzungen	sehr wenige, nur bei bestimmten Produkten	umfangreich, streng durchgesetzt, alle Produkte
Handelsregeln	wenige Bestelllimits, unzählige Auftragsarten	strenge Bestelllimits, Absicherungsquoten
Handelsgeschwindigkeit	(Ultra)Hochfrequenzhandel wird ermutigt	kein Tageshandel für Aktien, langsam für Futures
Nichteinhaltung der Regeln	wenige Sanktionen (Spekulation ermutigt)	Auftrag storniert, Makler genannt, Gebühren erhöht
Börsenmotivation	marktorientiert (profitorientiert, shareholder value)	Politik-getrieben (verfolgt staatspolitische Ziele)
Dominante Akteure	privates Finanzkapital	staatliche Institutionen
Institutionelle Logik	»Effizienz« durch private Gewinne, Trennung von Staat und Markt	staatliche Kontrolle und Leitung der Märkte, Unterstützung der staatlichen Politik

Original in Petry (ebd.), übersetzt in Land 2020, S. 9

Allerdings scheint es in China eine Diskussion über die weiteren Reformen des Finanzsystems und auch der Finanzmärkte zu geben. Während die KP-Führung offensichtlich regulierte Finanzmärkte mit starker Kontrolle bevorzugt, plädieren andere für eine Lockerung. Könnte dies in eine neoliberale Richtung führen? Keyu Jin (2023, Kapitel 6) schreibt in seinem Buch »The New China Playbook«, dass

> »der chinesische Aktienmarkt trotz des übernatürlichen Wirtschaftswachstums des Landes zu den schlechtesten der Welt gehört.... Chinas Aktienmarkt ist ... ein Spiegelbild des ineffizienten, aus den Fugen geratenen Finanzsystems des Landes.«

»Zum einen ist es zu stark von den Banken abhängig. Bankkredite sind die Hauptfinanzierungsquelle in China und machten 2019 rund 165 Prozent des BIP aus; in den USA dagegen machen Bankkredite nur 52 Prozent des BIP aus.... In fortgeschrittenen Volkswirtschaften spielen Kapitalmärkte wie Aktien- und Anleihemärkte eine viel wichtigere Rolle bei der Finanzierung von Wachstum und Innovation.«
»In den USA lag die Größe des Aktienmarktes (gemessen am Wert der ausstehenden Aktien) im Jahr 2019 bei etwa 150 Prozent des BIP und die Größe des Anleihemarktes bei etwa 205 Prozent des BIP. In China macht der Aktienmarkt lediglich 60 Prozent des BIP aus; die Größe des Anleihemarktes wuchs von 35 Prozent im Jahr 2008 auf etwa 113 Prozent bis Ende 2020 ...«
»Die starke Abhängigkeit von den Banken ist ein typisches Merkmal der Finanzsysteme in Entwicklungsländern. Man kann sich leicht vorstellen, warum dies ein Zeichen von Primitivität ist: Bankkredite können kleinere, risikoreichere Unternehmen nicht angemessen mit stabilen und verlässlichen Finanzierungen versorgen oder den Marktteilnehmern transparente Informationen über den Zustand der Wirtschaft oder über wichtige Preise wie die Zinssätze liefern.«
»Chinas inländische Finanzlandschaft weist einen bemerkenswerten Mangel an typischen Finanzakteuren wie Investmentfonds, Versicherungsgesellschaften, Ratingagenturen und internationalen Investmentbanken auf. Das von Investmentfonds verwaltete Vermögen macht in China beispielsweise nur 12 Prozent des BIP aus, während es in den USA mehr als 100 Prozent sind. Auch fehlt ein aktiver Markt für Derivate, den Handel mit Terminkontrakten oder Optionen.«

Ähnlich argumentiert Jack Ma in einer Rede, die in einem Youtube-Video zitiert wird.[79] Aufgrund dieser Rede wurde er zu einer Aussprache nach Peking gebeten.

Jack Ma: »Ich bin so hin und hergerissen: Soll ich diese Rede halten oder nicht? Es gibt in China viele große Banken, sie sind wie mächtige Ströme oder die Adern des Landes. Was wir heute brauchen, sind mehr Seen, Teiche, Bäche und Flüsse. Wir brauchen alle Arten von Feuchtgebieten und Sümpfen. Der Mangel daran lässt uns manchmal ertrinken und dann wieder verdursten. Unser Land ist Risiken ausgesetzt, weil ein gesundes Finanzsystem fehlt.«
Kommentar im Video: »Jack Mars Worte über die versagende Regierung klingen nach. Er sagt Dinge, die sonst niemand wagt, öffentlich zu sagen. Seiner Meinung nach behindert Peking das Wachstum eines gesunden Finanzmarktes, und er unterstreicht die Notwendigkeit, sich für Innovationen zu öffnen.«
Jack Ma: »Der chinesische Finanzsektor ähnelt dem eines Entwicklungslandes, wir sind auf dem Stand von Teenagern. Unser Finanzsystem ist weder ausgeklügelt noch funktioniert es. In China lässt das System kein finanzielles Risiko zu und deshalb gibt es eigentlich gar kein Finanzsystem. Das eigentliche Risiko ist das Fehlen eines Finanzsystems in China.«

Diese Rede war anscheinend der Anlass für eine Auseinandersetzung mit der KP-Führung. Hintergrund war der geplante Börsengang der Ant Group, der FinTech-Tochter seines Unternehmens, der dann abgesagt wurde.

> »Die Group [offerierte] nicht nur Versicherungen und Vermögensverwaltung, sondern verknüpfte auch Kreditvergabe und ihr virtuelles Kreditkartenprodukt Jiebei mit ihrem mobilen Bezahldienst Alipay. Die Bezahl-Apps WeChat-Pay und Alipay haben China in nur wenigen Jahren zu einer praktisch bargeldlosen Gesellschaft gemacht, was enorme Entwicklungspotenziale, aber gesamtökonomisch eben auch massive Risiken birgt. Daher schritt die chinesische Zentralbank ein und verlangte: Wenn die Ant Group wie eine Bank agiert, muss sie auch wie eine Bank reguliert und kontrolliert werden.« (Turowski, *ND* 15. 19. 2021)

Auch andere Bereiche werden strenger reguliert:

> »Der zweite Handlungsbereich waren Anti-Monopolgesetze. Monopolkontrolle über Schlüsselsektoren der chinesischen Wirtschaft sowie der Schutz kleiner innovativer Unternehmen wurden schon seit Langem diskutiert und konkrete Maßnahmen bereits im letzten Jahr angekündigt. Es liegt auf der Hand, dass es nun vor allem riesige Technologieunternehmen trifft, die in der digitalen Plattformökonomie eine Schlüsselrolle spielen und bereits eine Monopolmarktmacht erlangt haben. Betroffen war hier abermals Alibaba. Aber auch gegen andere Onlineplattformen wie Pinduoduo oder Jingdong wurde vorgegangen, weil sie beispielsweise den auf ihren Plattformen tätigen Händlern untersagen, andere Vertriebswege zu nutzen, oder sich weigerten, Zahlungen mit Zahlungssystemen rivalisierender Unternehmen zu gestatten. Gegen den Essen-Lieferdienst Meituan ging die Regulierungsverwaltung vor, da dieser Restaurants, deren Speisen der Konzern ausliefert, verbot, ihre Ware auch bei anderen Lieferdiensten anzubieten. Tencent, dessen WeChat mit 1,2 Milliarden Nutzern die beliebteste Super-App der Welt ist, geriet in den Fokus der Behörden, unter anderem wegen exklusiver Urheberrechtsverträge für 66 Millionen lizenzierte Musiktitel. Der dritte Bereich umfasst Regulationen, Auflagen und Kontrollen unterschiedlicher Industrien und Sektoren.« (Ebd.)

Bisher sieht es so aus, dass diese Regulierungen nicht auf einer neoliberalen Linie liegen, sondern dem Rahmen der »gelenkten Marktwirtschaft« entsprechen. Sie sind darauf ausgerichtet, die dienende Rolle der Märkte überhaupt und speziell der Finanzmärkte für die sozialökonomische und wirtschaftliche Entwicklung zu erhalten und eine Verselbstständigung der Tech-Sektoren wie auch der Finanzunternehmen zu verhindern.

3.6 Der Realwirtschaft besser dienen

Unter der Überschrift »Der Realwirtschaft besser zu dienen, ist ein Schwerpunkt einer qualitativ hochwertigen Finanzentwicklung« schreibt Zhang Xiaojing*:

> »Es ist notwendig, mit der gewohnten Denkweise im Finanzwesen zu brechen, die die ›Armen verabscheut und die Reichen liebt‹.« Vielmehr sollen »die privaten Vorteile der Einführung neuer Technologien mit dem sozialen Nutzen in Einklang gebracht werden, Technologie für das Gute zu fördern und dafür zu sorgen, dass sie der Gesellschaft nützt. Wir sollten die Entwicklung von Green und Transformational Finance vorantreiben, ESG-Konzepte (Environment, Society and Corporate Governance) praktizieren und das harmonische Miteinander von Mensch und Natur fördern. Die vorgeschlagenen Ziele für den CO2-Gipfel und die Klimaneutralität sind Chinas feierliche Verpflichtungen gegenüber der Welt; sie zeigen Chinas feste Entschlossenheit, aktiv auf den Klimawandel zu reagieren, einen grünen, kohlenstoffarmen Entwicklungspfad einzuschlagen, das harmonische Zusammenleben von Mensch und Natur zu fördern und die gemeinsame Entwicklung der gesamten Menschheit zu fördern.« (Zhang 2023)

Zhang stellt eine Reihe von Forderungen für die weitere Entwicklung des chinesischen Finanzsystems auf, die hier sinngemäß wiedergegeben werden:

- Das Finanzwesen sollte zu seinem ursprünglichen Zweck, der Realwirtschaft zu dienen, zurückkehren, sich von der virtuellen Wirtschaft abwenden und eine übermäßige Finanzialisierung vermeiden.
- Finanzielle Innovationen sollten sich darauf konzentrieren, die Effizienz im Dienste der Realwirtschaft zu verbessern und das Dilemma der unausgewogenen und unzureichenden Entwicklung zu lösen.
- Chinas bankengeführtes Finanzsystem weist ›inhärente Mängel‹ in Bezug auf Risikobereitschaft und Risikoidentifikation auf.
- Die Beschränkungen der Banken bei Kapitalinvestitionen sollten gelockert werden. Geschäftsbanken, Versicherungsinstitute, Treuhandgesellschaften usw., die Investitionsfunktionen haben, sollten unterstützt werden, um in Risikokapitalfonds, Investitionsfonds der staatlichen Industrie usw. zu investieren und Eigenkapitalfinanzierungen für die Entwicklung von Technologieunternehmen bereitzustellen. Investitionen in Vermögensverwaltungsprodukte sollten unterstützt werden, um legal in Aktienanlagen und das Eigenkapital von nicht

* Direktor des Instituts für Finanzen und Bankwesen der Chinesischen Akademie der Sozialwissenschaften, Direktor des Nationalen Instituts für Finanzen und Entwicklung, Chefredakteur von *Jinrong Pinglun (Chinese Review of Financial Studies)*.

börsennotierten Technologieunternehmen investieren zu können. Auch sollte deren Recht auf (Ertrags-)Gewinne in Übereinstimmung mit dem Gesetz anerkannt werden.

- China erlebt seit mehr als 40 Jahren eine rasante Entwicklung, es hat keine schwere Wirtschaftskrise gegeben, was ein seltenes Wunder in der Welt ist. Der Grund dafür ist nicht, dass Chinas Entwicklungsmodell keine akkumulierten Risiken aufweist, sondern dass die chinesische Regierung in Friedenszeiten immer auf Gefahren vorbereitet war und die Abwesenheit systemischer Risiken als Quintessenz für die Entwicklung ansieht.
- Die erste Aufgabe besteht darin, die finanzielle Sicherheit durch eine qualitativ hochwertige Finanzentwicklung zu fördern – durch die Optimierung der Struktur des Finanzsystems, die Verbesserung der Effizienz der Finanzdienstleistungen für die Realwirtschaft. Die zweite Aufgabe besteht darin, die Defizite der Finanzinfrastruktur auszugleichen. Der entscheidende Punkt ist die Verbesserung des Zahlungs- und Abwicklungssystems.
- Den durch Finanzsanktionen bedingten Risiken sollte durch die Diversifizierung der Zahlungs- und Abwicklungsmethoden und die Internationalisierung des RMB und der digitalen Währung begegnet werden.
- Die Modernisierung des Finanz-Governance-Systems und der Governance-Fähigkeiten ist ein integraler Bestandteil der chinesischen Modernisierung. Der entscheidende Punkt besteht darin, die Führung der Partei in den nationalen Governance-Mechanismus einzubetten und die Beziehung zwischen Regierung, Markt und Gesellschaft zu koordinieren. Dazu gehört auch, staatliche Eingriffe zu reduzieren und die entscheidende Rolle des Marktes bei der Risikobepreisung und der Allokation finanzieller Ressourcen voll auszuschöpfen.

In dem Beitrag »A People's Daily piece that reveals China's top leader's philosophy in reform and development« von 2024 ist zu lesen:

> »Beispielsweise verkörpert die Werteorientierung der Reformen, die auf dem Grundstein ›am Menschen ausgerichtet‹ basiert, die tiefgründige Logik der ›chinesischen Modernisierung mit Blick auf das Wohl der Menschen‹. Im letzten Jahrzehnt, in der neuen Ära, gab es das Versprechen, ›auf dem Weg zum Wohlstand niemanden zurückzulassen, und die Verpflichtung, … 1,4 Milliarden nicht zu verraten‹. Die Beispiele sind zahlreich. Als ein Wissenschaftler während des Forums erwähnte, dass ›das Ziel dieser nächsten Reformrunde darin bestehe, sicherzustellen, dass mehr Gruppen ein stärkeres Gefühl des Gewinns verspürten‹, lobte der Generalsekretär dies und sagte: ›Diese Aussage trifft den Nagel auf den Kopf …‹« (Geopolitechs[80])

3.7 Erfolge und Probleme: Suchstrategien

Die bisherige Darstellung der Elemente des Finanzsystems erweckt den Anschein einer systematisch aufgebauten erfolgreichen Entwicklung, so als folge alles einem ganzheitlichen Konzept, einem großen Plan. Das ist eine Fehlwahrnehmung, die durch die Art der Darstellung entsteht. Es werden die bleibenden Ergebnisse dargestellt, die Strukturen, die sich erhalten und durchgesetzt haben, nicht oder kaum die Selektionsprozesse, in denen sie sich durchgesetzt haben, nicht oder kaum die Fehlversuche, Schwierigkeiten, die gescheiterten Ansätze. Diese sind in der Regel kaum dokumentiert und verschwinden in der Erinnerung hinter den erfolgreichen Lösungen, die weitergegeben und weiterentwickelt werden. Daher mag es so aussehen, als hätten wir es mit einer durchgehenden Erfolgsgeschichte fast ohne Probleme und Schwierigkeiten zu tun. Aber der Erfolg ist das Ergebnis einer Strategie von *Experimentieren, Probieren und Selektieren* und letztlich ist die Wirtschaftsentwicklung Chinas und seines Finanzsystems bislang eine Erfolgsgeschichte, wer wollte das bestreiten.

Die absolute Armut wurde in 30 Jahren seit 1978 beseitigt. Das Pro-Kopf-Einkommen ist auf das 38fache gestiegen, das gesamte BIP auf das 56fache (vgl. Land 2022). Die Lebensbedingungen der Bevölkerung haben sich deutlich verbessert. China ist heute eine Gesellschaft mit mittlerem Einkommen und bescheidenem Wohlstand, vor 40 Jahren war es eines der ärmsten Länder der Welt. Noch wichtiger vielleicht: China hat hervorragende Voraussetzungen für eine weitere erfolgreiche Entwicklung, was nicht zuletzt auf dem im Pfadwechsel seit 2015 neu entstehenden Regime wirtschaftlicher Entwicklung beruht: innovationsbasiert, binnenmarktorientiert und mit der Seidenstraße als neuem Globalisierungskonzept. Daran ändern auch die aktuellen Probleme nichts – beispielsweise die Immobilienkrise und die Jugendarbeitslosigkeit. Auch die Verlangsamung des Wachstums von mehr als 10 Prozent auf 4 bis 5 Prozent ist kein Krisenzeichen. Vielmehr geht es heute um die selektive Gestaltung wirtschaftlicher *Entwicklung*, um qualitativ hochwertige Produkte und Verfahren, um Ökologie und Verbesserung der Lebenswelten. Wachstum kann kein Selbstzweck sein.

Einige der Probleme und Umbrüche auf diesem Weg wurden im Text angesprochen – fokussiert auf das Finanzsystem:

- Die dramatische Auseinandersetzung in den 1980er Jahren um die Schocktherapie oder – alternativ – den schrittweisen Übergang aus der Planwirtschaft in die Marktwirtschaft und die Schwierigkeiten, den 1989 nach Protesten und gewaltsamen Auseinandersetzungen ins Stocken geratenen Reformprozess 1992 wieder in Gang zu bringen.
- Die dramatischen wirtschaftlichen und sozialen Folgen des Umbaus der Staatsbetriebe zu marktwirtschaftlich agierenden Unternehmen, der zu Entlassun-

gen führte und von Millionen Menschen eine berufliche und lebensweltliche Neuorientierung verlangte.

- Im Finanzsystem führte die Abfederung dieser Umbrüche zu einem hohen Bestand »fauler« Kredite, die u. a. nötig waren, um Staatsbetriebe temporär über Wasser zu halten und die »Reform ohne Verlierer« – besser gesagt: fast ohne Verlierer – durchzuhalten. Der Film »Bis dann mein Sohn«[81] erzählt eine Geschichte über die damit verbundene dramatische Umgestaltung der Lebenswelten.
- Heberer und Schubert (2008) haben in empirischen Untersuchungen für den urbanen Raum und die ländlichen Regionen die vielfältigen Umbrüche und Auseinandersetzungen um die Reorganisation der Städte und der Kommunen dargestellt. Dabei ging es um die Gestaltung der Wohnviertel, die Nachbarschaften, die Verwaltung, die Geburtenkontrolle (Ein-Kind-Politik), die neuen sozialen Sicherungsformen, die Partizipation in den Kommunen, die Wahlen der Bürgermeister und Gemeindevertreter, den Übergang zu einer Bürgergesellschaft. In der Teiluntersuchung »Ländlicher Raum« wurden Dorfwahlen (Direktwahlen der Bürgermeister und Gemeindevertreter), politische Partizipation und das Verhältnis von Partei- und Kommunalverwaltungen untersucht. Die Autoren resümieren: *»Das mittlerweile hohe Maß an Selbstbewusstsein und potenzieller Selbstbestimmung der Mittel- und Oberschichten; die Möglichkeit der Partizipation auch in autonomen oder nicht-staatlichen Formen (Eigentümerkomitees, NGOs, Vereinen); ein langsam wachsendes Rechtsbewusstsein, das bewirkt, dass immer mehr Individuen und Gruppen versuchen, ihr Recht unter Berufung auf Gesetze (z. B. Verfassung) oder Partei- und Staatsdokumente einzufordern, sind Anzeichen für das Entstehen von citizenship. Letzteres zeigt sich ausgeprägter bei jungen Akademikern und professionals, während die sozial Schwachen noch am Beginn eines partizipativen Lernprozesses stehen.« (Heberer, Schubert 2008, Bd. 1, S.: 200) »Der Partizipationsgrad ist noch gering und selektiv, der politische Wissensstand niedrig und efficacy zeigt sich bislang lediglich bei einer kleinen Minderheit. In den Nachbarschaftsvierteln wird Partizipation momentan überwiegend von mobilisierten Akteuren getragen bzw. erlernt. Allerdings lässt sich feststellen, dass die Sheq*[82] *ein großes Potenzial besitzen, wenn es erst einmal direkte Wahlen, Bürgerbezug und einen entwickelteren Bürgersinn gibt. Da die Einrichtung von Shequ und die Einführung von Wahlen noch relativ junge Prozesse sind, erschien es uns wichtig, dieses Zukunftspotenzial in seinen Anfängen aufzuzeichnen und analytisch zu deuten und einzuordnen.« (Ebd.)*
- Während der Corona-Pandemie und dem Lockdown gab es in mehreren chinesischen Städten und Kommunen dramatische Proteste und Auseinandersetzungen, die zu Lockerungen und schließlich zu einer abrupten Beendigung der Corona-Einschränkungen führten. Die KPCh kann Macht nur erhalten, wenn sie auf Bürgerproteste und Bürgerbewegungen eingeht.

- Um die weitere Entwicklung der Finanzmärkte hat es Auseinandersetzungen gegeben. Hier zeigt sich, dass die Entwicklung der Finanzmärkte im Rahmen einer gelenkten Marktwirtschaft zu verschiedenen Fehlentwicklungen geführt hat, die eine neue Welle von Regulierungen erforderlich machten (vgl. 3.2 und Turowski 2021).
- Schließlich muss die Immobilienkrise erwähnt werden (vgl. auch 3.4.). Sie hat nicht nur zu Insolvenz von Evergrande und anderen Unternehmen dieser Branche geführt. Es wurde auch klar, dass Deregulierungen des Wohnungssektors erhebliche soziale Probleme verursacht haben (vgl. Müller 2024). Die Mieten sind teilweise unerschwinglich und der Erwerb von Wohnungseigentum für Personen mit mittlerem Einkommen wurde sehr schwer, bei geringen Einkommen unmöglich. »Weil es in den letzten Jahrzehnten kaum sozialen Wohnungsbau gab, ist der Kauf einer Wohnung in der Regel unausweichlich. ... Daran ließ sich gut verdienen und zig Millionen Chinesen mit mittlerem und höheren Einkommen haben mehrere Wohnungen«, die in der Regel mit Krediten finanziert wurden. »Über 120 Millionen Chinesen haben ... kein Wohneigentum, während die Leerstandrate ... 2022 bei 15 Prozent lag. ... die privaten Immobilienkonzerne sind heute allesamt in Schieflage oder in Insolvenz. ... Dieses kapitalistische Wild-West hat zu dramatischen Konsequenzen geführt.« (Müller 2024, S. 63)

Die Immobilienkrise zeigt erneut, dass Grund und Boden und Wohnungen als Gemeingüter behandelt und reguliert werden sollten und die KPCh hier gravierende Fehler zu korrigieren hat. Eine neoliberale Entwicklung gerade im Wohnungs- und Immobilienmarkt wäre fatal. Es geht um den öffentlichen Wohnungsbau und öffentliche Wohnungsverwaltungen, sie müssen den privaten Wohnungs- und Immobilienmarkt dominieren. Wohnungen dürfen keine Spekulationsobjekte sein. Bemerkenswert ist in diesem Zusammenhang ein Kommentar von Stephen S. Roach:

> »Alle Augen richten sich derzeit auf Chinas dunkle Seite. Das hatten wir schon mehrmals. ... Ja, Chinas zweitgrößter Immobilienentwickler steckt in potenziell fatalen Schwierigkeiten. Und ja, der Schuldenüberhang von etwa 300 Milliarden Dollar stellt durchaus ein Risiko für das chinesische Finanzsystem dar ... Doch das Ausmaß dieses Welleneffekts wird wohl weit geringer sein, als die Warnungen derjenigen, die lauthals verkünden, Evergrande sei das chinesische Lehman Brothers, ... ein weiterer ›Minsky-Moment‹ könnte bevorstehen. ... Drei Überlegungen sprechen dagegen. Erstens verfügt die chinesische Regierung über ausreichende Mittel, um den Ausfall von Evergrande-Krediten aufzufangen ... Zweitens handelt es sich bei Evergrande ... um eine bewusst herbeigeführte und gewollte Folge chinesischer Politik, die darauf abzielt, Schulden abzubauen, Risiken zu verringern und die Finanzstabilität zu erhalten ... Drittens sind die Risiken für die Realwirtschaft, die in eine vorübergehende Schwächephase eingetreten ist, begrenzt. Die Nachfrageseite des chinesischen Im-

mobilienmarktes wird durch die anhaltende Abwanderung von Landarbeitern in die Städte durchaus gut unterstützt. Dies unterscheidet sich deutlich vom Zusammenbruch spekulativer Immobilienblasen in anderen Ländern wie Japan und den Vereinigten Staaten, wo einem Überangebot mangelnde Nachfrage gegenüberstand.« (Roach, 27. 09. 2021)

Roach sieht andere Gefahren, die hinsichtlich des oben dargestellten Pfadwechsels bestehen:

> »Chinas größte Probleme haben weniger mit Evergrande zu tun als vielmehr mit einem grundlegenden Umdenken hinsichtlich seines Wachstumsmodells.... Die neue Doppelausrichtung der chinesischen Politik – nämlich Umverteilung und Neuregulierung – trifft genau in das Zentrum der marktwirtschaftlichen ›Reform und Öffnung‹, die das Fundament des chinesischen Wachstumswunders seit den Tagen Deng Xiaopings in den 1980er Jahren bildeten. Die neue Politik wird die für die Dynamik des chinesischen Privatsektors so wichtigen unternehmerischen Aktivitäten dämpfen und das wiederum wird nachhaltige Folgen für die nächste, innovationsgetriebene Phase der chinesischen Wirtschaftsentwicklung haben. Ohne Animal Spirits ist das Thema einheimische Innovation erledigt.« (Ebd.)

Tatsächlich geht es bei dem Pfadwechsel darum, das bisherige Wachstumsmodell zu transformieren. Dabei gibt es m. E. tatsächlich einiges an Risikopotenzial. Ich sehe aber auch gute Chancen, dass die Herausforderungen bewältigt werden. Es wäre fatal, vor den Schwierigkeiten zurückzuschrecken und den Pfadwechsel zurückzunehmen. Man versagt sich die Chance einer progressiven sozialistischen Entwicklungsrichtung, wenn man auf den alten exportorientierten Wachstumspfad zurückkehrt und auf eine zielgerichtete Steuerung von Entwicklungsrichtungen verzichtet. Wenn es hingegen gelingt, anstelle von Wachstum (egal welcher Art und in welche Richtungen) eine *sozialökonomisch und ökologisch progressive Entwicklung* einzuleiten, selektiv, innovationsbasiert, auf den Binnenmarkt und die Seidenstraße gerichtet, dann muss dies unternehmerische Aktivitäten nicht hemmen. Sie werden nur in neue Richtungen geleitet und könnten Effektivität und Produktivität auf andere Weise verbessern. Darin besteht die Herausforderung. Entwicklung ist die Grundlage von Wachstum, nicht umgekehrt.

Zudem sind sehr hohe Wachstumsraten nicht mehr erforderlich, weil die chinesische Bevölkerung langsam schrumpft und die Zahl der benötigten Arbeitsplätze langfristig nicht mehr ansteigt. Die hohen Wachstumsraten der 1990er und 2000er Jahre waren nötig, um Arbeitsplätze für den riesigen Zuwachs an Arbeitskräften aus den geburtenstarken Jahrgängen zu schaffen. In Folge der Ein-Kind-Politik hat sich dieser Zustrom verringert und ist inzwischen geringer als der Abfluss durch Renteneintritte. Die Bevölkerung wächst nicht mehr und wird in Zukunft leicht zurückgehen. Es ist nicht mehr nötig, das Wirtschaftswachstum am Bevölkerungszuwachs auszurichten.

Trotzdem kommt es auch zu lokalem und strukturellem Mismatch. Die derzeitig hohe Jugendarbeitslosigkeit hat mit dem Strukturwandel hin zu Dienstleistungen, gewachsenen Ansprüchen einer hoch qualifizierten neuen Generation von Berufseinsteigern und mit Fehlentwicklungen zu tun. So hatte sich ein sehr großer kommerzieller Dienstleistungssektor für Nachhilfe für Schüler und Studenten entwickelt. Bekanntlich hat die Regierung eingegriffen, die Expansion dieses Sektors begrenzt, auch um die Schülerinnen und Schüler vor übertriebenem Leistungsstress zu schützen. Kommerzielle Nachhilfe wurde beschränkt, ein großer Teil der hoch qualifizierten Hochschulabsolventen verlor dabei den Arbeitsplatz oder fand nach dem Studium erst einmal keine Anstellung. Das erklärt einen Teil der hohen Arbeitslosigkeit.

> »Große mediale Aufmerksamkeit erregte das Vorgehen des Bildungsministeriums gegen den milliardenschweren Sektor für Nachhilfe und Online-Bildung (EdTech). Hintergrund ist ein überaus kompetitives Schulsystem – um ihren Nachwuchs in der Konkurrenz um gute Jobs zu unterstützen, gibt laut Schätzungen weit mehr als die Hälfte der chinesischen Eltern 20 bis 30 Prozent des jährlichen Familieneinkommens für außerschulischen Nachhilfeunterricht des Kindes aus. Eine Mischung aus elterlicher Sorge um die besten Chancen für ihre Kinder, einem auf Prüfungen fixierten Schulsystem und massivem Marketing privater EdTech- und Nachhilfefirmen schaukelte sich über Jahre immer höher und ließ die Branche auf einen Wert von mehr als 150 Milliarden US-Dollar anwachsen. Dies führte zu einer Überforderung der Kinder und zu massiver sozialer Bildungsungerechtigkeit. ... Einige neue Vorschriften verboten die profitorientierte Nachhilfe zum staatlichen Schul-Curriculum, regulierten Betriebszeiten, untersagten die Beteiligung ausländischem[sic!] Kapitals und verlangten gar, Teile der Unternehmen in gemeinnützige Organisationen umzuwandeln. Das führte dazu, dass große EdTech-Unternehmen wie TAL Education, Gaotu Techedu oder New Oriental innerhalb von 24 Stunden 90 Prozent ihres Börsenwertes verloren. Nun will die chinesische Regierung profitorientierte Nachhilfe überhaupt nicht mehr zulassen, was die Industrie dazu zwingt, sich zukünftig komplett neu zu erfinden.« (Turowski, *ND* 15. 19. 2021)

Die geschilderten Probleme zeigen, dass die Evolution des chinesischen Finanzsystems wie auch des Wirtschaftssystems keine geradlinige Erfolgsgeschichte war und ist. Immer wieder gab es Fehlentwicklungen, Bürgerproteste, Korrekturen und Revisionen. Dass es trotzdem wie eine glatte Erfolgsgeschichte erscheint und bislang schlussendlich auch erfolgreich war, liegt an den Such- und Selektionsverfahren, die in China verbreitet sind. Kommentatoren verweisen gern auf das chinesische Strategem »Steine ertastend den Fluss überqueren«. Ich habe den Begriff »Mosaikevolution« aus der Evolutionstheorie übernommen (Land 2020, S. 4). Experimentell wird ein bestimmtes Verfahren oder auch ein bestimmtes Produkt zunächst räumlich oder sachlich begrenzt eingeführt und die Wirkungsweise beobachtet, gegebenenfalls variiert und verbessert. Wenn es nicht funktioniert, lässt man es fallen und versucht etwas anderes. Wenn es funktioniert, verbreitet man die Invention, kombiniert sie mit anderen und selektiert laufend erfolgreiche und weniger oder nicht erfolgreiche Variationen. Die erfolgreichen werden verbreitet und verallgemeinert. In der chinesischen Staatskunst ist es üblich, solche Neuerungen zunächst lokal einzuführen, auch verschiedene Varianten an verschiedenen Orten. Erfolgreiche werden dann verbreitet und rekombiniert. Dieses Verfahren wird begünstigt durch die Größe des Landes, die Vielzahl der regionalen Einheiten und deren weitgehende Entscheidungsspielräume.[83] Auf diese Art und Weise werden die negativen Effekte gescheiterter Experimente klein gehalten und man findet heraus, welche Wege erfolgreich sind. So werden auch komplexe Strukturen, z. B. im Bereich der Banken oder der Finanzmärkte, Partizipationsmodelle, Unternehmensverfassungen und Anreizsysteme nach und nach ausdifferenziert, erprobt und zu komplexen Systemen entwickelt. Man sieht am Ende die Erfolge, während die Misserfolge und Probleme im Hintergrundrauschen fast unsichtbar werden.

3.8 Das Finanzsystem und die internationalen Finanzströme – Chinas Handelsbilanzüberschuss und der globale Minotaurus der USA

Chinas Finanzsystem ist in das globale Finanzsystem integriert, auch wenn es im Einzelnen Regularien gibt, die diesen Zusammenhang kontrollieren, beschränken oder gestalten. So ist die chinesische Währung nicht frei konvertierbar, es gibt Kapitalverkehrskontrollen und Beschränkungen für ausländische Investitionen. Trotzdem ist die Offenheit zum internationalen Finanzsystem ein grundlegender Unterschied zu den Finanzsystemen der Planwirtschaften der UdSSR, des RGW und auch Chinas vor der Reform- und Öffnungspolitik.

Seit Jahrzehnten gibt es chinesische Unternehmen, die an US-Börsen, der Wallstreet oder in London, Frankfurt[84] oder anderen internationalen Börsen notiert sind. Die Börse in Hongkong ist eine wichtige Vermittlungsstelle zwischen chinesischen und internationalen Finanzströmen.

China ist eine der größten Handelsnationen, vielleicht die größte. Es ist über Export und Import, über globale Wertschöpfungsketten, Direktinvestitionen, die Emission und den Handel mit Wertpapieren und viele Ströme von Zahlungsmitteln in das globale Finanzsystem integriert. Der Handelsbilanzüberschuss betrug 2023 immer noch 823,2 Mrd. US-Dollar (Statista.com; vgl. Abbildungen in der Anlagendate[85]).

Für das Verständnis der internationalen Finanzströme ist das Konzept von Varoufakis (2012) in »Der globale Minotaurus« bedeutsam. Er geht davon aus, dass das

Ideal ausgeglichener Handelsbilanzen – alle Länder exportieren und importieren mittelfristig gleiche Wertsummen, so dass Defizite und Überschüsse nur kurzfristig entstehen und sich immer wieder ausgleichen – real nie erreicht wurde und auch nicht erreicht werden kann. Überschüsse und Defizite waren und sind Realität. Deshalb ist ein *Globaler Mechanismus zum Überschussrecycling* (GMÜR, vgl. Land 2015a) erforderlich. Für das internationale Finanzsystem bedeutet das, dass einige Länder über längere Zeit riesige Finanzvermögen anhäufen, während andere Defizite bzw. Schulden akkumulieren. Allerdings werden diese Finanzvermögen resp. -verbindlichkeiten nur zu kleinen Teilen in Devisen gelagert. Der chinesische Überschuss an Dollareinnahmen wird zum Erwerb von international handelbaren Wertpapieren, überwiegend US-Staatsanleihen, verwendet. So gesehen sind Finanzmarktkapitalismus, als von Finanzanlagen dominiertes Regime wirtschaftlicher Entwicklung, und ein auf Defiziten und Überschüssen basiertes internationales Handelsregime zwei Seiten einer Medaille. Länder mit Handelsbilanzüberschüssen häufen Bestände an Wertpapieren und Devisen an, Länder mit Handelsbilanzdefiziten müssen sich verschulden, indem sie Wertpapiere emittieren und verkaufen oder Kredite im Ausland aufnehmen. Der globale Minotaurus ist in Varoufakis' Darstellung ein Wertpapiere schluckendes Monster (Varoufakis 2012, Kapitel 4 und 5; vgl. Land 2015a, S. 102; Abbildung in der Anlagendatei[86]).

China und Deutschland sind Überschussländer, d. h. sie exportierten über Jahre und Jahrzehnte mehr, als sie importieren. Das bedeutet, dass Jahr für Jahr reale Ressourcen (Produktionsmittel, Konsumgüter, Rohstoffe) aus den Überschussländern in die Defizitländer fließen, vor allem in die USA. Es gibt einen Kreislauf, einen Dollarkreislauf, der in die eine Richtung Güter in die Defizitländer und umgekehrt Schuldscheine (Wertpapiere) in die Überschussländer transportiert. China, Deutschland und andere Länder mit Handelsbilanzüberschüssen produzieren Güter und erhalten dafür Wertpapiere, Schuldscheine, die niemals vollständig zurückgezahlt werden können. Das einzelne Wertpapier kann verkauft werden, aber niemals alle oder eine größere Anzahl in kurzer Zeit, weil dann der Kurs zusammenbrechen und die Papiere fast wertlos würden. Die Halter von Wertpapieren erhalten (reproduzieren) ihr Finanzvermögen, indem sie immer weitere Wertpapiere kaufen, sie können bestenfalls umdisponieren oder kleine Mengen verkaufen, wenn andere bereit sind, diese zu kaufen. Alle warten auf den nächsten Finanzcrash, der ihre Finanzanlagen entwertet und das Kettenspiel neu startet. Die Schuldner, USA, Großbritannien, Indien, Frankreich u. a., werden ihre Schulden an China, Deutschland, Russland, Saudi Arabien und die Vereinigten Arabischen Emirate u. a. niemals zurückzahlen. Und die Gläubiger werden niemals die Rückzahlung der Forderungen verlangen, weil dies der Untergang ihrer Finanzanlagen, die Entwertung ihrer Wertpapiere zur Folge hätte.[87]

Der globale Minotaurus, der Ausgleich der Zahlungsbilanzen durch die Kumulation von Finanzschulden und Finanzguthaben, gefährdet die Stabilität des internationalen Wirtschaftssystems und lenkt die wirtschaftliche Entwicklung in dysfunktionale, auf Finanzrendite orientierte Richtungen. Unter den Bedingungen des Finanzmarktkapitalismus wird mit Wertpapieren, also mit Finanzschulden und Finanzguthaben, spekuliert, es werden Wetten auf Wertsteigerungen oder Wertverluste abgeschlossen. Der damit verbundene Rückkopplungseffekt (Herdenverhalten) führt zu extremen Schwankungen der Kurse. Diese bewegen sich dann zeitweise weit entfernt von realen wirtschaftlichen Grunddaten, verbunden mit der Gefahr von »Blasen« und Zusammenbrüchen, wenn plötzlich der Glaube in weiter steigende oder fallende Kurse zusammenbricht.

Die Türme von Finanzguthaben und -schulden brechen nach einigen Jahren aus irgendwelchen beliebigen Anlässen zusammen, Guthaben werden entwertet, Schulden abgeschrieben. Dabei können sich Positionen ändern. Die USA waren bis in die 1960er Jahre ein Überschussland. In den 1960er Jahren wurde daraus ein Handelsbilanzdefizit[88] und nach dem Ende von Bretton Woods und der ersten Ölkrise musste ein neuer globaler Mechanismus zum Überschussrecycling (GMÜR) installiert werden, eben jener, den Varoufakis den »globalen Minotaurus« nennt. Das globale Finanzsystem funktioniert seitdem durch die Verschuldung der USA und anderer Defizitländer und die Überschüsse Chinas, Deutschlands und anderer, vermittelt durch die Ausgabe von Wertpapieren, vor allem US-Staatsanleihen.

Der Ausgleich der Handelsbilanzdefizite erfolgt durch Wertpapieremissionen. Auch Direktinvestitionen könnten Überschüsse teilweise kompensieren, dazu müssten sie allerdings von China in Richtung USA fließen. Tatsächlich flossen sie lange Zeit von den USA nach China, haben also die chinesischen Überschüsse nicht vermindert, sondern verstärkt. Inzwischen hätte China die Finanzen für Direktinvestitionen in den USA, Europa oder anderswo, könnte dort Grundstücke und Unternehmen erwerben oder gründen, jedoch behindern die USA und die EU chinesische Direktinvestitionen und den Vermögenstransfer nach China. In den Jahren 2020 bis 2022 waren die Investitionen von China in die USA wieder negativ, während im gleichen Zeitraum weiterhin Direktinvestitionen von den USA nach China flossen.[89]

Das jährliche Handelsbilanzdefizit der USA beträgt mehr als das Hundertfache der chinesischen Direktinvestitionen. Für den Ausgleich der Handelsbilanzdifferenzen wären Direktinvestitionen daher nicht einmal ein Tropfen. Und derzeit gleichen die Direktinvestitionen die Handelsbilanzdifferenzen nicht aus, sondern verstärken das Ungleichgewicht. Der Ausgleich kann daher nur über Wertpapier- und Devisen-Depots erfolgen.

China versucht seit einigen Jahren, den Bestand an US-Staatsanleihen, anderen Wertpapieren und Devisenbeständen zu diversifizieren und zu reduzieren, die Goldbestände dagegen zu erhöhen. Im Mai 2022 fielen Chinas Bestände nach Angaben des US-Finanzministeriums auf 980 Milliarden US-Dollar, den niedrigsten Stand seit 2010.[90] Im ersten Quartal des Jahres 2024 wurden US-Staatsanleihen im Wert von 53,3 Milliarden US-Dollar verkauft. Der Verkauf der Anleihen ist ein Zeichen für Chinas Bestreben, seine Abhängigkeit vom US-Dollar zu reduzieren und seine Währungsreserven und Devisenreserven zu diversifizieren.

Analysten sehen in diesem Schritt eine Reaktion auf die zunehmenden geopolitischen Spannungen zwischen den USA und China sowie eine Präventivmaßnahme gegen die Risiken, die sich aus den politischen Entwicklungen ergeben könnten. Darüber hinaus investiert China die Erlöse aus dem Verkauf der US-Anleihen verstärkt in Gold, was den Anteil des Edelmetalls an den gesamten Staatsreserven auf einen neuen Höchstwert von 4,9 Prozent bringt. Dies spiegelt das Bestreben wider, in Zeiten wirtschaftlicher und politischer Unsicherheit auf sichere Anlageklassen zu setzen. Die Entscheidung Chinas, sich in kleinen Schritten von US-Anleihen zu trennen, wird als ein finanzieller und symbolischer Akt gesehen, der die Forderung nach einer multipolaren Weltordnung unterstreicht, in der verschiedene Währungen und Anlageklassen ihren Platz haben.[91]

Die chinesischen Handelsbilanzüberschüsse, die vor allem in der Phase vor dem Pfadwechsel entstanden sind, sind nach dem Pfadwechsel nicht mehr zwingend erforderlich. China könnte die Überschüsse in internationale Gemeingüter oder Entwicklungsprojekte der Partner der BRI investieren oder deren Projekte unterstützen. Auch dies wäre ein Weg, Überschüsse zu recyceln. Oder China könnte den Binnenkonsum sowie ökologische Investitionen erhöhen und/oder mittelfristig die Wachstumsrate auf das Maß reduzieren, das für einen steigenden Binnenkonsum bei künftig sinkender Bevölkerung plus dem ökologischen und wirtschaftlichen Strukturwandel erforderlich ist – ohne Überschüsse in Finanzanlagen zu horten. Langfristig ist ein Handelsbilanzüberschuss nicht notwendig, wenn man von einer exportorientierten auf eine innovationsbasierte und auf den Binnenmarkt gerichtete Strategie umstellt. Aber dieser Prozess wird mehrere Jahre oder Jahrzehnte benötigen und man wird abwarten müssen, wie weit China aus einer dominant exportorientierten Strategie aussteigen will und auf internationale Kooperation und ökologischen Umbau bei steigenden Löhnen setzt. Es ist kaum zu erwarten, dass China seine Überschussposition vollständig abbaut. Politisch wäre es unklug, auch wenn Exportüberschüsse realwirtschaftliche Verluste für China sind, übrigens auch für Deutschland. Denn eine Überschussposition im internationalen Handel bedeutet einen Verlust an realen Ressourcen bei einem entsprechenden Gewinn an Finanzansprüchen.

Seit einigen Jahren wird über eine De-Dollarisierung des internationalen Finanzsystems diskutiert. Dabei geht es auch darum, ob China und die BRICS-Plus-Staaten versuchen werden, ein alternatives Weltwährungssystem incl. einer Alternative zum Dollar aufzubauen, den Renminbi oder eine ganz neue internationale Währung (vgl. Murau 2023 und Tofall 2023).

> »Im Vorfeld des BRICS-Gipfels in Johannesburg wurde viel über die Einführung einer eigenen BRICS-Währung spekuliert. Gelegentlich wurde sogar behauptet, die BRICS-

> Staaten könnten eine mit Gold gedeckte Währung einführen, welche die Dominanz des US-Dollar als Weltreservewährung zu brechen in der Lage sei. …
> In der auf den 23. August 2023 datierten BRICS-Abschlußerklärung des 15. BRICS-Gipfeltreffens in Johannesburg ist von der zeitnahen Einführung einer gemeinsamen BRICS-Währung oder gar einer gemeinsamen goldgedeckten Währung … keine Rede mehr …
> Die Dominanz des US-Dollar soll also allein schon dadurch zurückgedrängt werden, daß die eigenen nationalen Währungen sowohl im internationalen Handel und bei Finanztransaktionen zwischen den BRICS-Staaten als auch zwischen den BRICS-Staaten und ihren Handelspartnern verwendet werden. Zu beachten ist, daß dazu seit Jahren der Aufbau eines eigenen Systems von Clearing und Settlement jenseits des SWIFT-Systems angestrebt wird, da das SWIFT-System auf das Engste mit dem US-Dollar und dem Euro verwoben ist.« (Tofall 2023)

Tofall sieht währungspolitische Unklarheiten, aber keine deutlichen Schritte, das bereits seit 2014 bestehende sogenannte Contingency Reserve Agreement (CRA) der BRICS

> »… auf Gold umzustellen und so den Einstieg in eine eigene goldgedeckte Währung einzuleiten. Wieso sollte China, welches die weltweite Verwendung des Renminbi voranbringen will, einem derartigen Ansinnen zustimmen und sich durch eine Goldwährung selbst Beschränkungen auferlegen? …
> Insgesamt führen die höchst unterschiedlichen Interessenlagen der BRICS-Mitgliedsländer und insbesondere die höchst ambivalente Interessenverfolgung von China derzeit dazu, daß die BRICS auch nach ihrer Erweiterung vorerst nicht in der Lage sein dürften, die Bedeutung des US-Dollar erheblich zu schwächen. Das heißt nicht, daß die Bedeutung des US-Dollar in der Zukunft nicht aus anderen Gründen sinken kann. Das derzeit wahrscheinlichste Szenario besteht jedoch in der weiter fortbestehenden US-Dollar-Dominanz.«

Ähnlich argumentiert Murau (2023):

> »Die Frustration über die Dominanz des US-Dollars in der Weltwirtschaft ist keineswegs nur auf die BRICS beschränkt. Für sie gibt es eine Reihe von Gründen, die immer wieder in der Tagespolitik aufgegriffen werden. … Trotz dieser Frustrationen ist ein Rückgang der Dollar-Dominanz nicht sehr wahrscheinlich.«

In der Finanzkrise 2008, schreibt Murau weiter, habe sich das Dollarsystem bewährt.

> »In diesen Jahren zeigte sich die Fed als entschlossen und handlungsfähig, um das internationale Dollarsystem zu stützen. Die wichtigste Innovation war die Einführung

von sogenannten Dollar-Swap Lines, mit denen die Fed andere Zentralbanken – darunter auch die Europäische Zentralbank – mit zum Teil unbegrenzter Dollar-Liquidität versorgt. Dadurch agiert die Fed faktisch als Gläubiger der letzten Instanz für Dollars auch außerhalb der USA, was enorm zur Stabilisierung des globalen Währungs- und Finanzsystems beigetragen hat und zur Attraktivität des Dollars als internationaler Leitwährung für private Investoren.«

Murau (2023) sieht vier mögliche Szenarien. Ersten könnte die aktuelle Dollar-Dominanz fortbestehen. Ein zweitens denkbares Szenarium wären das Entstehen mehrerer konkurrierender Währungsblöcke. Neben dem Dollar wäre ein Renminbi-Block als Gegengewicht zur monetären Hegemonie der USA denkbar. Dies scheint aber eher fraglich.

> »Die Position Chinas hierzu scheint jedoch ambivalent. Auf der einen Seite strebt China klar nach der Vergrößerung seines wirtschaftlichen, politischen und militärischen Einflusses und sieht die USA als Hauptgegner. Passend dazu wäre eine Zurückdrängung der Dollar-Hegemonie und eine Stärkung des Renminbi. Auf der anderen Seite ist China weiterhin fest ins globale Dollarsystem eingebunden.«

Einen fundamentalen Wandel erwartet Murau erst, falls die US-Zentralbank FED in der Zukunft nicht mehr in der Lage sein sollte, die globale Dollarnutzung zu stabilisieren und zu garantieren. Dann wäre als drittes Szenario eine Föderalisierung der internationalen Währungsbeziehungen durch eine internationale Organisation und eine internationale Währung denkbar. Zwar sei die Aussicht auf eine solche politische Einigung nahezu utopisch, aber eine passende internationale Organisation sieht er in der Bank für Internationalen Zahlungsausgleich (BIZ) in Basel.

> »Ein viertes Szenario wäre der zumindest temporäre Zusammenbruch des internationalen Währungssystems nach dem Wegfall der Federal Reserve und ihrer Stabilisierungsfunktion. … Nach einem großen Crash könnte sich ein Zeitfenster bieten, in dem sich eine grundlegende Alternative zum *US-Dollar* durchsetzt – sei es wieder eine andere nationale Währung wie der Renminbi oder das Zahlungsmittel einer neuen Währungsunion, etwa der BRICS.« (Ebd.)

Beim gegenwärtigen Stand der Dinge ist eine De-Dollarisierung, eine vollständige oder weitgehende Ablösung des auf dem Dollar gegründeten Weltwährungssystems, nicht zu erwarten. Allerdings wird es wohl eine gewisse Pluralisierung der Institutionen und der im internationalen Handel benutzten Währungen geben. Neben dem Dollar werden zunehmend Geschäfte und Kredite in Renminbi abgeschlossen und die Devisenreserven und Wertpapierbestände werden diversifiziert. Die BRICS haben begonnen, alternative Zahlungssysteme und Kreditmöglichkeiten neben dem Dollar und den Institutionen wie Weltbank und IWF zu schaffen und werden dies weiter ausbauen. Dabei geht es derzeit nicht um die Ablösung des dollarbasierten Weltfinanzsystems, sondern um Ergänzungen, die mehr Souveränität und selbstbestimmte Spielräume ermöglichen. Die Transformation der internationalen Finanzströme, der Institutionen und der Verbindungen des chinesischen mit den internationalen Finanzsystemen ist im Gange, bedeutet bislang aber Differenzierung und Pluralisierung bei anhaltender Dominanz des Dollarsystems und des »globalen Minotaurus«. Was geschieht, wenn es zu einem großen Crash kommt, ist ungewiss und nicht absehbar.

4. Die Kommunistische Partei Chinas in der gelenkten Marktwirtschaft

In Abschnitt 1.5.2. sind die Voraussetzungen einer gelenkten Marktwirtschaft dargestellt worden: *Geteilte Ziele* und ein *dynamischer Grundkonsens* der tragenden sozialen Gruppen. In der VR China ist die Kommunistische Partei Chinas die Diskursorganisation, die diese Voraussetzungen herstellt, laufend reproduziert und erneuert, denn ohne diese diskursiven Prozesse funktioniert keine gelenkte Markwirtschaft. Im Nachkriegseuropa waren Wiederaufbau, Wohlstand und eine friedliche europäische Perspektive die bestimmenden Komponenten. Grundlage war der fordistische Klassenkompromiss von Kapital und Arbeit, zu den Zielen gehörten die Kombination von Produktivität, steigenden Löhnen, wachsendem Konsum: der Wohlfahrts- und Sozialstaat. Alle wichtigen sozialen Gruppen und die tragenden politischen Organisationen teilten diese Orientierungen im Prinzip, nur kleine Teile der Bevölkerung waren ausgeschlossen.

In mehreren Schritten erweiterte sich der Rahmen über den Nationalstaat hinaus auf die EWG und die EU. Die antikommunistische Abgrenzung gegenüber der UdSSR und dem Ostblock einerseits und die Integration der Bevölkerungsteile, die den Nationalsozialismus gestützt und getragen hatten, der Mitläufer und kleinen Nazis, waren wichtige Komponenten dieses Grundkonsenses in der westdeutschen Bundesrepublik. Zum westeuropäischen Grundkonsens gehörte auch die Akzeptanz der Führung durch die USA und die US-amerikanische Leitkultur.

Die gelenkte Marktwirtschaft in den USA entstand nach 1938, der Höhepunkt war die Nachkriegszeit. Das System beruhte auf vergleichbaren Fundamenten: dem amerikanische Traum, der Ideologie der individuellen Freiheit, der Führungsrolle in der Welt, dem Sieg im Zweiten Weltkrieg. Die USA waren lange Zeit das reichste Land der Welt. Demokratische liberale Ideale und kulturelle Symbole gehörten dazu, aber auch die Feindbilder des Kalten Kriegs und die antikommunistische Orientierung waren Bestandteile dieser Identität (vgl. euronews[92]).

> »Niedrige Zinsen, Wiedereingliederungsprogramme für Kriegsheimkehrer, langsam aber sicher brachte es die (weiße) Mittelklasse in den USA zu etwas. Der Nachkriegsoptimismus trug mit zum Baby-Boom bei und zu steigender Nachfrage. Die USA wurde zur globalen Supermacht im ›Goldenen Zeitalter des Kapitalismus‹.« (Ebd.; vgl. auch die Abbildungen im Anhang[93])

Auch in Japan entstand ein neuer sozialer Grundkonsens, der die Überwindung der Niederlage im Zweiten Weltkrieg, die Akzeptanz der Führung durch die USA, vor allem aber den technologischen und wirtschaftlichen Aufstieg Japans beinhaltete. Die japanische Kultur ist eine Mischung aus alten Traditionen und modernen Einflüssen. Die Bewahrung von Traditionen wie Teezeremonien, Ikebana (Blumenarrangements) und Kimonos geht Hand in Hand mit der Einführung von Technologie und Popkultur. Die Familie spielt eine zentrale Rolle in der japanischen Gesellschaft. Das Land erinnert sich an die Kriegszeit und die Atombombenabwürfe auf Hiroshima und Nagasaki. Narrative des Leidens und Sterbens sind in der japanischen Erinnerungskultur präsent. Nach dem Krieg gewann der japanische Nationalismus wieder an Bedeutung. Er half dabei, die imperialistische Expansionspolitik der Vergangenheit zu legitimieren und die nationale Identität zu stärken.[94]

Ein Grundkonsens umfasst nicht die gesamte Bevölkerung. Kleine Gruppen, die sich nicht einpassen, werden ausgegrenzt und isoliert, z. B. Kommunisten, Links- oder Rechtsextreme, Kriminelle, Menschen mit abweichendem Sozialverhalten. In den 1950er und 1960er Jahren gehörten dazu oft auch »Fremde«, Menschen mit anderer ethnischer Herkunft oder abweichenden Lebensstilen. Das funktioniert, solange der Grundkonsens *alle funktional wichtigen sozialen Gruppen* einschließt und die Ausgrenzung auf einzelne Personen und kleine Teile der Bevölkerung beschränkt bleibt. Außerdem muss die Ausgrenzung legitimiert werden – und zwar durch die Identitätskonstruktion des Grundkonsenses selbst.

Der Grundkonsens des fordistischen Teilhabekapitalismus erodierte in den 1970er und 1980er Jahren und ist in den westlichen Gesellschaften in den 1990er Jahren zerbrochen, sowohl in den USA und in Westeuropa wie auch in Japan, dort zeitlich etwas verzögert. Die Ursachen können hier nicht im Detail dargelegt werden, der entscheidende Grund waren die Erosion und Aufhebung des fordistischen Regimes wirtschaftlicher Entwicklung und die Durchsetzung neoliberaler Fragmentierungen und wachsender Ungleichheit (Einkommen, Teilhabe) in allen kapitalistischen Zentren. Das zerstörte den Klassenkompromiss und das Wohlfahrtsregime. In den USA, der EU und Japan sind die gelenkten Marktwirtschaften verschwunden, es existieren nur noch Rudimente, die in der Regel aber nicht mehr im Sinne eines gemeinsamen Aufstiegs verschiedener sozialer Gruppen und der Gesellschaft insgesamt eingesetzt werden, sondern im Interesse einzelner Gruppen, der Finanzanleger, und im Kampf dieser Gruppen gegeneinander oder gegen äußere »Feinde« funktionalisiert werden.

Das ist in China anders. Der gemeinsame Aufstieg Chinas seit mehr als vierzig Jahren verbindet die Bevölkerungsmehrheit. Geteilte Ziele und ein Grundkonsens sind entstanden und funktionieren bis heute, wie auch unabhängige Umfragen zeigen.[95]

Die *neue* Rolle der KPCh als der Organisation, die Grundkonsens und geteilte Ziele in einer gelenkten Marktwirtschaft generiert, reproduziert und laufend redigiert, hat sich seit 1978 entwickelt – nicht ohne Brüche und Probleme (z. B. 1989/1990 oder während der Corona-Lockdowns), aber insgesamt bis in die Gegenwart doch stabil. Diese KPCh und ihre Funktionen sind selbst Evolutionsprodukte, sind nicht ein für alle Mal gegeben. Sie werden nur erhalten bleiben, wenn sie sich auch in der absehbaren Zukunft weiterentwickeln. Die Voraussetzungen für einen Grundkonsens wurden schon vor Beginn der Reform- und Öffnungspolitik gelegt.

> »In den Augen der chinesischen Führung war der Kommunismus erfolgreich, weil es der Kommunistischen Partei – gegen erhebliche Widerstände – gelungen war, den chinesischen Staat wie auch die chinesische Gesellschaft zu einen.« (CPC Central Committee 1981, These 20)

Das Verdienst der KP war es, den Bürgerkrieg zu beenden, die Warlords der 1930er und 1940er Jahre zu besiegen und den chinesischen Nationalstaat 1949 neu zu gründen, zu verteidigen und zu bewahren. Dies ist zweifellos die Voraussetzung für die neue Rolle der KPCh als Führerin der Erneuerung und des Aufstiegs Chinas. Aber die 1950er bis 1970er Jahre waren trotz einzelner Erfolge in wirtschaftlicher und sozialökonomischer Hinsicht ein Desaster – wenn man an den »Großen Sprung« oder die Kulturrevolution denkt.

> »Die Geschichte der ›Kulturrevolution‹ hat bewiesen, dass die Hauptthesen des Genossen Mao Zedong zur Einleitung dieser Revolution weder dem Marxismus und Leninismus noch der chinesischen Realität entsprachen. Sie stellen eine völlig falsche Einschätzung der herrschenden Klassenverhältnisse und der politischen Situation in Partei und Staat dar.« (Ebd.)
> »Diese Fehler haben zur größten Hungerkatastrophe des 20. Jahrhunderts geführt, Millionen Menschen wurden verfolgt, das Land wurde immer wieder zurückgeworfen und geriet an den Rand eines neuen Bürgerkrieges. Zugleich aber betonte das Zentralkomitee: ›Sozialismus und Sozialismus allein kann China retten‹.« (Brie 2023, S. 25)

Erst mit der Reform- und Öffnungspolitik entstand die neue Funktion der KP, einen *offenen Suchprozess* in Gang zu setzen, um neue, funktionsfähige Strukturen für eine moderne sozialistische Entwicklung, eine gelenkte Marktwirtschaft, aufzubauen. Dieser neue Anlauf ist der bedeutende Beitrag der KPCh zur Geschichte des Sozialismus im 20. und 21. Jahrhundert. Erst die Entwicklung der chinesischen Reformpolitik zeigte einen Ausweg aus der Sackgasse, in die zentrale Planwirtschaft und Parteienherrschaft (Monosubjekt, vgl. Brie 1989, S. 33) das Land zwischen 1917 und 1989 manövriert hatten.

Die KPCh ist die *Diskursorganisation*, die Gesellschaft und Staat vermittelt und verbindet, um geteilte Ziele und einen funktionsfähigen Grundkonsens zu generieren und weiterzuentwickeln, dabei aber auch selektiert, welche Entscheidungen ihrer eigenen Machterhaltung entsprechen.

Dies erforderte, die soziale Lage der Bevölkerung und ihrer verschiedenen sozialen, ethnischen und politischen Gruppen und der verschiedenen Lebenswelten zu reflektieren, zu verstehen und aufzugreifen. Dabei geht es nicht darum, gegebene Wünsche zu sammeln und zu aggregieren. Es geht darum mögliche Entwicklungswege zu *konstruieren*, zu testen, zur Diskussion zu stellen und selektiv umzusetzen. Um diese dann in Zielvorstellungen zu transformieren, die der Lebenswirklichkeit der Bevölkerung entsprechen, und im Diskurs herauszufinden, ob sie als geteilte Ziele angenommen werden und einen dynamischen Grundkonsens formieren. Dazu gehört auch eine förmliche Ausarbeitung dieser Ziele in Fünfjahresplänen und -programmen, lokalen Projekten und Initiativen. Der Diskurs über geteilte Ziele schließt die Mobilisierung der Bevölkerung und der Funktionsträger für die Umsetzung und die Weiterentwicklung dieser Ziele ein. Zur Rolle der KP gehört, als Staatspartei die Umsetzung der Ziele über die Instrumente des Staates auch in den einzelnen Unternehmen, den NGOs, den Kommunen und Provinzen zu initiieren, zu koordinieren und zu kontrollieren. Dabei geht es um die laufende Umsetzung der jeweils geltenden Ziele und Entwicklungsprojekte, aber auch um die kritische Beobachtung der Ergebnisse und ggf. die Revision und Weiterentwicklung von Plänen und Projekten. Die derzeit 98 Millionen KPCh-Mitglieder, die an vielen Stellen wirken, in Unternehmen, Kommunen, Hochschulen, Forschungseinrichtungen, staatlichen Behörden, Medien usw., sind als der aktive Kern dieses vielschichtigen Diskurses zu betrachten. Andererseits musste die KPCh auch alle Positionen ausschließen, die ihrer grundlegenden sozialistischen Orientierung zuwiderliefen. Das war ein heikles Abwägen zwischen einer Reform und Revision ursprünglicher kommunistischer Vorstellungen und der Reorganisation eines Wirtschaftssystems auf marktwirtschaftlicher Grundlage. Diese Rolle der KP ist m. E. eine widersprüchliche Einheit von Demokratie, Meritokratie und Diktatur.

4.1 Heberers Konzept des Entwicklungsstaates

Heberers Konzept des Entwicklungsstaates soll die besondere Rolle bestimmter Staats- und Elitekonstellationen in Modernisierungsprozessen des 19. und 20. Jahrhunderts erklären.

> »Bei Entwicklungsstaaten handelt es sich um Staaten, deren politische Elite sich einer Mission verschrieben hat: der Modernisierung der Nation. Das Konzept des Entwicklungsstaates, entwickelt von dem US-amerikanischen Politikwissenschaftler Chalmers Johnson in den 1980er Jahren ..., wurde ursprünglich auf Japan angewandt, später auf die Entwicklung in Südkorea, Taiwan, Singapur und Malaysia ... In allen Fällen handelte es sich um politische Gebilde, in denen die politische Elite auf der Basis der Herrschaft einer einheitlichen Organisation von oben nach unten und autoritär eine planmäßige und erfolgreiche Entwicklung betrieben hat, sei es auf der Basis einer einzelnen Partei (Taiwan, Singapur) oder mithilfe einer Militärdiktatur (Südkorea). Trotz aller Unterschiede und Besonderheiten der einzelnen Staaten in Ostasien bie-

tet dieses Konzept unseres Erachtens einen geeigneten Rahmen zum Verständnis des Verhaltens und Agierens des chinesischen Staates.« (Heberer, Müller 2020, S. 7)

Heberer schlägt auf dieser Grundlage vor, autoritäre Herrschaft zu differenzieren:

> »In diesem Zusammenhang stellt sich die Frage, ob autoritäre Herrschaft nicht eine andere Qualität besitzt, wenn die Bevölkerungsmehrheit diese Herrschaft unterstützt, weil die Führung Autorität genießt: aufgrund erfolgreicher Entwicklung der Nation, nationalen Aufstiegs, kontinuierlicher Verbesserung der Lebensbedingungen der Bevölkerung, Sicherung von Stabilität und nationaler Sicherheit, nachhaltiger Armutsbekämpfung etc. … Dies vorausgesetzt, hat der chinesische Staat durchaus recht mit der Argumentation, er habe dafür gesorgt, dass im Verlauf des Reformprozesses seit 1978 die Wirtschaft kontinuierlich gewachsen sei, Bildungswesen, Wohnsituation, Beschäftigung, Gesundheitswesen und Lebensstandard für die 1,4 Milliarden Chinesinnen und Chinesen sich beständig verbessert hätten und die Bevölkerung in Frieden leben könne. Auch ökologisch, sozial und kulturell habe China bemerkenswerte Fortschritte gemacht. In China finde sich die größte Mittelschicht aller Länder und bis 2020 werde es keine extreme Armut mehr geben …« (Ebd., S. 7)
>
> »Der Entwicklungsstaat China, so meinen wir, hat durchaus bewiesen, dass er die Fähigkeit besitzt, sich institutionell an Wandlungsprozesse anzupassen und zu erneuern. Dafür spricht auch, dass er Ende der 1970er Jahre nicht nur grundlegende Reformen eingeleitet und sich von einer Planwirtschaft in Richtung einer (wenn auch etatistischen, das heißt staatlich gelenkten) Marktwirtschaft bewegt hat, sondern auch neue gesellschaftliche und politische Institutionen geschaffen hat, um dem Wandlungs-, Modernisierungs- und Innovationsbedarf gerecht zu werden …« (Ebd., S. 8)

Dabei geht es der KP natürlich auch um den Machterhalt, aber Macherhalt ist nicht der einzige und dominante Zweck. Es gehe vielmehr darum, so Heberer/Müller, dass der »chinesische Entwicklungsstaat« die Ziele seiner »nationalen Mission« erreiche (vgl. ebd.).

Die chinesische Entwicklung ist also nicht als nur *nachholende* Entwicklung zu verstehen, die den europäischen bzw. den westlichen Entwicklungsweg zu einer Kapitalverwertungswirtschaft und einer liberalen Demokratie nachvollzieht. Vielmehr entsteht hier ein sozialökonomisch und politisch deutlich zu unterscheidendes Gebilde. Die Rede von Sozialismus mit chinesischen Merkmalen ist nicht nur eine ideologische Phrase. Dies zeigt sich an der gelenkten Marktwirtschaft und den Differenzen insbesondere zum westlichen Finanzmarktkapitalismus, an der Funktionsweise des politischen Systems und des Rechtssystems.[96]

4.2 Die Hegemonie der KPCh und die Transformation der chinesischen Gesellschaft

China teilte mit Japan und anderen Gesellschaften, die einen ähnlichen Modernisierungsprozess des Wirtschafts- und Gesellschaftssystems gestalteten, einen Funktionszusammenhang, der zunächst zwei Punkte umfasst: Erstens geht es um die schon mehrfach angeführte Grundvoraussetzung einer diskursiven Herstellung und laufenden Weiterentwicklung geteilter Ziele und eines entsprechenden Grundkonsenses. Diese Funktionen waren auch für die gelenkten Marktwirtschaften in den USA, in Westeuropa und Japan bis 1968 bzw. 1989 (Japan) wichtig. Zweitens kamen die mit dem Entwicklungsstaat verbundenen Funktionen hinzu, also die Funktion einer Elite bei der Modernisierung einer Gesellschaft und eines Staates, der noch sehr mit einer traditionellen Gesellschaft, nach Luhmann (1987 und 1997)[97] einer stratifikatorisch differenzierten Gesellschaft, verbunden ist.

Die dritte Besonderheit betrifft wohl nur die KPCh: die *Transformationsperspektive*. Es geht nicht nur darum, das bestehende Gesellschafts- und Politiksystem zu managen, zu verwalten, seine Funktionsfähigkeit zu erhalten und einen Modernisierungsprozess zu generieren. Es geht darum, das System in einer bestimmten Richtung zu *verändern*, eine *Transformation* zu organisieren und durchzusetzen. Und zwar in eine Richtung, die anschlussfähig an die sozialistische Vorgeschichte der KPCh und der Volksrepublik China ist, also mit der sozialistischen Vision der Gründung der Partei und des Staates irgendwie vereinbar ist – wenn auch in ganz neuer Weise. Diese Transformationsperspektive begründet die avantgardistische Rolle der KPCh.

Der Weg und die einzelnen Schritte dieser Transformation sind nicht vorab bestimmt. Aber es gibt eine allgemeine Richtung, die mit der Konstituierung der KPCh, der Gründung der sozialistischen Gesellschaft und ihrem Aufbau in den vergangenen Jahrzehnten gesetzt ist und die über Schwierigkeiten, Umwege und Fehler immer wieder erneuert werden musste. Es ist die Befreiung von Ausbeutung, Kolonialismus und Fremdherrschaft, der Aufstieg der chinesischen Nation. Es geht um eine Gesellschaft *gemeinsamen Wohlstands*, die allen sozialen Gruppen Entwicklungsmöglichkeiten eröffnen soll und die Entwicklung einer Gruppe auf Kosten anderer ausschließt. Die These, dass die KP als der ideelle Gesamtkapitalist zu betrachten ist, trägt nicht. Es geht nicht um Kapitalprofit und Ausbeutung, sondern um einen sozialökonomisch neuen Modus wirtschaftlicher Entwicklung. Dieser schließt Kapitalverwertung und Machterhaltung ein, aber eben nicht als Selbstzweck.

Ziel ist der Aufbau einer Wirtschaft, bei der die *freie und universelle Entwicklung der Individuen* in widersprüchlicher Wechselwirkung mit der *Entwicklung des Gesellschaftskörpers, der Produktivkräfte, der wirtschaftlichen Strukturen, der Produktionsverhältnisse* erfolgen kann, und zwar ohne Subsumtion der Individuen unter die Gemeinschaft, aber auch ohne Durchsetzung individueller Entwicklung Privilegierter auf Kosten der Gemeinschaft.

Der gemeinsame Wohlstand, die Einheit einer harmonischen Entwicklung von Individuen und vielfältigen Gemeinschaften muss als widersprüchlicher Zusammenhang immer wieder neu ausgestaltet werden. Die Entwicklungsschritte im Einzelnen können nur auf dem Weg dahin entwickelt und entdeckt werden. Insofern ist die Transformation nicht das Abarbeiten eines vorgezeichneten »determinierten« Weges, sondern ein offener evolutionärer Prozess, bei dem Ziele gesetzt und ihre Verwirklichung versucht wird, aber stets neue Erfahrungen und Erkenntnisse gewonnen, Ziele immer wieder kontrolliert, revidiert und überarbeitet werden. Die besondere Funktion der KP besteht darin, in diesem Prozess die Richtung der Transformation festzuhalten und nicht aus den Augen zu verlieren. Deshalb gibt es in dieser chinesischen Gesellschaft eine Langfristperspektive – im Unterschied zu den meisten anderen Industriegesellschaften, die bestenfalls Wachstumsziele und kurzfristige Projekte kennen.

Gelenkte Marktwirtschaft bedeutet, geteilte Ziele in einem demokratischen Diskurs aller sozialen Gruppen, Bürgerinnen und Bürger zu gestalten und Schritt für Schritt zu erneuern. Dabei reicht es nicht, nach einer einfachen Synthese der jeweils aktuellen Bedürfnisse der Bevölkerung und einer Zusammenfassung der vielfältig artikulierten Wünsche zu suchen. Die Mission der KPCh besteht darin, über die Bedürfnisse und Nöte des Tages hinaus eine Perspektive zu kommunizieren und in den Diskurs, in die vielfältig artikulierten Beiträge der Bevölkerung, der Organisationen, der Kommunen, der Betriebe hineinzutragen, was die langfristige Entwicklungsperspektive sein soll.

Im Auf und Ab der Ereignisse ist es der KPCh in den vergangenen Jahrzehnten gelungen, diese Perspektive festzuhalten und schrittweise zu aktualisieren – ideologisch mit Rückgriff auf die Lehren Maos, die Erfahrung der Reformpolitik Dengs und neuerdings mit den Ideen Xi Jinpings.

Diese Transformationsperspektive äußerte sich beispielsweise in den Zielen zum 100. Geburtstag der Kommunistischen Partei und der Volksrepublik China, die auf dem 18. Parteitag 2012 aufgestellt wurden: Xi Jinping stellte die Vision der »Zwei Einhundert« vor, die sowohl das 100-jährige Jubiläum der KPCh im Jahr 2021 als auch das 100-jährige Jubiläum der Gründung der Volksrepublik China im Jahr 2049 umfasst.[98] Zum 100. Jahrestag der KP-Gründung sollte die absolute Armut vollständig beseitigt und eine mäßig wohlhabende Gesellschaft aufgebaut werden. Die chinesische Nation sollte erneuert und die chinesische Gesellschaft einen angesehenen Platz in der Welt erwerben. Dies sollte auf einem innovationsbasierten wirtschaftlichen Entwicklungspfad geschehen. Dieses Ziel wurde erreicht. Für den 100. Jahrestag der Volksrepublik in 25 Jahren setzte die KP das Ziel, ein wohlhabendes, starkes, demokratisches, kulturell fortschrittliches und harmonisches Land zu entwickeln. China soll auf einigen Gebieten technologisch und wirtschaftlich eine Führungsrolle einnehmen. Die Lebensqualität, die soziale Gerechtigkeit und der Umweltschutz wurden als Entwicklungsziele herausgestellt.

Die nationale Sicherheit soll gestärkt und Chinas internationaler Einfluss weiter ausgebaut werden.

Bei der diskursiven Erarbeitung geteilter Ziele geht es also nicht nur um gegenwärtige Probleme, Wünsche und Bedürfnisse der Bürgerinnen und Bürger und der verschiedenen Organisation, sondern um eine Synthese, die eine *Entwicklungsperspektive* enthält und das Land in evolutionärer Entwicklung den gesetzten Zielen näherbringt. Michael Brie (2023, S. 48) nennt diesen Zusammenhang »Transformation als Hegemonisierung der Gesellschaft durch die Kommunistische Partei« und nennt vier Komponenten:

1. Pädagogisch: Jede Gesellschaft hat ihre ideologischen Apparate. Partei und Parteienstaat werden als Erzieher verstanden. Es geht um die »ideologisch-pädagogischen Durchdringung der Gesellschaft« (ebd., S. 52), wobei der »chinesische Traum« das Narrativ ist.
2. Hegemonisierung des Staates: »... staatliche Verallgemeinerung von Interessen der Gesellschaft unter Dominanz eines hegemonialen Akteurs.« (Ebd., S. 52)
3. Hegemonisierung der zivilgesellschaftlichen Organisationen: Die KPCh agiert in Vereinen, Nachbarschaften, Kommunen, Unternehmen usw.
4. »Ein vierter Pfeiler der Hegemonisierung, mit der die KPCh zugleich ihre Macht sichert und Chinas Transformation führt, ist der Umbau des wirtschaftlich-sozialen Systems. Das Leninsche Prinzip des Primats der Politik in seinem gramscianischen Verständnis impliziert, dass der hegemoniale Akteur versucht, gesellschaftliche Veränderungsprozesse so zu lenken, dass dabei die eigene Vormacht im Gesellschaftskörper verankert wird – in der Struktur der Ökonomie, der Produktions- und Lebensweise, den Klassenverhältnissen, dem Sozial- und Bildungssystem.« (Ebd., S. 56)

4.3 Das demokratische Element: Konsensbildung

Demokratie bedeutet in diesem Zusammenhang nicht, dass zwischen verschiedenen Parteien, deren Programmen und Personen gewählt wird, sondern dass ein Diskurs über die Ziele wirtschaftlicher, gesellschaftlicher und kultureller Entwicklung geführt wird. Wie soll unser Dorf oder unsere Nachbarschaft gestaltet werden? Welche Infrastrukturprojekte sind wie wichtig? Welche Umweltprobleme sollen mit welcher Priorität angegangen werden? Welche Einkommensentwicklung soll angestrebt werden? Welche sozialen Probleme sollen gelöst werden? Wie wird der weitere Aufbau der Sozialsysteme ablaufen? Welche technologischen Lösungen haben sich bewährt, welche nicht? Wo müssen noch innovative neue Lösungen gesucht werden?

Das Maß der Ausprägung solcher demokratischen Diskurse und die Zukunftsgestaltung unterscheiden sich regional sehr stark. Die Autoren Heberer und Schubert (2008) haben solche Prozesse im urbanen und im ländlichen Raum vergleichend untersucht:

»Erst mit dem Umbau zu einer Marktwirtschaft und dem folgenden sozialen Umbruch traten die Reorganisation sozialer Sicherung und sozialer Kontrolle auf die politische Agenda. Der Parteistaat alleine konnte beides nicht mehr sicherstellen. Neue Gemeinschaften, die Shequ [Gemeinschaften der Wohnquartiere], sollten dies fortan gewährleisten, durch weitgehenden Einbezug der jeweiligen Bewohnerschaft. Dies erforderte eine Ausweitung von Partizipation und – längerfristig – sozial und politisch aktive Bürger. Eine graduelle Ausweitung der Partizipation lässt sich bereits feststellen, auch wenn diese noch primär auf mobilisierten Formen beruht.... Individuelle Autonomie, d.h. das Ausleben des selbstgewählten Lebensentwurfs der Bewohner mit dem Streben nach höherem Lebensstandard, beruflicher Eigenständigkeit und politikferner Lebensweise, ist gegenwärtig vor allem für die wachsenden Mittelschichten charakteristisch. In Ansätzen zeigen sich allerdings schon autonome Formen sozialer Partizipation, die sich aus unterschiedlichen Quellen speisen: a) die Kontinuität von Nachbarschaftshilfe und -fürsorge in älteren, gewachsenen Vierteln; b) Freiwilligenarbeit von Personen im Ruhestand, die ihrem Leben neuen Sinn und Inhalt geben wollen, c) philanthropische Aktivitäten von Angehörigen der Mittelschichten und d) aktive Mitwirkung in den Eigentümerkomitees.« (Ebd., S. 189)

»Mit Demokratie und Partizipation hat das Shequ bislang allerdings wenig zu tun. Es gibt keine echten Wahlen, und die Bevölkerung weiß überdies kaum etwas über die Wahl der EKs [Einwohnerkomitees]. Auch ist die Zahl der Freiwilligen, die bereit sind, sich in ihrem Wohnviertel zu engagieren, noch gering. Es sind primär die sozial Schwachen und Parteimitglieder, die sich mobilisieren lassen. Die Mobilisierung erfolgt weniger auf der Basis von Freiwilligkeit und Selbsthilfe, sondern aufgrund materieller (bei Sozialhilfeempfängern) oder organisatorischer Abhängigkeit (Parteimitglieder). Frauen bilden die Mehrzahl der Freiwilligen.« (Ebd., S. 190)

Nach Heberer hat ein Prozess der Entwicklung zu Bürgerinnen und Bürgern mit ersten Schritten begonnen (ebd., S. 162).

»Das Organisationsgesetz für EKs von 1989 bestätigte, dass EKs (wie auch die Dorfverwaltungskomitees) eine Selbstverwaltungsebene darstellen. Allerdings steht diese Autonomie im urbanen Raum nach wie vor nur auf dem Papier. Und dies, obwohl die gesetzlichen Bestimmungen sowohl für die Verwaltungseinrichtungen in den Dörfern als auch in den urbanen Nachbarschaftsvierteln vorsehen, dass diese sich selbst verwalten, also autonom sein sollen.« (Ebd., S. 166)

Die 1990er Jahre brachten eine große Zahl an Neugründungen von Initiativen und nichtstaatlichen Gruppierungen, die sehr unterschiedliche Zielsetzungen z. B. in sozialen, ökologischen oder kulturellen Bereichen hatten.

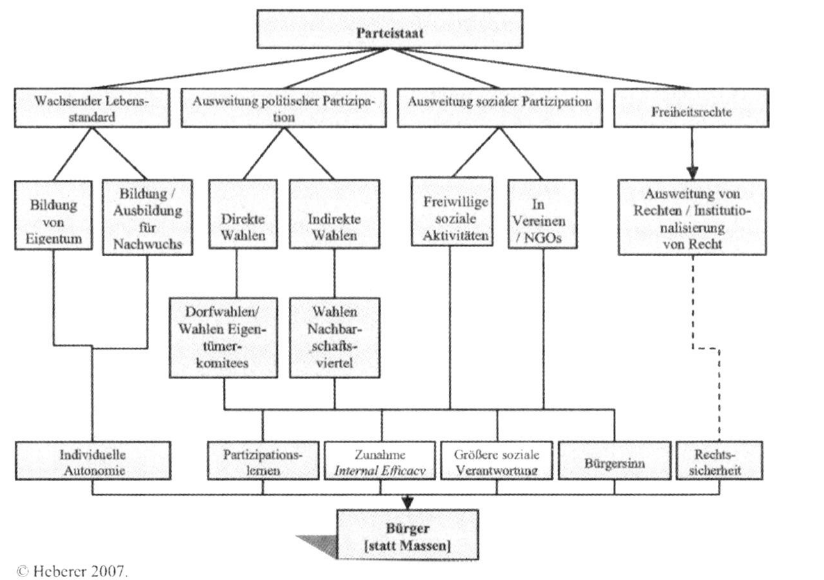

© Heberer 2007.

»›Im November 2021 waren mehr als 900.000 gesellschaftliche Organisationen bei den Behörden für zivile Angelegenheiten auf allen Ebenen registriert, davon 2.284 bei nationalen Netzwerken.‹ ... Dies ist eine radikale Veränderung gegenüber den Zeiten vor 1978. Die Möglichkeiten, sich in vielfältigen Formen selbst zu organisieren, sind außerordentlich gestiegen.« (Brie 2023, S. 55)

»Den zivilgesellschaftlichen Organisationen wurden viele Möglichkeiten eingeräumt und sie erfüllen unersetzbare Funktionen. Dies geht weit über das hinaus, was in den sowjetisch geprägten Gesellschaften an zivilgesellschaftlichen Ansätzen entstanden war. Doch die gewährten Möglichkeiten basieren auf Duldung, nicht auf Rechten.« (Ebd., S. 56)

4.4 Das meritokratische Element: fachlich qualifizierte Planung und Lenkung

Die KPCh und der chinesische Staat haben eine sehr qualifizierte und gut organisierte Staatsklasse und Beamtenschicht. Eine institutionalisierte Form der Meritokratie gab es schon in der chinesischen Kaiserzeit. Kandidaten für Beamtenprüfungen konnten aus allen Schichten der Gesellschaft kommen.

In gewisser Weise knüpft die KP an diese Tradition an. Entscheidend ist erstens die Ausbildung und die abschließende Prüfung als Einstieg, zweitens die regelmäßige Weiterbildung und Qualifizierung und drittens der Aufstieg in der Hierarchie, der mit wachsenden Erfahrungen und Beziehungen einhergeht.

> »In China wird das Konzept Meritokratie unter dem Begriff ›Elitenherrschaft‹ (jingying zhengquan) eher negativ betrachtet. Parallel gebräuchlich und eher positiv bewertet ist hingegen das Konzept der ›politischen Meritokratie‹ (xian neng zhengzhi) bzw. das Prinzip ›Auswahl und Einsatz würdiger und fähiger [Personen]‹ (xuan xian ren neng).«[99]

Die KPCh betreibt neben der zentralen Parteihochschule des Zentralkomitees in Peking etwa 3.000 Parteischulen auf allen Ebenen und in allen Provinzen, davon 2.000 auf Kreisebene. Die Teilnehmer besuchen Kurse und Lehrgänge, die eine Woche bis drei Jahre dauern. Außerdem werden Konferenzen und Workshops zu bestimmten aktuellen oder wichtigen Themen organisiert. Circa 30.000 Parteimitglieder haben in den vergangenen 30 Jahren die zentrale Parteihochschule durchlaufen, darunter alle Führungsmitglieder der KPCh.

Die Karieren der chinesischen Partei- und Staatsfunktionäre belegen den schrittweisen Aufstieg über mehrere Stufen und den dabei erworbenen Erfahrungsschatz. Als Beispiel soll hier eine Passage aus Kerry Browns biografischem Abriss über den chinesischen KP-Vorsitzenden Xi Jinping dienen:

> »Für Xi, den zweitältesten Jungen von sieben Kindern, war die Jugendzeit die übliche Mischung aus Unsicherheit und verwirrenden persönlichen Veränderungen. 1966 war er noch auf einer Eliteschule nahe des Regierungsviertels Zhongnanhai gewesen, und plötzlich wurde er ohne viel Federlesens in das Gebiet von Yan'an in der nördlichen Provinz Shaanxi verfrachtet, wo er in eine Produktionsbrigade kam.... Sowohl historische als auch zeitgenössische Aussagen anderer, die diese Zeit durchgemacht haben, dokumentieren eine traumatisierende und entfremdende Epoche. Stadtkinder, ohne jede Erfahrung mit dem Leben auf dem Land und ohne hilfreiche Netzwerke vor Ort, wurden in Gegenden geschickt, wo man sich meist nicht einmal gut um sich selbst zu kümmern wusste. Missbrauch und Schikanen waren weitverbreitet.... Wie bei vielen der landverschickten Jugendlichen in der Zeit der Kulturrevolution endete Xis Phase auf dem Land fast so abrupt, wie sie begonnen hatte: Mitte der 1970er Jahre kehrte er in die Hauptstadt zurück, um an der Universität Tsinghua Ingenieurswissenschaften zu studieren. Das Bildungssystem lag durch die zerstörerischen Kämpfe und politischen Tumulte jener Zeit weitgehend darnieder. Die Universitäten in Beijing waren Brutstätten für linksgerichteten Aktivismus und Rebellion gewesen.... Allerdings sind uns aus Xis Biographie zwei wichtige Eigenwilligkeiten bekannt, die seinen freien Willen demonstrieren. Die erste ist die schiere

Anzahl von Versuchen, die er unternahm – zehn insgesamt –, um der Partei beizutreten, bevor er schließlich 1973 aufgenommen wurde. Die zweite ist seine Umorientierung in den frühen 1980er Jahren von einer militärischen Karriere zu einer zivilen. Abermals scheint das eine persönliche Entscheidung gewesen zu sein. Von 1978 bis 1982 arbeitete er als Sekretär Geng Biaos, Mitglied der Zentralen Militärkommission und eine militärische Schlüsselfigur. Von 1982 an schlug er den längeren Weg durch die zivile Provinzverwaltung und ihre Parteiangelegenheiten ein.... Erst nach Hebei, noch im Umfeld der Hauptstadt, dann von 1985 an nach Fujian.... 2002 kam es zu Xis erster größerer Beförderung in die dynamische Küstenprovinz Zhejiang, wo er fünf Jahre lang in höchster Parteiposition tätig war. Die letzte Stellung, die Xi in Fujian innehatte, von 2000 bis 2002, war die eines Gouverneurs. Davor hatte er in den späten 1990er Jahren am Institut für Marxismus-Leninismus-Studien der Universität Tsinghua in Jura promoviert. Es war folglich alles andere als selbstverständlich, dass Xi auf Grund des weiteren Verlaufs bis 2007 und auf dem 17. Parteikongress später in jenem Jahr plötzlich auf der vordersten Startposition auftauchte. Der einzige maßgebliche Anhaltspunkt dafür, dass er auf dem Kurs in Richtung eines großen Aufstiegs sein könnte, findet sich 2007 mit seiner kurzen Amtszeit in Shanghai, dem dynamischsten Ort in China, nachdem Chen Liangyu, der dortige Parteichef, wegen Korruption im Zusammenhang mit Pensionsfonds gestürzt worden war.« (Brown 2018, Kapitel 1 und 2)

Seit 2012 ist Xi Generalsekretär der KP, Staatspräsident und Vorsitzender der zentralen Plankommission, 2023 wurde er abweichend von vorangegangenen Verfahren für eine dritte Amtszeit bestätigt. Zwei Studienabschlüsse und diverse Stationen einer aufsteigenden Partei- und Staatskariere zeigen das meritokratische Prinzip.

Dabei geht es auch um politische Mobilisierung und ideologische Orientierung, ebenso wichtig sind aber fachliche Qualifikationen und Erfahrungen. Chinesische Politiker sind in der Regel kompetent und erfahren in den Politikbereichen, die sie bearbeiten.

4.5 China als Diktatur: Transformation und Machterhaltung

Der chinesische Parteienstaat ist auch eine Diktatur. Dies bezieht sich zunächst auf »rote Linien«, also Positionen, die die KPCh als wichtig für den Machterhalt und die sozialistische Orientierung betrachtet. Diese darf niemand überschreiten, dann wird notfalls mit Gewalt eingegriffen. Das betrifft:

- die Führung durch die KPCh;
- die sozialistische Orientierung in einem Sozialismus chinesischer Prägung;
- die nationale Einheit und die Abwehr von Separatismus, insbesondere in Xinjiang und Tibet;

- die Zugehörigkeit von Hongkong, Macao und Taiwan zu China nach dem Prinzip »Ein Land, zwei Systeme«;
- die Ereignisse vom Juni 1989 mit der gewaltsamen Beendigung der Studentendemonstrationen und der Bürgerproteste in Beijing, die die KP als peinliche Niederlagen empfindet; sie sind ein Tabu, über das kaum geredet wird – und wenn, dann in stilisierten Formeln.

Diesseits der roten Linien sind Diskussionen nicht nur erlaubt, sondern erwünscht. Sonst könnte der Diskurs über die Weiterentwicklung in der chinesischen Wirtschaft und Gesellschaft gar nicht geführt werden.

> »Die sozialistische Grundlage des chinesischen Wirtschaftssystems ist die unbedingte Vorherrschaft der Kommunistischen Partei Chinas. Im Einklang mit der marxistisch-leninistischen Tradition lenkt die Partei das Recht. Verordnungen, Gesetze und Verwaltungsentscheidungen werden im Einklang mit der aktuellen Parteipolitik angewandt. So wie jeder Schlüsselposition in der Regierung eine Position in der Partei entspricht, so entspricht die Parteihierarchie auch der Unternehmensführung in Banken, staatlichen Unternehmen, börsennotierten nichtstaatlichen Unternehmen, hybriden Unternehmen, Joint Ventures und ausreichend großen Privatunternehmen. Die Parteizellen in den Unternehmen stellen parallele interne Rechenschaftssysteme zu den von den Unternehmen selbst eingerichteten Systemen dar, die den Parteisekretär und den Parteivorstand eines Unternehmens auf dem Laufenden halten und in der Lage sind, dem Vorstandsvorsitzenden und dem Aufsichtsrat rechtzeitig Ratschläge zu erteilen.« (Jabbour et al. 2021: 25; zitiert nach Brie 2023, S. 35f.)
>
> »Als Xi Jinping 2012 neuer Generalsekretär des ZK der KPCh wurde, sah er das Land an einer Wegscheide. Die Erfolge der Politik von Reform und Öffnung hatten Kräfte entfaltet, die der Kontrolle der Partei zu entgleiten drohten. Xis Rede auf dem 20. Parteitag, zehn Jahre später, rufen dies noch einmal ins Gedächtnis: ›Innerhalb der Partei gab es viele Probleme bei der Aufrechterhaltung der Parteiführung, darunter ein Mangel an klarem Verständnis und wirksamen Maßnahmen sowie ein Abgleiten zu einer schwachen, hohlen und verwässerten Parteiführung in der Praxis. Einige Parteimitglieder und Funktionäre schwankten in ihrer politischen Überzeugung. Trotz wiederholter Warnungen hielten sinnlose Formalitäten, Bürokratismus, Hedonismus und Extravaganz in einigen Orten und Abteilungen an. Das Streben nach Privilegien stellte ein ernstes Problem dar, und es wurden einige schockierende Fälle von Korruption aufgedeckt …‹« (Brie 2023, S. 38)
>
> »Die KPCh nimmt unter den Bedingungen von Reform und Öffnung mehr noch als früher eine über den Klassen stehende Stellung ein. Sie ist nicht Ausdruck der Interessen dieser oder jener sozialen Großgruppe in Wirtschaft und Gesellschaft, sondern kann die eigene Vormacht nur behaupten, wenn sie über diesen stehend, durchaus auch in Analogie zum Bonapartismus nach der Großen Französischen Revolution,

deren Verhältnisse zueinander und untereinander zu regulieren sucht, die zugleich deren Interessen aufnimmt, die eigene Stellung stärkt und zur Gesamtentwicklung Chinas beiträgt.« (Ebd., S. 46f.)
Hinzu kommt, dass das politische System nur stabil ist, »wenn eine aktive staatsnahe Dienstklasse bereit ist, es ggf. auch unter Einsatz von Gewalt zu schützen, selbst wenn es nicht im unmittelbaren Interesse der Angehörigen dieser Dienstklasse als Einzelner ist.« (Ebd., S. 51)

Das diktatorische Moment beschränkt sich aber nicht auf rote Linien und die Bekämpfung von Bewegungen, die die Macht der KP und die sozialistische Perspektive bedrohen könnten. Es geht auch um die Disziplin bei der Umsetzung beschlossener Pläne. Loyalität und Bindung an Beschlüsse wird zunächst von den Kadern in Partei und Staatsapparat verlangt. Darüber hinaus sind die KP-Mitglieder verpflichtet, aktiv für die Durchsetzung der Parteibeschlüsse zu wirken.

4.6 Die Funktionsweise bei der Aufstellung und Umsetzung geteilter Ziele

Die Aufstellung der Fünfjahresprogramme bzw. -pläne darf man sich nicht so vorstellen, dass von unten nach oben Vorschläge gemacht und Forderungen gestellt werden, durch deren Synthese ein Plan entsteht. Vielmehr arbeiten Experten und Kommissionen daran, das Feld wirtschaftlicher Möglichkeiten zu eruieren, globale Entwicklungen zu analysieren und Schwerpunkte zu konzipieren, die aus chinesischer Sicht wichtig erscheinen. Für die einzelnen Gebiete – Technologie, soziale Lage, Infrastruktur, Umwelt, Einkommen, Kommunen, Stadtgestaltung, ländlicher Raum – werden Möglichkeiten und Defizite zunächst fachlich festgestellt. In einem zweiten Schritt werden daraus grundlegende Ziele unter den Parteimitgliedern und den jeweils relevanten Trägern diskutiert, also beispielsweise mit den Parteileitungen in Unternehmen, Regionen, Kommunen und den Ministerien.

Nach diesem Abgleich wird eine überarbeitete Variante öffentlich zur Diskussion gestellt, in den Medien und den Volksvertretungen diskutiert: Konsultative Demokratie nennt sich dieses Verfahren. Die in diesem Prozess eingehenden Vorschläge, Einwände und Kritiken werden dann für die Überarbeitung des Fünfjahresprogramms verwendet. Ähnlich werden auch spezielle Programme laufend aktualisiert, d. h. die Umsetzung wird beobachtet und analysiert, die Maßnahmen entsprechend redigiert. Die Aufstellung und laufende Kontrolle der Pläne ist ein interaktiver Prozess, der zwischen den Planungsorganen, der Bevölkerung, den Organisationen und Unternehmen abläuft.

Mit dem in den 2010er Jahren eingeleiteten Pfadwechsel wurde die Rolle der KP neu justiert und organisiert. Dies ist insbesondere mit Xi Jinping als Generalsekretär und Staatspräsident verbunden. Eine wichtige Rolle spielte und spielt die Bekämpfung der Korruption, die Verhaftung und Bestrafung von Partei- und Staatsfunktionären, die ihre Funktionen zur persönlichen Bereicherung nutzten und Günstlinge bevorzugten. China nimmt im Corruption Perceptions Index (CPI) einen mittleren Platz ein, deutlich hinter den meisten westlichen Industrieländern. In den vergangenen 10 Jahren hat sich die Lage etwas verbessert – von 39 auf 42 Punkte (2023).[100] Allerdings geht es nicht nur um Korruptionsbekämpfung, sondern genauso um eine weitergehende Disziplinierung der Funktionäre und der Parteiorganisationen.

Kapitalverwertung: G – W ... P ... W‘ – G‘

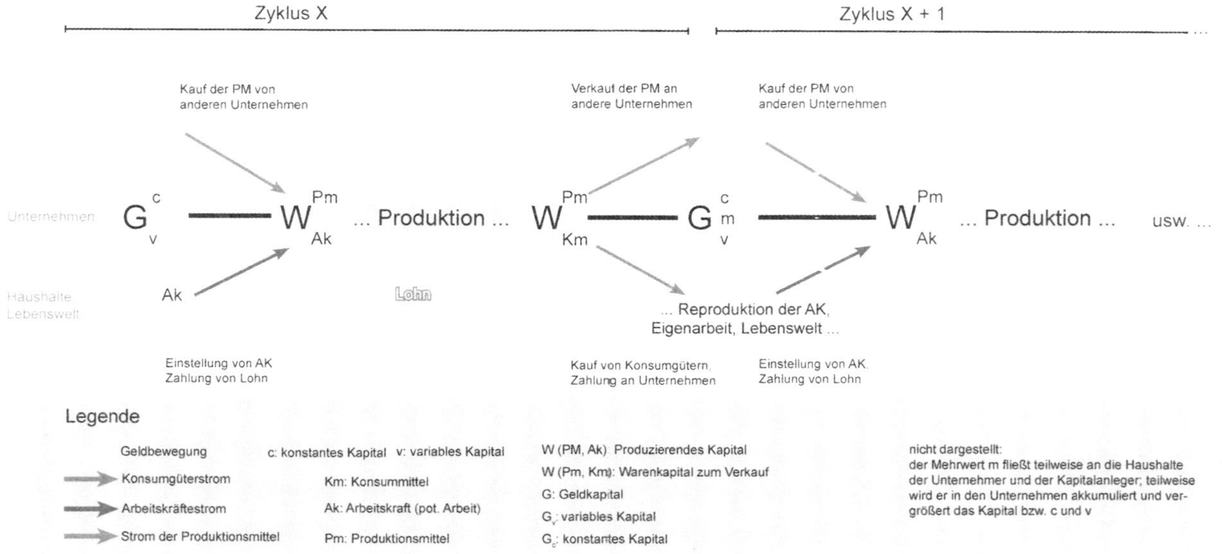

5. Kapitalverwertung, Kapitalismus und Sozialismus

»Ist [die KPCh] eine kommunistische Partei mit einem sozialistischen Ziel, die sich sehr unterschiedlicher Mittel bedient ...? Oder hat sie sich nach fast 45 Jahren von Reform und Öffnung selbst in den zentralen Akteur des chinesischen Kapitalismus transformiert, wie Tobias ten Brink annimmt: ›Wenn es jemals einen funktionierenden ›ideellen [...] Gesamtkapitalisten‹ (Engels) gegeben hat, so könnte man es überspitzt formulieren, dann ironischerweise unter einer ›kommunistischen‹ Herrschaft.‹ (Brink 2013: 279). Steht die KPCh mit ihren rd. 95 Mio. Mitgliedern vor allem im Dienst des Wiederaufstiegs Chinas auf sozialistischer Grundlage, oder ist der Staat, den die KPCh kontrolliert, der ›wirkliche Gesamtkapitalist‹ (Wemheuer 2019: 214) und ist die Staatsklasse, die die Gesamtheit der Kader umfasst, vor allem darauf aus, sich ›auf legalem und illegalem Wege Teile des Mehrwertes und Renteneinnahmen an[zu]-eignen‹ (Wemheuer 2019: 227)?« (Brie 2023, S. 42)

5.1 Kapitalverwertung als universelles Reproduktionsverfahren moderner Wirtschaftssysteme

Aus meiner Sicht ist es nötig, Kapitalverwertung und Kapitalismus zu unterscheiden und Kapitalismus und Sozialismus durch die jeweiligen Entwicklungstendenzen zu charakterisieren.

Für Marx waren Kapitalverwertung und Kapitalismus identisch. 150 Jahre später und nach mehreren wirtschafts- und sozialwissenschaftlichen Umbrüchen (ich verweise exemplarisch auf Schumpeter, Keynes und Sraffa) ist es m. E. nötig, die allgemeine und universelle Gestalt der Reproduktion in komplexen Wirtschaftssystemen (Kapitalverwertung) von der historisch besonderen Gestalt kapitalistischer Kapitalverwertung (Mehrwertproduktion durch Ausbeutung bzw. Subsumtion der Lohnarbeit unter das Kapital) zu unterscheiden. Zum besseren Verständnis steht auf der gegenüberliegenden Seite eine grafische Darstellung des Prozesses der Kapitalverwertung (diese Grafik findet sich auch farbig im Anhang[101]).

Kapitalverwertung ist ein Kommunikationssystem, ein symbolisches Verfahren, das die Reproduktion von Produktionssystemen und der materiellen Produktionsbedingungen (Arbeit, Produktionsmittel) über einem Kapital- bzw. Geldkreislauf abbildet, vermittelt und reguliert. Dabei handelt es sich um komplexe Systeme, die aus vielen einzelnen Produktionsprozessen bestehen, die voneinander unabhängig ablaufen (arbeitsteilig) und vermittelt durch Austausch einen Reproduktionszusammenhang bilden (also nicht unmittelbar durch Kooperation oder Unterordnung unter einen übergeordneten Eigentümer oder eine zentrale Verwaltung). Dazu wird die *Erhaltung* von Produktionsbedingungen modelliert als Erhaltung von Kapital (fixem und zirkulierendem Kapital) und Erhaltung von Arbeit (genauer gesagt potenzieller Arbeit, Arbeitsfähigkeit, bei Marx Arbeitskraft genannt; vgl. 1.4.1., dort Fn. zu Ruben 2023). Eine prozessierende Messgröße (Wert) beschreibt den Reproduktionszusammenhang über das Verfahren der Buchführung und macht ihn somit erkennbar und gestaltbar.

Die Metamorphosen der Kapitalverwertung sind:

- Konstituierung durch vorgeschossenes Geldkapital, in der Regel Kreditaufnahme: Eine bestimmte Summe von Zahlungsmitteln wird für die Verwertung bereitgestellt.
- Kauf von Produktionsmitteln und Arbeitskraft, Verwandlung des Geldkapitals in produzierendes Kapital.
- Produktionsprozess: Verbrauch von Produktionsmitteln und Arbeitsfähigkeit, Herstellung von Produkten; Umwandlung des produzierenden Kapitals in zu verkaufendes Warenkapital.
- Verkauf der Waren bzw. Dienstleistungen, Verwandlung des Warenkapitals in Geld.
- Abschluss und Neustart.

Die systemtheoretische Modellierung des Reproduktionsprozesses als Kapitalverwertung ist aber zumindest ursprünglich kein wissenschaftlich-analytisches Verfahren, sondern ein praktisches Kommunikationsverfahren, das schrittweise entstanden ist über den Handel, den Geldverleih, die Lohnarbeit und die kapitalverwertenden Industrieunternehmen. Es ist ein durch Evolution entstandenes (verdinglichtes) Kommunikationsverfahren, das ermöglicht, komplexe Reproduktionszusammenhänge abzubilden und durch entsprechendes Handeln zu regulieren.

Tatsächlich befinden sich in einem realen Unternehmen Teile des Kapitals in verschiedenen Phasen, in der Regel wird der Prozess mehr oder weniger kontinuierlich ablaufen. Ein Umschlag ist die Zeitdauer, die der gesamte vorgeschossene Kapitalwert für einen vollständigen Rücklauf benötigt. Dieser Zeitraum kann bei hohen Fixkostenanteilen sehr lang sein. Erhaltung des Kapitals bedeutet, dass der Gesamtwert über alle Phasen erhalten wird. Nimmt er zu, wird ein Gewinn erwirtschaftet; nimmt er ab, handelt es sich um Verlust.

Erhaltung der Arbeitsfähigkeit bedeutet hier nicht nur Erhaltung des variablen Kapitals, also des Lohnfonds im Unternehmen, der aus den Finanzen besteht, die durch die Einnahmen aus dem Verkauf der Waren reproduziert werden, um erneut Löhne zu zahlen und Arbeitskräfte zu beschäftigen. Erhaltung der Arbeitsfähigkeit bedeutet darüber hinaus Erhaltung der Arbeitenden, ihrer Haushalte, ihrer Lebenswelt. Die Lebenswelt erscheint aus der Perspektive der Kapitalverwertung als Mittel der Kapitalverwertung. Aus der Perspektive der Individuen sind natürlich umgekehrt die Arbeit und der Lohn Mittel und das Leben der Zweck – obwohl Arbeit auch sinnerfüllend sein kann. In den Haushalten werden die Konsumgüter konsumiert, es wird Eigenarbeit geleistet und es wird gelebt. Die Reproduktion der Arbeitskraft ist aus der Perspektive der Individuen der Sekundäreffekt, im Kapitalismus aber die primäre ökonomische Funktion privater Haushalte. Die Lebenswelt erscheint hier als Teil des Kapitalkreislaufs.

Kapital ist *prozessierender Wert*,* die Erhaltung des Kapital (des Werts des Kapitals) geschieht durch die oben benannte Abfolge von Metamorphosen: Geldkapital (konstantes und variables Kapital) wird in produzierendes Kapital (Produktionsmittel und Arbeitskraft) verwandelt, dieses wird im Produktionsprozess verbraucht und in Warenkapital verwandelt, das durch den Verkauf wieder zu Geldkapital wird. *Erhaltung* des Kapitals bezieht sich hier einerseits auf die *Qualität*: In jeder Phase ist es Kapital in anderer Gestalt, solange es im Kreislauf fungiert. Andererseits ist auch die *Quantität* wichtig: Der Reproduktionsprozess gelingt, wenn die Größe des reproduzierten Werts der Größe des verbrauchten Werts mindestens entspricht und das reproduzierte Kapital mit der Größe des vorgeschossenen (verbrauchten) Kapitals übereinstimmt. Ist der produzierte Wert größer, dann entsteht Mehrwert, ist er kleiner, ist ein Verlust zu konstatieren, der bei Strafe des Untergangs in den folgenden Kapitalumschlägen durch Gewinne kompensiert werden muss. Gewinne sind notwendig, um Verluste zu kompensieren.**

Wie in Kapitel 1 dargestellt, sind Überschüsse ein Mehrprodukt, das sich in einer über Geldumläufe gesteuerten Wirtschaft als Mehrwert darstellt. Diese Überschüsse haben ganz allgemein drei Funktionen: (1) Mit ihnen wird die Gemeingüterproduktion realisiert, und zwar in der Regel über Steuern und Abgaben an den Staat oder öffentliche Organisationen. Dieser Teil des Mehrwerts erscheint als Gewinn aus Perspektive der privaten Kapitaleigner und ihrer Unternehmen. Aus der Perspektive der Gemeinschaft sind es die Ressourcen der Gemeingüterproduktion, also kein Überschuss, sondern zu reproduzierender Aufwand. (2) Die Überschüsse decken die Verluste, die bei dynamischen Innovations- und Selektionsprozessen unvermeidlich sind, weil Innovationen auch Deklassierung bisheriger Produkte und Verfahren bedeuten. (3) Mit den Überschüssen werden Innovationen und Investitionen (Akkumulation) getätigt. Diese Überschüsse fallen zunächst in den Unternehmen an, werden aber nur teilweise in diesen Unternehmen selbst verwendet. Ein großer Teil wird über das Finanzsystem (Kreditaufnahme, Kreditrückzahlung, Anleihen und Einlagen) umverteilt, also an anderer Stelle eingesetzt.

Kapitalverwertung in dieser allgemeinen Form ist ein *universelles* Verfahren der Reproduktion in komplexen Volkswirtschaften und Unternehmen, in denen sachliche Reproduktion durch Geldkreisläufe über Märkte gesteuert wird. Kapitalver-

* »Der Wert wird also prozessierender Wert, prozessierendes Geld und als solches Kapital.« (Marx MEW Bd. 23, S. 170)

** Diese Darstellung stimmt nicht vollständig mit der Arbeitswerttheorie überein, wie sie Marx von Adam Smith übernommen hat. Ich stütze mich auf die Reproduktionstheorie nach Sraffa.

wertung erfolgt implizit in jeder Ökonomie, auch wenn in den vorkapitalistischen Produktionsweisen noch nicht alle Komponenten dieses Verfahrens entwickelt waren; sie entstanden durch Evolution in mehreren Tausend Jahren. Auch eine moderne arbeitsteilige sozialistische Produktionsweise benötigt Kapitalverwertung als Verfahren der Regulation komplexer Reproduktionszusammenhänge. Die Vorstellung, man müsse den Kapitalismus überwinden, indem man Geld und Kapital abschafft, Kapitalverwertung verteufelt und auf doppelte Buchführung (d. h. Kapitalverwertungsrechnung) verzichtet, ist eine der entscheidenden Ursachen für die Stagnation der sozialistischen Planwirtschaften und deren Niedergang am Ende des 20. Jahrhunderts.

Allgemein beinhaltet Kapitalverwertung die Bildung von Reproduktionspreisen und die Allokation von Ressourcen im volkswirtschaftlichen Reproduktionsprozess; sie sichert, dass alle verbrauchten Ressourcen laufend ersetzt werden, Arbeitskräfte reproduziert und Unternehmen erhalten werden und schließlich die Gemeingüterproduktion durch entsprechende Verwendung des Mehrprodukts bzw. des Mehrwerts über den Staat vermittelt erfolgt. Die Realisierung von Innovationen und Investitionen generiert primär *wirtschaftliche Entwicklung*, die unter bestimmten Voraussetzungen Wachstum fördert, und zwar wenn Entwicklung mit Akkumulation, Umwandlung von Mehrwert in Kapital und einem steigenden Kapitalstock verbunden ist. Innovationen und Investitionen erfordern in der Regel eine Kreditvergabe (und als Gegenstück Kredittilgung), also ein Finanzsystem. Darauf beruht die Möglichkeit einer Lenkung wirtschaftlicher Entwicklung durch Kreditlenkung.

5.2 Kapitalverwertung und Kapitalismus

Kapitalismus ist eine sozialökonomisch spezifische Gestalt der Kapitalverwertung, die durch private Aneignung des Mehrwerts und Subsumtion der Lohnarbeit unter das Kapital charakterisiert ist. Diese sozialökonomisch konkrete Gestalt der Kapitalverwertung im Kapitalismus wird durch die tatsächlichen Entwicklungsziele im Kapitalismus bestimmt und diese hängen von den Klassen und deren Kräfteverhältnissen ab.

Die bestimmende Tendenz ist die Subsumtion der Lohnarbeit unter das Kapital (Marx, Bd. 23, S. 533; vgl. Brie 1980), wobei mehrere Aspekte zu unterscheiden sind. *Formell* besteht die Subsumtion in der Trennung der Lohnarbeit vom Eigentum an den Produktionsmitteln und dem damit verbundenen objektiven Zwang, die eigene Arbeitsfähigkeit zu verkaufen. *Reell* besteht sie in der Unterordnung in einen vom (fungierenden) Kapital organisierten Arbeitsprozess – historisch bereits in der Manufaktur, vor allem aber in der Fabrik.* Der dritte Aspekt ist Selektion und

* Marx (Bd. 23, S. 447) nennt sie die »... kasernenmäßige Disziplin, die sich zum vollständigen Fabrikregime ausbildet ...«

Ausgestaltung der Produktionsmittel in eine sozialökonomisch bestimmte Richtung, und zwar so, dass die lebendige Arbeit in einfache Handgriffe zerlegt wird, qualifizierte Arbeit nur an wenigen Stellen notwendig ist und die unqualifizierte Arbeit dominiert. Inhalt und Tempo der einfachen Arbeit wird durch die Bewegung der Maschinerie und die Organisation der Fabrik diktiert.

> »In Manufaktur und Handwerk bedient sich der Arbeiter des Werkzeugs, in der Fabrik dient er der Maschine. Dort geht von ihm die Bewegung des Arbeitsmittels aus, dessen Bewegung er hier zu folgen hat. In der Manufaktur bilden die Arbeiter Glieder eines lebendigen Mechanismus. In der Fabrik existiert ein toter Mechanismus unabhängig von ihnen, und sie werden ihm als lebendige Anhängsel einverleibt.« (Marx MEW Bd. 23, S. 445)

Viertens werden die Konsumtion, die Eigenarbeit und das Leben der Lohnarbeiterinnen und Lohnarbeiter und ihrer Familien *funktional* durch die Reproduktion der Arbeitskraft bestimmt. In der industriellen Revolution bedeutete dies die Reduktion des Konsums auf das zur Erhaltung der Arbeitskraft erforderliche Minimum. Im Teilhabekapitalismus bedeutete es hingegen, durch den Konsum die Nachfrage abzusichern, also einen mit der Produktivität steigenden Konsum, der in erster Linie von den Verwertungsinteressen des Kapitals bestimmt wird (Werbung). Die lebensweltlichen Entwicklungsinteressen der Individuen sind diesem nach- und untergeordnet. Alle vier Formen der Subsumtion sichern die ökonomische Herrschaft des Kapitals über die Lohnarbeit (vgl. Baumann 2009).

Die Verwendung des Mehrwerts spielt eine entscheidende Rolle. Kapitalismus bedeutet, *gesellschaftliche Produktion und private Aneignung* (vgl. Engels, Anti-Dühring MEW Bd. 20, S. 253). Der im Produktionsprozess entstehende Neuwert teilt sich in Lohn und Mehrwert. Der Mehrwert gehört dem Unternehmen bzw. den Eigentümern des Unternehmens, dem Kapital. Der produzierte Mehrwert fließt in drei Kanäle:

Ein Teil dient der privaten Konsumtion der Kapitaleigner und fließt in deren Haushalte. Die Konsumtion der Kapitaleigner und ihres Anhangs ist eigentlich der regressive und historisch unwichtige Teil des verwendeten Mehrwerts. Allerdings nimmt dieser Anteil im Abschöpfungskapitalismus (Mazzucato 2019) deutlich zu. Die Begrenzung des Konsums der Rentiers ist dringend erforderlich – aus ökologischen Gründen und um die soziale Ungleichheit zu reduzieren. Private Einkommen über eine bestimmte Höhe sollten durch progressive Einkommens- und Vermögenssteuern beschnitten werden.

Ein zweiter Teil geht in die Akkumulation, entweder direkt, indem er im Unternehmen verbleibt, oder vermittelt, indem er zunächst in private Haushalte fließt und dann in Unternehmen angelegt wird über Anleihen, Aktien oder den Erwerb von Unternehmensanteilen. Dieser Teil vermehrt den Kapitalstock, aus dem Innovationen und Investitionen finanziert werden. Dazu gehört auch der Ausgleich von Verlusten (Erhaltung des Kapitalstocks) und die Zinszahlung an Kreditgeber (Deckung von Kapitalkosten). Die Investition von Mehrprodukt und Mehrwert in den Produktionsprozess ist in jeder Produktionsweise erforderlich, auch im Sozialismus. Im Kapitalismus entscheiden die Verwertungsinteressen der *privaten* Kapitaleigner und -anleger, wofür diese Investitionen verwendet werden. In einer gelenkten Markwirtschaft gibt es *gemeinschaftlich geteilte Ziele*, die partiell auch in einer kapitalistischen Marktwirtschaft relevant sind. In einer sozialistischen Kapitalverwertungswirtschaft, die immer eine gelenkte Marktwirtschaft sein muss, entscheiden gemeinschaftlich gesetzte Ziele über die Investitionen, allerdings entscheiden auch die einzelnen Unternehmen über ihren Anteil, wenn es um Innovationen und Reserven geht. Dabei sollten die Belegschaft und eine Öffentlichkeitsbank in die Entscheidung eingebunden sein.

Ein dritter Teil des Mehrwerts dient der Produktion von Gemeingütern und wird überwiegend durch den Staat und zum kleineren Teil über Gemeinschaftsorganisationen umverteilt (vgl. 1.4.3.3.). In modernen kapitalistischen Volkswirtschaften wird mit etwa der Hälfte* des Mehrwerts ein wesentlicher Teil für die Gemeingüterproduktion verwendet, also für die Staatsverwaltung, die Infrastruktur, das Wissenschafts- und Bildungssystem, für die Politik, für Polizei und Militär. Im feudalen Vorläuferstaat wurden diese Kosten überwiegend durch Anteile der Grundrente gedeckt. Mit der Durchsetzung des Kapitalismus und der Industrie mussten diese Ausgaben zunehmend aus der Wertschöpfung der kapitalistischen Unternehmen bestritten werden. Auch die über die Besteuerung der Löhne erhobenen Mittel sind volkswirtschaftlich gesehen Teile des Mehrwerts, denn Abzüge von den Reproduktionskosten der Arbeitskraft können sie nicht sein. Sie sind vielmehr Anteile des disponiblen, die Reproduktionskosten der Arbeit übersteigenden Teils der Arbeitslöhne. Steuern auf Arbeitslöhne setzen voraus, dass der Lohn die Reproduktionskosten im Mittel übersteigt (was für den Teilhabekapitalismus vorauszusetzen ist, vgl. Land, Busch 2012), da die Arbeiter sonst entweder keine Steuern zahlen oder ihre Arbeitskraft nicht reproduzieren könnten.

Nicht nur die ausgeschütteten Profite, auch die in Privatunternehmen verbleibenden Teile des Mehrwerts sind formell Eigentum der jeweiligen Kapitaleigner, in vielen Fällen der Eigner von Wertpapieren, Aktien, Anleihen oder Fondsanteilen. Nur der über den Staat umverteilte Mehrwert wird öffentliches Eigentum, aber auch dessen Verwendung wird je nach Kräfteverhältnissen mehr oder weniger von Kapitalinteressen dominiert.

Für die Entwicklung einer kapitalistischen Volkswirtschaft sind die Ausgaben für Gemeingüter und die Investitionen der Unternehmen entscheidend. Beide sind funktional notwendig, haben aber einen sozialökonomisch bestimmten Inhalt, stüt-

* Die Staatsquote in Deutschland beträgt etwa 50 % des BIP.

zen die Subsumtion der Lohnarbeit unter das Kapital. Mit den Entscheidungen über Innovationen und Investitionen selektiert das Kapital eine Entwicklungsrichtung der Produktionsmittel und der Konsumtion, die den Verwertungsinteressen des Kapitals entspricht, also der Subsumtion in der Arbeit und in der Reproduktion. Mit der Gemeingüterproduktion wird die Entwicklung der Infrastrukturen, der Wissenschaft, der Forschung und Entwicklung, der Bildung und der Wirtschaftspolitik an den Kapitalverwertungsinteressen ausgerichtet. Dies geschieht auch durch die Lobbyarbeit der Unternehmerverbände und der Finanzorganisationen. Die Verwendung von Mehrwert für Gemeingüter zeitigt auf diese Weise auch Subsumtionseffekte und ist Aneignung des Mehrwerts im Interesse des Kapitals, wenn auch nicht eines einzelnen Unternehmens.

Mit diesen Kriterien – Subsumtion der Lohnarbeit und private Aneignung – können wir die sozialökonomisch spezifische Form der Kapitalverwertung im Kapitalismus unterscheiden von der allgemeinen und universellen, die die Reproduktion von Produktionsmitteln und Arbeitskraft über Verwertungskreisläufe zum Inhalt hat.

Die abstrakte Konstruktion der Entfremdung, die das Leben der Individuen als Mittel der Kapitalverwertung erscheinen lässt, gewinnt Realität durch die *wirkliche* Subsumtion der Lohnarbeit unter das Kapital, durch die Arbeit unter den Bedingungen eines ausbeuterischen Fabriksystems und den Druck der industriellen Reservearmee. Es ist zwischen der Entfremdung als Folge der Generierung *regulativ verwendeter abstrakter Abbilder* gesellschaftlicher Produktion und der Entfremdung als *realer Unterordnung der Lohnarbeit* in Sozialstruktur, Lohngestaltung und faktischer Abhängigkeit vom Arbeitgebern und Arbeitsmärkten zu unterscheiden.

5.3 Kapitalverwertung und Sozialismus

Welche Gestalt nimmt die universelle Form der Kapitalverwertung in einer gedachten sozialistischen Produktionsweise an? Analog zum Kapitalismus müssten Entwicklungs*richtungen* benannt werden, die die Aufhebung der Subsumtion der Lohnarbeit unter das Kapital und die gemeinschaftliche Aneignung des Mehrwerts beinhalten. Da es derzeit keinen funktionierenden Sozialismus gibt (China ist auf dem Weg dahin) und auch nie einen nachhaltig funktionierenden Sozialismus gab, sind zwei alternative Herangehensweisen möglich. Erstens kann man theoretische Überlegungen über die Aufhebung der Unterordnung der Lohnarbeit unter das Kapital anstellen und dabei auf die sozialistischen Bewegungen und Parteien zurückgreifen. Zweitens kann man die Wirtschafts- und Gesellschaftssysteme analysieren, die sich selbst als sozialistisch bezeichnen – das wären China und Vietnam. Nur zu China habe ich genügend Informationen – aus eigener Anschauung, vor allem aber aus wissenschaftlichen Texten und Studien.

Für die theoretischen Überlegungen zu Lohnarbeit und Kapital in der marxistischen Tradition bilden die folgenden Passagen aus den »Grundrissen« einen möglichen Bezugspunkt:

> »Freie Individualität, gegründet auf die universelle Entwicklung der Individuen und die Unterordnung ihrer gemeinschaftlichen, gesellschaftlichen Produktivität als ihres gesellschaftlichen Vermögens ...« (MEW Bd. 42, S. 91)
> »Als das rastlose Streben nach der allgemeinen Form des Reichtums treibt aber das Kapital die Arbeit über die Grenzen seiner Naturbedürftigkeit hinaus und schafft so die materiellen Elemente für die Entwicklung der reichen Individualität, die ebenso allseitig in ihrer Produktion als Konsumtion ist und deren Arbeit daher auch nicht mehr als Arbeit, sondern als volle Entwicklung der Tätigkeit selbst erscheint, in der die Naturnotwendigkeit in ihrer unmittelbaren Form verschwunden ist; weil an die Stelle des Naturbedürfnisses ein geschichtlich erzeugtes getreten ist. Daher ist das Kapital produktiv; d. h. ein wesentliches Verhältnis für die Entwicklung der gesellschaftlichen Produktivkräfte. Es hört erst auf, solches zu sein, wo die Entwicklung dieser Produktivkräfte an dem Kapital selbst eine Schranke finden.« (Ebd., S. 244)

Freie Individualität, universelle Entwicklung der Individuen und die *gesellschaftliche Produktivität* erscheinen hier als die Komponenten einer den Kapitalismus überwindenden Entwicklung; reiche Individualität, allseitig in Produktion und Konsumtion, Arbeit als volle Entwicklung der Tätigkeit selbst.

Eine sozialistische Entwicklung wäre also dann gegeben, wenn die freie und universelle Entwicklung der Individuen immanente Tendenz und Ziel wären. Die konkreten Entwicklungsziele hängen von dem jeweiligen Entwicklungsstand ab und würden sich im Laufe der Zeit fortwährend ändern. Zu Beginn wären die Überwindung der Armut und der Zugang aller zu Bildung und Kultur, die Verbesserung der Wohnverhältnisse wichtig. Die Veränderung der Arbeitsbedingungen müsste beginnen mit der Reduzierung und Umwandlung belastender, gesundheitsschädigender Arbeiten, der Verbesserung des Arbeitsschutzes, der Reduzierung der Arbeitszeit und der Ausdehnung qualifizierter und befriedigender Arbeiten. Die Weiterentwicklung sozialistischer Perspektiven für die Veränderung der Arbeits- und der Lebenswelt ist selbst Bestandteil dieser Entwicklung. Es gibt keine feststehenden vorausgesetzten Ziele, nur die Entwicklung selbst, das endlose Überschreiten des jeweils gegebenen Horizonts. Die Richtung, in der sich Entwicklungsziele ändern, würde von diskursiven Verfahren abhängen, also von demokratischen Prozessen in umfassendem Sinne.

Die freie und universelle Entwicklung der Individuen erscheint hier als die Aufhebung der Subsumtion der individuellen Entwicklung unter das Kapital. Zwei denkbare Deutungen sind aber abzulehnen: (1) Das Kapital wird aus einer privatkapitalistischen Vergesellschaftungsform in eine gemeinschaftliche, eine Assoziation transformiert, es bleibt aber bei der Unterordnung. Subsumtion der individuellen Entwicklung unter die Entwicklung der Gemeinschaft, den »sozialistischen Staat«? Dieses Verständnis von Sozialismus war in der Geschichte der sozialistischen und kommunistischen Bewegungen gegeben und es ist für die frühen Phasen eines kollektiven emanzipatorischen Kampfes verständlich. Das kann bedeuten: Individuen opfern sich heroisch auf für die Gemeinschaft, für die Bewegung, für die Partei, den Staat, die Kommune. Oder umgekehrt: Der Staat ordnet sich die Individuen unter, Arbeit wird Zwangsarbeit, Machterhalt wird Selbstzweck.

(2) Die Umkehrung, also die Subsumtion der Gemeinschaft unter die individuelle Entwicklung, die uneingeschränkte Dominanz der individuellen Entwicklung, wäre auch keine Lösung, denn die Entwicklung der Produktivkräfte und der gesellschaftlichen Verhältnisse ist eine notwendige Voraussetzung der Entwicklung von freier und universeller Individualität. Sie kann nicht nur als Mittel gedacht werden, sondern muss auch Selbstzweck sein.

Freie *Entwicklung der Individuen* und Entwicklung ihres gesellschaftlichen Zusammenhangs, des materiellen, kulturellen und kommunikativen *Gesellschaftskörpers* stehen in einem widersprüchlichen Verhältnis, in dem jede Seite Zweck und Mittel zugleich ist. Aufgehoben ist die Unterordnung, nicht aber der Widerspruch, der fortlaufend gelöst und reproduziert werden muss, und das auf immer neue Weise. Sozialismus wäre dann als Bewegungsform und Evolutionsweise dieses Widerspruchs zu denken.

Sofern eine sozialistische Produktionsweise die Reproduktion der Produktionsmittel und der Arbeit über Kapitalkreisläufe organisiert und reguliert und Innovationsprozesse hinsichtlich ihrer Relevanz für die Kapitalverwertung selektiert, erscheint auch hier das symbolisch-abstrakte Abbild der Reproduktion als abstrakte und wenn man so will entfremdete Gestalt der wirklichen Produktion und Reproduktion. Diese »Entfremdung« ist aber erkenntnistheoretisch vergleichbar mit der Abbildung physikalischer Vorgänge etwa in der klassischen oder der relativistischen Mechanik oder gar der Quantentheorie durch Messgrößen und Gleichungen. Systeme von Begriffen und Theorien, die durch Messungen und Experimente mit der empirischen Wirklichkeit verbunden sind, lassen die wirklichen Beziehungen und Bewegungen von Körpern als begrifflich bestimmte Wechselwirkungen erscheinen. Die sich dabei manifestierende Entfremdung kann eine philosophisch aufgeklärte Erkenntnistheorie verstehen und erklären. Gleiches gilt für die abstrakten Kommunikationssysteme, die Wirtschaft oder andere Sozialsysteme regulieren. Voraussetzung ist aber, dass die Individuen real frei sind, d. h. nicht ihrer Funktion im Reproduktionsprozess subsummiert und ausgeliefert sind und die Chance haben, die Entfremdung zu durchschauen und zu decodieren. Dann ist Kapitalverwertung nicht ihr Schicksal, sondern ein Instrument, mit dem freie Individuen ihren gesellschaftlichen Reproduktionsprozess abbilden, erkennen und regeln.

Ursprünglich ging der Marxismus davon aus, dass Entfremdung aufgehoben, Kapitalverwertung abgeschafft und Geldkreisläufe unnötig sein werden. Man würde keine abstrakten symbolischen Kommunikationssysteme wie Geldkreisläufe benötigen, man könne die Beziehungen und Bewegungen der Individuen im Gesellschaftskörper direkt und unmittelbar beobachten. Dies war eine Illusion. In einer modernen Gesellschaft mit Milliarden Individuen, endlos erscheinenden Produktions- und Reproduktionsprozessen und den permanenten Veränderungen durch Innovationen sind komplexe abstrakte Kommunikationssysteme zur Regulierung des Ganzen unverzichtbar. Voraussetzung ist aber, den Zusammenhang zwischen der realen Reproduktion und den Geldkreisläufen zu verstehen und transparent zu gestalten. Die Rückkehr zu kleinen Kommunen, zu überschaubar kleinen Individuenzahlen ist allerdings kein denkbarer Weg.

Viele Marxisten grenzen Kapitalismus und Sozialismus nach dem Allokationsverfahren ab: Kapitalismus ist eine Marktwirtschaft, bei der Unternehmen Kapitalverwertung betreiben, Lohnarbeiter beschäftigen und bezahlen. Sozialismus ist eine Planwirtschaft, in der der Staat Ressourcen zuteilt und Produktionsaufträge an die Betriebe erteilt. Die Betriebe erscheinen als unselbstständige Abteilungen des Staates. Die Menschen sind als einzelne Lohnarbeiter Beschäftigte in Unternehmen oder Organisationen und als Gemeinschaft Eigentümer. Nach dieser Definition wäre die chinesische Volkswirtschaft eine kapitalistische Marktwirtschaft, zumindest seit sie die zentrale Planwirtschaft aufgegeben hat. Die Betriebe sind kapitalverwertende Unternehmen, und zwar sowohl als Privatunternehmen wie auch als Staatsunternehmen. Sie erwerben Ressourcen über den Markt, setzen ihre Produkte auf Märkten ab und müssen ihre laufenden Kosten und die Investitionen durch Geldeinnahmen aus dem Verkauf von Produkten und Leistungen decken. Ihre Innovations- und Investitionsstrategie müssen sie so ausrichten, dass die über den Markt zufließenden Erlöse die laufenden Kosten decken, die Investitionen refinanzieren und ein Gewinn entsteht. Die Lohnarbeit erzeugt im Produktionsprozess einen höheren Wert, als in Form von Löhnen (einschließlich Lohnnebenkosten) an die Lohnarbeiter fließt. Unterstellt man einen vereinfachten, abstrakten Ausbeutungsbegriff, dann wäre das genau das: Ausbeutung – es entsteht Mehrwert, der teilweise von den Unternehmen, teilweise vom Staat angeeignet wird. Man kann dann noch darüber streiten, bei welchem Anteil privater Unternehmen im Verhältnis zu Staatsunternehmen Kapitalismus oder Planwirtschaft, sprich Sozialismus, überwiegt. Dieser Streit ist aber aus meiner Sicht sinnlos, denn die chinesischen Staatsbetriebe reproduzieren sich über den Markt, produzieren Mehrwert, und unterscheiden sich in diesem Punkt nicht von privaten Unternehmen.

Nach meiner Auffassung ist jede moderne Marktwirtschaft eine *Kapitalverwertungswirtschaft.*[102] Ressourcen (Produktionsmittel und Arbeit) werden eingesetzt und verbraucht, um Ressourcen zu reproduzieren, gesteuert über einen Kapitalkreislauf. Dabei werden die verbrauchten Ressourcen nicht nur erhalten (einfach reproduziert), sondern erweitert durch Innovationen und Investitionen. Dabei entsteht Mehrwert, d. h. der Wert der produzierten Ressourcen ist im Durchschnitt größer als der Wert der verbrauchten Ressourcen. Zu diesen Ressourcen zählen die Arbeitslöhne und die verbrauchten Produktionsmittel einschließlich der langfristig fungierenden Produktionsmittel, die ihren Wert anteilig übertragen (Abschreibung). Kapitalverwertung wird durch Geldkreisläufe reguliert, wie in Abschnitt 1.4.2. dargestellt. Analytisch erscheint diese Art der Reproduktion so, dass sich ein *prozessierender Wert (Kapital)* erhält, verwertet und dabei ggf. wächst.

Eine solche sozialistische Kapitalverwertungswirtschaft ist kein Kapitalismus, sofern man unter Kapitalismus eine Wirtschaftsweise versteht, in der die Kapitalverwertung der *privaten* Aneignung des Mehrwerts durch eine exklusive Klasse dient und zur Subsumtion der Arbeiterklasse und der gesamten Gesellschaft unter die Kapitalistenklasse und deren Profitinteressen führt.* Die Unterordnung der Arbeit unter das Kapital und letztlich der Gesellschaft insgesamt unter die private Aneignung des Mehrwerts und die entsprechende Funktionalisierung der Gemeingüter (Boden, Infrastruktur, Wissenschaft etc.) ist für Marx das entscheidende Merkmal des Kapitalismus. *Private Aneignung des Mehrwerts* ist hier der funktionale Zweck der Kapitalverwertung und der Kapitalkreisläufe. Diesem Zweck, der reellen Subsumtion unter das Kapital, folgt die Selektion der Innovationen und Investitionen und somit die *Richtung der wirtschaftlichen Entwicklung* hin zur Maximierung von Profit und Wertsteigerung der Finanzanlagen im Finanzmarktkapitalismus.

In einer sozialistischen Wirtschaft sind die Schwerpunkte anders gesetzt. Hier regulieren Kapitalverwertung und die dazugehörigen Geldkreisläufe – der Kreislauf des konstanten und des variablen Kapitals (Produktionsmittel und Arbeit), des Gesellschaftskapitals (der Gemeingüter) und des Ökokapitals (der zu reproduzierenden und zu erhaltenden Naturressourcen, vgl. Land 2018b) – die Reproduktion des Wirtschaftssystems und der materiellen Basis einer modernen Gesellschaft. Geld und Kapital sind die Sprache dieser Regulation, ihre Grammatik ist die doppelte Buchführung. In einer sozialistischen Kapitalverwertungswirtschaft ist Kapitalverwertung Mittel zum Zweck. In einer *gelenkten* sozialistischen Marktwirtschaft geht es um *diskursiv gesetzte und vereinbarte Ziele* (die diskursiv auch veränderbar sind) der wirtschaftlichen, sozialen und ökologischen Entwicklung, die durch die verschiedenen Lenkungsinstrumente, nicht zuletzt die des Finanzsystems, angesteuert werden sollen. Dabei geht es stets darum, die *Einheit des Widerspruchs* zu gestalten und zu erhalten zwischen der *Entwicklung der Individuen* und der *von ihnen selbst gestalteten Lebenswelten* und der *Entwicklung des gemeinschaftlichen Gesellschaftskörpers*, der Produktionsmittel, der Infrastruktur, der Wissenschaft und der Kultur (vgl. Brie 2022, 2023). Das bedeutet auch, dass die Einkommen der

* Marx unterscheidet zwischen formeller und reeller Subsumtion der Arbeit unter das Kapital (Marx, Das Kapital, MEW 23, S. 533; vgl. auch MEW 42; S. 594, 596, 604 und Brie 1980).

Individuen nicht auf die zur Reproduktion der Arbeitskraft notwendigen Konsumgüter beschränkt sein können – was aber schon im Teilhabekapitalismus (Land, Busch 2012) aufgehoben war. Vielmehr muss das Einkommen der Individuen im Maße der Möglichkeiten der freien und universellen Entwicklung der Individuen dienen und ihnen die eigenständige und selbstbestimmte Gestaltung ihrer Lebenswelten ermöglichen.

Die Spezifik einer sozialistischen gelenkten Marktwirtschaft orientiert sich an den wirtschaftlichen und sozialen Entwicklungsrichtungen. Wofür wird der Mehrwert eingesetzt, welche Innovationen und Investitionen werden getätigt, wie verändert sich die Lage der Bevölkerung und ihrer verschiedenen Klassen und Schichten. Auch in einer sozialistischen Wirtschaft sind Gewinne nötig, aber sie sind nicht das übergreifende Ziel des Wirtschaftens – und es ist vor allem nicht der Wertzuwachs der Finanzanlagen. Gewinne sind Mittel zum Zweck. Zentral sind inhaltlich definierte Ziele der wirtschaftlichen Entwicklung, beispielsweise bestimmte Technologien und Produktionsfelder zu entwickeln, wie sie in dem Programm »Made in China 2025« (vgl. Kapitel 3) dargelegt sind. Aber auch diese wirtschaftlichen und technologischen Ziele sind nicht Selbstzweck, sie sind in übergreifende sozialökonomische Strategien eingeordnet und streben eine positive Entwicklung für China an:[103]

- Ein erstes, inzwischen erreichtes Ziel war die *Beseitigung der absoluten Armut* und die Dynamisierung der sozioökonomischen Entwicklung. Dazu gehörte die »Sicherstellung ausreichender Nahrung und Kleidung«. Nach Aussage der KPCh »besteht die erste Regierungsaufgabe dieses Landes darin, das Volk reicher zu machen«, nicht reicher an Geld, sondern an Entwicklungs- und Gestaltungsmöglichkeiten ihrer Lebenswelten.
- Beseitigung der *absoluten Armut*, betrifft etwa 800 Mio. Menschen.
- Die *Einkommen* sind deutlich gestiegen:[104] von 32.244 Yuan (etwa 4.400 USD in 2009) auf 120.698 Yuan (etwa 17.000 USD in 2023), was eine Vervierfachung über 15 Jahre bedeutet.
- Die KPCh strebt eine *nationale Wiedergeburt* an, die als Erneuerung der chinesischen Nation nach dem Jahrhundert der Demütigung verstanden wird.
- *Verbesserung der Lebensbedingungen* der Menschen. Dazu gehört der Aufbau einer Gesellschaft mit *bescheidenem Wohlstand* bis 2021.
- *Gemeinsamer Wohlstand* wurde 2020 ausgerufen und umfasst ein Bündel wirtschafts- und sozialpolitischer Maßnahmen, die eine Balance zwischen Effizienz und Gerechtigkeit, Wachstum und fairer Verteilung schaffen sollen. Diese Politik wurde in das Fünfjahresprogramm und in die langfristige Vision für 2035 aufgenommen, um problematische »Nebenwirkungen« der rasanten wirtschaftlichen Entwicklung zu bekämpfen. Das Sozialsystem soll weiter ausgebaut werden, um eine Altersversorgung für eine Milliarde Menschen zu gewährleisten

und eine medizinische Grundversorgung für fast 1,4 Milliarden Menschen zu sichern. Dies schließt die Erhöhung der Einkommen und die Entwicklung der Mittelschicht ein.

- Bis zum Jahr 2049 soll China eine voll entwickelte, *wohlhabende und moderne sozialistische Gesellschaft* werden, eine *harmonische* Gesellschaft. Gemeinsamer Wohlstand bedeutet, dass die Früchte der wirtschaftlichen Entwicklung fair auf die gesamte Gesellschaft verteilt werden sollen.
- *Wirtschaftlicher Erfolg*: China soll eine führende Wirtschaftsmacht werden. Dies beinhaltet schnelle wirtschaftliche Entwicklung und langfristige soziale Stabilität.
- Ein weiteres Ziel ist der Aufbau einer *Ökozivilisation*. Dazu gehört die Bewältigung der Klimakrise (sinkende CO2-Emissionen ab 2030, wurde schon 2024 erreicht; Nullemissionen ab 2060, wird voraussichtlich früher erreicht), Anpassung an die Erderwärmung und die Klimaveränderungen, nachhaltige Nutzung von Ressourcen durch Recycling und Stoffkreisläufe, Luftreinhaltung, Umweltschutz, Biodiversität. Dabei soll die Öffentlichkeit aktiv in den Aufbau einer Ökozivilisation einbezogen werden, u. a. durch Bildungsmaßnahmen zur Vermittlung ökologischer Werte und zur Förderung eines nachhaltigen und grünen Lebensstils).
- Die *Gesundheitsversorgung* wurde in mehreren Schritten auf- und ausgebaut, heute besteht ein flächendeckendes System sowohl in den Städten als auch im ländlichen Raum. 95 Prozent der Bevölkerung sind krankenversichert. Allerdings deckt die Versicherung nicht alle Behandlungskosten. Das System wird weiter ausgebaut. Die Qualität ist mit westlichen Standards vergleichbar.
- China hat eine *Altersversorgung* aufgebaut. 467 Millionen Stadtbewohner und 547 Millionen Landbewohner sind durch das System des Pensionsfonds abgesichert.
- Erhebliche Anstrengungen wurden unternommen, um das *Bildungssystem* auszubauen. In der PISA-Studie 2019 schnitten die chinesischen Jugendlichen weltweit am besten ab. Im Hochschulbereich sind sechs chinesische Hochschulen unter den ersten hundert Top-Universitäten.

5.4 Planmäßigkeit und Vergesellschaftung

Der folgende Abschnitt geht über die Analyse der chinesischen Wirtschaft hinaus und testet Denkmöglichkeiten, er hat insofern einen spekulativen Charakter. Als Ausgangspunkt wähle ich Heft 215 der Zeitschrift *Prokla*, Juni 2024, insbesondere den Artikel von Rabea Berfelde und Jacob Blumenfeld »Von der Vergesellschaftung zur Planung und wieder zurück« (S. 177ff.).

Im Editorial wird die Frage aufgeworfen, »wie Wirtschaftsplanung eine Alternative zur marktbasierten Allokation darstellen könnte« (S. 168). Es geht um den demokratischen Charakter einer postkapitalistischen Gesellschaft: »Ist Planwirtschaft das ökonomische Pendant zum ›Verein freier Menschen‹ oder ist sie ein Mittel, um eine technisch optimierte Gesellschaft zu realisieren?«.

Im Editorial werden zwei Positionen vorgestellt:

> »Im Rahmen marxistischer Ansätze wurde argumentiert, dass nur eine bewusste, demokratische Planung die kapitalistische ›Anarchie der Produktion‹ überwinden könne.«

Und:

> »Aus den Grenzen der Planwirtschaft in den Staaten des RGW (Rat für gegenseitige Wirtschaftshilfe) wurde auch von Linken geschlossen, effizientes Wirtschaften sei nicht ohne Vermittlung durch Märkte zu erreichen.« (S. 169)

Das klingt, als seien gesellschaftliche Planung und Marktwirtschaft einander ausschließende Konzepte – und so wird es auch meistens diskutiert: Markt versus Plan. Für eine Planwirtschaft nach dem Modell des RGW, also Allokation von Ressourcen und Erteilung von Produktionsaufträgen durch zentrale Planungsbehörden, ist dies zutreffend, wie ich im ersten Teil dargestellt habe. Die Betriebe sind hier unselbstständige Einheiten, die keine Verantwortung für die betrieblichen und schon gar nicht für die volkswirtschaftlichen Ergebnisse ihres Handelns haben. Allenfalls sind sie dafür verantwortlich, ob sie die Befehle der Zentrale korrekt umgesetzt haben (wenn sie sie umsetzen konnten). Wie in Kapitel 1 dargestellt, können mit einem solchen Planwirtschaftsmodell mehr oder weniger erfolgreich Kriegswirtschaft, Wiederaufbau und nachholende Industrialisierung betrieben werden, aber keine innovationsbasierte wirtschaftliche Entwicklung. Denn nur die Betriebe selbst können erkennen und entscheiden, welche Neuerungen und welche Rekombinationen erfolgreich sind und welche nicht. Dazu müssen die Betriebe – unabhängig davon, ob es zentrale, regionale oder kommunale Staatsunternehmen oder Privatunternehmen sind – selbst wählen und entscheiden können, welche Ressourcen sie einsetzen und welche Innovationen und Investitionen sie umsetzen, natürlich im Rahmen von Gesetzen und gegebenen Umfeldbedingungen, z. B. Kreditkonditionen, Förderprogrammen, Steuern und Abgaben. Dies setzt Märkte und Handlungsfreiheit der Betriebe voraus. Hinzu kommt, dass korrekte Reproduktionspreise, also Preise, die die Kosten korrekt abbilden (*erforderliche* Überschüsse für Reserven, Gemeingüterproduktion, Innovationen und Investitionen eingeschlossen) erwirtschaftet werden müssen. Solche Preise können in einer dynamischen innovationsbasierten Volkswirtschaft nur über Vergleichsoperationen auf Märkten (verschiedene Anbieter und verschiedene Nachfrager treten in einen Kommunikationszusammenhang) ermittelt werden. Reproduktionspreise sind aber nur bei einfacher oder bloß quantitativ erweiterter Reproduktion (einfaches proportionales Wachstum) vorab berechenbar. Da die Rekombinationseffekte besonders der »sekundären Welle« (vgl. Abschnitte 1.2. und 1.3.) nicht vorhersehbar sind (es handelt sich um echte Zufallsergebnisse), sind veränderte Reproduktionspreise bei neuen Produkten und Verfahren erst im Ergebnis vielfältiger und potenziell endloser Rekombinationseffekte gegeben, also erst am Ende einer Innovationswelle.* Wenn man also nicht auf Entwicklung verzichten will, muss man offene Suchprozesse eigenverantwortlicher Staats- und Privatunternehmen, marktwirtschaftliche Verfahren der Ressourcenallokation und die Bildung von Marktpreisen ermöglichen und befördern. Dies ist nicht zuletzt das Geheimnis des Erfolgs der chinesischen Wirtschaftsreformen, die wesentlich mehr ermöglichen als die Nachahmung westlicher Innovationen – China ist auf einem guten Weg in eine innovationsbasierte Wirtschaftsentwicklung.

Marktwirtschaft wird in dem oben zitierten Artikel mit Anarchie und Planlosigkeit identifiziert wird, Planung muss daher zwangsläufig als »Nicht-Marktwirtschaft« erscheinen. Das ist aber sowohl historisch als auch theoretisch falsch. Die französische Planifikation setzte eine marktwirtschaftliche Ressourcenallokation voraus[105] und war – in meiner eingangs definierten Terminologie – eine *gelenkte Marktwirtschaft*, die man auch eine geplante Marktwirtschaft nennen könnte. Auch die chinesische Wirtschaft ist eine geplante Marktwirtschaft, aber keine Planwirtschaft im Sinne der Planungsverfahren in der UdSSR oder dem RGW. Es soll hier noch mal betont werden, dass eine Planwirtschaft mit untergeordneten Marktelementen keine Lösung ist.

Im Fall von China erfolgt die Planung nicht durch eine Zentrale, die den einzelnen Betrieben Ressourcen zuteilt und verbindliche Produktionsziele setzt. Wie beschrieben, müssen durch diskursive Verfahren geteilte Ziele in einem breiten Grundkonsens aufgestellt werden, die dann mittelbar durch Instrumente angesteuert werden, die indirekt auf die Rahmenbedingungen und das Umfeld der Betriebe, aber auch der Gemeingüterproduzenten, der staatlichen Behörden, der Kommunen und Regionen wirken, vor allem über das Finanzsystem, nicht aber durch direkte Eingriffe in die betrieblichen Entscheidungen über Produktion, Innovation und Investition.

Eine indirekte Lenkung setzt ein mehrschichtiges diskursives Netzwerk und verteilte Steuerungselemente voraus: zentrale, regionale, kommunale und betriebliche; Kreditlenkung, Industriepolitik, Infrastrukturprojekte, Steuern und Abgaben, Forschungspolitik und ähnliche Instrumente. Beispiele wie Japan in den 1980er

* Deshalb trügt die Hoffnung, durch höhere Rechenleistung und bessere Datenerfassung Pläne und Preise im Vorhinein berechnen zu können. Entwicklung ist kein deterministischer Prozess und daher ist erst im Nachhinein berechenbar, warum welche Rekombinationen erfolgreich sind und welche nicht. Praktische Selektion in offenen Konstellationen ist unverzichtbar. Das spricht nicht gegen bessere Datenerfassung und bessere Rechner, aber dagegen, dass darin die Lösung des Planungsproblems bestehen könnte (vgl. Beckmann u. a., S. 169f.).

Jahren, China und Vietnam heute zeigen, dass mit dieser Lenkung durch Rahmenbedingungen und das Finanzsystem erfolgreich wirtschaftspolitische Ziele und geplante Entwicklungsrichtungen umgesetzt werden können. Eine solche gelenkte Marktwirtschaft kann je nach den Inhalten der anvisierten Entwicklungsziele eine kapitalistische oder sozialistische Entwicklungsrichtung beinhalten, je nachdem, ob privat angeeignete Rendite oder emanzipatorische Ziele, Entwicklung der Individuen, bestimmend sind.

Eine Planung in dieser Form setzt Handlungsfreiheit der Betriebe im Rahmen allgemeiner Rechtsgesetze und marktwirtschaftliche Verfahren der Ressourcenallokation und der Preisbildung voraus. Unternehmen sind dann lernende Organisationen in einem komplexen Umfeld. Damit verbunden ist m. E. auch eine *Revision* des Vergesellschaftungskonzepts. Berfelde und Blumenfeld verweisen auf den Zusammenhang von Vergesellschaftung und Planung:

> »Die Transformation der Eigentumsverhältnisse vom Privateigentum zum Gemeineigentum, auf die die Vergesellschaftung zentral abzielt, kann somit als notwendige Bedingung für die Demokratisierung der Ökonomie verstanden werden. … Planung braucht Vergesellschaftung, sonst bleibt sie abstrakt und realitätsfern, und Vergesellschaftung braucht Planung, sonst ist sie nicht zielgerichtet und bleibt kurzsichtig.« (Berfelde, Blumenfeld 2024, S. 179)

Sie verweisen in diesem Zusammenhang auf Neurath und zitieren Korsch:

> »Weder die Überführung der Produktionsmittel aus der privaten Machtsphäre des Kapitalisten in die Machtsphäre der öffentlichen Organe der Gesamtheit (Verstaatlichung, Kommunalisierung usw.), noch die Überleitung der Produktionsmittel aus dem Besitz der privaten Eigentümer in den gemeinsamen Besitz sämtlicher Produktionsbeteiligten (produktivgenossenschaftlich-syndikalistische Sozialisierung) stellt für sich allein eine Ersetzung des kapitalistischen Sondereigentums durch wahres sozialistisches Gemeineigentum dar.« (Korsch 1969, S. 33, zitiert nach Berfelde, Blumenfeld 2024, S. 181)

Weder das zentrale Staatseigentum noch betriebliche Genossenschaften oder Arbeiterselbstverwaltung erscheinen als hinreichende Lösungen – was nicht ausschließt, dass sie als Elemente einer sozialistischen Volkswirtschaft eine Rolle spielen können. Aber die Verstaatlichung der Betriebe, wenn sie deren Handlungsfreiheit in Bezug auf Innovationen und Investitionen ausschließt, beschränkt innovationsbasierte Entwicklung, wie mehrfach ausgeführt. Und ohne Marktprozesse sind keine korrekten Reproduktionspreise zu finden. Eine Vergesellschaftung nur auf Betriebsebene lässt das Problem der volkswirtschaftlichen Koordination von Entwicklung ungelöst.

In einer gelenkten Marktwirtschaft sind hingegen demokratische Diskurse über Ziele und ihre Umsetzung auf mehreren Ebenen denkbar und die Instrumente wirken gleichermaßen auf zentrale, regionale und kommunale Staatsunternehmen wie auch auf private Unternehmen. Die Wirkung dieser Planung ist nicht abhängig davon, ob die Kapitalgeber eines Unternehmens Private oder zentrale oder kommunale Staatsfonds sind. Voraussetzung ist allerdings, dass sie gleichermaßen an Regulierungsinstrumente wie z. B. Finanzierungskonditionen für Innovationen gebunden sind und dass die Finanzmärkte reguliert sind, also dominant spekulationsgetriebene Allokationen ausgeschlossen oder stark beschränkt sind – wie dies bei chinesischen Finanzmärkten mehr oder weniger der Fall ist, wenn auch vielleicht noch nicht ausreichend.

Eine gelenkte sozialistische Marktwirtschaft setzt voraus, dass die Unternehmen – staatliche, kollektive und auch private – selbst über ihre Produktion, ihre Innovationen und Investitionen entscheiden, also auch die Risiken und die Innovationsgewinne verantworten. Das bedeutet, dass Innovationsgewinne in relevantem Maße den Unternehmen, den Unternehmerinnen und Unternehmern aber anteilig auch der Belegschaft zustehen sollten – im Unterschied zu Monopol- und Spekulationsgewinnen. Diese sollten weitgehend abgeschöpft werden. Kreditfinanzierung von Innovationen und Investitionen müssen im Rahmen der gelenkten Marktwirtschaft erfolgen, d. h. im Rahmen der Kreditlenkung, die definiert, welche Entwicklungsrichtungen gewollt sind und gefördert werden und welche nicht. Abgesehen von Innovationsgewinnen sollten Profite weitgehend abgeschöpft werden, insbesondere sollten Finanzanlagen und Einkommen aus spekulativen Finanzanlagen durch eine Regulierung der Finanzmärkte besteuert und beschränkt werden. Spareinlagen und Finanzanlagen sollten ermöglicht werden, aber in einem Rahmen, der die Dominanz von Erwerbsarbeit gewährleistet (zur Regulierung der Finanzmärkte vgl. Schulmeister 2018, Teil VI.).

Vergesellschaftung bedeutet dann auf allen Ebenen die Bindung der wirtschaftlichen Akteure, der Unternehmen, aber auch der Kommunen, Regionen und der Volkswirtschaft insgesamt an geteilte Ziele und demokratische Prozesse der Zielsetzung und -kontrolle. Investitionen werden in diesem Rahmen durch Kredite finanziert. Wie dies institutionell weiter ausgestaltet werden könnte, wird erst in der Zukunft erprobt werden. Im Rahmen des chinesischen Fünfjahresplanungssystems könnte ich mir folgendes Szenario vorstellen:

1. Im Rahmen der Aufstellung eines Fünfjahresprogramms müssen die grundlegenden Ziele offen diskutiert werden: Wie hoch sollen die disponiblen Einkommensanteile sein, also die, die über den Reproduktionsbedarf hinausgehen? Wie wird der Produktivitätszuwachs auf Arbeitszeitverkürzung und Konsumwachstum aufgeteilt? Wie sollen die Sozialsysteme im nächsten Planungszeitraum ausgebaut werden? Welche ökologischen Projekte werden in Angriff genommen? Welche Infrastrukturprogramme und welche Programme der Stadt- und Verkehrsgestal-

tung sollen umgesetzt werden? Was sind die wichtigsten Ziele in der Forschung, der Bildung und der Technologieentwicklung? Auf dieser Basis sind die zentralen Finanzierungsprogramme auszugestalten – was in China derzeit durch zentrale, regionale und lokale Guidance Funds geschieht. Weiterentwickelt werden müsste vor allem die öffentliche Kommunikation im Vorfeld der Planaufstellung und bei der Kontrolle der Umsetzung.

Ich könnte mir vorstellen, dass neben den Funktionen der KPCh und der Parlamente auch Wirtschafts- und Sozialräte eine Rolle spielen könnten, in denen Nichtregierungsorganisationen, Interessenvertreter und Experten mitwirken. Es geht darum, neben der Perspektive der Politik, der Wirtschaftsverbände und der Gewerkschaften auch Umweltverbände, Verbraucherinteressen und die Gestaltungsinteressen der Bewohner von Städten und Dörfern einzubinden.

2. Parallel ist ein solcher demokratischer Diskurs auch auf der Ebene der Regionen und der Kommunen erforderlich. Dabei sind die jeweiligen regionalen Ziele und Besonderheiten Gegenstand der Debatte über die Gestaltung.

3. In den Betrieben sollte es ebenfalls eine demokratische Planung und Kontrolle geben. Mein Vorschlag wäre eine Drittel- oder Viertelparität im Aufsichtsrat und der Betriebsversammlung. Neben der Belegschaft (⅓ oder ¼ der Stimmen) sollten Kapitalgeber (staatliche Vermögensverwaltung oder private Fonds), Vertreter der Kommunen oder der Branchen und eine Öffentlichkeitsbank vertreten sein, zu je 25 oder 33 Prozent der Stimmen. Je nach Ausrichtung des Betriebs gehören in die Öffentlichkeitsbank Umwelt- und Verbraucherverbände und andere Organisationen, die inhaltlich durch die Tätigkeit des Betriebs tangiert werden. Da die Betriebe autonom in ihrer Entscheidung über Innovationen und Investitionen, über ihre Produktpalette und den Einkauf von Ressourcen sind, hätte der Aufsichtsrat auch tatsächlich über die strategische Ausrichtung zu entscheiden. Es ginge nicht nur darum, wie man zentrale Vorgaben mehr oder weniger korrekt umsetzt.

Schluss

Vergesellschaftung stellt sich aus meiner Perspektive als ein Prozess der Vervielfältigung sozialökonomischer und politischer Rückbindungen wirtschaftlicher Akteure an eine plurale Gesellschaft dar. Wenn es eine solche demokratische diskursive Rückkopplung der Wirtschaft an die Gesellschaft bzw. die jeweils relevanten gesellschaftlichen Gruppen (Lohnarbeiter, Manager, Umwelt- und Verbraucherverbände, Kommunen usw.) gibt, ist eine demokratische Aufstellung der Pläne und eine kontrollierte Umsetzung durch die Lenkungsinstrumente möglich, und zwar auf allen Ebenen, dem Zentralstaat, den Regionen, Kommunen und Betrieben. Sicher wird dies nicht immer reibungslos ablaufen, es sind ja widersprüchliche Interessen auszugleichen und entsprechende Konflikte auszutragen. Aber es gäbe keine Dominanz der Kapitaleigner und der Finanzmärkte in diesem Prozess. Zum Grundkonsens aller Beteiligten gehört dann aber auch, dass weder eine Volkswirtschaft noch ein einzelner Betrieb dauerhaft Verluste tragen kann, Überschüsse in der mittleren Frist also notwendig sind, um Reserven, Gemeingüterproduktion und Innovationen und Investitionen zu tätigen. Es geht bei Gewinnen nicht mehr um ein Ja oder Nein, sondern darum, wofür sie eingesetzt werden und welche Ziele man verfolgt.

Aus heutiger Sicht ist die Weiterentwicklung einer gelenkten Marktwirtschaft zu einem demokratisch funktionierenden System der Gestaltung wirtschaftlicher, ökologischer und sozialer Entwicklung noch Zukunftsmusik. Nach meiner Einschätzung zeigt die chinesische Entwicklung aber, dass eine solche Möglichkeit besteht. Woraus nicht folgt, dass sie auch eintreten wird. Es wird davon abhängen, ob die KPCh den Mut hat, die Partizipation der Bevölkerung, vor allem auch der verschiedenen sozialen Interessen an der Planung und Umsetzung wirtschaftlicher Entwicklung zuzulassen und auszuweiten und darin nicht die Gefahr eines Machtverlusts zu sehen. Das aber wird auch davon abhängen, ob sich der Kalte Krieg verschärft oder wieder ein Weg zur internationalen Kooperation bei Anerkennung pluraler Wege wirtschaftlicher und gesellschaftlicher Entwicklung gefunden wird. Derzeit stehen die Zeichen eher auf Verhärtung der Konfrontation und dementsprechend auf Verschärfung der Abgrenzung und der Absicherung von Machtpositionen. Bislang hat die KPCh mehrfach bekundet, am Kurs der Öffnung und der Kooperation unabhängig von Ideologie festzuhalten. Das wäre auch die Hoffnung für eine Entwicklung der chinesischen gelenkten Marktwirtschaft in eine sozialistische Richtung.

Literatur

14. Fünfjahresplan (2020): Starker Fokus auf Hightech-Sektor. In: german.china.org.cn, 9. 1. 2020. german.people.com.cn/n3/2020/0109/c209052-9647395.html

Altvater, Elmar (1965): Frankreichs fünfter Wirtschaftsplan. In: Gewerkschaftliche Monatshefte 1/1965, S. 25ff. https://library.fes.de/gmh/main/pdf-files/gmh/1965/1965-01-a-025.pdf

Ang, Yuen Yuen (2016): How China Escaped the Poverty Trap. Ithaca/London: Cornell University Press

ARTEde (2023): Staat gegen Börse | Planet Finance [zur Rede von Jack Ma und dem verhinderten Börsengang der Ant Group]. https://www.youtube.com/watch?v=kop3m6LW4Hw

Baumann, Zygmund (2009): Leben als Konsum. Hamburg: Hamburger Edition

Beckmann, Martin u. a. (2024): Editorial: Demokratische Planwirtschaft in Zeiten von Digitalisierung und Klimakrise. In: Prokla 215, 54. Jg., S. 168ff.

Berfelde, Rabea; Blumenfeld, Jacob (2024): Von der Vergesellschaftung zur Planung und wieder zurück. In: Prokla 215, 54. Jg., S. 177ff.

Beumann, Helmut; Lautemann, Wolfgang; Schönbrunn, Günter; Manfred Schlenke (Hrsg. 1995): Weltkriege und Revolutionen: 1914–1945. 5. Aufl. Geschichte in Quellen, Bd. 6. München: Bayer. Schulbuch-Verlag

Beurton, Peter (1975): Einige Bemerkungen zur Mosaikevolution. In: Zeitschrift für Geologische Wissenschaften 3, H. 5.

Beyme, Klaus von (1993): Die politische Klasse im Parteienstaat. Frankfurt: Suhrkamp

Bezemer, Dirk (4. 10. 2021): Ever Grande? Warum China die Immobilienblase unter Kontrolle bringt. In: Makroskop. https://makroskop.eu/36-2021/evergrande-warum-china-die-immobilienblase-unter-kontrolle-bringt/

Blank, Anette (2020): Business Administration: shareholder value vs. stakeholder value. Frankfurt School Blog: Betriebswirtschaftslehre. https://blog.frankfurt-school.de/betriebswirtschaft-shareholder-vs-stakeholder-value-ansatz/#:~:text=Der

Braudel, Fernand (1985–1986): Sozialgeschichte des 15.-18. Jahrhunderts. 3 Bd.: Der Alltag. Der Handel. Aufbruch zur Weltwirtschaft, Sonderausgabe. München: Kindler

Brie, André; Brie, Michael; Land, Rainer; Segert, Dieter: Philosophische Grundlagen der Erarbeitung einer Konzeption des modernen Sozialismus. Materialen der Eröffnungsberatung November 1988. Manuskriptdruck der Humboldt-Universität zu Berlin 1989. https://www.dropbox.com/s/ltlmble4prjhm6h/1988 %20Forschungsprojekt%20Mod%20Soz%20Er%C3%B6ffnung.pdf?dl=0

Brie, Michael (1980): »Formelle« und »reelle« Subsumtion der Arbeit unter das Kapital in der Marxschen Untersuchung der kapitalistischen Gesellschaftsformation. In: Deutsche Zeitschrift für Philosophie 28, H. 2, S. 226

Brie, Michael (1989): Die Erarbeitung einer Konzeption des modernen Sozialismus. Thesen in der Diskussion. In: Brie, André u. a. (1989)

Brie, Michael (2013): Für eine plurale und polyzentrische Welt sich selbst organisierender Akteure. Das Forschungsprogramm Elinor Ostroms. In: Busch, Ulrich; Krause, Günter (Hg.): Theorieentwicklung im Kontext der Krise. Abhandlungen der Leibnitz-Sozietät der Wissenschaften, Band 35. Berlin: Trafo-Wiss.-Verl.

Brie, Michael (2022): Sozialismus neu entdecken. Ein hellblaues Bändchen zu den Widersprüchen einer solidarischen Gesellschaft. Hamburg: VSA

Brie, Michael (2023): Chinas Sozialismus neu entdecken. Ein hellblaues Bändchen jenseits der Froschperspektive auf ein spannendes Experiment. Hamburg: VSA

Brink, Tobias ten (2020): Chinas Kapitalismus. Frankfurt a. M./New York: Campus

Brown, Kerry (2018): Die Welt des Xi Jinping. Alles, was man über das neue China wissen muss. Frankfurt a. M.: Fischer

Bundesverband der deutschen Industrie BDI (2020): China in der Welthandelsorganisation. https://bdi.eu/artikel/news/china-in-der-wto/
CEIC Data (2020): China Gini Coefficient 2019): CEIC, an ISI Emerging Markets Group Company. https://www.ceicdata.com/en/china/resident-income-distribution/gini-coefficient
Chenggang Xu (2011): The Fundamental Institutions of China's Reforms and Development. In: Journal of Economic Literature 2011. https://www.aeaweb.org/articles?id=10.1257/jel. 49. 4. 1076
Chiasy, Richard (o. J.): Chinas Sicht auf die internationale Ordnung. Rosa-Luxemburg-Stiftung. Studie ohne Jahrgang. https://www.rosalux.de/fileadmin/rls_uploads/pdfs/Studien/China_Perspektiven_Studie_DE.pdf
China National Human Development Report Special Edition (2019): In Pursuit of a More Sustainable Future for All: China's Historic Transformation over Four Decades of Human Development. This report is a collaboration between United Nations Development Programme (UNDP), the China Institute for Development Planning at Tsinghua University, and the State Information Center Bejing: China Publishing Group Corporation, China Translation & Publishing House. https://www.undp.org/china/publications/national-human-development-report-special-edition
China Programm der Stiftung Asienhaus (Hg.) (2017): Wohin führen die Neuen Seidenstraßen? Chinas »Belt and Road Initiative«. Köln: Stiftung Asienhaus
china.org.cn (2006): Die wirtschaftlichen Schwerpunkte der Fünfjahrespläne (1953 bis 2010): http://german.china.org.cn/archive2006/txt/2006-03/13/content_2225950.htm
Chow, Gregory C. (2012): China as a Leader of the World Economy. Singapore: World Scientific Publishing Co. Pte. Ltd.
CPC (1981): Chinese Communism Party of China, Subject Archive. Resolution on certain questions in the history of our party since the founding of the People's Republic of China. https://www.marxists.org/subject/china/documents/cpc/history/01.htm
Cunningham, Edward; Saich, Tony; Turiel, Jesse (2020): Understanding CCP Resilience: Surveying Chinese Public Opinion Through Time. Ash Center's Open Policy. https://rajawali.hks.harvard.edu/resources/understanding-ccp-resilience-surveying-chinese-public-opinion-through-time/
Darimont, Barbara (Hg.) (2020): Wirtschaftspolitik der Volksrepublik China. Wiesbaden [Heidelberg]: Springer Gabler. https://doi.org/10.1007/978-3-658-28305-6
Dauderstädt, Michael (2012): Kapitalistisches Weltsystem – Analyse von Hartmut Elsenhans. In: Neue Gesellschaft, Frankfurter Hefte 5/2012
Decker, Gunnar (2015): 1965 – der kurze Sommer der DDR. München: Hanser
Deutsche Bundesbank (2024a): Geld und Geldpolitik. Schülerbuch für die Sekundarstufe II. https://www.bundesbank.de/de/publikationen/schule-und-bildung/geld-und-geldpolitik-606038
Deutsche Bundesbank (2024b): Geld verstehen digital. https://ebook.fwu.de/reader/#/book/16/public?sectionId=2264
Deutsche Bundesbank (o. J.): Geld und Geldpolitik. https://www.geld-und-geldpolitik.de/
Deutsche Gesellschaft für die vereinten Nationen e. V. (2016): ›Ökologische Zivilisation‹ in China mit ambitionierten Zielen. https://nachhaltig-entwickeln.dgvn.de/meldung/oekologische-zivilisation-in-china-mit-ambitionierten-zielen/
Diamond, Jared (2019): Krise. Wie Nationen sich erneuern können. Frankfurt a. M.: Fischer
DNV Goup (2024): China's energy transition outlook. https://www.dnv.com/publications/china-energy-transition-outlook/. Deutsche Zusammenfassung: https://www.sonnenseite.com/de/energie/bericht-ueber-chinas-energiewende/
Ehnts, Dirk (2020): Geld und Kredit: eine €-päische Perspektive. Marburg: Metropolis
Ehnts, Dirk (2022): Modern monetary theory: eine Einführung. Essentials. Wiesbaden [Heidelberg]: Springer Gabler
Ehnts, Dirk (2023): Makroökonomik: Wirtschaftsheorie für das 21. Jahrhundert. Lehrbuch. Wiesbaden [Heidelberg]: Springer Gabler
Ehnts, Dirk; Paetz, Michael (2021): Wie finanzieren wir die Corona-Schulden? Versuch einer »richtigen« Antwort auf eine »falsche« Frage aus Sicht der Modern Monetary Theory. In: Wirtschaftsdienst, 101. Jg.,

Heft 3, S. 200–206. https://www.wirtschaftsdienst.eu/inhalt/jahr/2021/heft/3/beitrag/wie-finanzieren-wir-die-corona-schulden.html
Eich, Stefan (2024): Are we all dead in the long run? John Maynard Keynes and the politics of time. In: Chartbook 342. https://adamtooze.substack.com/p/chartbook-342-are-we-all-dead-in
Elsenhans, Hartmut (2017a): Die Rückkehr des Rentiers. In: Makroskop, 1. 9. 2017
Elsenhans, Hartmut (2017b): Die Bedrohung des Kapitalismus durch die Kapitalisten. In: Makroskop, 24. 8. 2017
Endres, Alfred (2007): Umweltökonomie: Lehrbuch. 3. Aufl. Stuttgart: Kohlhammer
Energy Transitions Commission (2019): China 2050: A fully developed rich zero-carbon economy. https://www.energy-transitions.org/publications/china-2050-a-fully-developed-rich-zero-carbon-economy/
Enkhardt, Sandra (2022): Photovoltaik-Zubau von 108 Gigawatt in China 2022 erwartet. In: pv magazine. https://www.pv-magazine.de/2022/06/03/photovoltaik-zubau-von-108-gigawatt-in-china-2022-erwartet/
Ennoson, Doi (13. 12. 2023): China: Die Reaktion der Partei auf die »gefährliche« Lage der Wirtschaft. https://finanzmarktwelt.de/china-die-reaktion-der-partei-auf-die-gefaehrliche-lage-der-wirtschaft-294871/
Eucken, Walter (1989): Die Grundlagen der Nationalökonomie. Berlin u. a.: Springer
Fell, Hans-Josef (2019): Die Ökologische Zivilisation, das große Projekt in China, 1. 11. 2019. https://hans-josef-fell.de/die-oekologische-zivilisation-das-grosse-projekt-in-china/
Fischer, Christian (2006): Die chinesische Landwirtschaft in der Krise? Studienarbeit. Augsburg: Grin
Flassbeck, Heiner (1988): Preise, Zins und Wechselkurs: zur Theorie der offenen Volkswirtschaft bei flexiblen Wechselkursen. Wirtschaftswissenschaftliche und wirtschaftsrechtliche Untersuchungen 23. Tübingen: J. C. B. Mohr
Flassbeck, Heiner; Davidson, Paul; Galbraith, James K.; Koo, Richard; Ghosh, Jayati (2013): Handelt jetzt! Das globale Manifest zur Rettung der Wirtschaft. Frankfurt: Westend Verlag
Flassbeck, Heiner; Spieker, Friederike (2014ff.): Unser Geldsystem. I bis XXXVII. https://www.fspiecker.de/category/geldserie/
Flassbeck, Heiner u. a. (Hg.) (2017): Markt und Staat neu denken. In: Makroskop No. 2/2017
Flassbeck, Heiner (2018): Gescheiterte Globalisierung: Ungleichheit, Geld und die Renaissance des Staates. Berlin: Suhrkamp
Flassbeck, Heiner; Spieker, Friederike; Heidegger, Constantin (2022): Atlas der Weltwirtschaft 2022/23. Zahlen, Fakten und Analysen zur globalisierten Ökonomie: mit Sonderteil zu Mittel- und Osteuropa. Frankfurt/Main: Westend
Flassbeck, Heiner (2024): Grundlagen einer relevanten Ökonomik. Frankfurt a. M.: Westend
Forster-Latsch, Helmut; Noth, Jochen (1986): Chinas Weg in die Moderne. Anders als Moskau. Frankfurt a. M.: Sendler
Frank, A.G. (2016): ReOrient. Wien: Promedia
Frankopan, Peter (2019): Die neuen Seidenstraßen: Gegenwart und Zukunft unserer Welt. Berlin: Rowohlt
Frenzel, Andrea; Godehardt, Nadine; Pantekoek, Stefan; Schulze, David (2024): Kommunen: Kernstück deutscher China-Politik. Entwicklungen und Zukunftsperspektiven. Bonn: Friedrich-Ebert-Stiftung e. V.
Fuchs, Daniel; Klotzbücher, Sascha, Riemenschnitter, Andrea; Springer, Lena; Wemheuer, Felix (Hg.) (2023): Die Zukunft mit China denken. Berlin/Wien: Mandelbaum
Galbraith, John Kenneth (1995): Die Geschichte der Wirtschaft im 20. Jahrhundert. Hamburg: Hoffmann und Campe
Gebhardt, Hans (2009): China – von den Sonderwirtschaftszonen zur integrierten Entwicklung der Megacities des Landes. Geographisches Institut der Universität Heidelberg. https://www.geog.uni-heidelberg.de/md/chemgeo/geog/human/china_sonderwirtschaftszone.pdf
german.people.cn (2015): Made in China 2025: Qualität statt Quantität. http://german.people.com.cn/n/2015/0520/c209052-8895123.html
German.xinhuanet.com (2019): Über 84 Prozent der Unternehmen in China sind privat. 29. 11. 2019. http://german.xinhuanet.com/2019-11/29/c_138593029.htm

Gewirtz, Julian (2017): Unlikely Partners: Chinese Reformers, Western Economists, and the Making of Global China. Harvard University Press
Giacche, Vladimiro (2020): Wirtschaft und Eigentum, Staat und Markt im heutigen China. In: Marxistische Blätter, Beilage zu Heft 2. Essen: Neue Impulse
Goette, Anja; Gao, Qianlan (2018): Deutsch-chinesische Kommunalbeziehungen. Dialog Global. Bonn: Schriftenreihe der Servicestelle Kommunen in der Einen Welt (SKEW), Heft 19
Graewe, Daniel (Hg.) (2021): Deutschland und China: Investorenbeziehungen unter komplexen Rahmenbedingungen. Berlin: De Gruyter Oldenbourg
Guhl, Anne (2003): Sozialversicherung ersetzt die »Danwei«. In: Neues Deutschland, 10. 10. 2003.
Hagemann, Norbert (2021): Der 14. Fünfjahrplan der VR China und die Entwicklung der Digitalindustrie. Skript Februar 2021
Haifeng Huang (2000): Wirtschaftstransformation auf regionaler Ebene in China: Bestandsaufnahme und Spezifika der Wirtschaftsentwicklung anhand einer Studie zur Wirtschaftstransformation in den südlichen Gebieten der Provinz Sichuan. Berlin: Wissenschaft und Technik-Verlag
Hallermayer, Georges (2020): Die Große Grüne Mauer – Chinas Jahrhundert-Projekt. In: Lunapark 21. https://www.lunapark21.net/aufforstung-in-china-als-vorbild-auch-fuer-afrika/
Hansen, Sven; D'Aprile, Dorothee; Bauer, Barbara; Kadritzke, Niels (Hg.) (2008): Chinas Aufstieg: mit Kapital, Kontrolle und Konfuzius. Le Monde diplomatique Edition No. 23
Hartmann, Wolf-Dietrich (2017): Chinas neue Seidenstraße: Kooperation statt Isolation, der Rollentausch im Welthandel. Frankfurt a. M.: Frankfurter Allgemeine Buch
Heberer, Thomas; Müller, Arnim (2020b): Chinas gesellschaftliche Transformation. Entwicklungen, Trends und Grenzen. Berlin: Friedrich-Ebert-Stiftung
Heberer, Thomas; Müller, Arnim (2020): Entwicklungsstaat China: Politik, Wirtschaft, sozialer Zusammenhalt und Ideologie. Berlin: Friedrich-Ebert-Stiftung
Heberer, Thomas; Schubert, Gunter (2008): Politische Partizipation und Regimelegitimität in der VR China. Bd. 1: Der urbane Raum. Bd. 2: Der ländliche Raum. Wiesbaden: VS
Hedtke, Ulrich (2022): Zu den werkgeschichtlichen und biographischen Hintergründen der Demokratietheorie Schumpeters. In: ZPTh – Zeitschrift für Politische Theorie, 13. Jg., Heft 1–2, S. 185–198
Heilmann, Sebastian (2020): Die Seidenstraßen-Illusion: Mythen und Realitäten eines eurasischen Superkontinents unter chinesischer Vorherrschaft. Zürich: Schriftenreihe der Vontobel-Stiftung
Hirn, Wolfgang (2024): POLITIK I Die (unterschätzte) Rolle der Kommunen in der China-Politik. In: CHINAHIRN. https://www.chinahirn.de/2024/02/28/politik-i-die-unterschaetzte-rolle-der-kommunen-in-der-china-politik/
Höring, Uwe (2018): Der lange Marsch 2.0: Chinas Neue Seidenstraßen als Entwicklungsmodell. Hamburg: VSA
Hu Hao (2019): Für mehr Lebensmittelsicherheit: Die erste »Erdboden-Klinik« Chinas. Radio China International. http://german.cri.cn/3105/2014/09/19/1s223147.htm
Hu Richard (2023): Reinventing the Chinese City. New York: Columbia University Press
Hudson, Michael (2003, 2017): Finanzimperialismus. Die USA und ihre Strategie des globalen Kapitalismus. Stuttgart: Klett-Cotta
Hudson, Michael (2016): Der Sektor. Warum die Globale Finanzwirtschaft uns zerstört. Stuttgart: Klett-Cotta
Huerta de Soto, Jesús (2013): Sozialismus, Wirtschaftsrechnung und unternehmerische Funktion. Stuttgart: Lucius & Lucius
Ilf, Ilja; Petrow, Jewgeni (1936, deutsch 2006): Das eingeschossige Amerika. Berlin: Die Andere Bibliothek
Institute of Climate Change (2022): China's Long-Term Low-Carbon Development, Strategies and Pathways. Comprehensive Report. Institute of Climate Change and Sustainable Development of Tsinghua University et al. Peking, China. Singapore: Springer Nature
Jia Yun (2021): Fünfjahrespläne und die Industriepolitik in China. In: Graewe (2021) S. 7–29
Justin Yifu Lin (2009): On China's economy: der chinesische Weg zur Wirtschaftsmacht. Heidelberg: ABC-Verlag
Kädtler, Jürgen (2009): Finanzialisierung und Finanzmarktrationalität. Zur Bedeutung konventioneller

Handlungsorientierungen im gegenwärtigen Kapitalismus. SOFI Arbeitspapier I SOFI Working Paper. https://sofi.uni-goettingen.de/publikationen/?offset=60&pubautor=19
Kädtler, Jürgen (2021): Paul Windolf: Was ist Finanzmarkt-Kapitalismus? In: Kraemer, K., Brugger, F. (Hg.), Schlüsselwerke der Wirtschaftssoziologie.Wiesbaden: Springer VS
Kädtler, Jürgen; Faust, Michael (2009): Finanzkrise und Konzepte der Unternehmensführung. Shareholder Value – »die blödeste Idee der Welt«. In: Mitteilungen aus dem SOFI, April 2009. https://sofi.uni-goettingen.de/publikationen/?offset=60&pubautor=19
Keen, Steve (2024): Für eine neue Ökonomik. Edition Makroskop. Wien: Promedia-Verlag
Kerkow, Uwe (27. 12. 2020): Chinas Grüne Große Mauer. Telepolis, 16. Januar 2020. https://www.heise.de/tp/features/Chinas-Gruene-Grosse-Mauer-4638653.html?view=print
Keynes, John Maynard (1936, 2006): Allgemeine Theorie der Beschäftigung, des Zinses und des Geldes. München/Leipzig: Duncker & Humblot
Keyu Jin (2023): The New China Playbook. New York: Viking
Klein, Dieter (2020): Roosevelt, Deng und das deutsche Führungspersonal. In: Neues Deutschland, 20. 10. 2020
Kloepfer, Michael (Hg.) (1989): Umweltstaat. Ladenburger Diskurs. Berlin u. a.: Springer
Konrad-Adenauer-Stiftung, Länderbüro China (2004): Chinas soziale Sicherungssysteme im Aufbruch. https://www.kas.de/documents/252038/253252/7_dokument_dok_pdf_5450_1.pdf/cbaaa995-7f97-74de-c58c-14681e7aef63?version=1.0&t=1539666487982
Koo, Richard (2013): Bilanzrezession und die globale Wirtschaftskrise. In: Flassbeck, Heiner u. a. (2013): Handelt jetzt! Das globale Manifest zur Rettung der Wirtschaft. Frankfurt a. M.: Westend Verlag
Kurz, Heinz D. (2002): Marx, Marshall und Sraffa. In: Barens, Ingo; Pickhardt, Michael (2002): Die Rolle des Staates in der Ökonomie – Finanzwissenschaftliche Perspektiven. Marburg: Metropolis
Kurz, Heinz D. (2009): Piero Sraffa (1898–1983), in: Heinz D. Kurz (Hg.), Klassiker des ökonomischen Denkens. München: C. H. Beck, S. 205–227
Kurz, Heinz D. (2019): Schumpeter im Pantheon der Ökonomen. In: Leviathan 47 (2019). https://www.wiwi.uni-wuppertal.de/fileadmin/fk3/Downloads/Fakult%C3%A4t/Ehrenpromotionen/2019_Kurz_Dateien/Festvortrag_Kurz.pdf
Kurz, Heinz D.; Sturn, Richard (2012): Schumpeter für jedermann. Von der Rastlosigkeit des Kapitalismus. Frankfurt a. M.: Frankfurter Allgemeine Buch
Kurz, Heinz-Dieter; Salvadori, Neri (2016): Classical economics after Sraffa. In: Cahiers d'Economie Politique 69, S. 45–71
Kutepova, Julia Dmitrievna (2021): »Green« Financial System in the Context of Smart Eco-cities Development: Case of China. Saint Petersburg School of Social Sciences and Area Studies
Lange, Oskar (1969): Politische Ökonomie. Berlin (DDR): Akademie-Verlag
Lau, L. J.; Qian, Y.; Roland, G. (2000): Reform without Losers. An interpretation of China's dual-track approach to transition. In: Journal of Political Economy 108, S. 120–136
Lerner, Abba P. (1943): Functional Finance and the Federal Debt. In: Social Research. Bd. 10, Nr. 1, S. 38–51
Lerner, Abba P. (1951): Economics of Employment. New York: McGraw-Hill
Li Jie (2019): Staatliche Unternehmen, die »Säulen« der wirtschaftlichen Entwicklung. In: People's Daily – People's Daily Overseas Edition. http://finance.people.com.cn/n1/2019/0926/c1004-31373731.html
Li Pengcheng (1995): Der chinesische Modernisierungsprozeß in den achtziger Jahren. Wissenschaftszentrum Berlin für Sozialforschung. https://bibliothek.wzb.eu/pdf/1995/p95-001.pdf
Luhmann, Niklas (1988): Die Wirtschaft der Gesellschaft. Frankfurt a. M.: Suhrkamp
Luhmann, Niklas (1997): Gesellschaft der Gesellschaft. Band 1 und 2. Frankfurt a. M.: Suhrkamp
Luhmann, Niklas (2012): Macht. UTB 2377. Konstanz: UVK
Männlein, Marianne (2021): Von Shenzhen nach Kashgar: Chinas wirtschaftliche Entwicklung durch seine Sonderwirtschaftszonen-Politik verstehen. In: Graewe (2021) a. a. O. https://doi.org/10.1515/9783110668216-002
Marx, Karl (1964, Original 1894): Das Kapital, Bd. I-III, Berlin: (Karl) Dietz Verlag
Marx, Karl; Engels, Friedrich (1956–2018): Marx Engels Werke, MEW. Berlin: DietzOnline: https://marx-wirklich-studieren.net/marx-engels-werke-als-pdf-zum-download/

Mazzucato, Mariana (2019): Wie kommt der Wert in die Welt? Von Schöpfern und Abschöpfern. Frankfurt: Campus Verlag
Mazzucato, Mariana (2021): Mission. Auf dem Weg zu einer neuen Wirtschaft. Frankfurt: Campus Verlag
Menzel, Ulrich (2013): Aufstieg und Niedergang des kapitalistischen Weltsystems. Der Sechs-Bücher-Plan von Hartmut Elsenhans als Gegenentwurf zu Marx und Wallerstein. In: Comparativ. Zeitschrift für Globalgeschichte und vergleichende Gesellschaftsforschung 23, Heft 4/5, S. 168–178
Merics (2023): Xi signalisiert Entschlossenheit im Kampf gegen Verschuldung. In: China Essentials, 9. 11. 2023, S. 2
Milanović, Branko (2021): How China became a market economy. Review of Julian Gewirtz's »Unlikely Partners«. https://branko2f7.substack.com/p/how-china-became-a-market-economy?s=r.
Milanović, Branko (2024): Warum man Polanyi heute wieder lesen sollte. In: Makronom, 21. 8. 2024. https://makronom.de/warum-man-polanyi-heute-wieder-lesen-sollte-47152
Mises, Ludwig von (1920): Die Wirtschaftsrechnung im sozialistischen Gemeinwesen. In: Archiv für Sozialwissenschaft und Sozialpolitik 47, S. 86–121 [Die englische Version dieses Artikels erschien unter dem Titel »Economic Calculation in the Socialist Commomwealth« in dem von Hayek hg. Werk Collectivist Economic Planning (Clifton: Augustus M. Kelley, 1975, S. 87–130)]
Mitterauer, Michael (2009): Warum Europa? Mittelalterliche Grundlagen eines Sonderweges. München: C. H. Beck
Mosca, Gaetano (1950): Die herrschende Klasse. Grundlagen der politischen Wissenschaft. München: Lehnen
Mosca, Gaetano (2020): Die Politische Klasse: Elemente der politischen Wissenschaft. Band 2. Berlin: epubli
Müller, Wolfgang (2021): Die Rätsel China – Wiederaufstieg eine Weltmacht. Hamburg: VSA
Müller, Wolfgang (2024): Chinas Wohnungsfrage. Neuordnung des Immobilienmarktes. In: Sozialismus, Heft 5–2025. Hamburg: VSA
Münkler, Herfried (2005): Imperien. Die Logik der Weltherrschaft – vom Alten Rom bis zu den Vereinigten Staaten. Berlin: Rowohlt
Münkler, Herfried (2023): Welt in Aufruhr. Die Ordnung der Mächte im 21. Jahrhundert. Berlin: Rowohlt
Murau, Steffen (2023): Konkurrenz für den Dollar? Auf dem BRICS-Gipfel wird erneut über eine eigene Währung diskutiert. Doch die Dollar-Dominanz zu brechen, dürfte schwierig werden. In: IPG, Wirtschaft und Ökologie, 21. 08. 2023. https://www.ipg-journal.de/rubriken/wirtschaft-und-oekologie/artikel/konkurrenz-fuer-den-dollar-6929/?utm_campaign=de_40_20230822&utm_medium=email&utm_source=newsletter
Myllyvirta, Lauri (2023): China's carbon dioxide (CO2) emissions are set to fall in 2024 and could be facing structural decline, due to record growth in the installation of new low-carbon energy sources. https://www.carbonbrief.org/analysis-chinas-emissions-set-to-fall-in-2024-after-record-growth-in-clean-energy/. Deutsch: gekürzt in Makroskop, 13. 3. 2024. https://makroskop.eu/09-2024/wie-china-zum-globalen-zugpferd-der-dekarbonisierung-wird/
Naughton, Barry (2007): The Chinese economy: transitions and growth. Cambridge, Mass: MIT Press
Naughton, Barry (2021): The Rise of China's Industrial Policy, 1978 to 2020. Primera edición. México: Universidad Nacional Autónomica de México, Facultad de Economía
Nutzinger, Hans (2010): Nobelpreis in Wirtschaftswissenschaften für Elinor Ostrom: Ein Überblick über ihr ökonomisches Hauptwerk. https://www.uni-marburg.de/en/fb02/research-groups/economics/macroeconomics/research/magks-joint-discussion-papers-in-economics/papers/2010-papers/24-2010_nutzinger.pdf
Ostrom, Elinor (1999): Die Verfassung der Allmende: jenseits von Staat und Markt. Tübingen: Mohr Siebeck
Ostrom, Elinor (2011): Was mehr wird, wenn wir teilen: vom gesellschaftlichen Wert der Gemeingüter. München: Oekom
Paetz, Michael (2018): Was ist Geld? Ein Projekt der HOOU@UH. https://was-ist-geld.de/
Petry, Johannes (2020): Same same, but different: Varieties of capital markets, Chinese state capitalism and the global financial order. In: Competition & Change. https://journals.sagepub.com/doi/pdf/10.1177/1024529420964723
Petry, Johannes (2022): Beyond ports, roads and railways: Chinese economic statecraft, the Belt and Road

Initiative and the politics of financial infrastructures. In: European Journal of International Relations. DOI: 10.1177/13540661221126615
Petry, Johannes (2023): State capitalism and capital markets: Comparing securities exchanges in emerging markets. In: A Economy and Space. DOI: 10.1177/0308518X211047599
Petry, Johannes (2024): China's rise, weaponised interdependence and the increasingly contested geographies of global finance. In: Finance and Space, 1(1), S. 49–57. DOI: 10.1080/2833115X.2023.2296439
Piketty, Thomas (2014): Das Kapital im 21. Jahrhundert. München: Beck
Pirker, Theo (Hg.) (1995): Der Plan als Befehl und Fiktion: Wirtschaftsführung in der DDR: Gespräche und Analysen. Opladen: Westdeutscher Verlag
Polanyi, Karl (1977): The great transformation: politische und ökonomische Ursprünge von Gesellschaften und Wirtschaftssystemen. Wien: Europaverlag
Ricardo, David (1817, 2006): Über die Grundsätze der politischen Ökonomie und der Besteuerung. Vollständige deutsche Fassung der englischen Standardausgabe einschließlich der Einführung und editorischen Anmerkungen Piero Sraffas. Marburg: Metropolis
Roach, Stephen S. (2021): China muss den großen Zusammenhang sehen. In: Project Syndicate, 27. 09. 2021. https://www.project-syndicate.org/commentary/china-growth-prospects-clouded-by-redistribution-and-regulation-by-stephen-s-roach-2021-09
Rödl & Partner (2020): Chinas neues Zivilgesetzbuch. Sieben Folgen. https://www.roedl.de/themen/chinas-zivilgesetzbuch
Roesler, Jörg (2010): Sozialistische Planung in einer solidarischen Ökonomie: Der Weg zum Ziel aus wirtschaftshistorischer Sicht. In: Das Argument 286/2010, S. 170ff.
Ruben, Peter (2022): Gesammelte philosophische Schriften. Hrsg. von Ulrich Hedtke und Camilla Warnke in Verbindung mit Karl Benne. 4 Bände. Hier insb. Bd. 2. Berlin: Verlag am Park
Ruben, Peter; Wagner, Hans (1980): Sozialistische Wertform und dialektischer Widerspruch. Überlegungen zur entwicklungstheoretischen Auffassung des Arbeitswertes in der sozialistischen Produktion. In: Deutsche Zeitschrift für Philosophie, Heft 10/1980, Berlin. Auch in Ruben (2022) Bd. 2
Samuelson, Paul A. (1954): The Pure Theory of Public Expenditure. In: The Review of Economics and Statistics, Vol. 36, No. 4, S. 387–389. Cambridge: The MIT Press. https://www.jstor.org/stable/i333127
SASAC (2024): Forschung zum Managementmodell staatseigener Unternehmen im Rahmen der Staatlichen Vermögensverwaltung. Kommission für die Aufsicht und Verwaltung staatlicher Vermögenswerte. http://gzw.xiangyang.gov.cn/zxzx/gzyj/201007/t20100713_48823.shtml
Sausmikat, Nora (Hg.) (2015): Sustainable agriculture in China. Land policies, food and farming issues. Essen: Stiftung Asienhaus
Schattenberg, Susanne (2021): Nach Stalin: Das Funktionieren der UdSSR. In: Aus Politik und Zeitgeschichte. https://www.bpb.de/shop/zeitschriften/apuz/sowjetunion-2021/331335/nach-stalin-das-funktionieren-der-udssr/
Schellnhuber, Hans Joachim (2021): Können wir uns mit Holz aus der Klimakrise bauen? (Bauhaus der Erde). Vortrag vor dem Landesforsten Rheinland-Pfalz. https://www.youtube.com/watch?v=qI-yU2J9zGb8&t=244s
Schellnhuber, Hans Joachim (2023): Vortrag für die letzte Generation. 14. 6. 2023. https://www.youtube.com/watch?v=S9OZAP-tcnE&t=100s
Schulmeister, Stephan (2018): Der Weg zur Prosperität. 2. Auflage. Salzburg: Ecowin
Schumpeter, Joseph A. (1908): Das Wesen und der Hauptinhalt der theoretischen Nationalökonomie. Berlin: Duncker und Humblot (Reprint 1998)
Schumpeter, Joseph A. (1912): Theorie der wirtschaftlichen Entwicklung. Herausgegeben von Jochen Röpke und Olaf Stiller. Nachdruck der 1. Auflage. Berlin: Duncker & Humblot, 2006
Schumpeter, Joseph A. (1918): Die Krise des Steuerstaates. In: Derselbe (1953): Aufsätze zur Soziologie. Tübingen: J. C. B. Mohr (Paul Siebeck)
Schumpeter, Joseph A. (1961): Konjunkturzyklen. Göttingen: Vandenhoeck & Ruprecht (Englisch 1939)
Schumpeter, Joseph A. (1970): Das Wesen des Geldes. Aus dem Nachlass herausgegeben von Fritz Karl Mann. Göttingen: Vandenhoeck & Ruprecht

Schumpeter, Joseph A. (2020): Kapitalismus, Sozialismus und Demokratie. Tübingen/Basel: A. Francke Verlag (10., vervollständigte Auflage. Tübingen 2020; Englisch 1946)
Sha Hua (2019a): Von wegen billig – die Löhne in China steigen rasant. In: Handelsblatt, 31. 8. 2019. https://www.handelsblatt.com/unternehmen/mittelstand/familienunternehmer/produktionskosten-von-wegen-billig-die-loehne-in-china-steigen-rasant/22905244.html (30. 12. 2020)
Shih, Victor (2017): Financial Instability in China: Possible Pathways and Their Likelihood. In: Merics China Monitor, 20. 10. 2017
Sieren, Frank (2021): Shenzhen: Zukunft Made in China: zwischen Kreativität und Kontrolle – die junge Megacity, die unsere Welt verändert. München: Penguin Verlag
Šik, Ota (1966): Die tschechoslowakische Wirtschaft auf neuen Wegen. Prag: Orbis-Verlag
Šik, Ota (1972): Der dritte Weg: die marxistisch-leninistische Theorie und die moderne Industriegesellschaft. Hamburg: Hoffman und Campe
Smith, Adam (1776, dt. 1976–1984): Eine Untersuchung über das Wesen und die Ursachen des Reichtums der Nationen, Band I, II und III, Berlin: Akademieverlag
Song, Xueming (1995): Regionale Wirtschaftsentwicklung in China 1978–1992. In: Duisburger Arbeitspapiere zur Ostasienwirtschaft. https://nbn-resolving.org/urn:nbn:de:hbz:464-20120704-111815-6
Sowjetische Wirtschaftsreform 1965, 1973, 1979. https://de.wikibrief.org/wiki/1965_Soviet_economic_reform
Spiecker, Friederike (2013): Entweder goldene Lohnregel oder Tankwart und Tütenpacker. In: Makroskop, 13. 12. 2013. https://www.fspiecker.de/wp-content/uploads/2021/02/2013_12_13_Spiecker_entweder-goldene-lohnregel-oder-tankwart-und-tuetenpacker.pdf
Sraffa, Piero (1960, 1976): Production of Commodities by Means of Commodities. Cambridge: Cambridge University Press. Deutsch: Warenproduktion mittels Waren. 1968 Berlin (DDR): Akademie-Verlag. 1976 Frankfurt a. M.: Suhrkamp
Sraffa, Piero (2014, 1976): Warenproduktion mittels Waren: Einleitung zu einer Kritik der ökonomischen Theorie. 2. Aufl., Faks. der Suhrkamp-Ausg. von 1976. Marburg: Metropolis
Stahl, Gerhard (2022) China: Zukunftsmodell oder Albtraum? Europa zwischen Partnerschaft und Konfrontation. Bonn: Verlag J. H. W. Dietz Nachf.
Statista.com (2024): China. Handelsbilanzsaldo von 2013 bis 2023. https://de.statista.com/statistik/daten/studie/15638/umfrage/handelsbilanz-von-china/#:~:text=Im%20Jahr%202023%20betr%C3%A4gt%20der,minus%20dem%20Wert%20der%20Warenimporte
Statistisches Bundesamt (2024): China. Statistisches Länderprofil. Ausgabe 01/2024
Steiner, André (1999): Die DDR-Wirtschaftsreform der sechziger Jahre. Konflikt zwischen Effizienz- und Machtkalkül. Berlin: Oldenbourg Akademieverlag
Steiner, André (2007): Von Plan zu Plan. Eine Wirtschaftsgeschichte der DDR. Berlin: Aufbau-Verlag
Stöger, Karin (2012): Wirtschaftssysteme in China und Vietnam: Zwischen sozialistischer Orientierung und marktwirtschaftlicher Ordnung. Masterarbeit. Wien
Streeck, Wolfgang (2015): Wir wird der Kapitalismus enden? Zwei Teile. In: Blätter für deutsche und internationale Politik 3/2015 und 4/2015
Streeck, Wolfgang (2018): Gekaufte Zeit. Die vertagte Krise des demokratischen Kapitalismus. 3. Auflage. Berlin: Suhrkamp
Streeck, Wolfgang (2021): Zwischen Globalismus und Demokratie: politische Ökonomie im ausgehenden Neoliberalismus. Erste Auflage. Berlin: Suhrkamp
Sturn, Richard (2021): Markt- und Staatsversagen in großen Transformationen. In: Sturn, Richard; Klüh, Ulrich (Hg.), Der Staat in der großen Transformation. Jahrbuch Normative und institutionelle Grundfragen der Ökonomik, Band 19. Marburg: Metropolis, S. 41–94
Sturn, Richard, Kurz, Heinz (2011): Schumpeter für jedermann. Von der Rastlosigkeit des Kapitalismus. Frankfurt: Frankfurter Allgemeine Buch
Stützel, Wolfgang (2011): Volkswirtschaftliche Saldenmechanik: ein Beitrag zur Geldtheorie. Nachdruck der 2. Aufl. Tübingen: Mohr Siebeck
ten Brink, Tobias (2013): Chinas Kapitalismus: Entstehung, Verlauf, Paradoxien. Frankfurt a. M.: Campus

ten Brink, Tobias; Nölke, Andreas (2013): Staatskapitalismus 3. 0. In: dms – der moderne staat – Zeitschrift für Public Policy, Recht und Management 6, H. 1, S. 21–32
The State Council of the People's Republic of China (2020): Made in China 2025. http://english.www.gov.cn/2016special/madeinchina2025/
Tofall, Norbert F. (2023): US-Dollar, BRICS+ und China – Ist eine De-Dollarisierung der Weltwirtschaft wahrscheinlich? Flossbach von Storch Research Institute, 2. 10. 2023. https://www.flossbachvonstorch.de/fileadmin/user_upload/files/RI/Kommentare/Files/2023/231002-us-dollar-brics_-china.pdf
Tooze, Adam (2024): The beginning of a new era: How the »global« energy transition is happening in China (Carbon Notes 13). Chartbook 284. https://adamtooze.substack.com/p/chartbook-284-the-beginning-of-a
Turowski, Jan (2021): Kein Zurück zu Maos Zeiten: Wie sich China im globalen Technologiewettlauf neu positioniert. In: Neues Deutschland, 15. 10. 2021. https://www.nd-aktuell.de/artikel/1157659.techkonzerne-peking-zaehmt-seine-lieblinge.html?sstr=Jan%7CTurowski
Turowski, Jan (2021): Normalität staatlicher Regulation oder mit aller Härte gegen die Tech-Industrie? Skript
Varoufakis, Yanis (2012): Der globale Minotaurus Amerika und die Zukunft der Weltwirtschaft. München: Kunstmann
Varoufakis, Yanis (2024): Technofeudalismus. Was den Kapitalismus tötete. München: Kunstmann
Varoufakis, Yanis (2025): Donald Trump's economic masterplan. He is plotting an anti-Nixon shock. In: UnHerd. https://unherd.com/2025/02/why-trumps-tariffs-are-a-masterplan/
Walter Eucken (1989): Die Grundlagen der Nationalökonomie. 9. Auflage. Berlin u. a.: Springer
Weber, Isabella M. (2023): Das Gespenst der Inflation: wie China der Schocktherapie entkam. Übersetzt von Stephan Gebauer. Erste Auflage, Deutsche Erstausgabe. Berlin: Suhrkamp
Weber, Isabella M. (2019): Goldsmiths: How to Make a Miracle? Ludwig Erhard's Post-War Price Liberalisation in China's 1980s Reform Debate. The new School for Social Research, Department of Economics The New School for Social Research, March 2019, Working Paper 03/2019
Weber, Max (2006): Wirtschaft und Gesellschaft (1921, 1925). Paderborn: Voltmedia
Weber, Max (2014): Politik als Beruf, 1919. Köln: Anaconda
Welsh, Ian (2024): Neoliberalismus kann keine Industriepolitik. In: Makroskop, 17. 7. 2024. https://makroskop.eu/25-2024/neoliberalismus-kann-keine-industriepolitik/
Wemheuer, Felix (2019): Chinas große Umwälzung. Soziale Konflikte und Aufstieg im Weltsystem. Köln: PapyRossa
Wemheuer, Felix (2021): Marktsozialismus. Wien: Promedia
Wemheuer, Felix (2024): China. Land von Widersprüchen und Vielfalt. Köln: PapyRossa
Werner, Richard A. (2007): Neue Wirtschaftspolitik: was Europa aus Japans Fehlern lernen kann. München: Vahlen
Wikipedia: https://de.wikipedia.org/wiki/Wikipedia:Hauptseite. Verschiedene Artikel, jeweils im Text angegeben
Wille, Joachim von (2020): China: Peking lässt die Steppe ergrünen. In: Klimareporter, 2. 1. 2020. http://www.klimareporter.de/international/china-peking-laesst-die-steppe-ergruenen
Windolf, Paul (2005): Was ist Finanzmarkt-Kapitalismus? In: Windolf, P. (Hg.), Finanzmarkt-Kapitalismus. Analysen zum Wandel von Produktionsregimen. Sonderheft 45/2005 der Kölner Zeitschrift für Soziologie und Sozialpsychologie, S. 20–57. Wiesbaden: VS
Xi Jinping (2022): Hold High the Great Banner of Socialism with Chinese Characteristics and Strive in Unity to Build a Modern Socialist Country in All Respects. Report to the 20th National Congress of the Communist Party of China. October 16, 2022. Ministry of Foreign. www.fmprc.gov.cn/eng/
Yijia Jing; Osborne, Stephen P. (Hg.) (2017): Public Service Innovations in China. Governing China in the 21st Century. Singapore: Palgrave. https://doi.org/10.1007/978-981-10-1762-9
Yipeng Zhang (2023): The Sustainability of Regional Innovation in China: Insights from Regional Innovation Values and Their Spatial Distribution. MDPI, School of Economics and Resources Management. Beijing: Beijing Normal University. https://doi.org/10.3390/su151310398

Yiwu Zeng, Zenghui Zhang, Zi Ye, Lili Li (2023): Regional innovation effect of smart city construction in China. In: PLoS ONE 18(2): e0281862. https://doi.org/10.1371/journal.pone.0281862

Zeit Online (13. 09. 2021): China zerschlägt offenbar Zahlungsapp von Alibaba. https://www.zeit.de/wirtschaft/unternehmen/2021-09/alipay-china-zerschlagung-bezahldienst-kredit-app-alibaba-group-abspaltung?utm_referrer=https%3A%2F%2Fwww.google.com%2F

Zhang Xiaojing (2023): Promoting Chinese Modernization with High-quality Financial Development. China-CEE Institute. Kiadó: Kína-KKE Intézet Nonprofit Kft. [Dieser Artikel wurde ursprünglich am 7. Juni 2023 in Xuexi shibao (Study Times) veröffentlicht]. https://china-cee.eu/2023/08/03/promoting-chinese-modernization-with-high-quality-financial-development/

Zhiguo He; Wei Wei (2022): China's Financial System and Economy: A Review. Working Paper No. 2022-105. Chicago: Becker Friedman Institut China. https://www.nber.org/papers/w30324

Zhiguo He; Wei Wei (2023): China's Financial System and Economy: A Review. In: Annual Review of Economics 15, S. 451–483. https://doi.org/10.1146/annurev-economics-072622-095926

Zukunftsstiftung Landwirtschaft (2013): Wege aus der Hungerkrise: Die Erkenntnisse und Folgen des Weltagrarberichts: Vorschläge für eine Landwirtschaft von morgen. https://www.weltagrarbericht.de/fileadmin/files/weltagrarbericht/Wege_aus_der_Hungerkrise_print.pdf

Ноздрев, С. (2016): Китай в Системе Мировых Финансов. DOI:10.20542/0131-2227-2016-60-10-29-40 [China im globalen Finanzsystem]. https://www.imemo.ru/en/publications/periodical/meimo/archive/2016/10-t-60/china-domestic-and-foreign-policies/china-in-global-financial-system

Сун Янян (2023): Развитие финансовой индустрии Китая. In: ИННОВАЦИИ И ИНВЕСТИЦИИ. № 3. 2023, S. 41 ff. https://cyberleninka.ru/search?q=%D0%A1%D1%83 %D0%BD%20%D0%AF%D0%BD%D1%8F%D0%BD&page=1